中国式现代化发展研究院 | 系列研究报告

天津市哲学社会科学规划重大委托项目

京津冀协同发展报告
2024

中国式现代化先行区示范区建设与协同发展新征程

南开大学京津冀协同发展研究院
国家区域重大战略高校智库联盟 ◎主编

中国社会科学出版社

图书在版编目（CIP）数据

京津冀协同发展报告. 2024：中国式现代化先行区示范区建设与协同发展新征程 / 南开大学京津冀协同发展研究院，国家区域重大战略高校智库联盟主编. —北京：中国社会科学出版社，2024.1

ISBN 978-7-5227-3108-7

Ⅰ.①京… Ⅱ.①南…②国… Ⅲ.①区域经济发展—研究报告—华北地区—2024 Ⅳ.①F127.2

中国国家版本馆 CIP 数据核字（2024）第 033358 号

出 版 人	赵剑英
责任编辑	张　潜　侯聪睿
责任校对	杜　威
责任印制	王　超

出　　版	中国社会科学出版社
社　　址	北京鼓楼西大街甲 158 号
邮　　编	100720
网　　址	http://www.csspw.cn
发 行 部	010-84083685
门 市 部	010-84029450
经　　销	新华书店及其他书店
印　　刷	北京明恒达印务有限公司
装　　订	廊坊市广阳区广增装订厂
版　　次	2024 年 1 月第 1 版
印　　次	2024 年 1 月第 1 次印刷
开　　本	710×1000　1/16
印　　张	29.25
字　　数	432 千字
定　　价	99.00 元

凡购买中国社会科学出版社图书，如有质量问题请与本社营销中心联系调换
电话：010-84083683
版权所有　侵权必究

京津冀协同发展报告编写组

执行主编：刘秉镰　张　贵

编写成员（排名不分前后）

　　　　李国平　李兰冰　田学斌　王　双　叶堂林
　　　　周　密　刘邦凡　王家庭　边　杨　郭佳宏
　　　　王　苒　秦文晋　宋昌耀　洪　帅　王雪滔
　　　　陈　滢　陈艺丹

前　言

《京津冀协同发展报告2024：中国式现代化先行区示范区建设与协同发展新征程》（以下简称《报告》）是由南开大学京津冀协同发展研究院主编，汇集京津冀三地知名专家和青年学者的集体智慧结晶。《报告》强调京津冀协同发展是习近平总书记亲自谋划、亲自部署、亲自推动的国家战略。党的二十大报告明确提出要"推进京津冀协同发展""高标准、高质量建设雄安新区"。2023年5月12日，习近平总书记主持召开深入推进京津冀协同发展座谈会，并提出新要求："努力使京津冀成为中国式现代化建设的先行区、示范区。"基于此，《报告》由总论、分报告和专题报告三部分组成，共14篇研究报告，回顾京津冀协同发展十年来的伟大历程，从协同创新、产业协同、空间结构优化、公共服务均等化、治理深化等方面展开研究，试图为将京津冀成为中国式现代化建设的先行区、示范区提供新思路与新方案。

《报告》的总论部分由两个章节组成，是对京津冀协同发展十年来的总结与未来展望，分别为"京津冀协同发展十年伟大历程"和"面向中国式现代化的京津冀协同发展再出发：新要求、新逻辑、新征程"。第一章将京津冀协同发展战略实施十年（2014—2023）历程划分为"顶层设计——实施推进——攻坚克难——面向中国式现代化新征程"四个阶段，在政策引领、区域增长、非首都功能疏解、北京新"两翼"建设、产业协作、创新联动、空间优化、交通一体化、公共服务均等化、生态环境联防联治等方面取得瞩目成就，形成了人口经济密集地区优化开发、资源稀缺地区内涵集约发展、构建中国特色城市群空间格局、促

前言

进区域高质量发展、政府协作治理、塑造地方品质等先进经验,为我国乃至发展中国家解决"大城市病"、促进区域协调发展、打造区域增长极贡献了智慧和方案。第二章是未来展望,提出要遵循"努力使京津冀成为中国式现代化建设的先行区、示范区"的新要求,京津冀要在打造增长极、缩小区域落差、提升政府治理、践行绿色发展、高水平对外开放等方面对中国式现代化实现过程率先探索、先行示范。为此,京津冀应不断提升战略思维、辩证思维、系统思维、创新思维、历史思维、法治思维、底线思维能力,以新逻辑助力新征程,通过探索创新协同新路径、优化空间结构新格局、开创产业协同新局面、塑造政府治理改革新示范、构筑共同富裕新高地、共建生态环境治理新标杆,打造京津冀成为我国振兴区域经济、实现均衡发展和共同富裕的改革新样板,推动京津冀协同发展不断迈上新台阶。

《报告》的分报告部分由五个章节组成,分别从协同创新、产业协同、空间结构、公共服务均等化、区域治理五大方面论述先行区示范区建设的具体路径和建议。协同创新方面,自京津冀协同发展重大国家战略提出以来,三地在创新投入产出、创新生态与环境优化及创新合作等方面均实现进步与突破。未来京津冀创新协同应发挥创新各环节能动性打造产学研新模式,推动创新链、产业链、人才链融合实现创新成果高质量转化,充分发挥数字经济对创新协同推动作用,营造良好的创新生态,持续提升区域创新环境。产业协同方面,京津冀整体城市间整体产业协同发展指数正逐年上升,城市间产业协同发展整体向好、未来京津冀产业协同发展应以战略性新兴产业为引领,打造高水平产业集群,着力推动产业协同发展的体制机制创新。空间结构优化方面,京津冀长期以北京、天津为核心,尽管区域内各城市间经济联系网络日益密集且强化,但京津两城仍然具有绝对优势、未来京津冀优化空间结构应完善城市等级规模体系,加强城市群空间经济联系,构建现代化交通网络体系,完善区域协调制度。公共服务均等化方面,京津冀公共服务均等化不仅会作用于地区之间居民生活质量差距缩减,也会通过多元途径促进地区间经济发展落差缩小、未来京津冀推进公共服务均等化应建设跨地区公共服务标准化体系,加快公共服务一体化发展机制创新,构建多方参与的公共服务协同供给机制,实现数字赋能公共服务效率提升。区域治理方面,京津冀地区亟待突破区域治理的困境,提升治理水平和治理能力,未来京津冀治理深化应优化政府治理,推进空间治理探索,以产业治理为根本支撑,以创新治理为新动能,扩大公共治理的范围与程度,推进社会治理体系和治理能力现代化。

《报告》的专题报告部分由七个章节组成,分别围绕北京、天津、河北、雄安新区各自如何推进京津冀协同发展,并结合数字经济、生态文明建设以及都市连绵带建设等热点议题展开研究,对京津冀如何建设成为先行区示范区提出相应对策建议。北京方面,要构建多中心、网络化的多核多圈型功能分工体系,打造复合功能的职住平衡通勤圈,充分发挥北京"一核"创新辐射作用,建立上下游衔接的产业链体系。天津方面,要优化营商环境,提升承接能力,健全产业合作机制,发挥创新平台作用,提升数字治理水平及扩大生态空间。河北方面,要协同打造高端产业集群新高地,以类市场机制强化多主体协同内生动力,以区域化集群优化产业转移合作空间效益,以产业链、创新链协同推进河北产业升级,以营商环境优化保障禀赋结构支撑产业升级的战略路径。雄安新区方面,要以"新主体"提高发展积极性,以"新结构"提升疏解承载力,以"新动力"支撑高质量发展,以"新布局"提升雄安宜居性,以"新治理"破除机制"藩篱",建设好高水平现代化城市的"雄安样板"。在数字经济领域,要补齐核心数字产业短板,拓展京津冀产业联系、延伸关键数字产业链,驱动京津冀产业融合、打造世界级数字产业集群,推动京津冀资源配置流通。生态文明建设方面,要优化京津冀顶层设计,促进生态文明协同发展,明确京津冀企业生态保护的主体责任与奖惩机制,增强京津冀居民生态文明意识。都市连绵带建设方面,要推进京津、京保石和京唐秦都市连绵带建设,填补都市连绵带建设断点,连结都市连绵带建设重要节点,构建产业专业化空间布局,加快都市圈化发展步伐,建设世界级城市群。

《报告》是2023年度天津市哲学社会科学规划重大委托项目

前 言

(TJJJJ2301)的研究成果。在《报告》编写过程中得到了中共天津市委宣传部高度重视和大力支持,国家发改委相关司处、南开大学相关部门、中国社会科学出版社都给予了支持和帮助,同时编者参阅了大量的相关研究成果与专题报告,在此一并感谢!由于时间和能力所限,文中难免有不足和遗漏之处,真诚地欢迎广大读者批评指正并提出宝贵建议,当然文责自负。

本报告实行分章主编制,具体分工如下:

第一章主编　刘秉镰　边杨
第二章主编　刘秉镰　边杨
第三章主编　周密　刘力燔
第四章主编　郭佳宏
第五章主编　叶堂林　王苒
第六章主编　李兰冰　曹瑞
第七章主编　刘邦凡　秦文晋
第八章主编　李国平　宋昌耀
第九章主编　王双　王雪滔　陈滢
第十章主编　田学斌　洪帅　陈艺丹
第十一章主编　张贵　续紫麒
第十二章主编　郭佳宏
第十三章主编　王苒
第十四章主编　秦文晋
附录1主编　周玉龙　边杨　刘秉镰
附录2主编　王家庭　孙荣增

京津冀协同发展报告编委会
2024年2月

目　录

第一篇　总论

第一章　京津冀协同发展十年伟大历程 ………… 刘秉镰　边　杨　3
第二章　面向中国式现代化的京津冀协同发展再出发：
　　　　新要求、新逻辑、新征程 ………………… 刘秉镰　边　杨　42

第二篇　分报告

第三章　先行区示范区与京津冀协同创新 ……… 周　密　刘力燔　63
第四章　先行区示范区建设与京津冀产业协同 …………… 郭佳宏　114
第五章　先行示范区建设与京津冀空间结构
　　　　优化 ………………………………………… 叶堂林　王　苒　142
第六章　先行区示范区建设与京津冀公共服务
　　　　均等化 ……………………………………… 李兰冰　曹　瑞　167
第七章　先行区示范区建设与京津冀区域治理
　　　　深化 ………………………………………… 刘邦凡　秦文晋　189

第三篇　专题报告

第八章　现代化首都都市圈建设的理论逻辑与
　　　　实现路径 …………………………………… 李国平　宋昌耀　225

目录

第九章　天津推动京津冀协同发展走深走实
　　……………………………王　双　王雪滔　陈　滢　249

第十章　河北推动京津冀产业协同发展的评价、
　　逻辑与展望……………田学斌　洪　帅　陈艺丹　275

第十一章　高标准高质量推进雄安新区建设的
　　路径……………………………张　贵　续紫麒　314

第十二章　数字经济对京津冀协同发展的影响　………郭佳宏　352

第十三章　生态文明建设视角下京津冀绿色发展之路　……王　苒　373

第十四章　以都市连绵带建设为轴线优化京津冀
　　空间布局………………………………秦文晋　393

附录1　京津冀协同发展研究综述　……周玉龙　边　杨　刘秉镰　424

附录2　京津冀协同发展大事件年表（2014—2023年）
　　………………………………………王家庭　孙荣增　445

第一篇　总论

第一章
京津冀协同发展十年伟大历程

刘秉镰　边　杨*

摘　要：京津冀协同发展是以习近平同志为核心的党中央在新的历史条件下作出的重大战略部署，对于协调推进"四个全面"战略布局、实现"两个一百年"奋斗目标和中华民族伟大复兴的中国梦，具有重大现实意义和深远历史意义。过去十年，京津冀协同发展经历了"顶层设计——实施推进——攻坚克难——面向中国式现代化新征程"四个阶段，在政策引领、区域增长、非首都功能疏解、北京新"两翼"建设、产业协同、创新联动、空间优化、交通一体化、公共服务均等化、生态环境联防联治等方面取得了瞩目成就，形成了人口经济密集地区优化开发新模式、资源稀缺地区内涵集约发展新路子、中国特色城市群空间发展新格局、高质量发展新机制、政府协作治理新方式、地方品质塑造新路径等先进经验，为我国乃至发展中国家解决"大城市病"、促进区域协调发展、打造区域增长极贡献了智慧和方案。

关键词：京津冀协同发展；十年成效；阶段演进；经验

京津冀协同发展是以习近平同志为核心的党中央在新的历史条件下

---

* 刘秉镰，南开大学经济与社会发展研究院院长、教授、博导，南开大学京津冀协同发展研究院院长、国务院政府特殊津贴专家、中央京津冀协同发展专家咨询委员会委员，研究方向：区域产业分析、物流规划与政策；边杨，天津财经大学经济学院讲师、教研室主任，研究方向：区域经济发展与政策、京津冀协同发展。

作出的重大战略部署，是党的十八大以来习近平总书记亲自谋划、亲自部署、亲自推动的首个国家重大区域战略，标志着我国区域发展战略由三大地带协调发展转向重点地区优先发展与总体协同战略相结合的新阶段，对于协调推进"四个全面"战略布局、实现"两个一百年"奋斗目标和中华民族伟大复兴的中国梦，具有重大现实意义和深远历史意义。推动京津冀协同发展，是我国适应经济发展新常态，应对区域发展不平衡、资源环境承载压力等挑战的重要举措，更是符合我国新时代高质量发展要求，推进中国式现代化建设的有效途径。

一 京津冀协同发展的阶段演进

过去十年，京津冀协同发展大致经历了"顶层设计——实施推进——攻坚克难——面向中国式现代化新征程"四个阶段，协同发展不断向纵深推进，协同程度不断提高，世界级城市群美好蓝图加快绘就。

（一）顶层设计阶段（2014年2月—2015年4月）

自2014年京津冀协同发展上升为我国首个重大区域战略以来，先后成立了京津冀协同发展领导小组办公室、京津冀协同发展专家咨询委员会，全面启动规划设计工作。各级政府部门积极组织全面参与，在各层面各区域全力配合工作开展。2015年4月30日，中共中央政治局审议通过《京津冀协同发展规划纲要》（简称《规划纲要》），完成了总体设计。《规划纲要》全面回答了京津冀协同发展重大区域战略干什么、谁来干、怎么干、在哪里干四大问题；对总体定位、三地定位、重点任务、建设时序、任务分解、政策支持等方面都作出了明确的部署。与此同时，各部门及京津冀三地政府也都开展相关规划设计工作，对标京津冀重大战略不断调整工作任务。经过一年多的筹备和科学论证，以《规划纲要》出台为标志，完成了这一国家战略的顶层设计，描画出世界级城市群建设的宏伟蓝图，也为后续其他国家区域战略探索了高效推进的工作模式（图1-1）。

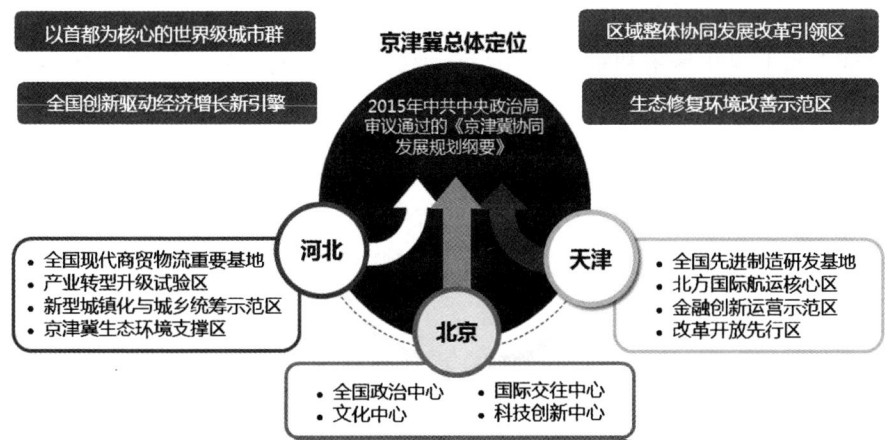

图 1-1 京津冀总体定位及三地定位

资料来源：根据《京津冀协同发展规划纲要》整理。

（二）实施推进阶段（2015年5月—2018年12月）

《规划纲要》出台后，为了把蓝图变成现实，各级政府部门、企事业单位、专家学者、社会民众积极参与推动京津冀协同发展，围绕疏解北京非首都功能这一核心任务，选取交通一体化、生态环境保护、产业协同发展三个促进京津冀协同发展急需解决、具备一定条件并取得共识的领域率先突破。通过打造"轨道上的京津冀"，打响"蓝天、碧水、净土三大保卫战"，设立北京城市副中心和雄安新区，搭建"2+4+N"产业转移承接平台，实施三地对口帮扶，有效克服了行政管理分割、法规规范标准不协调、责任和义务缺乏明确划分等困难，战略全面进入实施推进阶段，重大国家战略开始"落地生根""开花结果"。

（三）攻坚克难阶段（2019年1月—2023年4月）

2019年1月18日，习近平总书记主持召开京津冀协同发展座谈会时强调："过去的5年，京津冀协同发展总体上处于谋思路、打基础、寻突破的阶段，当前和今后一个时期进入到滚石上山、爬坡过坎、攻坚克难的关键阶段，需要下更大气力推进工作。"这一阶段京津冀城市群增长速度放缓，协同推进难度加大，北京非首都功能疏解工作进入更高层次，疏解不单纯是为了解决北京"大城市病"，而是使资源在京津冀大尺度空间上优化聚集和重新布局。京津冀三地在巩固区域协同发展阶段成效的基础上，着力打造跨区域产业链、创新链、价值链，大力推动产业协同，加快推进协同创新，不断深化治理协同，持续探索区域高质量发展的有效路径，为形成中国新发展阶段下解决区域关系、践行新发展理念、实现区域协调发展的示范标杆而砥砺前行。

(四) 面向中国式现代化的新征程 (2023 年 5 月以来)

党的二十大报告提出了以中国式现代化全面推进中华民族伟大复兴的宏伟目标和基本遵循，使京津冀协同发展的世界级城市群建设有了更加明确的方向。2023 年 5 月，习近平总书记再一次视察雄安新区，并作出了"努力使京津冀成为中国式现代化建设的先行区、示范区"的新要求，赋予该地区新的战略使命和发展重任。在面临新环境、肩负新使命的情况下，京津冀三地需要以更加昂扬的精神、更加创新的思维、更加努力的干劲，打造人口密集区的世界级经济高地、推进政府治理改革和市场化进程、实现区域协同共同富裕、促进社会和谐和生态美好，为我国区域高质量发展探索出成功的经验（图 1-2）。

图 1-2 京津冀协同发展的阶段演进

资料来源：笔者绘制。

二 京津冀协同发展十年取得的成效

京津冀协同发展战略实施以来,在政策引领、区域增长、非首都功能疏解、北京新两翼建设、产业协同、创新联动、空间优化、交通一体化、公共服务均等化、生态环境联防联治等方面取得了令人瞩目的成就。京津冀地区已成为我国北方经济发展的动力源和方向标,深度参与国内国际资源要素配置,与我国大国地位相称的世界级城市群正在加速形成。

(一) 顶层设计政策引领

京津冀协同发展是以习近平同志为核心的党中央在新的历史条件下作出的重大战略部署,由习近平总书记亲自谋划、亲自部署、亲自推动。战略实施以来,习近平总书记多次赴京津冀三地考察,主持召开座谈会,并作出系列讲话、报告和指示,高屋建瓴部署了不同阶段下京津冀协同发展怎么看、怎么干等重大问题,对推进京津冀协同发展具有十分重要的指导意义(表1-1)。

表1-1 京津冀协同发展重要时间纪事

时间	事项	具体内容
2014年2月26日	习近平总书记在北京主持召开京津冀协同发展座谈会	提出实现京津冀协同发展,是面向未来打造新的首都经济圈、推进区域发展体制机制创新的需要,是探索完善城市群布局和形态、为优化开发区域发展提供示范和样板的需要,是探索生态文明建设有效路径、促进人口经济资源环境相协调的需要,是实现京津冀优势互补、促进环渤海经济区发展、带动北方腹地发展的需要,是一个重大国家战略,要坚持优势互补、互利共赢、扎实推进,加快走出一条科学持续的协同发展路子来

第一篇 总论

续表

时间	事项	具体内容
2015年4月30日	习近平总书记主持中央政治局会议，审议通过《规划纲要》	强调要坚持协同发展、重点突破、深化改革、有序推进；要严控增量、疏解存量、疏堵结合调控北京市人口规模；要在京津冀交通一体化、生态环境保护、产业升级转移等重点领域率先取得突破；要大力促进创新驱动发展，增强资源能源保障能力，统筹社会事业发展，扩大对内对外开放；要加快破除体制机制障碍，推动要素市场一体化，构建京津冀协同发展的体制机制，加快公共服务一体化改革；要抓紧开展试点示范，打造若干先行先试平台
2016年3月24日	习近平总书记主持召开中共中央政治局常委会会议，听取北京市行政副中心和疏解北京非首都功能集中承载地有关情况的汇报	确定疏解北京非首都功能集中承载地新区规划选址，同意定名为"雄安新区"
2017年2月23日	习近平总书记到河北省安新县实地考察，主持召开河北雄安新区规划建设工作座谈会	强调规划建设雄安新区，要坚持世界眼光、国际标准、中国特色、高点定位，努力打造贯彻新发展理念的创新发展示范区
2019年1月18日	习近平总书记主持召开京津冀协同发展座谈会	提出要紧紧抓住牛鼻子，有序疏解北京非首都功能；保持历史耐心和战略定力，高质量高标准推动雄安新区规划建设；高质量推动北京城市副中心规划建设；向改革创新要动力，引领高质量发展；强化生态环境联建联防联治；坚持以人民为中心，促进基本公共服务共建共享
2021年1月20日	习近平总书记主持召开北京2022年冬奥会和冬残奥会筹办工作汇报会	提出推动京津冀协同发展，努力在交通、环境、产业、公共服务等领域取得更多成果；要积极谋划冬奥场馆赛后利用，将举办重大赛事同服务全民健身结合起来，加快建设京张体育文化旅游带
2023年5月10日	习近平总书记在河北省雄安新区考察，主持召开高标准高质量推进雄安新区建设座谈会	提出雄安新区已进入大规模建设与承接北京非首都功能疏解并重阶段，工作重心已转向高质量建设、高水平管理、高质量疏解发展并举。要坚定信心，保持定力，稳扎稳打，善作善战，推动各项工作不断取得新进展
2023年5月12日	习近平总书记在河北主持召开深入推进京津冀协同发展座谈会	提出推动京津冀协同发展不断迈上新台阶，努力使京津冀成为中国式现代化建设的先行区、示范区

资料来源：网络资料整理。

历经十年发展，京津冀政策协同体系基本建成，政策引领效应持续发挥，有效推动了京津冀协同发展不断迈上新台阶。一是党中央擘画了以首都为核心的世界级城市群宏伟蓝图。2015年中共中央政治局审议通过的《规划纲要》，对京津冀重大战略的发展目标、实施路径、任务做出全面引领。纲要明确提出建设以首都为核心的世界级城市群、区域整体协同发展改革引领区、全国创新驱动经济增长新引擎、生态修复环境改善示范区四方面京津冀总体定位，并在此基础上，对京津冀三地的功能定位予以分工和明确。二是国家部委聚焦核心领域谋篇布局。国家发展和改革委员会、财政部、交通运输部、工业和信息化部、科学技术部、生态环境部、民政部等部门锚定交通建设、生态保护、产业承接与转移、科技创新、社会保障等核心领域编制了系列专项规划和框架协议，对京津冀协同发展目标进行了分解，对任务进行了细化。三是地方政府主动参与。京津冀三地政府围绕协同发展战略要求制定了"十三五"和"十四五"规划纲要，并签署了系列两两合作协议，有效推动了区域产业协同、交通一体化、环境可持续发展、公共服务均等化进程。

（二）经济增长稳中有进

京津冀协同发展是我国区域协调发展的重要实践。习近平总书记指出："我国经济由高速增长阶段转向高质量发展阶段，对区域协调发展提出了新的要求。不能简单要求各地区在经济发展上达到同一水平，而是要根据各地区的条件，走合理分工、优化发展的路子。要形成几个能够带动全国高质量发展的新动力源，特别是京津冀、长三角、珠三角三大地区，以及一些重要城市群。不平衡是普遍的，要在发展中促进相对平衡。这是区域协调发展的辩证法。"[①] 下好区域协调发展"一盘棋"，不是简单追求各地区经济发展水平齐平和发展模式同一，搞平均主义，而是要根据区域要素资源禀赋条件，突出地区优势，进行合理分工与协

---

① 2019年8月26日，习近平总书记在中央财经委员会第五次会议上的讲话。

作，寻找地区之间协调与发展的动态平衡点；做好区域协调发展"大文章"，不是简单要求强势地区向弱势地区输血扶助，而是通过产业链、创新链、人才链对接，规避地区间产业同质化发展、低水平重复建设现象，减少资源错配和浪费，实现大空间尺度生产力优化布局；构建区域协调发展"新格局"，不是简单促使区域间加强联系，而是认识到统筹区域协调发展的工作具有长期性，在发展规划制定上突出各地区在整体发展格局中的功能定位，以长远谋划引导区域间协作联系，促进要素在更大空间尺度的合理流动和有效组合，逐步形成功能明确、优势互补、高质量发展的区域经济布局。

京津冀三地始终牢记习近平总书记嘱托，积极探索我国区域协调发展规律、践行区域协调发展理念。首先，坚持问题导向，强化战略引领。围绕解决北京"大城市病"的核心问题，提出以疏解北京非首都功能为"牛鼻子"，规划建设了北京城市副中心和雄安新区新"两翼"。其次，突出地区优势，优化区域分工。依托京津冀三地要素资源禀赋条件，予以明确功能定位。充分发挥了北京的首都政治中心、文化中心、国际交往中心和科技创新中心优势，利用天津沿海成熟大城市、河北老牌经济大省和生态资源丰富禀赋基础，以疏解和承接带动三地产业链、创新链、价值链融合，提高了产业布局与资源环境的匹配度，优化了区域分工和协作。最后，保持战略定力，做到久久为功。京津冀积极探索人口经济密集地区优化开发新模式、集约发展新路子、中国特色城市群空间发展新格局、高质量发展新机制、政府协作治理新方式、地方品质塑造新路径，保持向协同要红利的战略定力，充分体现了大党大国的时间观。

十年来，京津冀区域经济整体实力持续增强，经济增长稳中有进，成为了与长三角、珠三角比肩，中国第三个跨入10万亿级国内生产总值门槛的城市群，在平衡南北经济、连贯东西发展上持续发挥引领性作用，为筑牢我国现代化发展经济根基、示范带动北方乃至全国经济高质量发展提供了有效支撑。一是经济总量迈上新台阶。2014—2022年京津冀地区生产总值年均增长6.9%，2022年京津冀地区生产总值超过10万亿元，比2014年的5.9万亿增长了1.7倍，区域整体实力迈上新台阶，进一步夯实了以首都为核心的世界级城市群的物质基础。二是人均产值和可支配收入同步提升。2022年京津冀地区人均GDP达9.1万元/人，较2014年的5.4万元/人增长了70%，其中2022年北京市人均GDP为19万元，天津市为11.9万元，河北省为5.7万元，京津两地人均GDP水平进一步向发达国家靠拢。同年，三地居民人均可支配收入分别达7.7万、4.9万和3.1万，较2014年分别增长了74%、70%和85%，居民人均可支配收入实现了同步增长（表1-2）。

表1-2　2014—2022年京津冀地区生产总值和人均生产总值

指标	地区	2014年	2015年	2016年	2017年	2018年	2019年	2020年	2021年	2022年
地区生产总值（亿元）	京津冀	58775.5	62057.0	66992.5	72974.4	78963.5	84479.2	86393.2	96356	100292.6
	北京	22926.0	24779.1	27041.2	29883.0	33106.0	35445.1	35943.25	41045.63	41610.9
	天津	10640.6	10879.5	11477.2	12450.6	13362.9	14055.5	14007.99	15685.05	16311.3
	河北	25208.9	26398.4	28474.1	30640.8	32494.6	34978.6	36013.84	40397.14	42370.4
人均生产总值（万元/人）	京津冀	5.4	5.7	6.2	6.6	7.2	7.7	7.8	8.8	9.1
	北京	10.7	11.4	12.3	13.6	15.1	16.2	16.4	18.8	19.0
	天津	7.5	7.6	7.9	8.7	9.6	10.2	10.1	11.4	11.9
	河北	3.5	3.6	3.9	4.2	4.4	4.7	4.8	5.4	5.7

数据来源：国家统计局。

（三）非首都功能疏解成效明显

"疏解北京非首都功能、推进京津冀协同发展，是一个巨大的系统工程。"[①] 京津冀协同发展推进以来，始终牢牢牵住疏解北京非首都功能这个"牛鼻子"，坚持疏控并举，坚持疏解与承接并重，北京"大城市病"有所缓解，首都空间布局和经济结构得到了优化提升。

---

① 2015年2月10日，习近平总书记在中央财经领导小组第九次会议上的讲话。

第一篇 总论

一是北京"大城市病"有所缓解。首先，人口数量得到控制。伴随北京非首都功能疏解推进，北京中心城区①常住人口开始下降，2021年中心城区人口数为1097.2万人，比2014年下降179.1万人，人口密度显著降低，功能品质和集中承载水平明显提高（表1-3）。其次，资源环境压力显著下降。2021年，北京万元GDP能耗和万元GDP水耗比2014年下降了48%和38.4%，集约节约型发展取得显著进展（图1-3）。最后，人居环境明显改善。截至2022年底，北京市人均公园绿地面积达16.9平方米，比2014年增加1平方米，城市绿化覆盖率达到49.3%，比2014年提高1.9个百分点，首都生活品质有效提升。

表1-3　　　　2014—2021年北京市中心城区人口数　　（单位：万人）

年份	东城区	西城区	朝阳区	海淀区	丰台区	石景山区	人口合计
2014	91.1	130.2	392.2	367.8	230	65	1276.3
2015	90.5	129.8	395.5	369.4	232.4	65.2	1282.8
2016	87.8	125.9	385.6	359.3	225.5	63.4	1247.5
2017	85.1	122	373.9	348	218.6	61.2	1208.8
2018	82.2	117.9	360.5	335.8	210.5	59	1165.9
2019	79.4	113.7	347.3	323.7	202.5	57	1123.6
2020	70.9	110.6	345.1	313.2	201.9	56.8	1098.5
2021	70.8	110.4	344.9	313	201.5	56.6	1097.2

数据来源：北京市统计局。

二是首都产业结构和空间结构逐步优化。一方面，疏存量和控增量的有效结合为北京市高精尖产业发展创造了有效空间。北京市出台实施《关于严格控制北京市域范围内新增项目审批的暂行规定》，严格执行《北京市新增产业禁止和限制目录》，累计不予办理新设立或变更登记业

---

① 北京城市总体规划（2016年—2035年）》提到，北京中心城区即城六区，包括东城区、西城区、朝阳区、海淀区、丰台区、石景山区。

务超过2.4万件，显著控制了非首都功能增量。同时，积极开展"疏整促"专项行动，累计退出一般制造业企业约3000家，疏解或提升各类市场和物流中心约1000个，23家市属高校、医疗卫生机构向城六区外布局，城乡建设用地减量120平方公里，一般制造业企业、四环内区域性专业市场集中疏解任务基本完成。功能空间合理腾退后，北京市产业结构进一步优化，科技、信息、文化等高精尖产业法人个数逐年增长，新设市场主体占比从2013年的40.7%上升至2021年的65.5%（图1-4）。另一方面，城市副中心和雄安新区新"两翼"的建设优化了北京市空间布局，第一批市级机关已正式迁入城市副中心，一批重点疏解转移项目已在雄安新区有序落地，北京功能布局实现了优化重组，开拓了京津冀协同发展新空间。

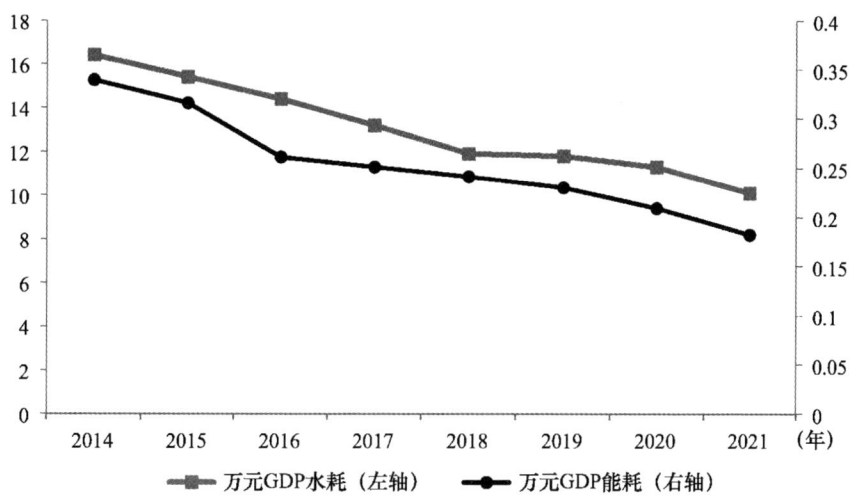

图1-3 北京市万元GDP能耗（单位：万吨标准煤）和
万元GDP水耗（单位：立方米）

数据来源：北京市统计局。

（四）北京新"两翼"建设取得突破

建设北京城市副中心和雄安新区两个新城，形成北京新"两翼"，是京津冀协同发展的重要途径，在推进京津冀世界级城市群建设中发挥

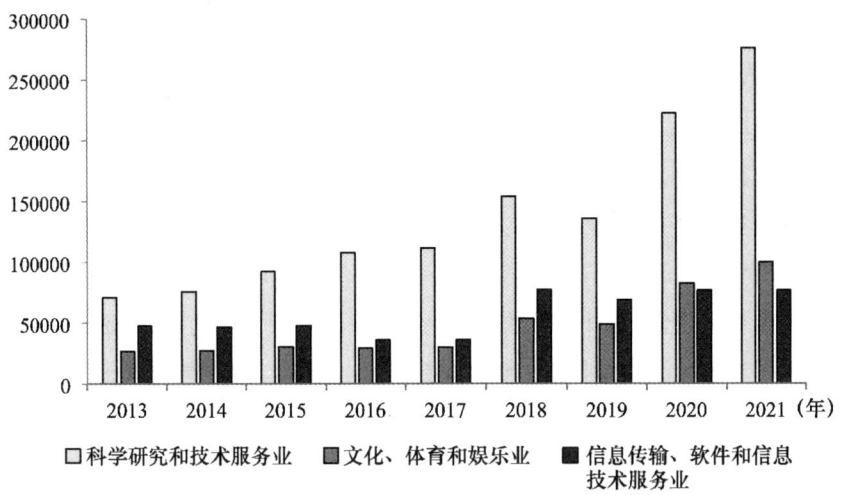

图1-4 北京科技、文化、信息"高精尖"产业法人单位数（单位：个）
数据来源：北京市统计局。

核心作用。"一核两翼"的现代化首都都市圈既符合首都空间布局的一般规律，又符合城市空间结构的演化规律，为建设现代化大国首都和强化北京首都功能提供了重要支撑①。

一是北京城市副中心建设加快推进。围绕"四个中心"首都功能定位，城市副中心高质量承接北京非首都功能疏解，并为中心城区发展提供了服务和保障，"以副辅主、主副共兴"的发展格局正在有序形成。首先，产业承接与升级并行推进。一方面，北京城市副中心加快推动央企二三级企业、市属国企及跨国企业总部等优质资源搬迁入驻，首批搬迁的6家市属国企总部全部开工建设，产业承接高质量推进；另一方面，北京城市副中心锚定科技创新、行政办公、商务服务、文化旅游等功能定位，大力发展相关产业，2022年第三产业增加值占比达61.7%，较2013年提升了11.9个百分点，区域产业向高级化和服务化升级，经济集聚规模显著提高。其次，城市

---

① 李国平、吕爽：《京津冀跨域治理和协同发展的重大政策实践》，《经济地理》2023年第1期。

建设加速。随着超级工程北京城市副中心站综合交通枢纽、城市绿心建筑等地标建设的加速推进，城市副中心面貌不断更新。最后，公共资源配置持续优化。伴随北京学校、人大附中等名校入驻，以及北京友谊医院、人民医院等三甲综合医院落户城市副中心，区域公共服务水平与高质量发展诉求逐渐匹配，有效改善了区域人居环境并缓解了职住失衡问题。

二是雄安新区进入高质量建设阶段。2017年党中央从"千年大计、国家大事"战略高度作出建设雄安新区的重大部署。雄安新区不是河北省一个简单经济功能区的建设，它是京津冀世界级城市群建设的标志性成果，是我国向创新驱动型增长方式迈进的一次伟大尝试，也是区域均衡发展的关键环节[①]。习近平总书记三赴雄安，有力推动了雄安新区由顶层设计向实质性建设再到大规模建设与承接北京非首都功能疏解并重的持续升级和演进，雄安新区全面进入高质量建设阶段。首先，交通基础设施建设逐渐完善。伴随京雄城际铁路通车，雄商高铁、雄忻高铁开工建设，以雄安新区为中心的轨道交通网络逐渐成形，"四纵三横"对外高速公路骨干路网全面打通，雄安新区路网建设取得显著突破。其次，产业承接加快推进。围绕信息技术与智慧科技、基础设施建设、绿色生态、电力与新能源、现代金融服务五大重点产业类型，雄安新区积极承接项目转移，首批标志性项目陆续落地建设，中央企业在新区设立各类机构累计已超过140家，新区承接载体功能持续发挥。再次，营商环境明显优化。雄安新区积极深化"放管服"改革，深入推进"互联网+政务服务"，打造"雄安服务"品牌，以优质营商环境吸引多家企业落户雄安，优质要素的集聚效应不断增强。最后，新型城市样板建设取得显著突破。雄安新区始终坚持"世界眼光、国际标准、中国特色、高点定位"理念，努力打造高质量发展的新型城市样板，积极推进地下、地上、云上的"三座城"建设，通过生活便利化设施建设、生态环境改善

[①] 刘秉镰、孙哲：《京津冀区域协同的路径与雄安新区改革》，《南开学报》（哲学社会科学版）2017年第4期。

等持续提高区域宜居水平,正在成为我国新时代产城融合发展的新标杆(表1-4)。

表1-4　习近平总书记三赴雄安考察与京津冀协同发展目标要求

时间	事项	重点要求
2017年2月23日	习近平总书记在河北实地考察、主持雄安新区规划建设工作座谈会	七个重点任务:1.建设绿色智慧新城,建成国际一流、绿色、现代、智慧城市;2.打造优美生态环境,构建蓝绿交织、清新明亮、水城共融的生态城市;3.发展高端高新产业,积极吸纳和集聚创新要素资源,培育新动能;4.提供优质公共服务,建设优质公共设施,创建城市管理新样板;5.构建快捷高效交通网,打造绿色交通体系;6.推进体制机制改革,发挥市场在资源配置中的决定性作用和更好发挥政府作用,激发市场活力;7.扩大全方位对外开放,打造扩大开放新高地和对外合作新平台
2019年1月18日	习近平总书记主持召开京津冀协同发展座谈会	六点建设要求:1.紧紧抓住牛鼻子,有序疏解北京非首都功能;2.保持历史耐心和战略定力,高质量高标准推动雄安新区规划建设;3.高质量推动北京城市副中心规划建设;4.向改革创新要动力,引领高质量发展;5.强化生态环境联建联防联治;6.坚持以人民为中心,促进基本公共服务共建共享
2023年5月12日	习近平总书记在河北考察并主持召开深入推进京津冀协同发展座谈会	五大发展使命:1.推动京津冀协同发展不断迈上新台阶,努力使京津冀成为中国式现代化建设的先行区、示范区;2.要牢牢牵住疏解北京非首都功能这个"牛鼻子",控增量和疏存量相结合;3.北京城市副中心与河北雄安新区要协同发力,推动北京新"两翼";4.要充分体现增进人民福祉、促进共同富裕;5.加快交通等基础设施建设,深入推进区域内部协同

资料来源:网络资料整理。

(五)产业协同升级加速推进

产业协同是京津冀协同发展战略率先突破的重点领域之一。2014年习近平总书记在北京市考察工作结束时指出:"要在更高层面整合京津冀产业发展,合理安排三地产业分工特别是制造业分工,着力理顺京津冀产业发展链条,形成区域间产业合理分布和上下游联动机制。"京津冀协同发展推进以来,三地努力打破"一亩三分地"的思维定式,坚持"一盘棋"思想,在区域产业结构优化、产业转移与承接、产业链对接等方面均取得了显著成效,分工合理、协作有序、上下游联动的产业协同发展格局正在加速形成。

首先,产业结构逐步优化。2022 年京津冀三地第三产业比重分别为 83.8%、61.3% 和 49.4%,分别较 2014 年提高了 3.9 个、6.2 个和 7.4 个百分点,区域产业结构持续向合理化和高度化升级。2022 年京津冀工业增加值实现 25114.4 亿元,是 2014 年的 1.4 倍,年均增长 4.6%,占全国比重达 6.3%(图 1-5),工业和信息化部统计数据显示,截至 2022 年底,京津冀地区共有规模以上工业企业 25160 家,累计培育国家级专精特新"小巨人"企业 1100 多家、专精特新中小企业 7000 多家,分别占全国比重的 12% 和 9%,先进制造业创新发展增长极正在加速形成(表 1-5)。

表 1-5　　2014—2022 年京津冀地区三次产业占比情况　　(单位:%)

	北京			天津			河北			京津冀		
	第一产业占比	第二产业占比	第三产业占比	第一产业占比	第二产业占比	第三产业占比	第一产业占比	第二产业占比	第三产业占比	第一产业占比	第二产业占比	第三产业占比
2014 年	0.7	19.3	80.0	1.5	43.4	55.1	12.6	45.5	41.9	5.9	34.9	59.2
2015 年	0.6	17.8	81.6	1.5	41.3	57.2	11.7	43.6	44.6	5.5	32.9	61.6
2016 年	0.5	17.3	82.3	1.5	38.1	60.5	10.8	43.3	45.9	5.0	31.9	63.1
2017 年	0.4	16.9	82.7	1.4	36.7	62.0	10.2	41.7	48.1	4.7	30.7	64.6
2018 年	0.4	16.5	83.1	1.3	36.2	62.5	10.3	39.7	50.0	4.6	29.4	66.0
2019 年	0.3	16.0	83.7	1.3	35.2	63.5	10.1	38.3	51.7	4.5	28.4	67.1
2020 年	0.3	16.0	83.7	1.5	35.1	63.4	10.2	38.2	51.0	4.9	28.4	66.7
2021 年	0.3	18.0	81.7	1.7	36.2	62.1	10.0	40.5	49.5	4.5	30.3	65.2
2022 年	0.3	15.9	83.9	1.7	37.0	61.3	10.4	40.2	49.4	4.8	29.6	65.6

数据来源:北京市、天津市、河北省统计局。

其次,产业协同发展见实效。依托《京津冀协同发展产业升级转移规划》《加强京津冀产业转移承接重点平台建设的意见》《京津冀产业转移指南》等文件指导,津冀积极承接北京产业疏解转移,天津重点打造以综合承接平台与专业承接平台相结合的"1+16"承接体系,河北打造"1+5+4+33"重点承接平台体系,产业集聚发展和产业合作的载体建设成效明显,为疏解和承接工作开展提供了重要保障。截至2023年初,天津累计引进北京投资项目超7000个,到位资金超过1.2万亿元①,河北累计承接京津转入法人单位31255个,产业活动单位13135个②。

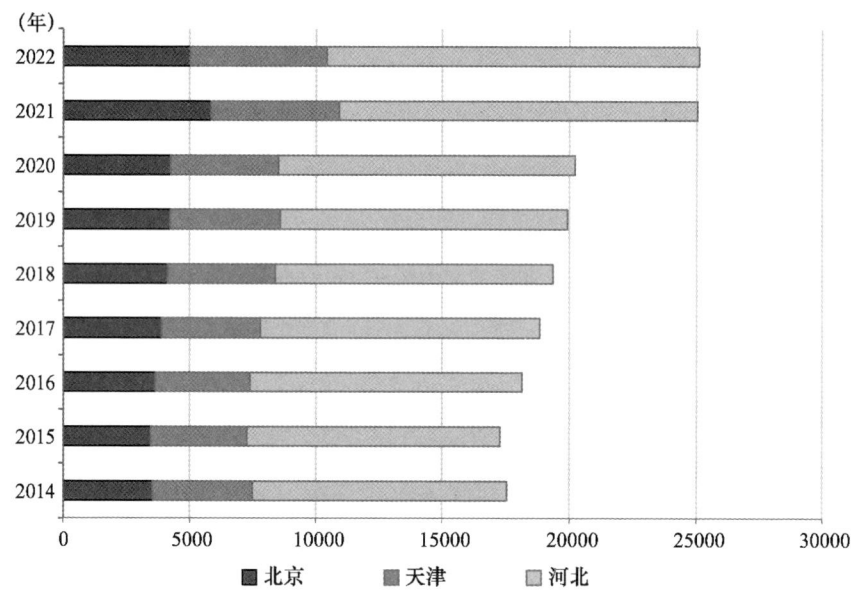

图1-5 2014—2022年京津冀地区工业增加值（单位：亿元）
数据来源：北京市、天津市、河北省统计局。

最后,产业链对接合作加速。三地以"缺链补链、短链拉链、弱链强链、同链错链"为指引,分工逐渐细化,产业协同逐步加强。京津合力发展人工智能与智能制造、新能源、新材料、生物医药与医疗器械、高端装备制造等产业,引导北京龙头企业在津布局；持续加强天津滨海—中关村科技园、京津中关村科技城等重点平台建设,推动京津合作示范区东西区联动发展。京冀联合发展数字经济、新能源、生物医药和高端装备制造等重点产业,推动京张共建冰雪旅游经济,节能环保、新

---

① 数据来源：《北京日报》（2023年3月19日）。
② 数据来源：《河北日报》（2023年7月9日）。

能源产业发展有序推进。

（六）创新联动逐步加强

党的十八大报告指出，要实施创新驱动发展战略。正如习近平总书记所强调："抓创新就是抓发展，谋创新就是谋未来。不创新就要落后，创新慢了也要落后"①。京津冀协同发展推进以来，三地将创新作为发展的主引擎，努力探索"京津研发、河北转化"的新模式，有效实现了京津做大做强科技研发、创新成果到河北孵化和转化的创新协作运营，区域创新能力不断提高，创新联动逐步加强，协同创新的空间溢出效应显著提升。一是创新要素流动性加强，科技创新成果转化加快。2015—2021年京津冀技术合同输出额年均增长14.5%，技术合同输入额年均增长21.4%，创新能力和活力保持在国内前列（图1-6）；北京向天津、河北输出的技术合同成交额占流向外省市的技术合同成交额的比重由2014年的4.8%上升至2021年的8.1%，三地间科技资源流动性增强。二是创新载体平台建设有序推进，创新布局优化。京津冀三地以中关村创新园区为核心，搭建了天津滨海—中关村科技园、京津中关村科技城、天开高教科创园、保定·中关村创新中心、雄安新区中关村科技园等系列创新载体，区域创新合作力度持续加大；搭建了京津冀国家技术创新中心，加快构建全球化创新体系，提升国际影响力，形成了大学"育种"、中心"育苗"、企业"育材"、区域"成林"的"有核无边"协同创新格局。

（七）空间结构逐步优化

空间结构优化是区域高质量发展的基础，对于实现区域协调发展、推动经济社会可持续发展和建设生态文明都具有十分重要的意义②。京

---

① 2015年7月17日，习近平总书记在长春召开部分省区党委主要负责同志座谈会上的讲话。
② 安树伟、黄艳：《国土空间优化促进京津冀高质量协同发展研究》，《改革与战略》2023年第4期。

津冀协同发展实施以来，确定了"功能互补、区域联动、轴向集聚、节点支撑"的布局思路，逐步形成了"一核、双城、三轴、四区、多节点"空间新格局，世界级城市群主骨架基本成型。第一，"一核"首都功能持续优化。京津冀协同发展战略实施以来，非首都功能疏解工作持续推进，北京"吃不下"的状态得到明显缓解，人口结构、产业结构和经济结构得到明显升级，"瘦身"成功的北京GDP占京津冀GDP比重不断提高，由2014年的39%提升到2022年的41.5%。第二，"双城"京津联动加速。京津签订了系列战略合作框架协议和产业、科技、生态等专项合作协议，建成了一批合作共建园区，创新引擎作用持续发挥，京津城际精准实施"一日一图"，双城通勤速度和质量不断提升，2022年京津双城人均GDP为16.3万元/人，较2014年增长了7万元/人，人均GDP进一步接近发达国家水平。第三，"三轴"产业要素聚集明显。伴随京津、京唐秦、京保石产业发展和城镇集聚轴带的逐步形成，京津冀城市群主体框架得到了有力支撑。其中，京津发展轴上的北京、廊坊和天津，经济发展速度加快，科研成果转化优势明显；京唐秦发展轴上的天津宝坻区、唐山、秦皇岛等地高质量承接北京非首都功能疏解，产业对接协作不断深入；京保石发展轴上的保定、石家庄、邢台、邯郸，制造业转型升级成效显著。第四，"四区"发展成果突出。中部核心功能区重点承接北京非首都功能疏解，经济规模持续增长；东部滨海发展区高效利用津冀沿海资源，持续扩大对外开放，港产城联动效果突出；南部功能拓展区发挥自然资源基础优势，重点培育高新技术产业发展，积极推进科技成果转化，产业结构不断优化；西北部生态涵养区支撑京津冀生态屏障，提供高质量绿色产品和生态资源，区域品质持续升级。第五，"多节点"城市承载和服务能力加强。石家庄、唐山、保定、邯郸等区域性中心城市功能不断强化，张家口、承德、廊坊、秦皇岛、沧州、邢台、衡水等节点城市的支撑作用大幅提高，有序促进了京津冀经济和人口布局的合理化（图1-7）。

第一章 京津冀协同发展十年伟大历程

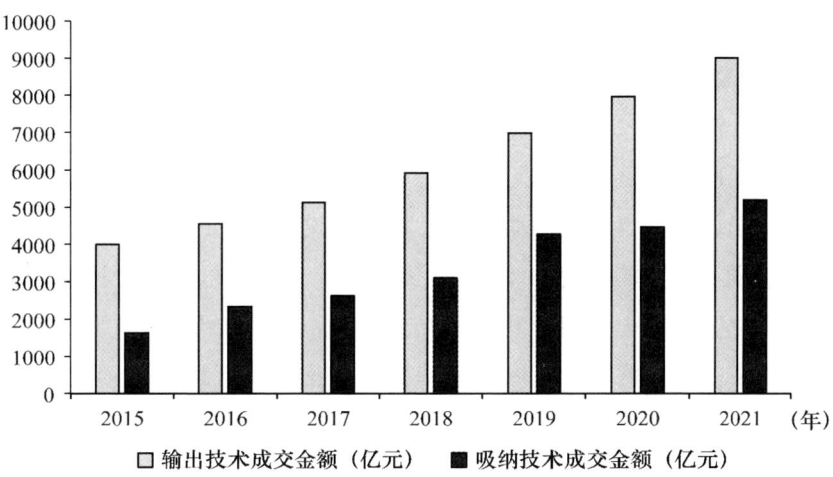

图1-6 2015—2021年京津冀技术市场技术合同输出、吸纳情况（单位：亿元）
数据来源：《中国科技统计年鉴2022》。

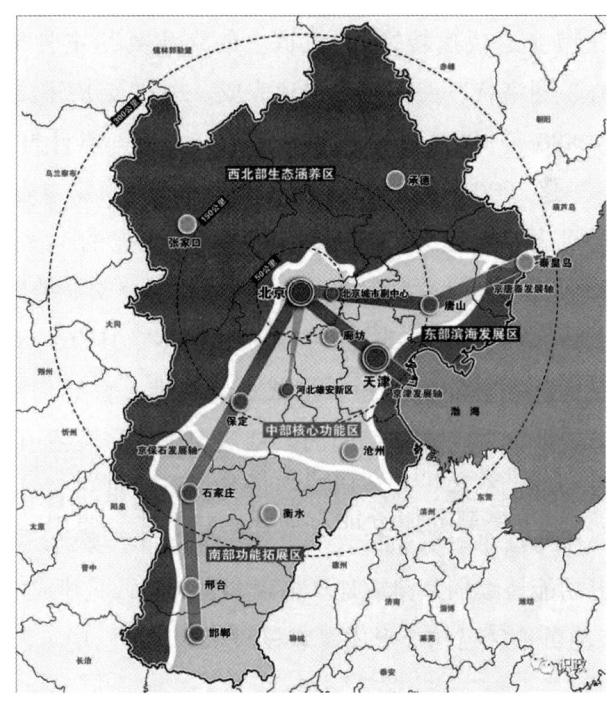

图1-7 京津冀地区空间布局示意图
资料来源：《河北雄安新区规划纲要》。

(八) 交通一体化程度显著提高

便捷、快速、大容量、低成本、综合性的交通网络体系是京津冀协同发展的基础和条件。正如习近平总书记指出："交通是现代城市的血脉。血脉畅通，城市才能健康发展。要在建设立体化综合交通网络上下功夫"①。推进京津冀交通一体化，不仅有利于破解北京交通拥挤难题，而且对优化区域国土空间开发与保护、优化生产力布局具有重要作用。

近年来，京津冀交通一体化持续向纵深推进，区域人流、物流、资金流、信息流快速流动，安全、高效、便捷、绿色、智能的立体化交通网络基本建成。一是"轨道上的京津冀"基本建成。截至2022年末，京津冀区域营运性铁路总里程达10933公里，较2014年增长了38.6%，实现了区域内所有城市全覆盖，邻近城市间铁路基本满足0.5—1小时通达，干线铁路、城际铁路、市域（郊）铁路、城市轨道交通融合发展，区域交通与城市交通快速转换，"轨道上的京津冀"主骨架基本成型。二是"多中心、网络状"路网格局构建完成。2022年京津冀区域高速公路总里程达10880公里，比2014年增长了36.3%，累计打通"待贯通路""瓶颈路"超2000公里，形成了以北京、天津为双中心，唐山、保定、廊坊、沧州为重要节点，其余城市为补充节点的"多中心、网络状"路网格局。此外，京津冀三地已实现40余条公交线路跨市域运营，线路总里程2700余公里，服务范围辐射环京十多个县市，区域通达程度显著提高。三是世界级港口群初步形成。天津港、曹妃甸港、黄骅港、秦皇岛港、唐山港等吞吐量过亿吨的大港实现串联，互惠互利、错位发展、功能完善、分工合理、高效协同的津冀世界级港口群初步形成。以天津港为例，天津港至雄安新区、北京市的集装箱海铁联运班列畅通无阻，港口物流功能持续向京津冀地区辐射和延伸。四是建成三级机场分工协作体系。京津冀地区已初步形成"双核心"（首都机场+大兴机场）+

---

① 2023年5月10日，习近平总书记在河北雄安新区考察并主持召开高标准高质量推进雄安新区建设座谈会时的讲话。

"双辅助"(天津滨海机场+石家庄机场)+"多节点"(支线机场+通航机场)的三级机场分工协作体系,实现了机场群一体运营、错位发展和有效对接(表1-6)。

表1-6　　　　　　京津冀轨道交通发展历程

线路名称	通车时间	联系城市(京津冀范围)
京津城际	2008年	北京、天津
京沪高铁	2011年	北京、天津、沧州
京广高铁	2012年	北京、保定、石家庄、邯郸、邢台
津秦高铁	2013年	天津、唐山、秦皇岛
津保高铁	2015年	天津、保定
京张高铁	2019年	北京、张家口
京沈高铁	2020年	北京、承德
京雄城际	2020年	北京、雄安
京滨城际	2022年	北京、天津滨海
京唐城际	2022年	北京、唐山
津兴城际	2023年	北京大兴国际机场、天津

资料来源:网络资料整理。

(九) 公共服务均等化深入推进

党的二十大报告指出,增进民生福祉,提高人民生活品质,要健全基本公共服务体系,提高公共服务水平,增强均衡性和可及性,扎实推进共同富裕。区域公共服务共建共享,是解决人民日益增长的美好生活需要和不平衡不充分的发展之间的矛盾的有效抓手,是破解人民群众急难愁盼问题的工作重心,更是促进区域发展的关键支撑。

京津冀协同发展推进以来,围绕就业、教育、医疗、养老等民生领域,积极从政策引导、模式创新、优化供给等方面推进区域公共服务共建共享,有效增强了群众获得感、幸福感、安全感。一是加强政策引导。例如,在促进就业方面,出台《京津冀高校毕业生就业创业协同创新框架协议》《推动人力资源和社会保障深化合作协议》《京津冀人才一体化发展规划（2017—2030年)》等，推动了三地职称资格互认，鼓励了区域人才流动，促进了区域高质量就业；在医疗卫生方面，出台《京津冀红十字系统应急工作总体规划》《京津冀卫生计生事业协同发展合作协议（2015—2017年)》《关于开展京津冀区域内就医视同备案工作的通知》等，促进了三地医疗资源共享，极大方便了群众就医；在养老方面，出台《京津冀养老工作协同发展合作协议（2016—2020年)》，合力破解了跨区域老年福利和养老服务问题。有效的政策引导大力推动了京津冀就业、医疗等民生领域改革，加快了区域公共服务均等化进程。二是鼓励公共服务共建共享模式创新。以教育为例，京津冀成立了15个跨区域特色职教集团，探索开展中职阶段在河北培养、高职阶段在北京培养的"3+2"模式；2022年，6所京津高职院校在河北投放单招计划3000余人，探索定点招录模式；河北累计有上千名骨干校长、教师到京津优质学校跟岗培训，探索跟岗培训模式。三是提高公共服务供给效率和水平。京津冀三地充分利用社区建设和信息化技术手段，搭建社区智能服务平台，全面覆盖"一刻钟社区服务圈"，有效解决了"最后一公里"问题，服务效率和水平大幅提升。

伴随办好民生实事、提高公共服务供给水平等系列改革措施的推进，京津冀公共服务均等化取得显著成效。在基本公共服务支出方面，京津冀人均基本公共服务预算支出变异系数2014—2017年小幅上升后进入下降区间，2021年为0.31，三地落差逐步收窄。在医疗方面，京津冀地区每万人拥有卫生技术人员数变异系数和每万人医疗机构床位数变异系数从2014年的0.33和0.1下降到2021年的0.24和0.08，医疗资源区域差距明显缩小。在养老方面，养老服务资源共建共享持续深化，截至2023年6月，北京市5000名老年人到河北、天津的养老机构入住，三地共同推动建立养老机构等级评定、老年人能力综合评估等标准互通互认长效机制，培训交流养老服务人才近3000名[①]。在教育方面，2014—2021年京津冀三地6岁及以上人口平均受教育年限均呈现逐年增长态

---

① 数据来源：《北京日报》（2023年6月10日）。

势，2021年京津两地平均受教育年限分别达到12.54年和11.24年，高于全国平均水平，优质教育资源持续向河北外溢（图1-8）。

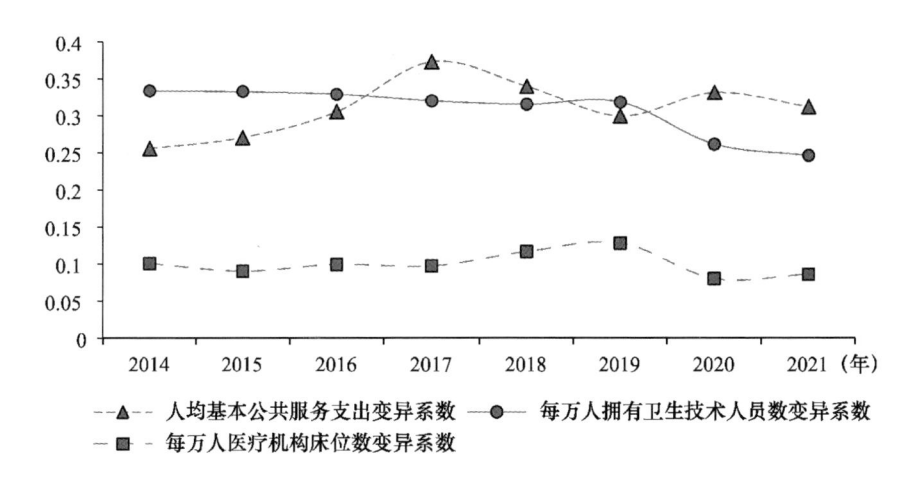

图1-8 京津冀基本公共服务变异系数

数据来源：根据国家统计局相关数据计算。

（十）区域生态环境明显改善

生态环境是重要的民生问题，更是区域持续发展的核心基础。习近平总书记指出："生态环境保护和经济发展是辩证统一、相辅相成的，建设生态文明、推动绿色低碳循环发展，不仅可以满足人民日益增长的优美生态环境需要，而且可以推动实现更高质量、更有效率、更加公平、更可持续、更为安全的发展，走出一条生产发展、生活富裕、生态良好的文明发展道路。"[①] 京津冀地区人与自然关系紧张、资源环境超载矛盾突出，必须加强生态治理，实现率先突破。

京津冀协同发展战略实施以来，大力推进生态环境联防联控联治，全面实施绿色转型，打赢了"蓝天、碧水、净土"保卫战，实现了生态保护与经济效益的双赢，区域生态新貌加速呈现。首先，建成生态环境联防联控体系，实现"统一规划、统一标准、统一监测、统一执

---

① 2021年4月30日，习近平总书记在主持十九届中共中央政治局第二十九次集体学习时的讲话。

法"。以《京津冀协同发展生态环保规划》为统领,京津冀三地共同制定了大气、水、土壤和固废领域的专项规划,统筹区域污染治理;编制《京津冀区域环境污染防治条例》,研究推动建立契合京津冀实际情况的立法体系,实现了区域立法突破。其次,生态环境质量显著改善。2014年全国空气质量排名后10位城市中,京津冀占8席,2022年京津冀城市基本退出后10位,空气质量改善速度全国领先;相较2014年,2022年京津冀二氧化硫(SO_2)、细颗粒物(PM2.5)、可吸入颗粒物(PM10)和二氧化氮(NO_2)年均浓度分别下降80%、60%、50%和40%;2022年京津冀三地PM2.5浓度分别降至30微克/立方米、37微克/立方米和36.8微克/立方米,空气质量大幅改善(图1-9);京津冀三地加快生态补偿机制的探索和建立,增加区域内水生态改善合作,在永定河补水、引滦入津、密云水库上游潮白河流域水源涵养区横向生态保护等方面取得重要进展;截至2021年底,河北森林面积已增加到9901万亩,森林覆盖率达35.3%,草原面积达到2921万亩,草原综合植被盖度达到73.5%。再次,绿色生产取得积极成效。国家统计局数据显示,京津冀区域能耗持续下降,2021年京津冀三地万元地区生产总值能耗较上年分别下降3.1%、5.1%和6.7%,北京能耗最低,河北下降最多;可再生能源开发利用规模逐步扩大,占能源消费总量的8.8%,较上年提高1.9个百分点。最后,生态系统趋于优化。依托《京津冀协同发展林业生态建设规划(2016—2020年)》文件指引,京津保核心生态屏障区、京北高原生态防护区、燕山—太行山水源涵养区、蒙辽防风固沙区、低平原生态修复区和沿海生态防护区的"一圈五区"区域生态安全格局加速形成,京津冀生态安全屏障进一步筑牢。

(十一)京津冀协同发展总体评价

京津冀协同发展战略实施以来,三地携手发力,非首都功能疏解取得了显著成效,重点领域协同稳步推进,区域协同发展的深度和广度不断提升。由南开大学京津冀协同发展研究院开发,涵盖产业协同、协同

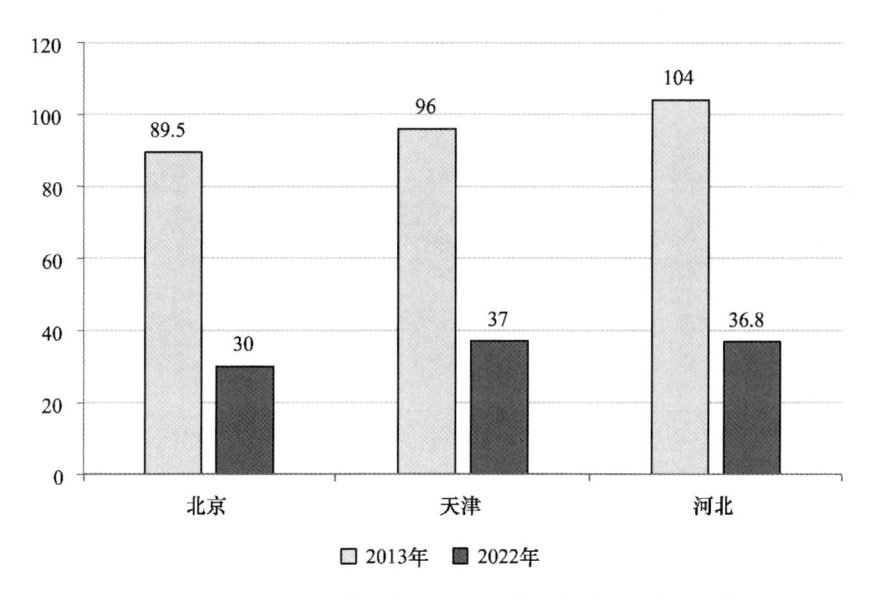

图1-9　2013年和2022年京津冀三地PM2.5年均浓度对比（单位：微克/立方米）

数据来源：北京市生态环境局、天津市生态环境局、河北省生态环境厅。

创新、市场协同、政策协同、交通协同、消费协同、生态协同、土地协同、公共服务协同九个方面的京津冀协同发展总指数显示，2014—2021年京津冀协同发展程度不断深化，协同指数由2014年的0.3510上升到2021年的0.5911，年均增长7.73%，京津冀协同发展不断迈上新台阶，发展潜力大、经济活力足、创新动能强、生活品质高的世界级城市群正在加速形成（图1-10）。

三　京津冀协同发展的经验和启示

京津冀协同发展战略推进以来始终遵循我国区域协调发展规律和城市群建设规律，有效打破了传统的行政分割和"一亩三分地"思维定式，促进了生产要素在更大空间尺度上流动和组合，释放了协同红利，在人口经济密集地区优化开发、资源稀缺地区内涵集约发展、构建中国特色城市群空间格局、促进区域高质量发展、加强政府协作治理、塑造

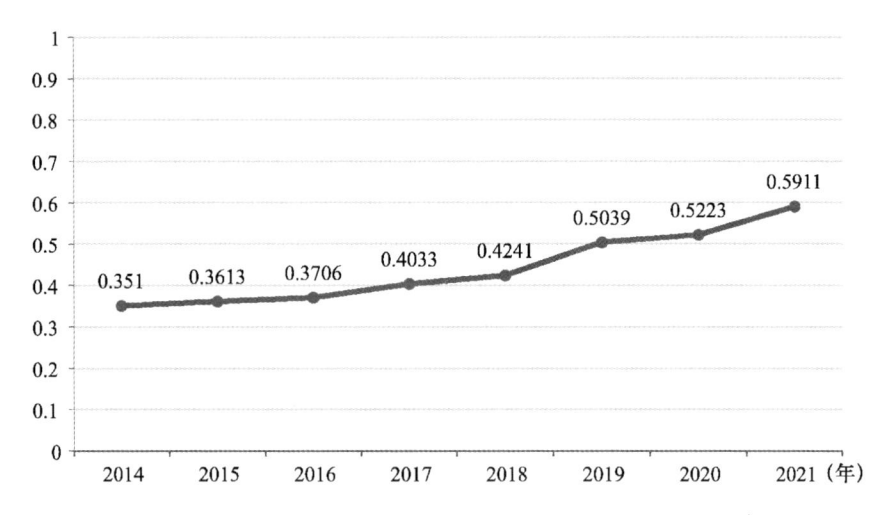

图1-10　2014—2021年京津冀协同发展总指数变化趋势

数据来源：南开大学课题组。

地方品质等方面形成了先进经验和创新做法，为我国乃至发展中国家解决"大城市病"、促进区域协调发展、打造区域增长极贡献了智慧和方案。

（一）人口经济密集地区优化开发的新模式

改革开放以来，我国城镇化快速推进，城市规模迅速扩张，在长三角、珠三角和京津冀等地区形成了若干人口规模大、经济社会功能集中的特大都市圈和都市群[①]，高速增长的同时也伴生了"大城市病"，京津冀地区"大城市病"尤其突出。因此，在京津冀探索人口经济密集地区优化开发的新模式，缓解区域交通拥挤、环境污染、资源不足、房价高涨、区域落差等问题成为了关乎该地区乃至全国发展的重大问题。

从解决"大城市病"的国际经验来看，发达国家往往凭借雄厚的经济基础，通过技术进步、产业结构升级、污染型企业外迁，以及"跳出

---

① 李国平：《将京津冀打造成区域协同发展的样板》，《群言》2021年第4期。

去建新城"等综合措施应对①②，取得了一定的效果；而发展中国家尽管"大城市病"问题严重，但尚未形成有效经验。习近平总书记在引领推进京津冀协同发展中，多次强调要紧紧抓住"牛鼻子"，有序疏解北京非首都功能，在北京中心城区之外高标准规划建设了北京城市副中心和雄安新区，形成了"一疏一建"的中国特色路径。这是我国遵循国际经验和城市建设发展规律的积极探索，为发展中国家探索人口经济密集地区优化开发新模式、解决"大城市病"问题贡献了中国智慧和中国方案。一方面，在疏解上"做减法"。北京市坚持和强化首都"全国政治中心、文化中心、国际交往中心、科技创新中心"核心功能定位，制定了疏解清单，有序推动"一批制造业""一批城区批发市场""一批教育功能""一批医疗卫生功能"和"一批行政事业单位"向外疏解，成为了全国第一个通过减量取得发展的超大城市。另一方面，在承接上"做加法和乘法"。京津冀坚持秉承"千年大计、国家大事"的战略高度，用最先进的理念和国际一流水准规划建设了北京城市副中心和雄安新区，形成了北京新两翼，并在津冀建设了一批高水平承接平台，承接北京外溢效应的同时，积极发挥乘数效应，拓展了区域发展新空间，为地区发展注入了新动能。

（二）资源稀缺地区内涵集约发展的新路子

转变经济增长方式，实现由粗放式向内涵集约式转变是我国经济社会持续发展的必然要求。粗放式经济增长模式下，我国出现部分行业产能过剩、部分产品需求不足、能源消耗过高、环境污染和生态恶化等系列问题，以资源消耗、环境污染、生态退化为代价换取的经济增长难以为继。京津冀地区发展是中国经济发展阶段的缩影，生产建设活动与生态修复矛盾突出，土地、水资源对区域发展的约束越来越明显。因此，转变经济增长方式，探索内涵集约发展新路子不仅对京津冀地区尤为重

---

① 《习近平著作选读》第一卷，人民出版社2023年版，第581页。
② 李国平：《将京津冀打造成区域协同发展的样板》，《群言》2021年第4期。

要，也为全国提供了有效示范。

京津冀内涵集约发展的新路子，主要通过协同创新、产业协同、空间协同和治理协同，提高区域资源要素的配置效率，实现了经济增长的高效益和可持续性。第一，以协同创新提供区域发展引擎。过去十年京津冀充分利用北京科技创新资源富集、天津研发转化能力突出、河北转型发展势头良好的综合优势，大力实施创新驱动发展战略，加强三地科技合作，逐步形成了"京津研发、河北转化"的区域创新合作模式，推进了区域经济结构升级。第二，以产业协同释放区域发展潜能。战略实施以来，三地积极互设分公司、子公司，构建"2+4+N"产业承接平台，打造跨区域产业链，通过产业间技术渗透和链条延伸提高了区域产业发展效率，创造了更多就业机会和经济效益。第三，以空间协同构建区域发展载体。京津冀积极调整优化城市布局和空间结构，构建现代化交通网络系统，扩大环境容量和生态空间，促进了更大空间尺度上要素的合理流动和高效集聚。第四，以治理协同完善区域发展保障。三地政府在顶层设计、合作共治、治理现代化等方面始终坚持"摸着石头过河"的创新探索，治理体系不断完善，治理现代化水平显著提高，治理创新成果有效转变为了现实生产力，为推进京津冀协同发展保驾护航。

（三）中国特色城市群空间发展的新格局

城市群是现阶段我国经济社会发展的核心载体，京津冀、长三角、珠三角三大城市群以不足7%的国土面积承载了近29%的人口并贡献了近42%的地区生产总值[①]，是支撑全国经济增长、促进区域协调发展、参与国际竞争合作的重要平台。然而我国城市群在规模体系和空间分布上存在诸多问题，如大城市膨胀与中小城市萎缩的双重困境、空间分布上存在结构断层、同城化一体化发展程度不足等。京津冀协同发展战略

---

① 刘秉镰、高子茗：《城市群空间结构视角下中国式城镇化的内涵、机制与路径》，《西安交通大学学报》（社会科学版）2023年第4期。

实施初期，城市群空间结构不够合理，城市规模出现断档，北京和天津作为"双核"距离太近，而在"双核"之外没有足够规模的城市进行支撑，不利于区域协调发展。党中央以《京津冀协同发展规划纲要》为统领，按照"功能互补、区域联动、轴向集聚、节点支撑"的思路，以"一核、双城、三轴、四区、多节点"为骨架，逐步形成了以重要城市为支点，以战略性功能区平台为载体，以交通干线、生态廊道为纽带的网络型空间格局，为构建中国特色城市群的大、中、小城市协同发展的新金字塔形空间组织格局①提供了有益经验，也为世界城市协调发展贡献了中国特色的解决方案。

京津冀城市群空间格局构建的创新性做法主要包括两方面。第一，在规模体系上注重城市群整体效应的发挥。三地依托城市比较优势，明确城市功能定位，充分发挥北京的总部功能和溢出辐射作用，通过疏解和承接北京非首都功能，促进了城市群内部产业的转移与承接，以产兴城，以城促产，加快了城市群规模体系的优化。第二，在空间布局上鼓励"紧凑型"临近发展模式，打造都市连绵带，向多中心过渡②。通过启动双城记"新两翼""通武廊"等实现区域一体化，京津冀持续深化体制机制改革，有效推进了都市连绵带的形成与发展。

（四）高质量发展、形成区域增长极的新机制

党的十八大以后，国内外经济形势极其错综复杂，很多情况是改革开放以来没有碰到过的。国际金融危机深层次影响持续蔓延，世界经济复苏乏力，国际贸易低迷，保护主义普遍。国内经济下行压力不断加大，产能过剩矛盾突出，工业品价格连续下降，金融风险隐患增多③。我们党对我国经济社会发展阶段的认识不断深化，从2013年的"三期叠加"到2014年的"新常态"再到2017年的"高质量发展"，发展的目标和

---

① 方创琳：《中国新型城镇化发展报告》，科学出版社2014年版，第10页。
② 刘秉镰、高子茗：《城市群空间结构视角下中国式城镇化的内涵、机制与路径》，《西安交通大学学报》（社会科学版）2023年第4期。
③ 《习近平著作选读》第二卷，人民出版社2023年版，第60页。

要求逐渐明晰。京津冀协同发展以协同为手段，以发展为目的，旨在我国北方构建一个世界级城市群，它不仅是一个地区发展规划，也是中心城市和城市群提高资源承载和优化配置能力的重要样板，更是在新的历史阶段下践行新发展理念、探索高质量发展、形成区域增长极的伟大尝试。

以创新、协调、绿色、开放、共享五大发展理念为统领，京津冀通过系列实践有效回答了中国"实现什么样的发展、怎样实现发展"的重大问题，有力推动了区域经济发展的质量变革、效率变革、动力变革。一是推动协同创新，建设协同创新共同体。通过协同创新载体平台共建、创新要素互联共享和科技合作联合攻关，初步形成了定位清晰、分工明确、开放共享的协同创新格局。二是深化区域协调发展，有效缩小区域发展差距。伴随北京非首都功能有序疏解，三地产业分工协作不断提升，空间布局逐步优化，交通一体化不断深入，"北京吃不了、天津吃不饱、河北吃不着"的区域发展不平衡、不充分问题得到了有效遏制。三是全面绿色转型，打赢"蓝天、碧水、净土"保卫战。通过生态环境联建联防联治、绿色技术推广应用，有效推进了区域绿色低碳转型，实现了生态保护与经济效益的双赢。四是内外双向联动。利用京津冀城市群在我国新一轮开放格局中的战略优势，积极融入国内国际双循环，参与国内外要素配置，优化营商环境，加快推进自由贸易区制度创新，持续提高了城市群的国家影响力。五是公共服务共建共享，民生福祉显著提高。京津冀持续加快推进区域教育、医疗、社保、养老等公共服务共建共享，补齐民生短板，增进了民生福祉[①]。

（五）央地、地地政府治理协作的新方式

跨区域治理和政府合作是推进区域协同发展的重要内容。习近平总书记指出："行政区划并不必然就是区域合作和协同发展的障碍和壁垒。

---

① 张贵、孙晨晨、刘秉镰：《京津冀协同发展的历程、成效与推进策略》，《改革》2023年第5期。

行政区划本身也是一种重要资源,用得好就是推动区域协同发展的更大优势,用不好也可能成为掣肘。这就需要大家自觉打破自家'一亩三分地'的思维定式,由过去的都要求对方为自己做什么,变成大家抱成团朝着顶层设计的目标一起做。"① 与长三角、珠三角不同的是,京津冀在探索跨区域政府协作方式中,需要处理央地、地地两层关系,改革力度更大,创新性更强,为我国跨域治理特别是发达的大都市地区和不发达的周边地区高质量协同发展提供了新典范②。

京津冀协同发展实施以来,三省市通力合作,坚持"一盘棋"思想,跳出"一城一池"得失,有效打破了行政分割和市场分化,促进了协同发展走深走实。首先,构建多元治理主体。通过设立中央层面的京津冀协同发展领导小组,并下设北京市、天津市和河北省三个地方层面推进京津冀协同发展领导小组,有效强化了央地、地地政府之间合作和利益的有机统一,提高了区域合作的质量和效率。其次,选取重点领域率先加强地方合作。产业协同方面,三地政府找准比较优势,明确分工定位,有序推进非首都功能承接和转移,加强了区域产业协同和联系。交通一体化方面,三地合力共建立体化、网络化综合交通体系,实现乘车二维码互联互通,"轨道上的京津冀"基本建成,区域通达程度显著提高。生态治理方面,京津冀加强生态联防联控联治,打赢了"蓝天、碧水、净土"保卫战,区域生态环境明显改善。最后,强化机制体制创新。三地政府积极推进财税制度、生态补偿机制、公共基础设施与公共服务等相关机制体制改革,有效破除了阻碍区域协同的制度性约束和体制性障碍,通过治理创新高质量促进了区域协同发展。

(六) 塑造地方品质、打造样板城市的新路径

党的十九大报告指出,我国社会主要矛盾已经转化为人民日益增长的美好生活需要和不平衡不充分的发展之间的矛盾。这就要求各地区在

---

① 2014年2月26日,习近平总书记在北京市考察工作结束时的讲话。
② 李国平、吕爽:《京津冀跨域治理和协同发展的重大政策实践》,《经济地理》2023年第1期。

发展中,"要把高质量发展同满足人民美好生活需要紧密结合起来,推动坚持生态优先、推动高质量发展、创造高品质生活有机结合、相得益彰"①。京津冀协同发展实施推进以来,始终围绕人民所想,聚焦就业、生态、教育、医疗、社保、养老等民生领域,有效提升了区域生产品质、生活品质、生态品质,并以"世界眼光、国际标准、中国特色、高点定位"理念要求,打造雄安新区成为我国高质量发展新阶段的城市样板,构筑了新时代宜居宜业的"人民之城",为进一步聚集高质量要素资源和充分激发区域发展活力提供了有效支撑。

在区域公共服务共建上,京津冀协同发展探索了一条"合作—共享—均等化"的新路径,人民群众获得感、幸福感显著增强,区域宜居水平明显提高。首先,三地签署了专业技术人员职称资格互认、工伤保险、养老就医等系列合作协议,有效破除了区域内要素流动壁垒。其次,三地积极推进多层次教育资源共享、医疗检验结果互认、异地就医免备案、跨区域劳动力信息协同和发布等制度改革,引导京津优质资源向河北外溢,促进了区域公共服务共享。最后,京津冀坚持"同质同标"原则,率先在养老领域探索构建京津冀养老服务一体化标准体系,在养老服务标准、照护需求评估、养老护理员资质等方面开展区域统一标准化试点,区域公共服务均等化进程加快。

雄安新区的规划和建设为我国新时代城市发展贡献了新经验,提供了新标杆。第一,高标准高质量编制规划。雄安新区规划编制是新中国成立以来,全国关注度最高、动用机构最多、涉及领域最广、集聚人才最多的一次城市规划编制,有60多位院士、3500多名专家和技术人员参与,最终形成了"1+4+26"规划体系②,切实做到了"世界眼光、国际标准、中国特色、高点定位"。第二,地下、地上、云上"三座城"

---

① 2021年3月7日,习近平总书记在参加十三届全国人大四次会议青海代表团审议时的讲话。
② 雄安新区"1+4+26"规划体系,其中"1"指以《河北雄安新区规划纲要》为统领;"4"指以《河北雄安新区总体规划》《河北雄安新区起步区控制性规划》《河北雄安新区启动区控制性详细规划》《白洋淀生态环境治理和保护规划》为支撑;"26"指26项专项规划。

一体化建设。雄安新区大力建设地下综合管廊,并在全国首次建设覆盖全部管廊的物联网感知网络体系,管理更加智能高效;大力打通区域交通动脉,全面启动城市基础设施建设和城市配套设施建设;率先建设数字城市,搭建"一中心四平台"智慧城市基础框架,在我国城市建设史上首次全域实现数字城市与现实城市同步发展。第三,促进产城融合。新区牢牢把握功能定位,制定了包括用地、住房、社保、人才、医疗卫生、教育、户籍等10个方面的"1+10"疏解配套政策,有效推进了非首都功能疏解工作的顺利开展,进一步强化了新区要素聚集能力,产城融合取得了良好开端。

四 京津冀协同发展的难点与堵点

十载磨砺,再续华章。当前京津冀协同发展已全面开启建设中国式现代化先行区、示范区的新征程。新形势、新要求下,京津冀协同发展仍然存在改进和发展的空间,必须精准研判、清醒审慎、积极应对、主动作为,全力推进京津冀协同发展迈向更高水平。

(一)总体经济增长较慢

京津冀地区与国际国内先进城市群发展水平存在一定差距,总体增长相对缓慢。从国际比较看,发达国家世界级城市群的人均GDP通常在3万美元以上,而京津冀地区人均GDP仅为1.25万美元左右,距离世界级城市群仍有一定差距。从国内比较看,京津冀占全国GDP的比重由2014年的9.1%下降为2022年的8.3%;京津冀地区人均GDP与全国人均GDP的比值也由2014年的1.28倍下降为2022年的1.06倍,京津冀发展方式转变、经济结构调整、增长动力转换的压力仍然存在。与长三角、珠三角相比,京津冀经济发展尚存差距,表现在:2022年京津冀人均GDP仅为长三角的75%和珠三角的60%,增长速度较慢;2022年京津冀出口总额仅占长三角的25.7%和珠三角的15.8%,外向型经济发展水平较低;2021年长三角机场货邮和港口集装箱吞吐量分别是京津冀的

3.44倍和4倍，珠三角是京津冀的2.02倍和2.48倍，京津冀基础设施利用不充分，经济活跃度不足；2021年500强民营企业长三角地区占比为42%，珠三角地区为12%，京津冀地区为11%，京津冀民营经济发展相对滞后。从京津冀内部看，河北经济发展与京津相比仍存在明显差距。2022年，北京、天津、河北省人均GDP分别为19万元、11.9万元和5.7万元，河北人均GDP仅为北京的30%和天津的47.8%[①]，三地之间经济落差制约了区域协调性的发挥（图1-11）。

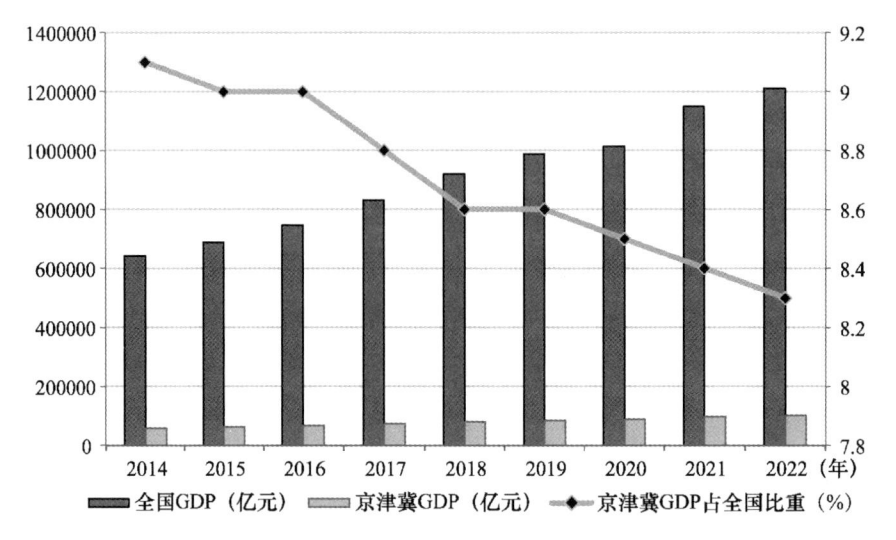

图1-11　2014—2022年京津冀GDP水平与全国GDP水平比较
数据来源：国家统计局、北京市统计局、天津市统计局、河北省统计局。

（二）区域协同创新能力有待提高

北京是全国科技中心，主要依靠科研院所高度集聚的优势进行知识型创新，但其就地就近的技术转化比例低，技术输出呈蛙跳状向长三角和珠三角转移，津冀两地的临近优势并未充分发挥。以中关村为例，其科技成果除北京本地转化外，五成多落地长三角、珠三角地区，仅有不

---

① 数据来源：根据国家统计局、北京市统计局相关数据计算。

足一成落地津冀地区①。津冀两地对北京科技资源的吸纳、聚集与整合能力不强的原因包括：一是科技创新对产业支撑和核心引领作用不突出，具有创新引领性的龙头企业少；二是技术交易市场不发达、产业配套体系弱，科技到产业的转化渠道不畅，创新效率低；三是民营经济不发达，市场化程度低，创新氛围不活跃，创新成果产出率低；四是人才吸引力不足，2018—2022年，京津冀人才流入占比分别为-2.9%、-4.0%、-0.7%、-0.6%、0.5%②，总体人才净流出状态导致区域创新活力不足。

（三）产业链、创新链融合难度较大

随着非首都功能疏解工作的深入开展，京津冀区域产业链构建与创新链融合发展的矛盾开始凸显。一方面，三地产业结构错位，产业链构建难度较大。2022年，北京三次产业占比为0.3∶15.9∶83.8，处于后工业化时期；天津为1.7∶37.0∶61.3，处于工业化后期；河北为10.4∶40.2∶49.4，处于工业化中期，三地产业发展水平和发展质量存在较大差距。从重点发展的产业类型来看，北京侧重信息技术+人工智能、现代服务业等高精尖产业；天津以"制造业立市"，侧重生物医药、装备、信息技术等先进制造；而河北总体上以机械加工、钢铁冶金、煤炭和电力等为主。三地产业上下游关联程度不高，尤其是河北，很有可能会出现"产业承接能力过弱""无产可转"等问题。另一方面，京津冀地区除环京津地区创新绩效较高外，其他地区都较低，形成了"个别极高—大量较低"的"断崖式"分布，创新绩效分布不均衡导致了北京科技成果在津冀地区转化率偏低，围绕创新链布局产业链受阻。因此，找准区域产业链与创新链"双链"深度融合的结合点和发力点仍然是未来推进京津冀协同发展的工作重点。

---

① 叶堂林：《京津冀发展报告（2021）》，社会科学文献出版社2021年版，第135页。
② 资料来源：智联招聘平台与泽平宏观联合发布的《中国城市人才吸引力排名：2023》报告。

(四) 空间结构存在断层

伴随京津冀协同发展战略推进，京津冀空间结构逐步优化，但仍然存在结构性断层、偏心现象。一是城市体系存在断层。京津冀明显缺乏特大城市、大城市和中等城市，存在小城市数量过多、城镇体系断层明显的现象[1]。按城区常住人口来衡量城市规模等级，2020年京津冀共有超大城市2个，大城市5个，中等城市6个，小城市21个，相较于2010年，超大城市和大城市数量各增加1个，小城市数量减少2个，城市结构梯度仍不合理[2]。二是发展重心出现偏心。京津冀三地出现北京向城市副中心发展、天津向滨海新区发展、河北向雄安新区发展的离散式偏心现象，京津之间存在经济断裂和洼地，不利于协同优势的发挥，制约了以首都为核心的世界级城市群建设进程。并且，京津冀地区的"京津发展轴""京唐秦发展轴""京保石发展轴"都需要以首都资源为支撑，且在发展上没有形成合理开发次序，对宝贵的首都资源利用不集中。三是都市圈耦合效应尚未充分发挥。京津冀地区北京、天津两个超大城市，已形成北京都市圈和天津都市圈，两个都市圈相互耦合，而石家庄都市圈还处于早期阶段，其辐射范围主要是石家庄市域内，与京津都市圈差距较大[3]，"三圈"耦合支撑"一群"发展的机制仍需持续探索（图1-12）。

(五) 基本公共服务差距仍然存在

国内外发展经验表明，公共服务通过调节公共投资、要素集聚与配置等影响地区发展水平，是缩小区域差距、促进区域增长的重要因素。尽管京津冀协同发展在推进区域公共服务共建共享上取得了显著成效，

---

[1] 安树伟、黄艳：《国土空间优化促进京津冀高质量协同发展研究》，《改革与战略》2023年第4期。

[2] 肖金成、李博雅、邢干：《京津冀空间布局的优化路径》，《河北经贸大学学报》2022年第5期。

[3] 安树伟、黄艳：《国土空间优化促进京津冀高质量协同发展研究》，《改革与战略》2023年第4期。

但仍存在深层次难点和堵点。一是京津冀三地公共服务分布不均衡。与京津两市相比，河北省教育、医疗等公共资源存在较大落差。教育方面，2020年京津冀三地每百万人口拥有普通高校（机构）数分别为4.2所、4.04所和0.5所，北京每百万人口拥有普通高校（机构）数是河北的8.1倍；医疗方面，2020年京津冀各地区每百万人口拥有三甲医院数分别为2.5所、2.2所、0.7所，河北仅占北京的27.1%和天津的41.9%。[①] 二是京津冀三地财政支撑体制不完善。财政是实现公共服务共建共享的重要支撑和经济基础，目前京津冀没有建立起服务于公共服务一体化的财政支撑体制，在公共服务上仍然"分灶吃饭"，地方经济发展水平直接影响公共服务供给效率，2022年河北省经济发展水平最高的唐山地区生产总值仅相当于北京的21.4%和天津的54.6%[②]。

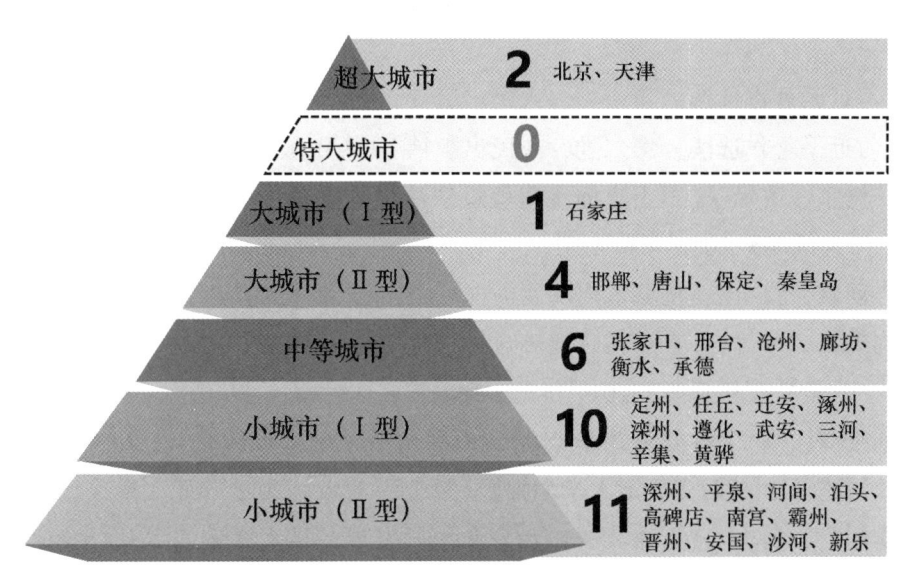

层级	数量	城市
超大城市	2	北京、天津
特大城市	0	
大城市（Ⅰ型）	1	石家庄
大城市（Ⅱ型）	4	邯郸、唐山、保定、秦皇岛
中等城市	6	张家口、邢台、沧州、廊坊、衡水、承德
小城市（Ⅰ型）	10	定州、任丘、迁安、涿州、滦州、遵化、武安、三河、辛集、黄骅
小城市（Ⅱ型）	11	深州、平泉、河间、泊头、高碑店、南宫、霸州、晋州、安国、沙河、新乐

图1-12　2022年京津冀城市群城市体系

资料来源：笔者绘制。

---

① 柳天恩、孙雨薇、田梦颖：《京津冀基本公共服务均等化的多重困境与推进路径》，《区域经济评论》2023年第3期。

② 数据来源：根据北京市、天津市、河北省统计局数据计算。

（六）区域治理有待进一步改进

京津冀地区是一个跨行政区的复杂流动空间，在区域治理上面临治理主体、目标、内容、结构、机制等多重挑战，治理体系和治理能力尚未达到现代化要求。特别是，随着京津冀协同发展进入新征程，区域治理也需要进行适应新变化的调整和优化。在治理体系方面，京津冀三地功能定位的实现程度仍需进一步加强，中央政策与地方规划仍需进一步协调，地方政府间合作仍需进一步加深。在治理能力方面，大数据、云计算、区块链、人工智能等前沿技术需进一步向区域管理手段、模式和理念渗透，推动区域治理现代化。

参考文献

《习近平著作选读》第一卷，人民出版社2023年版。

《习近平著作选读》第二卷，人民出版社2023年版。

安树伟、黄艳：《国土空间优化促进京津冀高质量协同发展研究》，《改革与战略》2023年第4期。

方创琳：《中国新型城镇化发展报告》，科学出版社2014年版。

刘秉镰、孙哲：《京津冀区域协同的路径与雄安新区改革》，《南开学报》（哲学社会科学版）2017年第4期。

刘秉镰、高子茗：《城市群空间结构视角下中国式城镇化的内涵、机制与路径》，《西安交通大学学报》（社会科学版）2023年第4期。

李国平、吕爽：《京津冀跨域治理和协同发展的重大政策实践》，《经济地理》2023年第1期。

李国平、宋昌耀：《"一核两翼"协同发展与现代化大国首都建设》，《行政管理改革》2021年第2期。

李国平：《将京津冀打造成区域协同发展的样板》，《群言》2021年第4期。

柳天恩、孙雨薇、田梦颖：《京津冀基本公共服务均等化的多重困境与推进路径》,《区域经济评论》2023 年第 3 期。

肖金成、李博雅、邢干:《京津冀空间布局的优化路径》,《河北经贸大学学报》2022 年第 5 期。

张贵、孙晨晨、刘秉镰:《京津冀协同发展的历程、成效与推进策略》,《改革》2023 年第 5 期。

第二章

面向中国式现代化的京津冀协同发展再出发：新要求、新逻辑、新征程

刘秉镰　边　杨*

摘　要："努力使京津冀成为中国式现代化建设的先行区、示范区"是新阶段下推动京津冀协同发展的基本遵循，要求京津冀在打造增长极、缩小区域落差、提升政府治理、践行绿色发展、高水平对外开放等方面对中国式现代化实现过程率先探索、先行示范。面向新要求，京津冀协同发展应不断提升战略思维、辩证思维、系统思维、创新思维、历史思维、法治思维和底线思维能力，以新逻辑助力新征程，通过探索协同创新新路径、优化空间结构新格局、开创产业协同新局面、塑造政府治理改革新示范、构筑共同富裕新高地、共建生态环境治理新标杆，打造京津冀成为我国振兴区域经济、实现均衡发展和共同富裕的改革新样板，推动京津冀协同发展不断迈上新台阶。

关键词：中国式现代化；先行区；示范区；京津冀协同发展

党的二十大报告提出了以中国式现代化全面推进中华民族伟大复兴的宏伟目标和基本遵循。中国式现代化是基于中国国情和现实的现代化，

---

* 刘秉镰，南开大学经济与社会发展研究院院长、教授、博导，南开大学京津冀协同发展研究院院长、国务院政府特殊津贴专家、中央京津冀协同发展专家咨询委员会委员，研究方向：区域产业分析、物流规划与政策；边杨，天津财经大学经济学院经济学系讲师、教研室主任，研究方向：区域经济发展与政策、京津冀协同发展。

第二章　面向中国式现代化的京津冀协同发展再出发：新要求、新逻辑、新征程

人口规模巨大、全体人民共同富裕、物质文明和精神文明相协调、人与自然和谐共生、走和平发展道路的显著特征决定了中国式现代化不能照搬西方的现代化模式，对于经济社会各项事业的发展有着新的更高的要求[①]。区域经济是国家发展的映射，在现代化进程中的作用日益突出。京津冀协同发展是党的十八大以来第一个由习近平总书记亲自谋划、亲自部署、亲自推动的重大区域战略，诞生于中国由高速增长转向高质量发展的重要转型阶段，历经十年探索，又迎来了建设成为中国式现代化先行区、示范区的重大使命，在构建中国式现代化发展大局中意义重大、影响深远。

一　中国式现代化的内涵、特征和本质要求

中国式现代化是中国共产党领导中国人民以实现中华民族伟大复兴为目标的社会主义现代化，既有国家社会经济发展状况和发达水平达到世界先进和前沿、世界各国现代化共同的量的规定，又有符合人口规模巨大国情、实现全体人民共同富裕、物质文明与精神文明相协调、人与自然和谐共生、走和平发展道路等中国自身特色的质的特性[②]，对于推进全世界现代化进程和人类文明形态演变具有重大意义。

（一）中国式现代化的内涵

中国式现代化是以中国共产党为领导，以经济积累和制度变革为动力，将各国现代化共性与中国特色有机结合的社会转变过程，是实现中华民族伟大复兴的基本路径。

首先，中国式现代化是中国共产党领导下实现中华民族伟大复兴的基本路径。党的二十大报告指出，从现在起，中国共产党的中心任务就

---

① 刘秉镰、汪旭：《中国式现代化与京津冀协同发展再认识》，《南开学报》（哲学社会科学版）2023年第2期。
② 中国式现代化研究课题组、高培勇、黄群慧：《中国式现代化的理论认识、经济前景与战略任务》，《经济研究》2022年第8期。

是团结带领全国各族人民全面建成社会主义现代化强国、实现第二个百年奋斗目标，以中国式现代化全面推进中华民族伟大复兴。

其次，中国式现代化以经济积累和制度变革为重要动力。在中国共产党领导下，中国式现代化探索先后经历了以新民主主义制度促进农业国转型、以计划经济体制推进工业化、以社会主义市场经济体制促进经济增长、以习近平新时代中国特色社会主义制度体系构建强国根基四个阶段[①]，经济积累为制度变革提供了物质基础，制度变革促成了经济积累，二者良性循环互动提供了中国后来者赶超奇迹的核心动能。

最后，中国式现代化是各国现代化共性与中国特色的有机结合。一方面中国式现代化具有各国现代化的共性特征，包括经济方面的累积发展和居民收入增长、社会福利改进、技术进步和劳动生产率提高、经济发展模式转变等，也包括社会、制度、文化、思想等各方面变革；另一方面中国式现代化必须立足中国实际国情，走特色化转型和发展路径，现代化不等同于西化，现代化必须立足本土实际情况，找适合自己的路径，这也是决定一个国家现代化是否取得成功的关键[②]。

(二) 中国式现代化特征

党的二十大报告指出，中国式现代化是人口规模巨大的现代化，是全体人民共同富裕的现代化，是物质文明和精神文明相协调的现代化，是人与自然和谐共生的现代化，是走和平发展道路的现代化。这是中国式现代化最重要的基本特征，也决定了实现中国式现代化必须选取独特路径。

1. 人口规模巨大的现代化

人口规模巨大的现代化是中国式现代化的显著特征。中国14多亿的人口规模决定了中国式现代化必须采取独特发展路径和推进方式。一方

---

① 刘守英：《中国式现代化的独特路径》，载蔡昉《中国式现代化发展战略与路径》，中信出版社2023年版，第65—89页。
② 刘守英：《解读中国式现代化》，载林毅夫《读懂中国式现代化》，中信出版社2023年版，第40—56页。

面,人口规模巨大的现代化面临较大挑战。目前,全球进入现代化的国家有20多个,总人口在10亿左右①。中国式现代化要解决14亿人口的就业、城乡区域收入差距和公共服务差距等问题,带领全国人民进入现代化社会,超过了现有进入现代化国家的人口总和,难度巨大。另一方面,人口规模巨大的现代化具有优势。超大规模的人口,可以为现代化提供充足的劳动力资源,也可以提供超大规模市场,推动供给与需求良性循环,加速现代化进程。

2. 全体人民共同富裕的现代化

全体人民共同富裕的现代化是中国式现代化的本质要求。中国式现代化坚持发展为了人民、发展依靠人民、发展成果由人民共享,实现共同富裕是社会主义的本质特征和根本原则,也是中国式现代化与西方现代化的显著区别所在。当前,中国实现了第一个百年奋斗目标,全面建成了小康社会,打赢了脱贫攻坚战,使近1亿农村贫困人口脱贫,取得了历史性突破,正在向全面建成社会主义现代化强国的第二个百年奋斗目标迈进。并且,中国在跨越"中等收入陷阱"、逐步形成橄榄型社会收入结构、缩小收入分配差距等问题上已经形成了系统的制度安排和政策举措,坚持做大蛋糕和分好蛋糕,让现代化建设成果更多更公平惠及全体人民。

3. 物质文明和精神文明相协调的现代化

中国式现代化既要物质财富极大丰富,也要精神财富极大丰富,在思想文化上自信自强②。促进物质文明和精神文明相协调是建设社会主义现代化的崇高追求,也是弘扬中华民族文明的重要基础。党的十八大以来,中国经济稳步增长,人民物质生活水平大幅提高,社会主义核心价值观全面形成,文化自信与传承发展持续推进,物质文明和精神文明协调程度显著提高。未来,要继续坚持物质文明和精神文明两手抓、两手硬,进一步坚定全体人民共同奋斗的毅力和决心,加快建设社会主义

---

① 习近平:《中国式现代化是强国建设、民族复兴的康庄大道》,《求是》2023年第16期。
② 习近平:《中国式现代化是强国建设、民族复兴的康庄大道》,《求是》2023年第16期。

意识形态，继续弘扬社会主义核心价值观和社会主义先进文化，提高社会文明程度，进一步促进人的全面发展。

4. 人与自然和谐共生的现代化

人与自然和谐共生是中国式现代化的鲜明特征。中国式现代化坚持可持续发展，坚持节约优先、保护优先、自然恢复为主的方针，坚定不移走生产发展、生活富裕、生态良好的文明发展道路，为实现中华民族永续发展开辟了广阔前景①。建设人与自然和谐共生的现代化，必须科学面对我国人均资源不足、生态约束趋紧的客观现实，牢固树立和践行"绿水青山就是金山银山"的发展理念，加快推进经济增长方式绿色化转型，积极稳妥推进碳达峰、碳中和，以高品质的生态环境支撑高质量发展。

5. 走和平发展道路的现代化

走和平发展道路是中国式现代化的突出特点。中国式现代化坚持独立自主、自力更生，依靠全体人民的辛勤劳动和创新创造发展壮大自己，将激发内生动力与和平利用外部资源相结合来实现国家发展，不以任何形式压迫其他民族、掠夺他国资源财富，而是为广大发展中国家提供力所能及的支持和帮助②。面对世界百年未有之大变局，中国始终坚持高举和平、发展、合作、共赢旗帜，坚决维护世界和平与发展，杜绝西方国家战则两伤、殖民掠夺等实现现代化的老路，坚决奉行互利双赢和开放共享，以中国发展为世界提供机遇，践行真正的多边主义，构建人类命运共同体，建设持久和平、普遍安全、共同繁荣、开放包容、清洁美丽的世界。

（三）中国式现代化的本质要求

党的二十大报告明确了中国式现代化的本质要求，即坚持中国共产党领导，坚持中国特色社会主义，实现高质量发展，发展全过程人民民

---

① 习近平：《中国式现代化是强国建设、民族复兴的康庄大道》，《求是》2023年第16期。
② 习近平：《中国式现代化是强国建设、民族复兴的康庄大道》，《求是》2023年第16期。

主、丰富人民精神世界，实现全体人民共同富裕，促进人与自然和谐共生，推动构建人类命运共同体，创造人类文明新形态。坚持中国共产党领导和坚持中国特色社会主义是中国式现代化的核心；实现高质量发展，发展全过程人民民主，丰富人民精神世界，实现全体人民共同富裕，促进人与自然和谐共生，推动构建人类命运共同体，创造人类文明新形态，是实现中国式现代化的基本路径；高质量发展是中国式现代化的首要任务（图2-1）。

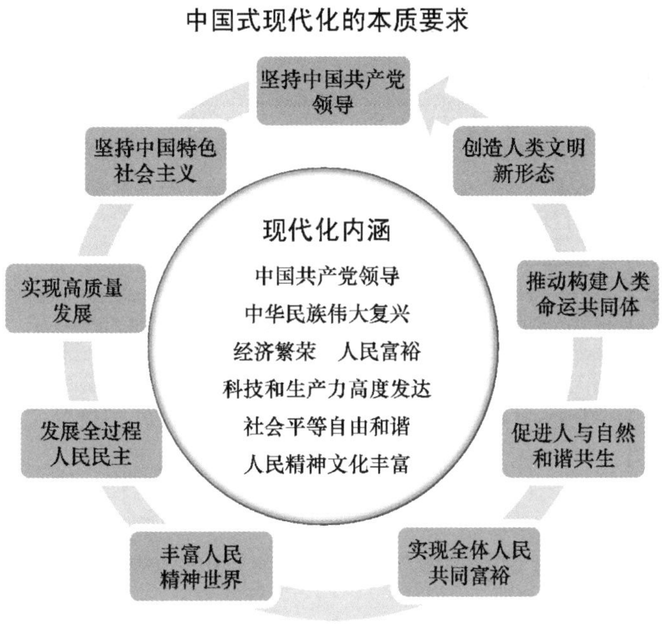

中国式现代化的本质要求

现代化内涵
中国共产党领导
中华民族伟大复兴
经济繁荣　人民富裕
科技和生产力高度发达
社会平等自由和谐
人民精神文化丰富

坚持中国共产党领导
创造人类文明新形态
推动构建人类命运共同体
促进人与自然和谐共生
实现全体人民共同富裕
丰富人民精神世界
发展全过程人民民主
实现高质量发展
坚持中国特色社会主义

图2-1　中国式现代化的内涵和本质要求
资料来源：笔者绘制。

二　先行区示范区建设对京津冀协同发展的新要求

2023年5月12日，习近平总书记在河北考察并主持召开深入推进京津冀协同发展座谈会，指出要"以更加奋发有为的精神状态推进各项工作，推动京津冀协同发展不断迈上新台阶，努力使京津冀成为中国式现代化建设的先行区、示范区",对京津冀协同发展提出了新的战略要求和目标指引。建设中国式现代化先行区、示范区要以中国式现代化的本质要求为基本遵循,利用京津冀更先进、更开放的政策和制度体系,努力突破外需约束、模式约束、结构约束和体制约束,在打造增长极、缩小区域落差、提升政府治理、践行绿色发展、高水平对外开放等方面对中国式现代化实现过程率先探索,为建成富强民主文明和谐美丽的社会主义现代化强国提供成功示范(图2-2)。

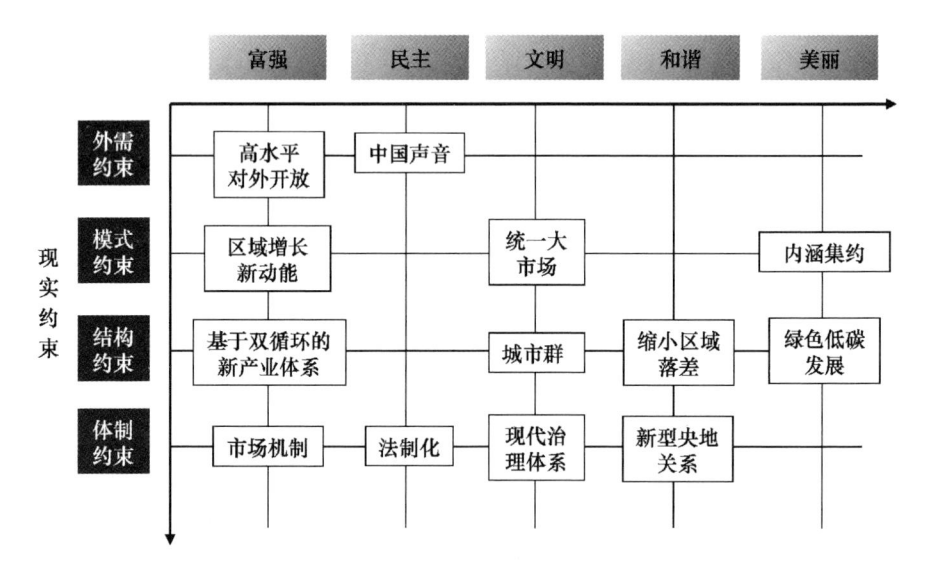

图2-2 建设中国式现代化先行区、示范区的京津冀重大使命
资料来源:笔者绘制。

(一)人口规模巨大的现实要求在打造增长极上先行示范

以增长极为抓手,解决当前我国面临的需求收缩、供给冲击、预期转弱三重①增长难题,是建设中国式现代化先行区、示范区的核心使命。党的十八大以来,我们党对我国经济社会发展阶段的认识不断深化,分别于2013年提出"三期叠加",2014年提出"新常态",2017

---

① 刘秉镰、汪旭:《中国式现代化与京津冀协同发展再认识》,《南开学报》(哲学社会科学版)2023年第2期。

年提出"高质量发展"。京津冀协同发展旨在于我国北方构建一个世界级城市群,形成一个带动北方乃至全国高质量发展的新动力源。建设中国式现代化先行区、示范区,要求京津冀始终践行新发展理念,持续探索高质量发展路径。一方面,京津冀应在完善区域功能疏解和承接的基础上,加快推进区域经济增长动能转换,构建基于双循环的新产业体系,提高区域协同创新,围绕产业链布局创新链,围绕创新链布局产业链,提高经济增长速度和质量,夯实城市群物质基础;另一方面,京津冀应进一步优化空间结构,抓紧促成北京都市圈、天津都市圈、石家庄都市圈"三圈耦合",打造都市连绵带,持续推进改革创新,促进各类生产要素有序流动、高效集聚和优化配置,增强区域发展活力,加快形成京津冀区域市场一体化发展格局,做好中国式现代化建设的排头兵。

(二) 实现共同富裕要求在缩小区域落差上先行示范

做好区域协调、缩小区域落差是建设中国式现代化先行区、示范区的重要内容。从共同富裕的维度解读京津冀建设中国式现代化先行区、示范区的具体任务包括三个层面:一是在宏观层面上缩小南北差距,通过在北方建设经济新高地促进区域均衡发展;二是在区域层面上消除三地落差,通过疏解北京非首都功能和产业链协同促进三地之间的均衡发展,推进三地公共服务共建共享增进民生福祉,增强公共服务对世界级城市群建设的支撑力度;三是城乡层面上通过打造世界级城市群现代化人居环境和优良的公共服务缩小城乡差距,实现全面、可持续发展,为京津冀地区落实新定位提供有力支撑。

(三) 兼顾物质文明和精神文明要求在政府治理上先行示范

加快提升政府治理能力是建设中国式现代化先行区、示范区的关键方面。改革开放以来,中国政府治理能力和治理现代化水平不断提高,为中国经济增长奠定了重要的制度基础。未来中国政府治理现代化仍然面临着如何科学界定政府与市场的边界、如何创新界定中央与地方的权力和责任边界、如何实现官员激励和约束的平衡等多重挑战①。京津冀区域是一个跨行政区边界的复杂空间，包括了中央政府在内"三地四方"关系。建设中国式现代化先行区、示范区要求京津冀积极探索新型央地关系，创新治理协同和立法协同模式，加快构建现代化区域治理体系，研究大数据、云计算、区块链等前沿技术工具在治理领域的应用场景，形成可复制推广经验。

（四）构建人与自然和谐关系要求在绿色发展上先行示范

中国式现代化是人与自然和谐共生的现代化。2020 年习近平总书记提出，中国将提高国家自主贡献力度，采取更加有力的政策和措施，使二氧化碳排放量力争于 2030 年前达到峰值，努力争取于 2060 年前实现碳中和。在双碳目标约束下，实现中国式现代化必须加快经济发展绿色转型。过去十年京津冀生态修复取得显著成效，形成了系列可复制推广经验。新阶段，京津冀应锚定建设中国式现代化先行区、示范区目标，继续聚焦绿色、低碳发展，持续提高土地、水、能源等利用效率，促进区域生产、生活、生态协调发展，积极探索低碳转型以及区域双碳政策协调机制、碳排放交易机制、碳价机制等，在推进碳达峰、碳中和上形成具体实践，以区域高品质生态支撑区域高质量发展。

（五）走和平发展道路要求在开放合作上先行示范

中国式现代化是走和平发展道路的现代化，复杂多变的外部环境对和平发展提出了更高的要求②。建设中国式现代化先行区、示范区宏伟目标下，京津冀必须紧紧抓住我国新一轮全方位开放格局建设机遇，积极融入全球产业链、价值链、创新链，着力提升利用国内外两个市

---

① 周黎安：《中国政府治理的变革与现代化》，载蔡昉《中国式现代化发展战略与路径》，中信出版社 2023 年版，第 297—312 页。
② 刘秉镰、汪旭：《中国式现代化与京津冀协同发展再认识》，《南开学报》（哲学社会科学版）2023 年第 2 期。

场、两种资源的能力，坚定不移推进自贸试验区高水平对外开放和更深层次的改革创新，优化营商环境，持续提高对外开放水平，使京津冀成为参与全球资源配置的关键节点，传播中国声音，提升国际竞争力和影响力。

三 先行区示范区建设要求下京津冀协同发展的新逻辑

中国式现代化立足于人口规模巨大的国内市场，以实现共同富裕为目标，走和平发展的道路，强调人与自然的和谐共生、物质文明与精神文明的协调，规划了"十四五"乃至未来更长时期中国经济社会的建设事业[1]。建设中国式现代化先行区、示范区的新要求下，京津冀协同发展应不断提升战略思维、辩证思维、系统思维、创新思维、历史思维、法治思维、底线思维能力，以新逻辑助力京津冀协同发展迈上新台阶。

（一）坚持战略思维，把握发展方向

战略思维是先行区、示范区要求下推进京津冀协同发展的核心。坚持战略思维，必须以中国共产党为领导，以习近平新时代中国特色社会主义思想为指引，深入学习贯彻习近平总书记关于京津冀协同发展的系列重要讲话精神，定期研判京津冀协同发展的阶段性成效、协同度水平、总体定位和三地定位落实情况等，准确把握京津冀协同发展演进趋势和方向，提高在推进京津冀协同发展工作中的科学性和预见性，在区域产业协同、空间优化、交通一体化、公共服务共建共享、生态环境联防联治等方面持续深化。

---

[1] 刘秉镰、汪旭：《中国式现代化与京津冀协同发展再认识》，《南开学报》（哲学社会科学版）2023年第2期。

(二) 坚持辩证思维,识别堵点难点

辩证思维是先行区、示范区要求下推进京津冀协同发展的基础。京津冀协同发展战略实施初期,国内外经济形势极其错综复杂,中国经济社会进入由高速度向高质量发展的关键转折期,京津冀地区面临北京"大城市病"突出、区域落差大、资源生态超载严重等多重困境,是当时中国经济发展阶段的缩影。习近平总书记抓住关键、找准重点,提出有序疏解北京非首都功能、解决北京"大城市病"。经过十年实践探索,京津冀协同发展取得显著成效。新阶段,京津冀迎来建设中国式现代化先行区、示范区的重大使命,必须坚持辩证思维和问题导向,承认矛盾、分析矛盾、解决矛盾,不断深化京津冀协同发展。

(三) 坚持系统思维,统筹三地资源

系统思维是先行区、示范区要求下推进京津冀协同发展的关键。从系统思维出发,就必须做到统筹兼顾和综合平衡。习近平总书记指出:"京津冀地缘相接、人缘相亲,地域一体、文化一脉,历史渊源深厚、交往半径相宜,完全能够相互融合、协同发展。"在先行区、示范区要求下推进京津冀协同发展,必须充分统筹利用好三地资源,将北京全国政治中心、文化中心、国际交往中心和科技创新中心的优势地位,天津成熟大都市、雄厚产业基础、国际口岸、优良公共服务的基础,以及河北省悠久历史文化、优良生态、丰富自然资源的条件进行有机结合,联手打造区域产业链、创新链、价值链,发挥"1+1+1>3"的合力效应,率先带领1.1亿人口实现现代化。

(四) 坚持创新思维,鼓励创新示范

创新思维是先行区、示范区要求下推进京津冀协同发展的重心。2014年2月26日习近平总书记在北京主持召开座谈会,听取京津冀协同发展工作汇报时强调:"实现京津冀协同发展,是面向未来打造新的首都经济圈、推进区域发展体制机制创新的需要,是探索完善城市群布

局和形态、为优化开发区域发展提供示范和样板的需要,是探索生态文明建设有效路径、促进人口经济资源环境相协调的需要,是实现京津冀优势互补、促进环渤海经济区发展、带动北方腹地发展的需要,是一个重大国家战略,要坚持优势互补、互利共赢、扎实推进,加快走出一条科学持续的协同发展路子来。"京津冀协同发展战略实施以来,坚持先行先试,在人口经济密集地区优化开发、资源稀缺地区内涵集约发展、构建中国特色城市群空间格局、促进区域高质量发展、加强政府协作治理、塑造地方品质等方面形成了系列先进经验。面向建设中国式现代化先行区、示范区的新要求,必须坚持创新,鼓励示范,不断探索,形成更多可复制可推广的经验借鉴。

(五) 坚持历史思维,尊重发展规律

历史思维要求运用历史眼光认识规律、尊重规律并指导现实工作。在建设中国式现代化先行区、示范区要求下,京津冀协同发展必须尊重市场经济规律、区域协调发展规律、产业周期规律、城市群建设规律等,结合区域现实情况,扎实推进工作开展。尊重市场经济规律,要求京津冀加快推进区域市场一体化建设,在推进市场规则共通、商贸设施共联、消费环境共建等方面加快改革。尊重区域协调发展规律,要求京津冀科学认识区域协调发展的辩证法,坚持在发展中促进相对平衡,在发展中形成高质量动能,在发展中保障和改善民生。尊重产业周期规律,要求京津冀厘清产业发展时序,基于三地优势产业,推动形成一批高端高新产业集群。尊重城市群建设规律,要求京津冀持续优化空间布局,努力构建中国特色大、中、小城市协同发展的新金字塔形空间组织格局。

(六) 坚持法治思维,推动深化改革

法治思维是先行区、示范区要求下推进京津冀协同发展的保障。党的二十大报告对重点领域立法提出了新要求。在努力使京津冀成为中国式现代化建设的先行区、示范区的战略指引下,京津冀必须树立法治思维,增强法治观念,加强三地协同立法,共享立法信息,明确协同立法原则，确定协同立法重点，及时研究协同立法的实施效果，抓紧建立适合京津冀区域发展的协同立法模式与立法机制①，以法治方式推进改革深化，持续提高区域治理能力和水平。

（七）坚持底线思维，实现量质双赢

建设中国式现代化先行区、示范区必须坚持底线思维。正如习近平总书记所指出："坚持底线思维，增强忧患意识，提高防控能力，着力防范化解重大风险，保持经济持续健康发展和社会大局稳定，为决胜全面建成小康社会、夺取新时代中国特色社会主义伟大胜利、实现中华民族伟大复兴的中国梦提供坚强保障"②。京津冀协同发展必须严守底线思维，持续增强在危机中育先机、于变局中开新局的能力，加快推进重点领域关键环节改革，提高创新水平和效率，加大生态环境保护力度，完善民生保障，不断适应区域高质量发展新要求，切实实现区域经济质的有效提升和量的合理增长。

四 京津冀协同发展新征程

对照中国式现代化先行区、示范区建设的宏伟蓝图和世界级城市群的标准，京津冀协同发展"要坚定信心，保持定力，增强抓机遇、应挑战、化危机、育先机的能力"，以更加奋发有为的精神状态踏上新征程，在推进中国式现代化建设中干在实处、走在前列、勇立潮头。

（一）探索协同创新新路径

中国经济发展比过去任何时期都需要科技创新，这是经济转向高质量发展阶段的必然要求。过去依靠传统要素投入的产出效率持续下降，投资回报率呈现递减。加快科技创新，促进创新链、产业链、价值链融

---

① 张瑞萍：《京津冀法制一体化与协同立法》，《北京理工大学学报》（社会科学版）2016年第4期。
② 《习近平著作选读》第二卷，人民出版社2023年版，第244页。

合发展成为了新阶段中国转换经济动能、加快经济发展的基本选择。

京津冀地区科技创新禀赋优质，拥有数量众多的一流院校和高端研究人才，创新基础扎实、雄厚，是我国自主创新的重要源头和原始创新的主要策源地。新征程，京津冀应高度聚焦经济动能转换和持续发展，充分利用北京国际科创中心的红利，进一步探索区域协同创新，将北京科技创新资源、天津先进制造研发优势与河北雄厚的产业基础进行有机结合，提升区域创新要素流动性和区域协同创新关联性、互补性；推动京津冀创新链、产业链融合发展，围绕集成电路、网络安全、生物医药、电力装备、安全应急装备等战略性新兴产业，形成一批拥有自主知识产权和国际竞争力的创新型领军企业，着力打造世界级先进制造业集群；发挥区域数字经济基础优势，以数字经济促进区域创新，提升区域经济发展速度和高度，逐步夯实世界级城市群的经济基础。

（二）优化空间结构新格局

中国经济发展正面临着制造业传统比较优势的弱化导致的制造业比重下降、低效企业不甘心退出经营从而寻求政策保护导致的资源配置僵化，以及劳动力从高生产率部门（制造业）向低生产率部门（低端服务业）逆向转移导致的资源配置退化等多重结构性挑战[1]。区域经济致力于依托空间维度实现资源的合理配置和高效利用，通过促进生产要素在更大空间尺度上流动和组合，加速财富积累和福利增长。因此，优化空间布局促进区域高质量发展是我国新阶段提高资源配置效率的关键途径。

京津冀按照"功能互补、区域联动、轴向集聚、节点支撑"的思路，以"一核、双城、三轴、四区、多节点"为骨架，逐步形成以重要城市为支点，以战略性功能区平台为载体，以交通干线、生态廊道为纽带的网络型空间格局，空间结构优化促进区域高质量发展的良性循环已经形成。新阶段，京津冀应持续建好"一核、两翼、双城、三轴"，在

---

[1] 蔡昉：《生产率、新动能与制造业——中国经济如何提高资源重新配置效率》，《中国工业经济》2021年第5期。

高标准建设北京城市副中心和雄安新区的同时，启动都市圈和都市连绵带建设，进一步优化京津冀城市群空间结构；发挥京津中心引领和辐射带动作用，推进多中心空间结构优化和高质量轴带布局，加快培育沧州、廊坊、武清等次中心城市和三级中心城市等，构建多中心、多层级、多节点的网络型城市体系；增强基础设施的网络效应，加快形成广覆盖、多层次、多节点的综合交通和快速通道体系，优化生产要素跨区域流动、聚集和扩散方式，降低物流成本和交易成本，提高要素的空间配置效率，增强参与国际竞争与合作的能力；形成错位化发展的产业分工与协作体系，加强同类产业及相关产业间横向与纵向的分工协同，通过融合互动的产业分工体系，解决大城市过度拥堵和中小城市功能性萎缩的难题，逐步形成以城市群为依托，以中心城市为引领，大中小城市和小城镇协调发展的空间新格局。

（三）开创产业协同新局面

建设现代化经济体系，是中国式现代化建设的主要内容。经济现代化是其他领域现代化的物质基础和有力支撑，也是国际竞争优势的核心表现。现代化经济体系是由社会经济活动各个环节、各个层面、各个领域的相互关系和内在联系构成的一个有机整体①，其中产业体系是核心，是筑牢现代化经济体系的底盘和根基。

产业协同是京津冀协同发展战略率先突破的重点领域之一，过去十年京津冀在区域产业结构优化、产业转移承接、产业链对接等方面取得了显著进展，但也面临三地产业对接难度加大、产业链和创新链融合难度大、产业链配套薄弱等问题。新征程，京津冀应不断完善区域产业发展环境，构建有利于提升产业基础能力和产业链水平的区域产业创新生态；加强政策设计，发挥政策在提升区域产业协同中的引领性作用；充分利用京津冀产业基础优势，在智能制造、新能源、新材料、生物医疗、

---

① 2018年1月30日，习近平总书记在中央政治局就建设现代化经济体系进行第三次集体学习时的讲话。

高端装备制造等重点产业领域发力；探索建立企业、研究机构、行业协会、政府部门联动机制，及时准确把握区域产业链动态变化；提高区域营商环境水平，形成区域统一的产权保护制度、市场准入制度、公平竞争制度、社会信用制度和市场监管制度，形成对国内外优质资源要素的强大吸引力，开创分工合理、协作有序、上下游联动、高效集聚的区域产业协同发展新局面。

（四）塑造政府治理改革新示范

建构现代化政府治理体系是中国式现代化最艰巨的任务，必须坚持中国共产党的领导。通过深化改革和完善中国特色社会主义制度，推动政府的职能转变和治理能力提升，打破"一亩三分地"的传统行政分割，积极推动现代化进程，实现中华民族伟大复兴。

京津冀协同发展不仅是我国区域协调发展的内在要求，也是深化经济体制改革的试验田，更是塑造区域治理体系和提升区域治理能力的示范区。新征程，京津冀应抓紧补足区域治理在主体、目标、内容、结构等方面的短板；加快政府职能转变，建设服务型政府，充分发挥北京全国政治中心的制度优势，带动津冀两地深化体制机制改革，推动政府职能转型，做好市场和企业的服务人，打造全国服务型政府样板；加强区域协同治理，探索独具特色、统一的区域管理体制和协调配合机制，建立顶层设计、规划和会商协调机制，最大限度发挥各城市比较优势，促进三地政府深度合作，降低城市之间恶性竞争带来的负向空间外部性；探索大数据、云计算等前沿技术在区域治理上的应用场景，着力提升区域治理水平。

（五）构筑共同富裕新高地

中国式现代化是全体人民共同富裕的现代化，满足人民对美好生活的向往始终是党和政府的努力方向。实现共同富裕，需要保持合理区间的经济增长，保持经济增长与收入增长同步，持续改善收入分配结构，做大蛋糕，分好蛋糕；需要加快劳动力流动，扩大中等收入群体，不断向橄榄型社会形态过渡；需要逐步实现社会福利均等化①。

聚焦京津冀，新征程应继续通过动能转换加快经济发展速度，提升经济发展新高度，探索初次分配和再分配叠加新模式，提高居民收入水平，扩大中等收入群体规模。特别是在促进区域公共服务均等化上，要着力打破行政区域划分及户籍制度带来的地域壁垒和区域分割，建立统一调配的基本公共服务资源对接平台，推动京津冀公共服务资源共享和功能互补；合理布局公共服务基础设施，推动地区公共服务资源存量疏解、增量均衡；探索京津优质公共服务资源向河北转移的新路径，加大公共服务资源向河北倾斜；鼓励社会资本进入公共服务领域投资运营，构建多方参与的协同供给机制，率先在京津冀地区建立福利制度。

（六）共建生态环境治理新标杆

推进绿色发展、着力解决突出环境问题、加大生态系统保护力度、改革生态环境监管体制是我国加快生态文明体制改革、建设美丽中国的重点任务，也是实现人与自然和谐共生的现代化的必然要求。

京津冀协同发展始终将生态环境治理作为重点领域，生态环境恢复取得显著成效。新征程，京津冀应继续探索区域污染防治联动机制体制，充分总结京津冀空气污染联防联治的成功经验，制定高度协同的区域污染防治战略，形成区域环保标准一体化发展；逐步形成以河长制为核心的流域治水责任体系，推行林长制建设，构建全域覆盖的林草资源保护长效机制；应以重点生态工程为抓手，落实"生态保护红线、环境质量底线、资源利用上线和环境准入负面清单"的生态环境硬约束制度，有力推进绿色生态屏障建设等重大生态工程，持续抓好北方防沙带等生态保护和修复重点工程建设；建立区域生态环境管理大数据平台，实现京津冀污染源管理精细化、动态化和可视化；建立长效的污染治理转移支付机制，通过三地政府间转移支付，调节各地政府环境治理的利益诉求，

---

① 蔡昉：《迈向共同富裕的三大途径》，载蔡昉《中国式现代化发展战略与路径》，中信出版社2023年版，第341—347页。

降低中央纵向转移支付的财政压力，实现地方政府在环境治理中受益；引导与奖励社会公众积极参与，通过市场化的方式增加社会公众在环境治理中的参与感和获得感，积极发挥第三方监督职能，弥补市场配置和政府干预的不足，共建生态环境治理新标杆。

参考文献

《习近平著作选读》第二卷，人民出版社2023年版，第244页。

习近平：《中国式现代化是强国建设、民族复兴的康庄大道》，《求是》2023年第16期。

蔡昉：《迈向共同富裕的三大途径》，载蔡昉《中国式现代化发展战略与路径》，中信出版社2023年版。

蔡昉：《生产率、新动能与制造业——中国经济如何提高资源重新配置效率》，《中国工业经济》2021年第5期。

刘秉镰、汪旭：《中国式现代化与京津冀协同发展再认识》，《南开学报》（哲学社会科学版）2023年第2期。

刘守英：《中国式现代化的独特路径》，载蔡昉《中国式现代化发展战略与路径》，中信出版社2023年版。

刘守英：《解读中国式现代化》，载林毅夫《读懂中国式现代化》，中信出版社2023年版。

张瑞萍：《京津冀法制一体化与协同立法》，《北京理工大学学报》（社会科学版）2016年第4期。

周黎安：《中国政府治理的变革与现代化》，载蔡昉《中国式现代化发展战略与路径》，中信出版社2023年版。

中国式现代化研究课题组、高培勇、黄群慧：《中国式现代化的理论认识、经济前景与战略任务》，《经济研究》2022年第8期。

第二篇　分报告

第三章

先行区示范区与京津冀协同创新

周　密　刘力燔[*]

摘　要：2014年京津冀协同发展上升为重大国家战略以来，京津冀在协同创新发展上获得良好成效。基于京津冀协同创新的新要求、新逻辑，本章通过测算京津冀协同创新成效，发现三地的创新规模不断增长，但北京与津冀的差距仍然较大；同时，三地形成多项协同创新政策、建成多个创新参与主体分支机构、产业创新联盟与园区，但仍存在北京创新成果流向区域外、津冀承接不足的现象。本章整合发达国家协同创新经验，认为京津冀协同创新存在断层扩大，创新链、产业链对接不足，创新成果蛙跳明显，创新网络枢纽城市带动效应有限的问题。对此，本章为京津冀协同创新提出四点发展对策：打造政产学研用新模式，推动创新链、产业链人才链融合，发挥数字经济作用，优化创新生态与环境。

关键词：协同创新；新要求；现状测算；国际经验；发展对策

2023年5月，习近平总书记在河北考察时，主持召开深入推进京津冀协同发展座谈会并发表重要讲话，提出"努力使京津冀成为中国式现代化建设的先行区、示范区"；同时，座谈会强调京津冀"要强化协同创新和产业协作，在实现高水平科技自立自强中发挥示范带动作用"。

---

[*] 周密，南开大学经济与社会发展研究院教授、博导，南开大学中国城市与区域经济研究中心主任，入选南开大学百名青年学科带头人计划；刘力燔，南开大学经济学院博士研究生。

京津冀地区的协同创新具备了新的要求,并需要以更高标准进行整体筹划与设计,加快推进京津冀协同创新进程。

一 先行区示范区建设对京津冀协同创新的新要求与新逻辑

京津冀地区拥有丰富的科技创新资源、众多的顶尖科研院校,创新水平位居中国各地区前列。本节从京津冀产学研新模式、协同创新规模、产出质量与国内地位四方面出发,解读中国式现代化先行区、示范区建设对京津冀协同创新的新要求,并从创新要素、创新主体、协同创新平台构建及协同创新高质量发展四个角度,分析新要求下协同创新发展的理论逻辑。

(一)先行区、示范区建设对京津冀协同创新的新要求

先行区、示范区建设对京津冀地区协同创新的新要求,涵盖了四个维度,即创新参与主体间高质高效的协同模式构建、协同创新规模扩大、协同创新质量提升以及国内领先的协同创新地位塑造。这些新要求明确了京津冀协同创新的发展模式与方向。

1. 构建京津冀政产学研用协同创新的新模式

政产学研用协同创新是政府、企业、科研院所、高校与市场使用者之间的合作,其一般模式为:高校与科研院所作为技术供给方,企业作为技术需求方,通过合作实现创新要素的合理配置。自从2014年京津冀协同发展战略提出以来,三地积极构建政产学研用五大主体间联系,并逐步形成区域内政产学研用协同创新。然而,由于三地科技水平发展不一,创新联系尚处发展构建阶段,政产学研用合作亟需新模式,为三地协同创新注入更强动力。就合作程度而言,由于三地科研成果转化的市场化尚不成熟,政产学研用的资源对接与转化的效率较低,因此需要通过更完善的政策保障体系、更合理的创新环境,构建更高效、更紧密的产学研合作与转化机制。就合作方法而言,随着数字经济的高速发展,

大数据、云计算与人工智能等新兴技术有助于打破三地传统的地理分隔，因此三地政府、校、企与科研机构能够借助技术革新，搭建起更为便捷的政产学研用协同创新的信息桥梁，实现高质量的合作新模式。

2. 扩大京津冀协同创新的规模

协同创新的规模是京津冀协同创新发展程度与潜力的核心影响因素。京津冀协同发展战略提出以来，三地创新总规模呈现总量上升但全国占比未显著上升的特点，本书选取具有代表性的指标进行说明：就创新投入规模而言，京津冀区域 R&D（研究与试验发展）经费内部支出由 2014 年的 2946.57 亿元上升至 2021 年的 3949.14 亿元，国内占比由 22.64% 变为 14.13%；就创新产出规模而言，京津冀区域国内三种专利有效数由 42.48 万件上升至 157.78 万件，10.54% 变为 10.94%。以上创新指标的时间演化说明，京津冀三地的创新投入与产出规模仍有继续扩大的潜力；在加大创新投入、提升创新产出的"量"的同时，还需要继续提升创新主体的创新能力，形成更为多元的创新合作模式与平台，进而加强京津冀区域内不同的创新主体间合作并提升成果转化比重，实现数量与形式共同扩大的协同创新发展成果。

3. 提升京津冀协同创新的产出质量

协同创新产出质量是衡量京津冀协同创新发展程度的重要指标，是京津冀地区创新过程效率性、创新成果效益性的综合反馈。创新产出质量的评价是多维的，在党的二十大报告中，提出"加快实施创新驱动发展战略"时，强调了"增强自主创新能力""提升科技投入效能"等提升创新质量的要求[①]。同时，根据全球创新指数（GII）[②]这一权威性创新测度标准，高校质量、论文影响力与发明的国际化水平被列为创新质量指数的评价方式。因此，京津冀地区需要充分利用区域内一流高校众多、科研基础良好的优势，优化创新流程与主体结构，以更高的协同创

---

① 习近平：《高举中国特色社会主义伟大旗帜 为全面建设社会主义现代化国家而团结奋斗——在中国共产党第二十次全国代表大会上的报告》，人民出版社 2022 年版，第 36—37 页。
② 全球创新指数由世界知识产权组织、康奈尔大学、欧洲工商管理学院共同创建，提供了有关全球 127 个国家和经济体的创新绩效详细指标。

新产出质量形成外溢效应,推动协同创新与经济增长间的良性循环,推动区域经济高质量发展。

4. 塑造京津冀协同创新的国内领先地位

京津冀协同创新步入全国领先地位,是京津冀成为中国式现代化建设的先行区、示范区的重要衡量标准之一。习近平总书记在深入推进京津冀协同发展座谈会上指出,"要加快建设北京国际科技创新中心和高水平人才高地,着力打造我国自主创新的重要源头和原始创新的主要策源地",进而推动京津冀达到高水平科技自立自强的目标。因此,一方面,京津冀应在创新的投入产出规模与质量上不断提升,形成协同创新质与量的领先;另一方面,京津冀应不断完善创新机制,并在创新发展与合作模式上实现"再创新",形成重要创新经验与创新辐射力,实现协同创新发展轨迹的领先,进而达到综合协同创新水平的中国领先地位。

(二) 先行区、示范区建设新要求下京津冀协同创新的新逻辑

先行区、示范区建设新要求下,京津冀协同创新具备更为创新与丰富的逻辑,其主要涵盖的创新要素协同整合配置、创新主体地位明确、协同创新平台构建、创新环境治理水平提升以及协同创新与高质量发展相互促进等多项内容,共同为京津冀协同创新发展提供有效指引。

1. 创新要素的协同整合与配置

创新要素是创新活动、创新生产与协同的必需品。在建设中国式现代化先行区、示范区的新要求下,京津冀地区创新要素需要更合理的整合与配置方案。一方面,京津冀需在协同发展进程中,通过创新基础设施建设、政策优化等途径,吸引、集聚和整合创新要素至区域内,进而为区域创新活动提供充足动能,另一方面,京津冀地区需要优化创新要素配置方式,在区域层面,促进创新要素在创新能力相对较强的北京、天津两地与创新能力较弱的河北之间加强流动,以克服京津创新要素过度集中的问题;在企业层面,不同级别的企业所占据的创新要素需要实现再配置,使中小企业得到足够的创新发展空间,避免出现大型企业的创新要素过度集中的问题。此外,创新要素的配置过程需要实现融合发

展,即通过大数据、金融科技等新型技术手段与融资工具辅助,在京津冀地区实现更高效、更合理的创新要素协同配置,进而实现经济承载力、人口承载力与环境承载力的协同提升。

2. 创新主体地位的明确与协同合作深化

企业作为科技创新主体,是京津冀协同创新进程中的引领者。党的二十大报告作出了"强化企业科技创新主体地位"的部署[①],而后,二十届中央全面深化改革委员会审议通过《关于强化科技创新主体地位的意见》,强调形成企业作为主体、同时产学研高效协同与深度融合的创新体系。因此,京津冀地区需要明确企业的创新主体地位,在企业结构与制度上实现深化改革,支持企业成为基础研究与人才"引育用留"的主体地位,逐渐形成科技领军企业主导、中小微企业蓬勃发展的协同创新格局。同时,区域创新的主要参与者不仅限企业,李虹(2004)[②]将区域创新系统的主体要素划分为企业、大学、科研机构、中介机构与政府,区域创新应当充分调动域内其他主体参与合作。因此,京津冀应利用其高校科研水平高、高校人才集中的优势,强化科研院校研发能力,并且推动包括创新联合体、新型创新中介在内的产学研合作的新模式构建,最终形成在企业创新引领、产学研深度合作的带动下,产业与科技实现创新融合发展,进而推动京津冀地区的协同创新发展的创新驱动发展格局。

3. 协同创新平台构建与创新环境治理水平提升

协同创新平台通过聚集创新资源要素、整合创新过程参与者,构建起区域创新生态。京津冀协同创新进程中构建创新平台,有助于提升创新各环节的信息对称性。第一,区域科技创新平台、创新资源配置平台等区域性平台,通过构建区域内创新对话机制、整合协调创新要素与创新链条,有助于提升京津冀地区内的协同创新效率与程度。第二,基础研究平台、产业化平台、技术创新平台等产业技术性平台,有助于深度

---

① 习近平:《高举中国特色社会主义伟大旗帜 为全面建设社会主义现代化国家而团结奋斗——在中国共产党第二十次全国代表大会上的报告》,人民出版社2022年版,第37页。

② 李虹:《区域创新体系的构成及其动力机制分析》,《科学学与科学技术管理》2004年第2期。

融合京津冀地区企业间、产业间的创新交流与合作，辅助构建产学研合作新模式。第三，融资服务平台、公共科技基础条件平台在内的保障性平台，通过提供资金与建设支持的方式，为创新主体发展提供必要支持，提升区域创新系统的稳定性。此外，京津冀区域良好的创新环境既需要完备的创新平台，又需要合理的区域创新政策、规划与协议提供有效支撑。一方面，创新政策有助于鼓励高校与科研院所研发、企业创新主体提升创新能力以及不同地市的创新合作，直接推动区域创新发展；另一方面，以创新政策推动创新平台建设发展，通过间接的方式，营造优质的创新环境，提供必要保障。

4. 协同创新与高质量发展互为促进

在中国式现代化先行区、示范区的要求下，京津冀协同创新建设不应停留于科技创新发展本身，更应形成多方协同、深度融合的创新高质量发展模式。在创新体系建设上，高新技术研发与基础研究、原始创新的重要程度相当，同时，创新与研发成果需要得到包括北京研发、津冀转化等目标在内的区域承接转化，构成完整的创新链条。基于此，京津冀创新链、产业链、教育链与人才链的有机融合发展，能够有效推动地区由单一的创新途径升级为区域与产业创新集群、先进制造业集群的高质量发展模式。同时，京津冀创新融合发展与新兴的数字经济发展具有耦合关系，数字经济通过数字化技术、区域数字基础设施等优势，提升创新过程效率与创新产出质量；科技创新成果与技术进步则赋能数字经济发展，形成良性循环，实现京津冀现代化产业体系构建。

二　京津冀协同创新的现状测算

自京津冀协同创新战略提出以来，三地在创新投入产出、创新生态与环境优化及创新合作等方面均实现进步与突破。然而，由于区域内不同城市间存在差异化的产业发展特点与城市特征，京津冀各城市的协同创新程度呈现出明显的发展差异。

第三章 先行区示范区与京津冀协同创新

（一）京津冀创新投入与产出测度

创新水平的相关数据是京津冀创新发展与协同程度的重要测算工具，因此，本部分以京津冀协同发展战略提出年份即2014年为起点，使用研究与试验发展（R&D）人员全时当量、研究与试验发展（R&D）内部支出等创新投入数据，以及专利申请授权量、技术市场成交额等创新产出及发展程度数据，对京津冀创新发展水平进行描述统计与比较。

1. 京津冀创新投入现状测度

创新投入包括创新研发人员、创新资金等多种创新要素，经过聚集整合与合理配置，为创新活动提供必要基础保障与充足动力。本部分通过描述统计测度京津冀创新投入现状（图3-1）。

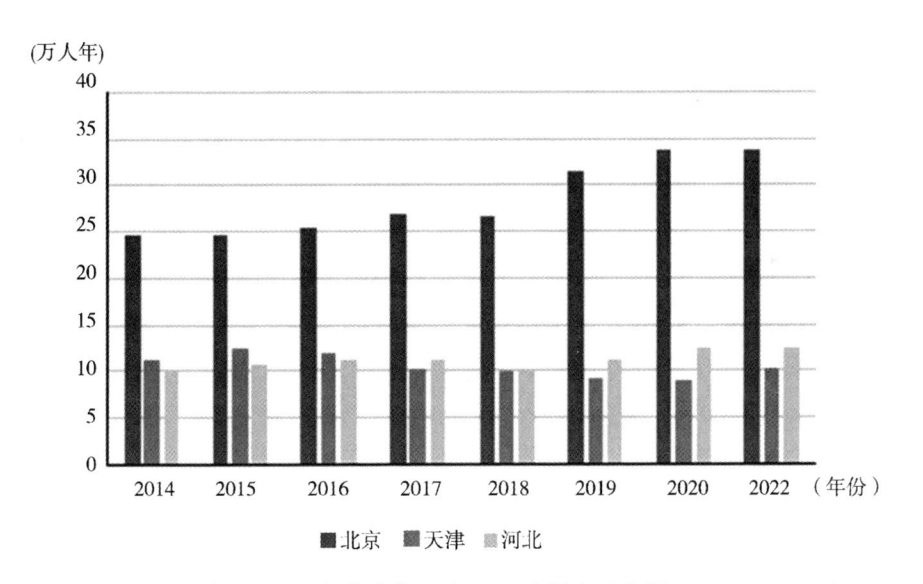

图3-1　2014年至2021年京津冀三地R&D人员全时当量（2014—2021年）
数据来源：《中国科技统计年鉴》。

图3-1显示，全周期内，北京的R&D人员全时当量同时处于津冀两地两倍以上水平，领先全域且呈现逐年上升的良好趋势；天津的全时当量则呈现小幅波动的趋势，2021年的值为10.3万人年，略低于2014

年的 11.33 万人年；河北的全时当量上升幅度较小，由 2014 年的 10.09 万人年升至 2021 年的 12.56 万人年。

图 3-2 反映区域创新投入空间结构变化。基于三地 R&D 全时当量总和基数增加，说明全域创新投入均有所提升，但存在显著的结构性特征：2014 年京津冀三地的 R&D 全时当量区域占比依次为 56.5%、26.1% 与 17.4%；2021 年的三地占比则依次为 64.5%、19.6% 与 15.9%。河北的区域占比较平稳，但仍处于相对低值，说明其具备更大的创新投入空间；北京占比有所上升，而天津占比相对下降，即北京相较于津冀两地具备更多的创新投入与更强的创新要素吸引力。此外，2014 年后，河北省内区域占比最高的石家庄的实际值大幅下降，其他城市亦处于较低水平，说明河北省内城市对创新要素的投入与吸力相对较弱，需要进一步优化创新资源的整合能力。

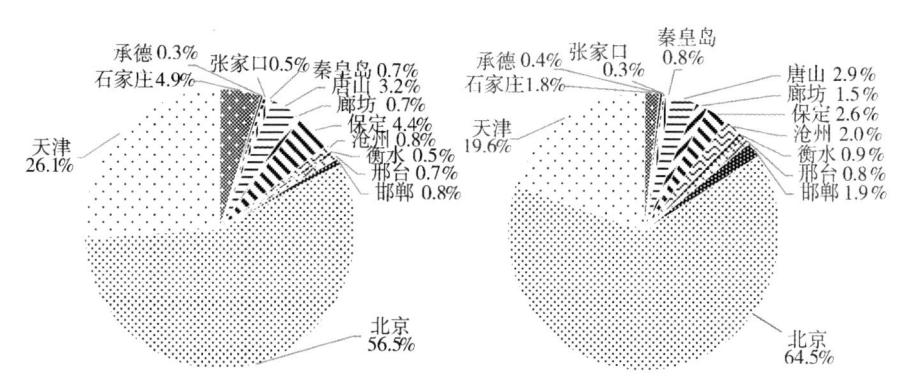

图 3-2　2014 年（左图）与 2021 年（右图）京津冀各城市 R&D 人员折合全时当量区域占比

数据来源：《北京统计年鉴》《天津统计年鉴》《河北统计年鉴》。

图 3-3 显示，北京的 R&D 内部经费支出远超津冀两地，并在研究周期内实现翻番；天津的经费支出呈现波动上涨趋势，但涨幅较小；河北的经费支出早期基数小，河北的经费支出早期基数小，在 2014 年仅有 313 亿元，但在 2021 年达到了 745 亿元。

图 3-4 显示了 2014 年到 2021 年京津冀三地各城市的 R&D 经费内

部支出占地区经费总支出情况比较。2014年，北京、天津与河北的支出占比依次为63.6%、23.3%与13.1%，而2021年的三地支出占比依次变为69.7%、15.2%与15.1%。该项数据情况与R&D人员全时当量反映的北京创新吸引较强、河北创新投入相对落后的现状相一致。其中，

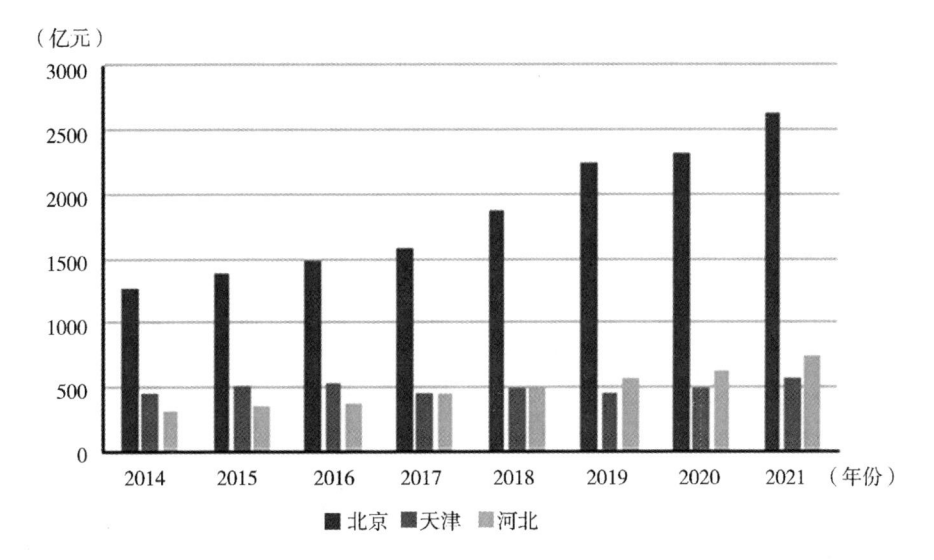

图3-3 2014年至2021年京津冀三地R&D内部经费支出（2014—2021年）
数据来源：《中国科技统计年鉴》。

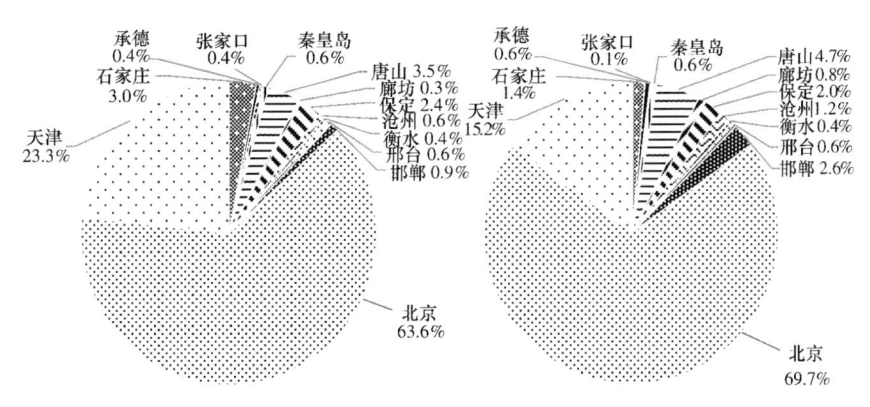

图3-4 2014年（左图）与2021年（右图）京津冀各城市R&D经费内部支出区域占比
数据来源：《北京统计年鉴》《天津统计年鉴》《河北统计年鉴》。

北京的 R&D 内部支出在京津冀地区已占至七成，天津占比下降，河北占比则呈现上升趋势。此外，最初占比领先的石家庄的 R&D 内部支出发生下降，地区占比亦下降至1%，唐山、邯郸则实现了对石家庄的超越。

图3-5 显示的京津冀 R&D 经费投入强度①变化，同样说明了三地创新投入差距扩大的事实。2014 年至 2021 年，北京的 R&D 经费投入强度先降后升，天津的投入强度先升后降，河北的投入强度则具有基数小、增速慢的特点。

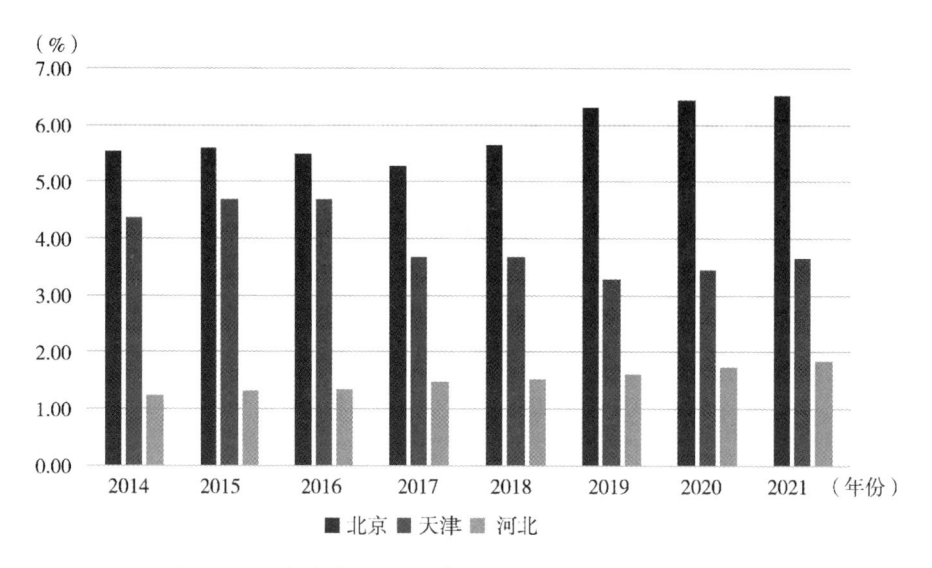

图3-5 京津冀 R&D 经费投入强度（2014—2021年）
数据来源：《中国科技统计年鉴》。

综上所述，京津冀协同发展战略提出后，北京的创新投入不断上升，处于京津冀区域绝对领先地位，并逐渐拉开与津冀差距；天津的创新投入增长滞后最为严重，多项指标被河北超越；河北的创新投入尽管实现增长，但增速较为缓慢。

---

① 采用中国科技统计年鉴的定义及数据结果，R&D 投入强度为 R&D 经费投入总量与国内生产总值之比。

2. 京津冀创新产出及表现现状测度

(1) 基于专利授权量的京津冀创新产出现状

专利申请授权量是地区的创新成果体现,是区域创新产出的重要衡量指标之一。图3-6显示,京津冀三地的专利授权数在全周期内均实现逐年上升,且上升幅度较大。其中,北京保持区域内领先优势,授权数由2014年的74661件上升至2021年的198778件,终值接近初值3倍;天津由2014年的26351件上升至2021年的97910件,终值接近初值4倍;河北由2014年的20132件上升至2021年的120034件,终值高达初值6倍。

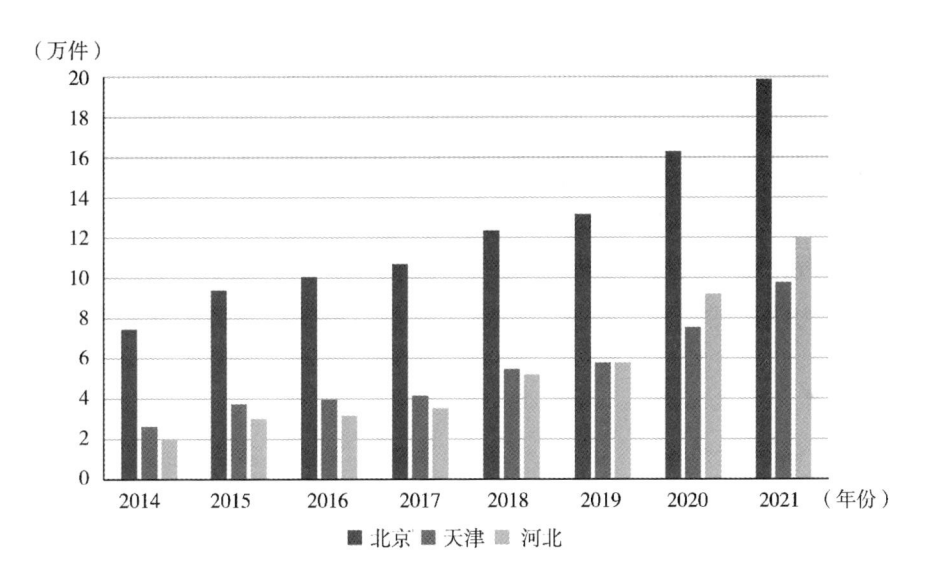

图3-6 京津冀国内专利授权数(2014—2021年)
数据来源:《中国科技统计年鉴》。

三地的专利授权量结构发生了巨大变化。如图3-7所示,2014年,京津两市的专利授权量占区域总和约83.2%,而河北全省总量占比不足17%;2021年,河北省的专利授权量区域占比提升到了约28.5%,结合京津冀专利授权量大幅提升背景,说明河北省的创新产出存在显著提升。此外,河北省内的创新产出结构未发生显著变化,即显示出石家庄、保定与唐山三市领先、各市同步的发展格局。

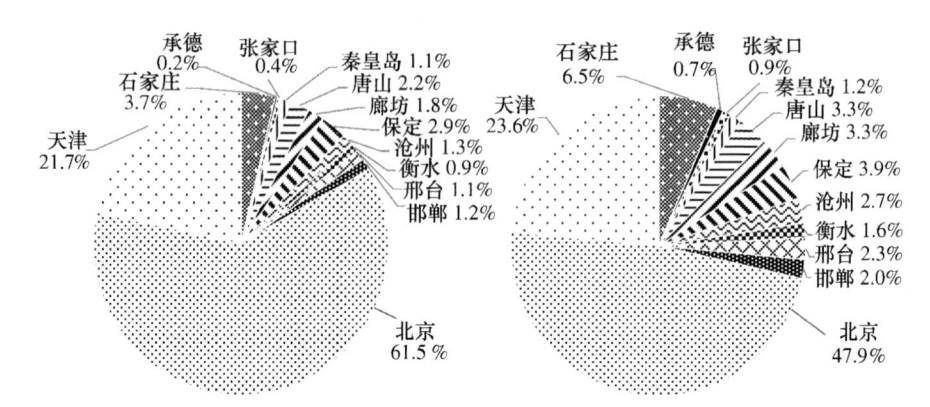

图 3-7 2014 年（左图）与 2021 年（右图）京津冀各城市专利申请授权量比较
数据来源：《北京统计年鉴》《天津统计年鉴》《河北统计年鉴》。

（2）基于技术市场成交额的京津冀创新表现

图 3-8 显示，京津冀技术市场成交额呈逐年上升趋势，但在各年份均出现差距过大的特征，即北京的成交额大幅领先于津冀两地，在各年份内均达到天津成交额的 7 倍至 8 倍水平；津冀两地的差距因河

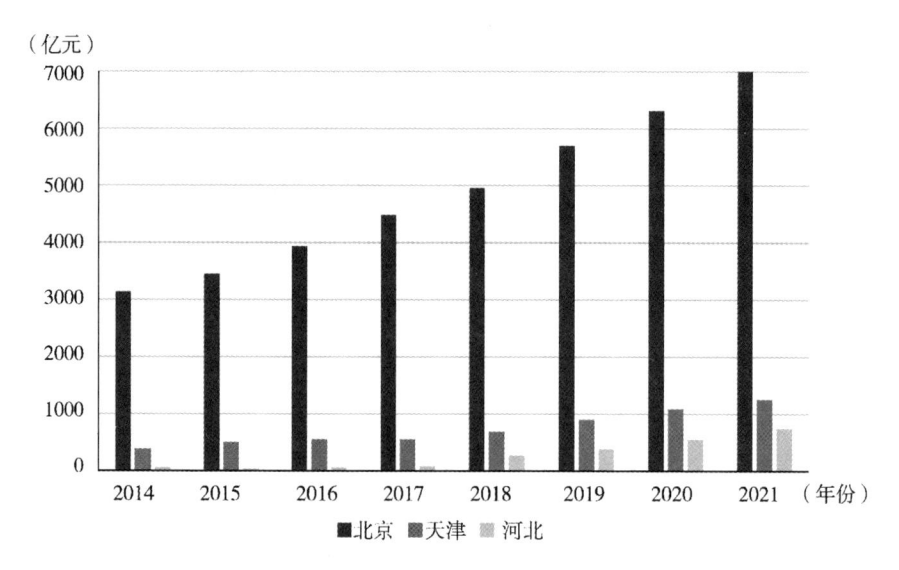

图 3-8 京津冀三地技术市场成交额（单位：亿元）
数据来源：国家统计局。

北的技术市场发展逐年缩小,由最初的10倍以上缩小至近年的不足2倍。

综上所述,京津冀协同发展战略提出后,三地在创新产出与创新表现上均有较大提升,但存在北京与津冀两地间差距较大的特点。综合创新投入的发展情况,京津冀在创新规模上存在较大落差,尤其天津的创新投入不足,但创新产出仍实现增长,说明该地具有更大的创新发展潜力。

(3) 基于金融科技水平的京津冀创新表现

金融科技是区域协同创新的重要动力来源,通过整合云计算、大数据、区块链与人工智能等高端技术,实现金融行业产品与服务的效率提升与成本削减。一方面,发展成熟的金融科技有助于保障在国家金融安全、构建民生普惠、完善金融基础设施,进而提升金融业对京津冀区域经济高质量发展的推动作用;另一方面,在科技创新过程中,金融科技的高水平发展能够提供更为便捷的融资渠道,是产学研合作实现发展新模式的重要推手。以天津市为例,截至2023年2月,天津市银行业金融机构支持京津冀协同发展贷款余额已经突破9000亿元,通过金融手段为先进制造研发基地、改革开放先行区与北方国际航运核心区的建设提供有效支持(表3-1)。①

表3-1　　　　　　　京津冀各城市金融创新指数变化

	2015年	2018年	2021年
北京	5.27	6.44	7.49
天津	4.37	6.16	7.15
石家庄	3.95	5.51	6.22
唐山	3.64	5.17	5.87
保定	3.61	4.52	5.65

① 张璐等:《创新促协同 共享"硬科技"》,《天津日报》2023年2月26日第06版。

续表

	2015 年	2018 年	2021 年
廊坊	3.61	5.11	5.80
张家口	3.26	4.75	5.75
承德	4.04	4.86	4.94
沧州	3.14	4.23	5.67
秦皇岛	3.61	4.61	5.22
衡水	3.30	4.33	5.26
邢台	3.37	4.36	5.23
邯郸	3.50	4.69	5.15

数据来源：作者整理。

表 3-1 显示了根据李春涛等（2020）[①] 提供的金融科技水平测度方法，通过纳入云计算、互联网金融、人工智能等金融科技关键属性，对京津冀各城市在 2015 年、2018 年与 2021 年的金融科技发展进行指数化评估。

在 2015 年至 2021 年，京津冀各城市均实现金融科技水平提升，北京、天津两市的金融创新指数呈现稳定上升趋势。河北省内，省会石家庄的金融科技发展实现大幅跃升，唐山、廊坊、沧州等市亦出现较大提升。

此外，2021 年中国金融科技平均水平为 5.28，除承德、邯郸与平均水平差距较大，京津冀其他城市的金融科技水平均接近或领先于中国平均水平，形成京津两市引领、河北省内各市高速发展的良好局面。

（二）京津冀协同创新环境与保障现状

京津冀协同创新环境与保障，为三地创新活动与发展提供有效支撑。课题组从三地高等教育发展程度、协同创新政策、创新参与主体分支机

---

① 李春涛等：《金融科技与企业创新——新三板上市公司的证据》，《中国工业经济》2020 年第 1 期。

构建设、产业创新联盟、产业协同创新园区的建设等方面，显示三地现有创新环境与保障情况。

1. 京津冀高等教育发展程度

根据表 3.2 所示，2021 年北京具有高校 92 所，天津具有高校 56 所，河北具有高校 123 所。高等院校的质量上，京津共有 985 高校 10 所，211 高校 29 所，而河北省无 985 高校，仅有河北工业大学为 211 高校与双一流学科建设高校。在校学生数量上，北京在校生 44.7 万人，天津 8.63 万人，而河北仅为 7.29 万人。从硕博士毕业学生数量来看，北京硕博士毕业学生 11.1 万人，天津 2.15 万人，河北 1.75 万人。

表 3-2　　　　　　　2021 年京津冀高等教育资源分布

	北京	天津	河北
高校（所）	92	56	123
985 高校（所）	8	2	0
211 高校（所）	26	3	1
一流建设大学（所）	8	2	0
一流学科建设高校（所）	26	3	1
硕博在校生数（万人）	44.70	8.63	7.29
在校博士（万人）	13.03	1.42	0.48
在校硕士（万人）	31.67	7.21	6.81
硕博毕业（结）生数（万人）	11.10	2.15	1.75
毕（结）业博士（万人）	2.13	0.2	0.06
毕（结）业硕士（万人）	8.97	1.94	1.69

数据来源：2021 年教育统计数据

2. 京津冀现有协同创新政策

自 2014 年京津冀协同发展上升为国家战略层面后，中央政府与京津冀三地政府连续出台多项京津冀协同创新发展政策，推动了京津冀城市群的资源对接、平台构建，强化了京津辐射作用，为三地协同创新发展提供了有效支撑。政策发文机构也由最初的国家政府部门与京津政府部门主导，转为近期京津冀不同地市政府、科技部门加入、协同进行政策制定。具体政策如表3-3所示。

表3-3 京津冀协同创新政策

发文机构	政策名称	发文时间
北京市、天津市、河北省	《北京市科委、天津市科委、河北省科技厅共同推出京津冀国际科技合作框架协议》	2014年4月
北京市、天津市、河北省	《京津冀协同创新发展战略研究和基础研究合作框架协议》	2014年8月
中共中央、国务院	《京津冀协同发展规划纲要》	2015年4月
财政部	《京津冀协同发展产业转移对接企业税收收入分享办法》	2015年6月
北京市、天津市、河北省	《关于贯彻〈京津冀协同发展规划纲要〉的意见和实施方案》	2015年7月
北京市政府	《关于建设京津冀协同创新共同体的工作方案（2015—2017年）》	2015年9月
国家发展改革委	《"十三五"时期京津冀国民经济和社会发展规划》	2016年2月
工业和信息化部、京津冀各政府	《京津冀产业转移指南》	2016年6月
中共中央、国务院	《京津冀系统全面推进创新改革试验方案》	2016年7月
中共中央、国务院	中共中央、国务院决定设立河北雄安新区	2017年4月
河北省人民政府办公厅	《石保廊全面创新改革试验重点改革试点方案》	2017年7月
中关村国家自主创新示范区	《中关村国家自主创新示范区京津冀协同创新共同体建设行动计划（2016—2018年）》	2017年8月
北京市政府	《关于加强京津冀产业转移承接重点平台建设的意见》	2017年12月
河北省人民政府、国家发展改革委	《河北雄安新区规划纲要》	2018年5月

续表

发文机构	政策名称	发文时间
北京和天津市科学技术委员会、河北省科学技术厅	《京津冀科技科创新券合作协议》	2018年8月
北京和天津市科学技术委员会、河北省科学技术厅	《关于共同推进京津冀基础研究合作协议（2018—2020年）》	2018年8月
北京和天津市科学技术委员会、河北省科学技术厅	《关于共同推进京津冀协同创新共同体建设合作协议（2018—2020）》	2018年11月
河北省人民政府、国家发展改革委	《国务院关于河北雄安新区总体规划（2018—2035）的批复》	2019年1月
中共中央、国务院	《国务院关于支持河北雄安新区全面深化改革和扩大开放的指导意见》	2019年1月
衡水市科技局	《关于加快建设京津冀科技创新支点城市的若干措施》	2022年2月
河北省人民政府	《关于进一步吸引京津科技成果在冀转移转化的若干措施》	2022年10月
工业和信息化部、国家发展改革委、科技部等、京津冀各政府	《京津冀产业协同发展实施方案》	2023年5月
中共天津市委、天津市人民政府	《推动京津冀协同发展走深走实行动方案》	2023年6月
京津冀协同发展科技协同创新专题工作组	《促进科技成果转化协同推动京津冀高精尖重点产业发展工作方案（2023）》	2023年8月

资料来源：作者整理。

3. 京津冀创新参与主体分支机构建设现状

近年来，京津冀地区通过建设高校、科研院所以及企业的分支机构，扩大北京对津冀的创新辐射范围，推动三地的协同创新、知识交流与技术共享。企业方面,北京中关村示范区企业在津冀两地设立分支机构超过9700家[①],并通过设立分公司与子公司、开展企业并购以及建立生产基地等方式,实现区域创新链与产业链的深度交融与延伸。高校与科研院所方面,如表3-4所示,北京理工大学、北京交通大学等高校与院所通过设立区域内异地校区与学院的方式,尤其是近年北京高校规划在雄安新区新建分校,实现跨地区人才、教育资源整合;同时,包括京津冀科研院所在内的高校—科研院所联合机构建立,更进一步为区域产学研合作提供有效支撑。

表3-4　　　　　　京津冀区域高校与科研院所分支机构

总校	分支机构	流向
北京理工大学	北京理工大学(秦皇岛分校)	北京到河北
北京中医药大学	北京中医药大学东方学院(廊坊)	北京到河北
华北电力大学	华北电力大学(保定校区)	北京到河北
中国劳动关系学院	中国劳动关系学院(涿州校区)	北京到河北
北京经济管理职业学院	北京经济管理职业学院(固安校区)	北京到河北
北京交通大学	北京交通大学海滨学院(黄骅校区)、北京交通大学雄安校区(建设中)	北京到河北
中国地质大学(北京)	中国地质大学(北京)雄安校区(建设中)	北京到河北
北京林业大学	北京林业大学雄安校区(建设中)	北京到河北
北京科技大学	北京科技大学天津学院、北京科技大学雄安校区(建设中)	北京到天津、河北
中国电子科技集团公司第五十四研究所	中国电科集团五十四所北京研发中心	河北到北京

资料来源:作者整理。

4. 京津冀现有产业创新联盟

自京津冀协同发展战略提出以来,三地间成立多个具有专业化的产

---

① 刘洋:《科技协同创新 三地各展作为》,《北京青年报》2023年7月31日第A04版。

业创新联盟。联盟涉及的领域具有由综合向具体、智能化与数字化占比提升的特点,具体情况如表 3-5 所示。

表 3-5　　　　　　　　　　京津冀产业创新联盟

联盟名称	成立时间	领域	整合类型
京津冀现代商贸物流金融合作发展联盟	2023 年	物流金融	横向
京津冀新型显示产业发展联盟	2021 年	新型显示	横向
京津冀数字经济联盟	2021 年	数字经济	横向
京津冀超低能耗建筑产业联盟	2018 年	环保节能	横向
京津冀水肥一体化产业创新联盟	2017 年	农业	纵向
京津冀蔬菜产业联盟	2017 年	农业	横向
京津冀农业科技创新联盟	2017 年	农业	横向
京津冀地理信息科技创新联盟	2017 年	信息技术	纵向
京津冀智能制造产业技术创新联盟	2017 年	智能制造	纵向
京津冀协同创新联盟	2016 年	综合	横向
京津冀农业科技创新联盟	2016 年	农业	横向
京津冀建筑产业现代化联盟	2016 年	建筑	纵向
京津冀纺织服装产业协同创新高校联盟	2015 年	纺织服装	横向
京津冀中医药产业创新战略联盟	2015 年	中医药	纵向
京津冀石墨烯产业发展联盟	2015 年	新材料	纵向
京津冀钢铁行业节能减排产业技术创新联盟	2015 年	环保	纵向
中国电谷第三代半导体产业技术创新战略联盟	2015 年	半导体	纵向

资料来源:作者整理。

5. 京津冀产业协同创新园区

京津冀三地通过构建协同创新园区,实现跨地合作、创新飞地建设,跨空间整合三地不同类别与层次的产业,形成承接与协同平台,进而推动产业链与创新链融合。园区建设情况如表 3-6 所示。

第二篇 分报告

表3-6　　　　　　　　　　京津冀产业协同创新园区

平台名称	主要产业方向	平台类型
宝坻京津中关村科技城	能源，互联网，新材料，先进装备制造，科技服务业	承接平台—协同创新平台；中关村共建园
中关村海淀园秦皇岛分园	节能环保，高端制造，生物工程及新医药，电子信息（大数据）	承接平台—协同创新平台；中关村共建园
保定·中关村创新中心	智能电网，智慧能源，新一代信息技术，高端装备研发，智能制造产业	承接平台—协同创新平台；中关村共建园
曹妃甸循环经济示范区	现代港口物流业，钢铁工业，石化工业，装备制造工业及以上工业相关电力工业、海水淡化业、新型建材工业等	承接平台—协同创新平台
京津冀智能医药产业园	药物智能研发、智能器械、医药智能制造	承接平台—协同创新平台
石家庄高新技术开发区	生物医药，电子信息，机械装备，新材料	承接平台—现代制造业平台
沧州渤海新区	石油化工，装备制造业研发转化基地，港口物流，电力能源	承接平台—现代制造业平台
京津州河科技产业园	智能制造，新材料，节能环保，生物医药，健康产业，现代服务业	承接平台—现代制造业平台
静海团泊健康产业园	健康产业，现代服务业	承接平台—服务业平台
涿州国家农业高新技术产业开发区	新型生物材料，生物科技农业，智能信息装备，营养健康功能食品，创意休闲体验农业	承接平台—现代农业合作平台
天津滨海—中关村科技园	移动互联网，文化创意，生物医药，集成电路，高端制造业等	中关村共建园区
石家庄（正定）中关村科技新城	泛半导体，智能硬件，新能源汽车，高端装备，节能环保，现代物流	中关村共建园区
中关村科技园区昌平园怀来分园	电子信息，生物医药，食品	中关村共建园区

续表

平台名称	主要产业方向	平台类型
中关村科技园区丰台园保定满城分园	新材料，新能源，高端纸制品，高端制造业，仓储物流，会展经济等高新技术产业和现代服务业	中关村共建园区
中关村海外科技园石家庄分园	生物医药，电子信息，智能制造，节能环保	中关村共建园区
雄安新区中关村科技园	高端高新产业	中关村共建园区
北京中关村（枣强）产业协同创新基地	生态创新，智能制造	中关村共建园区
北京亦庄·永清高新技术产业开发区	互联网+智能制造，电子商务	其他
北京·沧州渤海新区生物医药产业园	生物医药	其他

资料来源：作者整理。

三 京津冀协同创新现状测度与评价

（一）基于科研论文合作的京津冀创新合作现状

1. 京津冀科研论文发表与合作情况

科研论文发表情况是国家、地区与个人的知识水平的重要参考，也是高校科技创新、地区内创新发展程度与协同创新程度的重要反映指标。WOS（科学引文索引）论文平台是权威性较高的论文检索工具，收录了大量来自自然科学与社会科学领域的高质量、具有较强影响力的期刊。同时，WOS检索工具提供了包括作者、论文合作等关键信息，因此通过使用Python软件对WOS进行网络数据爬取，得到了京津冀不同城市的论文合作情况。表3-7选取了京津冀协同发展战略提出的2014年为时间起点，分析战略提出以来京津冀地区的论文合作情况。

表 3-7　　　　　　2014 年—2021 年京津冀地区论文合作情况

地区	指标	2014 年	2015 年	2016 年	2017 年	2018 年	2019 年	2020 年	2021 年
北京市	合作论文数量	3574	3976	4541	5047	6589	7810	8960	10442
	论文数量	80966	85613	87213	96704	97999	99197	94649	99516
	合作比例	4.41%	4.64%	5.21%	5.22%	6.72%	7.87%	9.47%	10.49%
天津市	合作论文数量	2202	2599	2984	3391	4648	5308	6323	7048
	论文数量	19946	23122	22803	21366	25344	25389	26146	28664
	合作比例	11.04%	11.24%	13.09%	15.87%	18.34%	20.91%	24.18%	24.59%
河北省	合作论文数量	2894	3097	3563	3698	4515	6126	6929	8866
	论文数量	21396	23586	24696	25934	26026	26745	24344	24788
	合作比例	13.53%	13.13%	14.43%	14.26%	17.35%	22.91%	28.46%	35.77%

数据来源：WOS 平台数据与《高等学校科技统计资料汇编》。

其中，京津冀三地的区域内合作论文数量、论文总数量均稳步提升，说明三地重视科研发展，科研协同创新联系有所加强。

就京津冀区域内合作论文占总论文数量的比例而言，北京由 2014 年的 4.41% 上升至 2021 年的 10.49%，后者达到前者约 2.5 倍；天津由 11.04% 上升至 24.59%，区间终值相对初值实现翻番；河北由 13.53% 上升至 35.77%，终值接近于初值 3 倍水平。这说明，三地在论文合作上的关系愈加紧密，就占比而言，河北省的合作论文占比增幅最大，北京次之，天津最小。

截面上，2022 年，北京、天津、河北的京津冀区域性合作论文数量分别达到 12670 篇、8225 篇与 11541 篇，各自的区域内合作论文数量已经依次占据总论文量的一成（北京）、四分之一（天津）与三分之一（河北），三地科研协同创新水平实现了很大程度的提升，并在科研成果产出合作上取得较大进展。

2. 京津冀城市群创新合作网络中心度分析

基于京津冀城市群中的论文合作数据，本部分对 2014 年与 2022 年京津冀地区合作论文中心度进行分析，以实现对京津冀协同创新演化发展的进一步测度。中心度用于测度网络各节点在网络中的重要程度，主要涵盖点度中心度、接近中心度与中间中心度三项内容。

点度中心度用于测定网络单个节点的结构位置，若一个节点与其他多个节点直接相连，则该点具备较高点度中心度，计算公式为：

$$C_D(i) = \sum_{j=1}^{n} R_{ij}$$

其中，R_{ij}表示节点间联系强度，$R_{ij}=1$表示节点i与节点j之间存在连接。

接近中心度用于衡量某一节点与其他节点在联系上的远近程度。若某一节点与其他节点间距离较短，即该节点到其他节点更容易，则该节点具备较高的接近中心度，计算公式为：

$$C_C(i) = \frac{1}{d_i}, d_i = \frac{1}{k-1}\sum_{j=1}^{n} d_{ij}$$

其中，d_i表示节点 i 到其余各个节点的平均距离。

中间中心度用于反映网络中的某个节点对于其他节点的控制能力，即如果某节点位于其他节点间路径的桥梁位置，则该点获取核心资源的能力较强，中间中心度较高。计算公式为：

$$C_B(i) = \sum_{j,k} \frac{g_{jk}(i)}{g_{jk}}$$

其中，g_{jk}表示节点 j 与节点 k 之间最短路径的数量，$g_{jk}(i)$表示由节点 j 到节点 k 之间且经由节点 i 的最短路径数目。

本部分利用上述三种中心度的测度方式，继续使用从 WOS 得到的网络数据，借助 UCINET6 软件的社会网络分析功能，对京津冀地区内各城市的网络中心度进行测算与分析，具体测算结果如表 3-8 所示。

表 3-8　　　　　　京津冀城市群论文合作网络中心度分析

	2014 年			2022 年		
	点度中心度	接近中心度	中间中心度	点度中心度	接近中心度	中间中心度
北京市	15.927	100.000	6.705	15.656	100.000	0
天津市	9.813	100.000	6.705	10.163	100.000	0

续表

	2014年			2022年		
	点度中心度	接近中心度	中间中心度	点度中心度	接近中心度	中间中心度
石家庄市	4.318	100.000	6.705	4.662	100.000	0
唐山市	1.582	100.000	6.705	1.299	100.000	0
秦皇岛市	1.662	92.308	3.905	1.594	100.000	0
邯郸市	0.807	75.000	0.286	0.934	100.000	0
邢台市	0.299	75.000	0.286	0.430	100.000	0
保定市	2.393	100.000	6.705	2.798	100.000	0
张家口市	0.365	70.588	0	0.428	100.000	0
承德市	0.352	66.667	0	0.399	100.000	0
沧州市	0.258	63.158	0	0.536	100.000	0
廊坊市	0.713	70.588	0	0.923	100.000	0
衡水市	0.147	66.667	0	0.258	100.000	0

数据来源：WOS平台数据

表3-7显示：第一，在2014年与2022年，北京的点度中心度超过15，天津的点度中心度在10左右，石家庄、保定、唐山与秦皇岛四市的点度中心度均位于1和5之间，其他城市的点度中心度则小于1。北京和天津的点度中心度显著高于其他城市，在区域内的辐射范围广，这与京津两地拥有数量众多的高校及科研院所、具备强大的创新创造能力和引导能力相关。而石家庄、保定、唐山与秦皇岛的辐射能力相对较弱，但石家庄、保定在区间内的辐射范围得到提升，说明河北省内的创新引领与枢纽型城市正在逐步显现。第二，2014年，河北省仍存在部分城市的接近中心度低于100，但在2022年，京津冀地区的所有城市的接近中心度均变为100，说明经过创新发展，各市在合作中的创新自主性均已提升至较高水平。第三，2014年域内超过一半的城市的中间中心度大于0，但在2022年，所有城市的中间中心度均变为0，说明几乎不存在城市对创新资源的过度控制，同时各城市对北京、天津、石家庄与保定的创新

依赖度有所降低,京津冀区域形成了协同创新的区域网络结构。

基于上述分析,本部分对京津冀城市群在 2014 年与 2022 年的创新网络进行可视化处理,具体的创新合作网络如图 3-9 与图 3-10 所示。

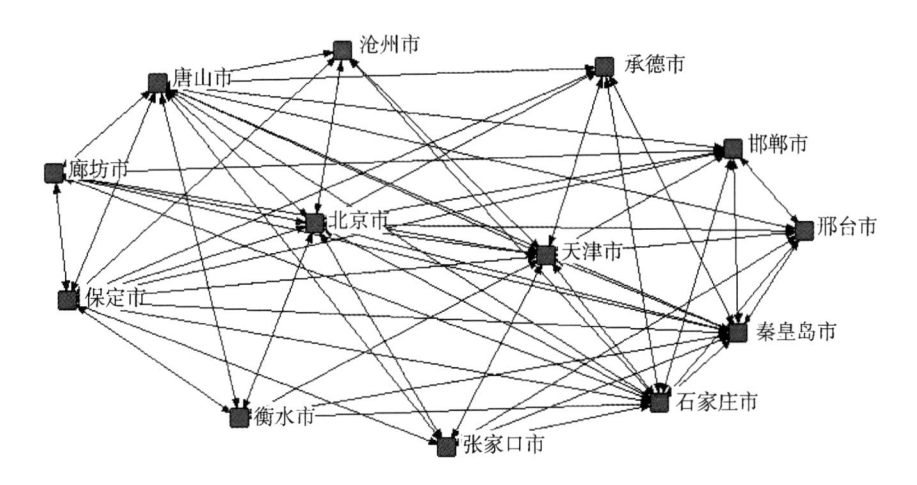

图 3-9 2014 年京津冀城市群创新合作网络图

资料来源:笔者绘制。

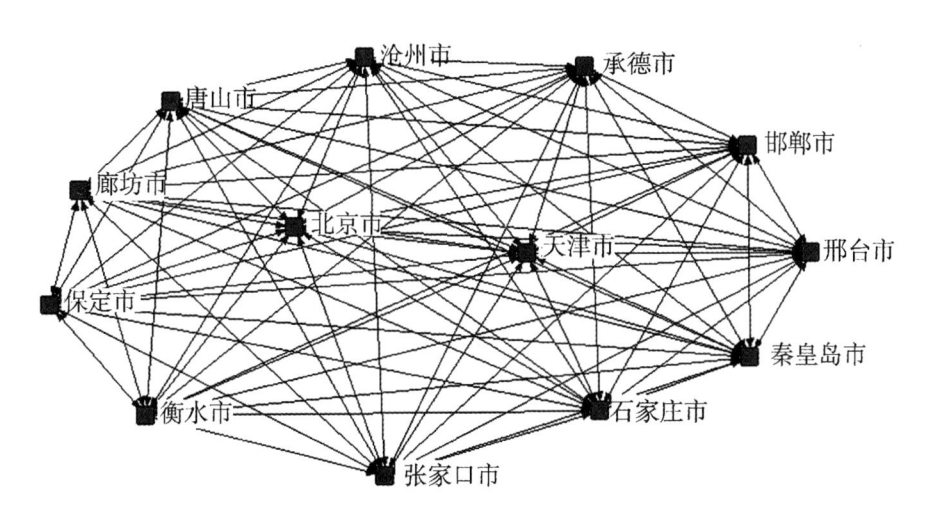

图 3-10 2022 年京津冀城市群创新合作网络图

资料来源:笔者绘制。

相较于2014年,2022年的创新合作网络图更为稠密,原因是:在京津冀协同发展提出的初期,一些域内城市未进行创新合作,仅有小部分城市实现与域内所有其他城市的创新合作;随着时间推移,各城市间逐渐建立起创新合作关系,并且不断扩大合作规模,区域内协同创新程度不断提升,最终形成了更为紧密有效的创新合作网络。

3. 京津冀城市群创新合作凝聚子群分析

为进一步说明京津冀区域内各城市之间的论文合作具体情况,对京津冀城市进行凝聚子群分析,2014年与2022年的分析结果如图3-11与图3-12所示。

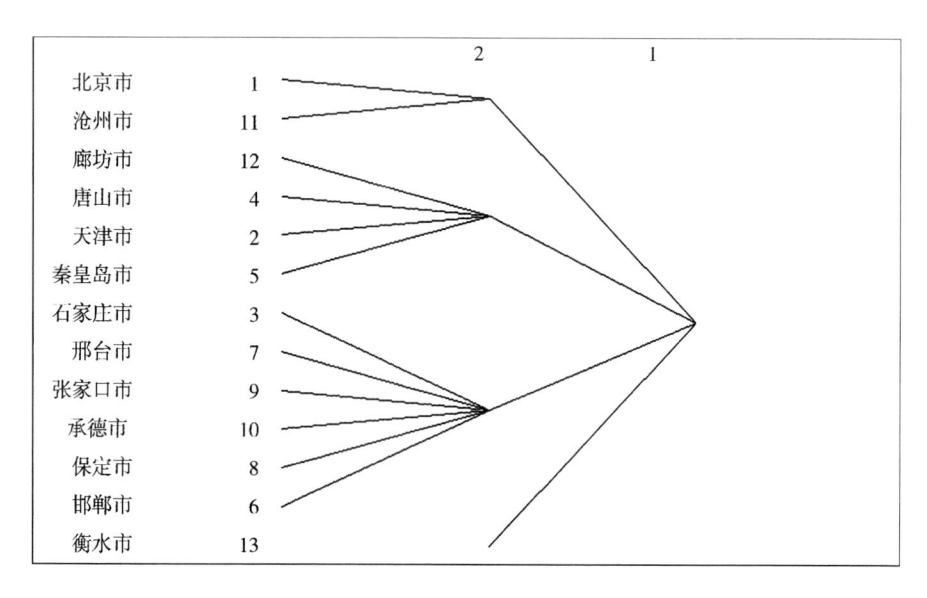

图 3-11 2014 年京津冀城市群创新凝聚子群分析

资料来源:笔者绘制。

根据凝聚子群分析结果,2014年,第一子群包含了北京与沧州,第二子群包含了天津、唐山、秦皇岛、廊坊,第三子群包含了石家庄、邯郸、邢台、保定、张家口与承德,第四子群包含了衡水;北京、天津与石家庄三市因良好的创新基础,引领了区域内不同子群的协同创新。2022年,凝聚子群发生变化,第一子群包含京津双城,第二子群由秦皇岛主导,第三

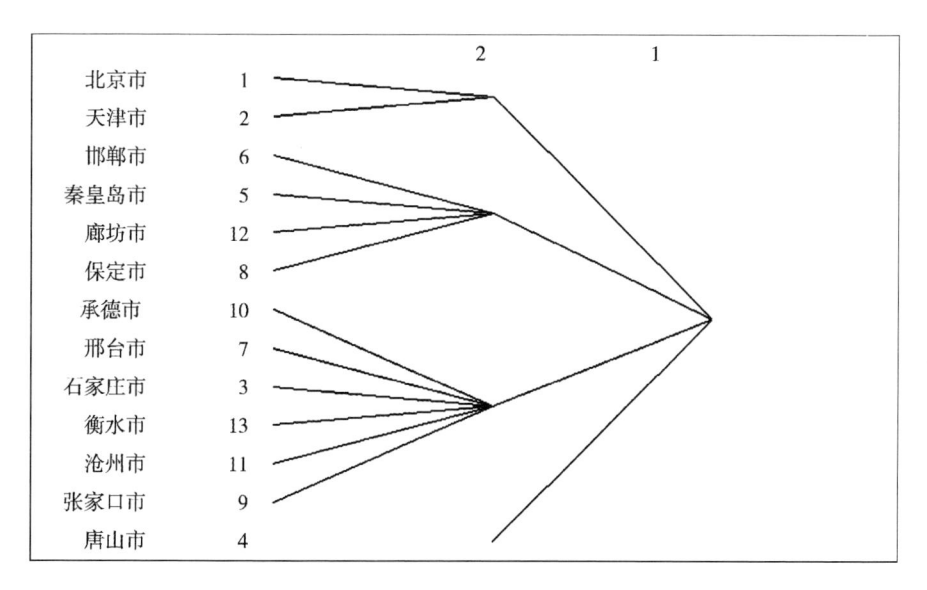

```
                           2        1
北京市      1  ─┐
天津市      2  ─┤
邯郸市      6  ─┤
秦皇岛市    5  ─┤
廊坊市     12  ─┤
保定市      8  ─┤
承德市     10  ─┤
邢台市      7  ─┤
石家庄市    3  ─┤
衡水市     13  ─┤
沧州市     11  ─┤
张家口市    9  ─┤
唐山市      4  ─┘
```

图 3-12　2022 年京津冀城市群创新凝聚子群分析

资料来源：笔者绘制。

子群以省会石家庄为核心，第四子群则单独包含唐山。这一事实显示了京津双城引导、石家庄与秦皇岛等城市作为第二级核心的协同创新新局面。同时，相较于 2014 年的结果，在 2022 年，京津冀各城市协同创新的空间依赖度有所减弱，说明域内城市可能借由高速发展的大数据技术与不断完善的创新合作机制，创造了突破固有空间屏障的协同创新新局面。

（二）基于专利转移的京津冀创新成果转移与承接现状

专利转移是城市间与区域间知识、技术流动的重要反映指标，专利权在不同主体间的双向流动互相交织，形成庞大的技术转移网络，构成了区域协同创新系统的重要组分。因此，为研究京津冀地区专利转移的具体情况，本部分使用从国家知识产权局数据库的"专利信息服务平台"爬取得到的专利转移数据①，反映京津冀创新合作与协同程度。

---

① 主要过程为：借助 Stata15 软件，根据数据中的转移前后权利人地址、转移申请日、转移事项、专利类型、转移前后权利人类型等关键信息，对分散化数据进行合并、筛选与字段匹配，得到京津冀地区各城市的专利转移情况。

为避免个别年份存在的特殊情况对地区专利转移的总体状态反映存在扭曲,京津冀专利转移分析的时间单位选取具体时间段。选取方式为:从 2010 年至 2021 年,以 4 年为 1 期,共 3 期,即 2010—2013 年,2014—2017 年及 2018—2021 年,依次反映京津冀协同发展战略(此后简称为"战略")开始前、战略开始后以及战略延续期(近期)的地区内专利转移情况。同时,筛选保留了所有专利类型为"发明专利"、转移事项为"专利权"的转移信息,以反映直接的"技术流"发展情况。

1. 京津冀区域内外专利转移情况

根据 2010—2021 年的数据测算结果,京津冀实现区域内、与区域外其他地区共 202625 项专利权转移。其中,转移前后权利人类型分为工矿企业、科研院所、大专院校、个人与机关团体五类,且一次转移中的权利人可能存在多种类型。图 3-13 分别显示了京津冀地区权利人含有上述五种类型中的专利转移占不同阶段的专利转移总量比例。其中,工矿企业类型的专利占比最高,三阶段占比均高于 95%,且随时间推移不断上升;同时,科研院所、大专院校与机关团体的占比不断下降,具备"个人"类型的专利则稳定占据约四分之一份额。因此,在研究时期内,京津冀地区参与的专利转移以企业间转移为主体,即区域专利转移主要承载企业的知识交流与转移。

图 3-14 显示京津冀地区内部的发明专利转移次数占区域总转移次数比例。就京津冀三地而言,专利权转移次数占地区比重依次为 66.57%、16.75% 与 16.68%,津冀两地发生的专利权转移总量相近,而北京发生的专利权转移总量则达到了津冀总量的两倍,在三阶段中,其技术转移市场是三地中最为活跃的。

如图 3-14 所示,三阶段中,北京的专利总转移量区域占比由第一期的七成下降至第二期的六成左右,下降的份额主要由天津与河北两地承接,其中河北在战略提出后的占比上升显著,说明省内创新活力有所提升;然而近期,北京的专利总转移量区域占比升至七成以上,说明区域内城市间的创新技术流动强度仍存在较大差距。为进一步反映京津冀三地之间的专利转移情况,依次研究以北京、天津以及河北为主体的京

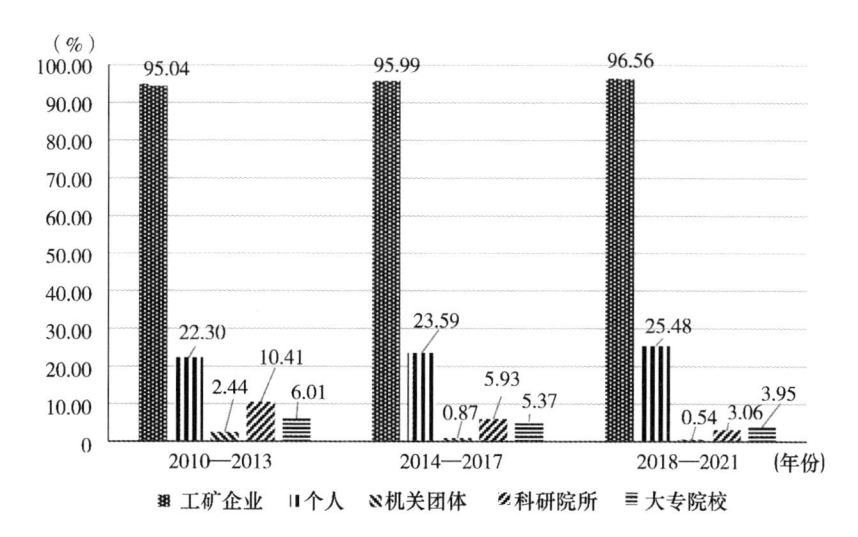

图3-13 京津冀专利转移权利人类型占比

数据来源：作者整理。

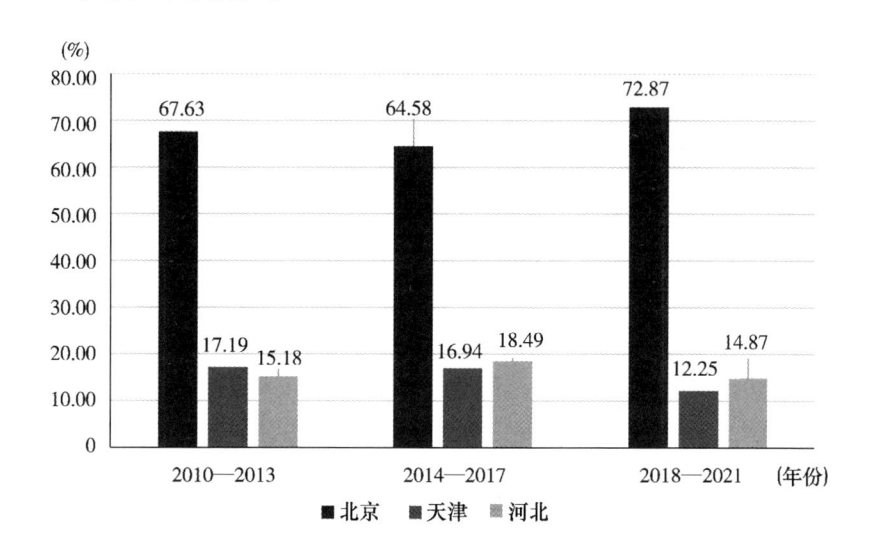

图3-14 京津冀发明专利转移量区域占比

数据来源：作者整理。

津冀区域内专利转化率，以及北京与津冀间、天津与京冀间、河北与京津间的专利转移情况。

图3-15显示了三地专利转向的京津冀区域内占比。以北京为例，

在 2010—2013 年，北京实现向自身与津冀地区转移专利占北京转出专利总量的 66.24%。各阶段北京与天津的向区域内转移占比接近，均占据本市转出专利约 65% 份额，而河北则经历了先降后升，但波动幅度不大。综上，三地专利转出的转化率均处于五成以上的较高水平，同时域内对京津两地的专利承接程度略高于河北，京津在区域技术回流方面具有更大贡献。

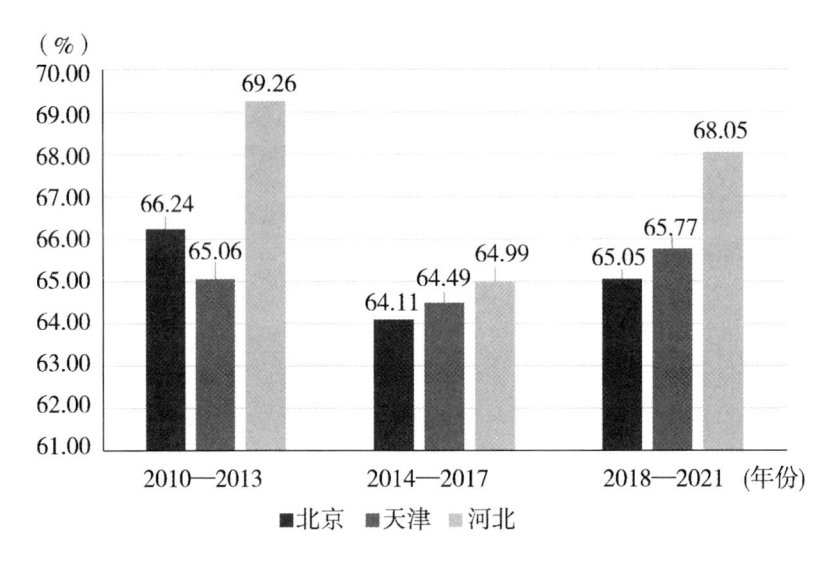

图 3-15 京津冀三地发明专利转向区域内占比①

数据来源：作者整理。

图 3-16 显示了三阶段内，从北京流向津冀两地专利占北京流向其他地区比例，以及津冀两地向北京转移的专利占其他地区北京流入北京比例。其中，京津转移的专利占比在三阶段中持续下降，而京冀转移的专利占比呈现先上升、后下降的特点。就流出北京专利情况而言，由于北京流出专利体量大、受众广的特点，天津的承接地位逐渐减弱，而河北的承接地位在战略提出后初期有所增强，但在近几年存在减弱趋势，

---

① 转向区域内占比，指某地转向京津冀区域内的专利数量占该地转出专利总量的比例。

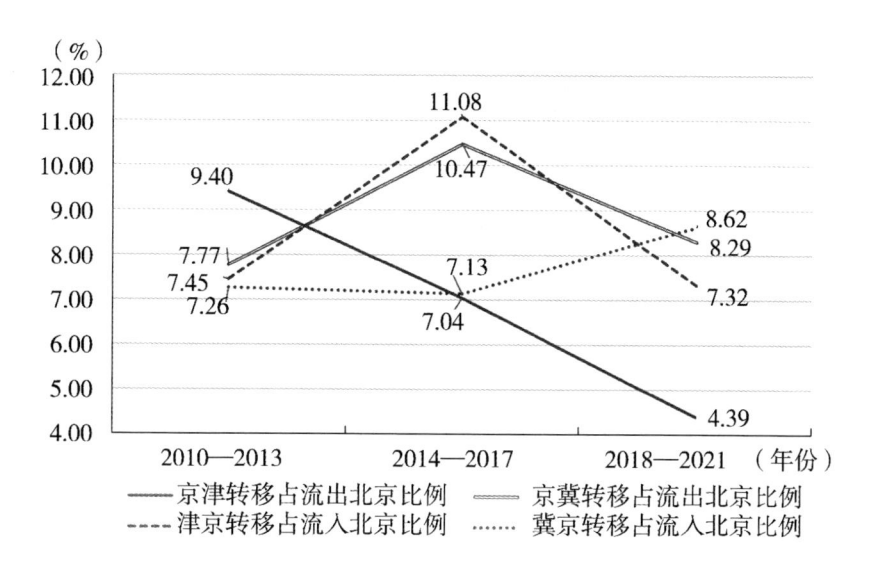

```
(%)
12.00
11.00                    11.08
10.00              10.47
 9.00   9.40
 8.00 7.77                      8.62
      7.45               7.13   8.29
 7.00 7.26               7.04   7.32
 6.00
 5.00
 4.00                           4.39
     2010—2013  2014—2017  2018—2021 (年份)
```

—— 京津转移占流出北京比例　　—— 京冀转移占流出北京比例
---- 津京转移占流入北京比例　　······ 冀京转移占流入北京比例

图 3-16　以北京为主体的与津冀间发明专利转移情况
数据来源：作者整理。

更多的北京专利转为流向京津冀区域外。就流入北京专利情况而言，津京转移的占比呈现先升后降，冀京转移的占比持续下降。这一结果说明，天津向北京的技术流动较为稳定，得益于京津之间存在的企业与高校、科研机构的广泛合作以及天津发展程度较高的制造业水平；而河北与北京之间的技术在近期有所增强。此外，北京由第一至第三阶段内回流本市的专利占北京专利转出数量比例[①]依次达到了 59.24%、56.49% 与 59.98%，均占据转移总额六成左右，说明北京的技术内部转化能力较强，京内企业间形成了有效的专利承接与技术转移。

图 3-17 展示了三阶段中，津京转移、津冀转移占天津流向其他地区的专利比例，以及京津转移、冀津转移占其他地区流入天津的专利比例情况。其中，天津市流向北京市的专利比例在三阶段中呈上升趋势，在战略提出后的 2014—2017 年，天津向北京的专利转移数量占本市流向外地的专利数量的 33.46%，超过三分之一，其他阶段也在三成左右，

[①] 回流本市的专利占本市专利转出数量比例，同时是本市转出、本市转入专利的数量与本市为主体的专利转出总量的比值。

而天津承接的北京流入专利占比则略有下降。同时，天津的三阶段专利回流本市的专利占本市专利转出数量比例下降，依次为48.72%、43.50%与44.19%。较大比重流向北京、流向天津自身比重减少以及承接北京专利比重下降的事实共同说明：就京津两地而言，天津的企业技术流呈现出外流趋势，对北京及天津本地的企业技术承接水平有所不足。此外，天津向河北的专利流出占比呈现下降趋势，但流入天津的河北专利占比则呈现上升趋势。

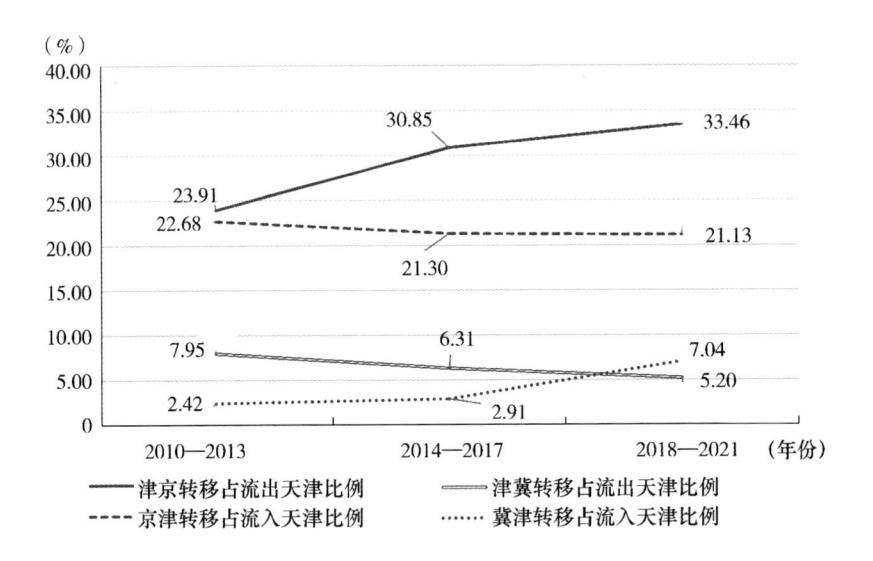

图3-17 以天津为主体的与京冀间发明专利转移情况
数据来源：作者整理。

图3-18说明了以河北为主体的专利转移情况。其中，京冀双向转移占比均出现先下降、后上升的特点。由天津流入及流向天津的专利占比相对稳定，并在近年实现小幅上升。此外，河北的三阶段回流省内城市的专利占河北专利转出数量比例为52.47%、50.08%与47.15%，即说明河北省内城市间的专利转移占比在五成左右。因此，河北与北京之间的企业技术转移强度先降后升；天津与河北之间的企业技术流较为稳定，但处于显著低水平。

（%）

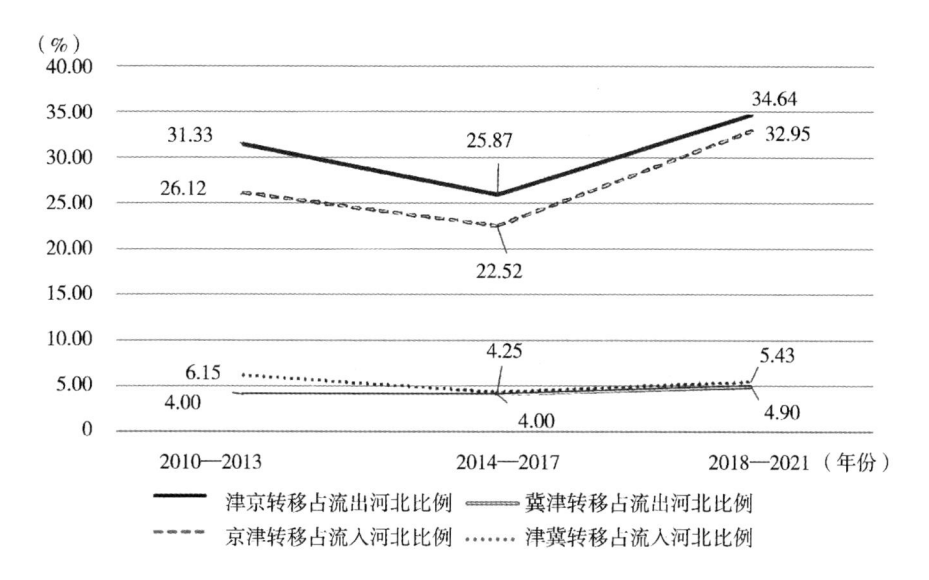

```
40.00
35.00                                                        34.64
        31.33                                              ╱
30.00                          25.87                   ╱   32.95
        26.12                ╱
25.00   ━━━━━━━━━━━━━━━━━━━
                              22.52
20.00
15.00
10.00
                               4.25                       5.43
 5.00   6.15 ━━━━━━━━━━━━━━━                              4.90
        4.00                   4.00
    0
      2010—2013            2014—2017            2018—2021（年份）
```

—— 津京转移占流出河北比例　――― 冀津转移占流出河北比例
---- 京津转移占流入河北比例　······ 津冀转移占流入河北比例

图 3-18　以河北为主体的与京津间发明专利转移情况
数据来源：作者整理。

综上所述：第一，三地的专利转向自身占本地转出专利比例较高，均达到四成以上，说明区域内企业间的技术流转移与承接能力较强，继续维持有助于提升创新成果的区域内转化程度；第二，天津对于北京的企业创新技术流承接存在下降趋势，需通过提升北京科研成果对天津的辐射程度、提升天津企业的创新与技术承接能力，加强北京研发、天津转化的力度；第三，河北与北京之间的专利流动近期存在上升趋势，但与天津之间的专利流动有所提升，说明需要强化天津在区域内的技术流动枢纽作用，同时推动北京与河北之间的协同创新发展。

2. 京津冀区域内发明专利转移网络分析

为说明京津冀区域内城市层级的发明专利流动情况，本部分使用社会网络分析方式，以不同域内城市为节点进一步测度。

表 3-9 显示，京津双城均为区域内发明专利转移的流入与流出核心主体。就河北而言，各阶段中石家庄、保定与廊坊三座城市的中心度处于省内领先水平，具有一定的主导作用。其中，廊坊市在战略前的中心

度明显高于河北其他城市,这一事实与廊坊和京津邻近的地理关系相关,但随着战略实施,专利转移从单一的地理导向逐渐转向创新能力导向。此外,唐山原处领先位置但区域内专利转移强度在战略实施后逐渐落后,协同创新水平下降,这一事实说明处于传统重工业转型进程的唐山需提升科技研发及成果转化能力。

表3-9　京津冀各城市专利转移网络出度中心度与入度中心度

	2010—2013年		2014—2017年		2018—2021年	
	出度中心度	入度中心度	出度中心度	入度中心度	出度中心度	入度中心度
北京市	14.181	18.514	13.732	15.124	18.426	12.222
天津市	9.236	9.528	6.906	10.048	5.556	9.630
石家庄市	1.694	2.236	2.912	1.358	4.167	4.074
廊坊市	3.597	2.403	2.233	1.404	1.111	1.296
唐山市	2.458	0.861	2.613	0.518	2.315	1.296
保定市	1.667	1.597	1.657	2.682	2.593	2.593
邯郸市	0.847	0.431	0.414	0.437	1.019	1.111
邢台市	0.431	0.319	0.414	0.311	1.481	0.648
张家口市	1.583	0.458	1.727	0.265	1.481	0.278
承德市	0.681	0.306	0.437	0.138	0.093	0.093
沧州市	1.389	1.000	0.932	0.541	1.759	1.389
衡水市	0.375	0.264	0.299	0.138	0	0
秦皇岛市	0.389	0.611	0.276	1.588	0.185	5.556

资料来源:作者计算。

表3-10显示,同阶段内入接近中心度越高说明城市的整合力越强,出接近中心度越高说明城市的辐射力越强。各阶段内,北京的入、出接近中心度均为区域最高,对区域内企业技术流的整合与辐射能力最强,但存在辐射转向区域外的趋势。天津、石家庄的整合力与辐射力则在战略提出后发生下降,而保定、秦皇岛则实现提升,说明企业技

术流在京津冀地区的枢纽型城市间发生了较大变化。此外，在战略提出后，多数河北城市的接近中心度相对值先上升、后下降，各市的专利转出与承接均大幅提升，但在第三阶段又出现回落。

表 3-10　京津冀各城市专利转移网络接近中心度

	2010—2013 年		2014—2017 年		2018—2021 年	
	入接近中心度	出接近中心度	入接近中心度	出接近中心度	入接近中心度	出接近中心度
北京市	100.000	100.000	100.000	100.000	48.000	48.000
天津市	100.000	92.308	100.000	100.000	41.379	38.710
石家庄市	92.308	100.000	100.000	92.308	42.857	41.379
廊坊市	75.000	63.158	85.714	66.667	40.000	37.500
唐山市	75.000	80.000	80.000	66.667	38.710	40.000
保定市	66.667	70.588	80.000	66.667	37.500	41.379
邯郸市	75.000	70.588	60.000	75.000	37.500	.36.364
邢台市	70.588	75.000	70.588	70.588	36.364	40.000
张家口市	80.000	70.588	63.158	80.000	37.500	37.500
承德市	63.158	66.667	60.000	63.158	29.268	35.294
沧州市	66.667	80.000	63.158	75.000	35.294	41.379
衡水市	66.667	75.000	57.143	66.667	7.692	7.692
秦皇岛市	80.000	66.667	92.308	70.588	44.444	30.000

资料来源：作者计算。

根据表 3-11 显示，战略提出后，天津的中间中心度上升至北京相同水平，同处于地区最高水平，且在第三阶段中，天津的相对位次显著降低，而北京的相对位次显著高于其他区域内城市，说明北京对区域内知识技术转移的控制力增强，而多数河北城市的第三阶段的中间中心度相对位置低于第二阶段，说明津冀近年对区域内知识技术转移的控制力减弱。

表 3-11　　　　　京津冀各城市专利转移网络中间中心度

	2010—2013 年	2014—2017 年	2018—2021 年
	中间中心度	中间中心度	中间中心度
北京市	8.280	11.711	32.247
天津市	7.427	11.711	3.018
石家庄市	6.841	9.122	6.692
廊坊市	1.005	1.408	1.124
唐山市	2.647	0.473	9.154
保定市	0.437	0.808	8.586
邯郸市	1.624	0.593	1.061
邢台市	1.814	0.789	1.136
张家口市	2.507	1.168	0.556
承德市	0.411	0.095	0
沧州市	1.397	0.530	0.694
衡水市	1.492	0	0
秦皇岛市	1.239	1.742	0.884

资料来源：作者计算。

上述网络分析结果与专利转移的描述统计分析相一致，即在战略提出后，区域内的知识技术转移与协同创新程度有所提升，但近年逐渐出现北京主导、天津与河北城市的协同程度、枢纽性仍存在不足的态势。图 3-19 至图 3-21 显示进一步的凝聚子群分析结果。

图 3-19 至图 3-21 显示，京津冀地区在第一阶段形成了分别以北京、天津与秦皇岛为核心的三个子群，北京所处子群出现明显的地理特征，即转移仍集中于其相邻城市；第二阶段的三个子群核心城市不变，但子群内城市发生变化，以北京为核心的子群内城市增加，突破地理邻近的协同创新逐渐形成；第三阶段演化为四个子群，即出现北京、天津、邯郸与衡水引导的四个子群。这一结果说明京津冀区域内发明专利转移已逐渐超越原有的地理邻近，但仍需加强北京、天津的领导作用与石家庄等市的枢纽作用。

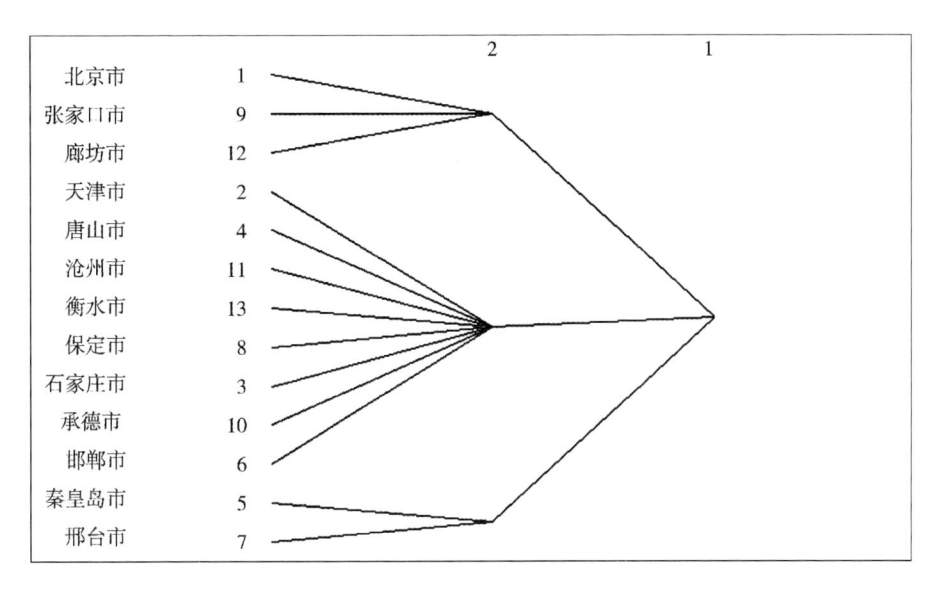

北京市	1
张家口市	9
廊坊市	12
天津市	2
唐山市	4
沧州市	11
衡水市	13
保定市	8
石家庄市	3
承德市	10
邯郸市	6
秦皇岛市	5
邢台市	7

图 3-19　京津冀各城市 2010—2013 年专利转移凝聚子群分析

资料来源：笔者绘制。

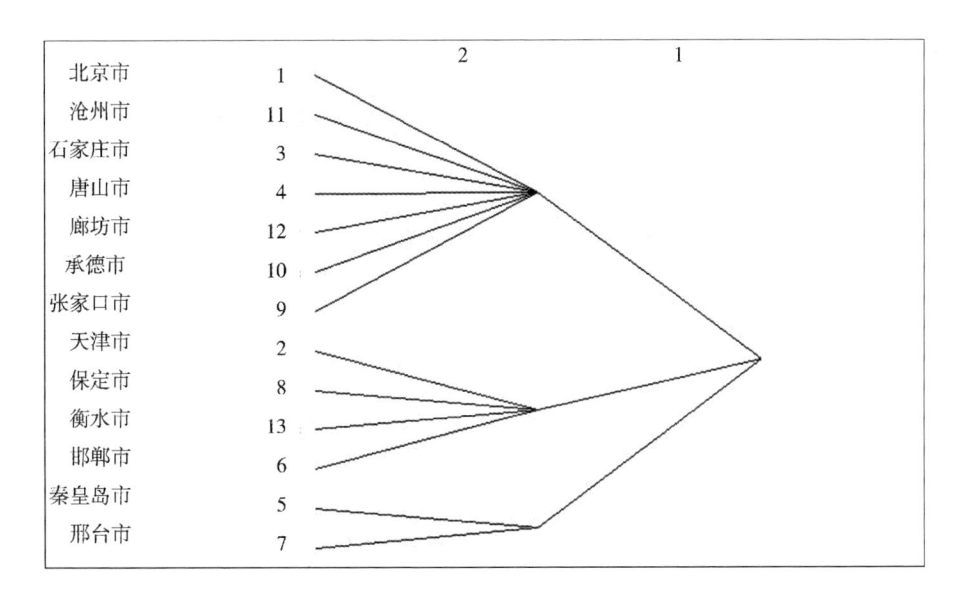

北京市	1
沧州市	11
石家庄市	3
唐山市	4
廊坊市	12
承德市	10
张家口市	9
天津市	2
保定市	8
衡水市	13
邯郸市	6
秦皇岛市	5
邢台市	7

图 3-20　京津冀各城市 2014—2017 年专利转移凝聚子群分析

资料来源：笔者绘制。

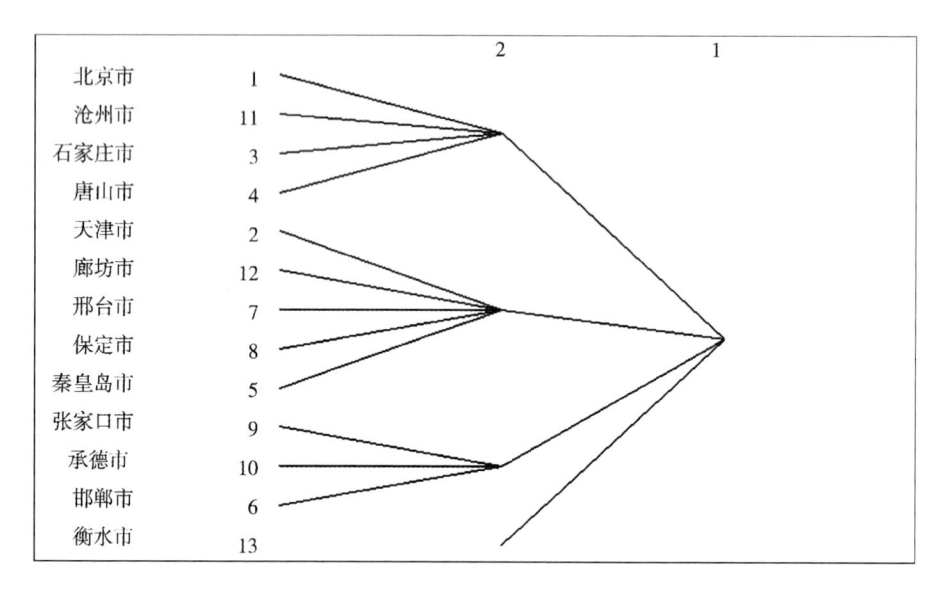

```
北京市      1 ─┐
沧州市     11 ─┤
石家庄市    3 ─┼──┐
唐山市      4 ─┤  │
天津市      2 ─┘  │
廊坊市     12 ────┤
邢台市      7 ────┼──────┐
保定市      8 ────┤      │
秦皇岛市    5 ────┘      │
张家口市    9 ────┐      │
承德市     10 ────┼──────┘
邯郸市      6 ────┘
衡水市     13 ──────────
```

图 3-21　京津冀各城市2018—2021年专利转移凝聚子群分析
资料来源：笔者绘制。

四　京津冀协同创新的国际经验与发展启示

多数发达国家在经济发展进程中，都十分重视本国创新体系构建与创新能力提升，通过协调与完善创新参与主体间联系、优化创新生态等多种途径，在微观与中观层面上逐渐形成了符合各自国情的创新模式，为京津冀协同创新发展提供了丰富的经验与启示。

（一）基于微观视角的发达国家协同创新经验

1. 美国的产学研合作—政策保障经验模式

美国作为当前世界第一大经济体，具备强大的科技创新能力，其基础研究与高新技术产业发展水平均位居世界前列。微观层面上，美国的协同创新具有多主体参与、多合作模式、多创新链条的特点，使区域与全国性协同创新发展具备充沛动力与有效保障。特点有三。

一是科研投入高居世界前列，科研院校实力雄厚。2021年，美国用于R&D活动的科研投入高达7097.13亿美元①；国内研发总支出占GDP比重呈现逐年上升趋势，自2007年起均位于2.60%以上，并于2021年达到了3.457%，该经济与科技均处于全球领先水平。同时，美国具有众多科研竞争力强大的高校。根据《2023世界大学排名榜单》②与《泰晤士报高等教育2023年世界大学排名》③，包括哈佛大学、斯坦福大学、麻省理工学院、加州理工学院在内的四所美国顶尖高校的科研竞争力均位居全球前十名。综上，美国兼具充足的创新投入与实力出众的科研院校，为更进一步的创新主体合作、平台构建提供了扎实基础。

二是产学研模式丰富、机构平台多样化。为实现优质创新要素的充分利用，美国在过去的一个世纪内，形成了丰富多样的产学研合作模式。其中，对接支持模式包括了大学研究成果为小型企业提供支持的企业孵化器；合作模式则包括了具有协同研究性质的合作研究中心，以及利益共享的契约合作研究、咨询协议与技术入股合作等不同模式；融合模式则将大学、科研机构与产业相融合，共同组建包括"斯坦福研究园""北卡三角研究园""田纳西技术走廊"在内的大学科技园，实现多个科研主体的协同创新。

三是政府作用突出，政策法规完善。为维护庞大的创新体系平稳运行，美国政府于20世纪80年代至今出台了多项保障法案与支持性政策。其中包括推动联邦资助下研发成果应用的《拜杜法案》、在科研人员绩效评估中纳入技术转移活动的《联邦技术转移法案》及其修正版本《国家竞争力技术转移法》，以及涉及国内技术保护、损害到他国利益的《2021年美国创新和竞争法案》等多种类型政策法案。这些法案具有较强连贯性与针对性，一定程度上减少了美国协同创新发展的阻碍与风险。

2. 德国的一流大学主导与开放性创新的经验模式

德国与美国相似，都是创新能力位居世界前列的发达国家，具有丰

---

① 数据来源：OECD（经济合作与发展组织）官网公开数据。
② https://www.topuniversities.com/university-rankings/world-university-rankings/2023.
③ https://www.timeshighereducation.com/world-university-rankings/2023/world-ranking.

富的创新经验与创新成果。德国同样具备多元产学研合作的创新模式，在微观层面上可归纳为一流大学主导、创新主体与平台协同创新开放程度高。特点有二。

一是高校占据主体地位，一流大学引领创新发展。德国的高校，尤其是科研水平高、创新能力强的一流院校，通过合作构建知识网络、形成知识溢出，成为德国创新体系的核心动力源。在高校作为个体引导创新发展的同时，德国的一流大学间化竞争为合作，通过跨学科交流、联合科研机构创新的形式，大幅提升了各自创新能力与知名度。德国创新水平最高的慕尼黑工业大学与慕尼黑大学之间的"卓越集群"计划，就是这一校际合作的典范，在生物、能源、物理等多个学科取得了丰硕的科研成果。

二是创新开放性高，构成形式多样。德国联邦政府通过出台"工业4.0"、"卓越计划"及"德国高科技战略2025"等创新发展规划与推动型政策，结合德国产业优势与科技发展程度，为德国提供使用不同层级与时间周期的创新规划。同时，德国的创新中介形式与功能多样，包括营利性与公益性，在辅助构建产学研等不同创新主体联系的同时，通过充当孵化器、提供专业咨询服务推动产学研协同发展。

3. 日本的政府引导主体企业的"官产学研"模式

日本作为创新强国之一，其产学研的主导力量来自于政府，即形成了"官产学研"的创新发展模式。日本政府在制定创新发展政策，激发国内校企创新活力的同时，充当重要信息中介，为产学研提供沟通与合作渠道。此外，日本政府部门联合科研基金公益部门，对日本的高校创新开发、委托高校对企业员工进行科创培训的政府委托方式，进一步为产学研部门提供必要的资金保障与合理的协调机制，协同提升创新主体对日本经济发展的推动作用。

（二）基于中观视角的发达国家协同创新经验

1. 美国的区域大数据创新中心经验

美国拥有旧金山湾区、波士顿等世界级的区域性创新中心，因各自区内的高校、产业与特有区域属性差异，形成了异质区域创新特点。基于此，为进一步实现区域内与区域间的协同创新，美国充分运用了该国数字产业的领先优势。作为数字大国，美国借助大数据的大容量、多类型、高效率等突出特点，以大数据推动创新政策为辅，构建大数据协同创新的网络化平台。2015年，美国国家科学基金会主持建成了美国全国性区域大数据创新中心，并于同年根据不同区域的自身发展特点与存在问题，建立起东北部、南部、中西部和西部四大区域性大数据创新中心，以实现政府、产业界、学界及非营利组织的协同创新，进而推动各区域经济与社会发展。

2. 德国的"研究园"区域创新合作经验

德国的创新由一流大学主导，进而演化出区域内高校与企业及科研机构的联合创新研究模式。基于2007年首次推出的"领先集群竞争"计划，德国于2009年通过"研究与创新专家委员会"推出的"研究园计划"。该计划旨在将高等院校融入作为区域创新联合体的"研究园"，以大型企业作为核心驱动力，根据德国不同区域具备的差异化科技创新产业与学科背景，如柏林的智能化与可持续能源汽车产业、亚琛的数字光子技术产业等，以实现目的性强、效率高的区域性协同创新发展。这一发展模式在为各区域带去经济发展效益的同时，亦提升了参与高校的声誉与知名度，并且推动了参与产业、企业的技术革新与发展，实现协同创新上的多方共赢。

3. 英国的大学科技园—科学城—弹射中心三相区域创新模式

英国作为创新水平较高的发达国家，其创新平台具有多元特点。不同于某一创新主体具备相对较强的主导能力，英国的区域创新平台在多个不同创新主体主导下，通过分化形成了功能差异。第一，包括剑桥大学、牛津大学等在内的世界顶尖高校与产业界形成合作，共同建立"大学科技园"，进而将协同创新范围拓展至政府与研究机构等，但这一模式并未受专有政府机构管理，而是基于科研院校引导形成的。第二，英国的非传统科研密集区域为提升科研竞争力，各区域发展署合作并主导建立"科学城"，在地方政府主导下实现区域优势产业技术的发展与合作。第三，包括英国研究与创新署等国家级政府机构主导建立了"弹射中心"，旨在提升区域内基础研发效能与区域间创新资源整合，由微观至中观层面上推动协同创新。

（三）发达国家经验对京津冀协同创新的发展启示

第一，因地制宜发挥区域特有优势。在发达国家的协同创新进程中，都十分注重结合区域内的长处发挥与短板补齐，因地制宜创新发展，实现区域间的优势互补与协同创新。在建设中国式现代化先行区、示范区的要求下，京津冀同样因为自身发展程度、产业特点与发展潜力等特征，在协同创新过程中具备明确分工，即北京充分利用其全国领先的科技发展水平、丰富的创新资源与创新经验，推动产学研在大数据、人工智能等高科技领域的深入合作，进而将技术经验辐射至津冀地区；天津依托良好的制造业基础，借助科技创新及高校合作形式，实现先进制造业发展，提升天津对北京科研创新成果的承接能力；河北则利用其成熟的传统工业基础，通过技术升级、机制优化等不同策略，实现工业产业转型与优化升级。

第二，完善立体化创新架构，建立多元协同模式。京津冀各城市的创新发展程度及区域内参与程度有所不同，因此在协调城市间创新合作与承接的同时，需明晰不同立体层面的创新发展模式。微观层面上，京津冀各城市应借鉴发达国家创新参与主体全面发展的经验，主动发现包括创新规模不足、发展滞后、对接不畅等具体问题，打通创新薄弱环节，补足创新参与主体短板，为融入京津冀协同创新提供坚实基础。中观层面上，京津冀各城市应综合包括德国的"研究园"、英国的科技园—科学城—弹射中心等创新合作经验及成果，通过创新主体间对话、城市间协作及府际沟通等多种协作方式，有效融合区域内各主体优势，进而建立多元化、高适配的创新合作模式。

第三，提升政府的创新引导作用。京津冀地区应进一步吸纳发达国家政府对创新合作与发展的引导经验，发达国家政府对创新的引导是多维的：美国政府通过颁布法案与政策推动并保障创新发展；德国政府提供了明确的创新发展规划；日本政府则深度融入创新发展链条。因此，京津冀各层级政府需提升全国性及区域性的创新政策对接与落实，强化与创新参与主体间联系，消除信息壁垒，充分明确属地创新发展程度，进而采取最适合的创新引导与治理措施。

第四，强化区域创新体系各主体合作，加强创新中介作用。产学研合作是发达国家创新发展的主要推力，除了传统的产业—高校—研究机构的合作范式，还包含了顶级高校间化竞争为合作、政府通过委托引导产学衔接等创新模式。同时，发达国家的创新中介形式多样，包含了为实现创新主体间合作设立的部门、社会组织与个人等，以中间点的形式，扩大原有协同创新网络。因此，京津冀地区应构建起更多的有效创新中介，以推动创新成果转化，进而推动创新链与产业链融合发展。此外，大数据、云计算等新兴科技手段，有助于进一步增强创新主体间联系，强化创新中介的衔接作用，以提升协同创新的效率与效能。

五 京津冀协同创新现存不足与发展对策

近年来，京津冀三地的创新基础不断夯实，创新联系不断加深，但区域内部分城市在创新规模、创新链产业链对接、创新承接能力及吸引力等方面仍存在不足，需进一步协调创新参与主体关系、优化创新环境、借力数字经济，提升京津冀三地协同创新水平，助推京津冀成为中国式现代化建设的先行区、示范区。

（一）京津冀协同创新现存不足

1. 京津冀三地创新规模与协同发展之间的断层扩大

京津冀协同发展战略提出以来，三地的创新规模、协同创新程度都实现了提升。然而，由于三地初始的创新基础与禀赋不同、发展过程中吸引创新要素聚集的能力差异，以及不同地区与城市间的创新供求错位，造成区域内不同城市间创新发展差距不断扩大。无论包括

R&D人员、经费支出等在内的创新投入规模上,还是在专利授权数、技术市场成交额等在内的创新产出规模上,津冀两地的规模之和均落后于北京的规模,在一些指标上甚至不足北京规模的三分之一。同时,在专利转移、科技论文等协同创新指标上,津冀两地在与京津冀区域内、外地区的知识技术转移流量均显著低于北京,协同创新程度存在明显断层。此外,三地经济发展存在的落差同样对协同创新进程存在影响:2014年,京津冀三地的生产总值占比依次为39.01%、18.06%与42.93%,而到了2021年,三者数值依次为42.22%、16.17%与41.61%,北京处于领先地位且扩大了与津冀两地间差距。同时,2021年京津冀三地的人均国内生产总值依次为19.03万元/人、11.92万元/人与5.7万元/人,存在明显断层。一方面,区域间经济与科技的差距过大,引致北京与津冀间的创新供求错配,进而导致作为创新领导型城市的北京难以充分发挥辐射作用;另一方面,经济水平相对落后的地区在创新投入、融资引资以及人才吸引力上均落后于发达地区,难以产生充分的创新发展动力与足够的协同创新能力,最终造成发达与落后地区间协同创新水平差距扩大。

2. 创新链与产业链对接不够紧密

虽然京津冀地区在R&D经费投入、教育水平与科技水平等方面处于国内领先地位,但是区域内的高端创新资源主要集中于北京,城市间的创新链与产业链对接存在不足。相较于长三角地区与粤港澳大湾区的城市,北京拥有相当数量的高校与科研院所,R&D经费投入水平较高,具备领先的基础研究、科技研发水平。然而,在R&D投入经费结构上,长三角地区与粤港澳大湾区的R&D经费主要来源为企业,而2021年北京的R&D经费投入中有45.13%来自政府,与企业投入份额相当,说明北京的R&D活动中的较大部分以政府支持、学术科研为导向。这有利于北京创新活动中科技论文、课题及成果形成,但相对缺乏由科研成果向实际应用的转化动能。

同时,津冀两地的创新水平与规模落后于北京,与北京之间的创新与产业发展程度落差降低了双链运行的流畅度,导致双链融合过程难以达到大范围与高效率。空间上，区域性的科技型产业协同与转移承接主要停留于开发区、高新区及各类产业园区，同类产业的聚集、联动与协同较为欠缺，双链具有更大的发展与延伸潜力。

3. 区域内创新成果蛙跳明显，转移转化率尚存不足

京津冀在创新、经济与产业发展方面存在的较大差距，在一定程度上阻碍了北京研发、津冀转化的进程。产业结构方面，北京作为区域内创新要素吸引能力最强、创新资源最为集中、科技研发水平最高的城市，已经形成由现代服务业与知识经济发展主导的产业模式。天津处在制造业转型升级、构建先进制造业的阶段，而同样处于制造业转型阶段的河北则存在较大比例的传统工业产业，在发展与升级上相对缓慢。正因三地在创新发展的阶段与程度上存在错位，来自北京企业的创新供给与津冀企业的技术需求存在错配，进而引致这些供给转由北京本地或京津冀地区外创新能力较强、发展程度较高的企业承接。从专利转移的角度上看，津冀两地与北京之间的专利流动均存在下降趋势、未能实现对北京流出技术完全吸纳的现状，即与两地承接能力不足、区域内三地间成果转移转化率有待提升的事实相对应。

4. 区域内创新网络枢纽城市的创新带动效应有限

京津冀协同发展战略提出后，逐渐形成了由区域创新能力处于领先水平的京津两地主导、河北创新强市作为区域创新网络次级枢纽的协同格局。然而，区域内各城市发展水平差距导致枢纽型城市带动效应不足。一方面，北京的创新水平显著高于天津及河北各城市创新水平，创新承接存在错位；另一方面，天津与河北省内各城市之间，以及河北省内石家庄、保定等创新规模大、能力强的枢纽城市与其余城市之间同样存在较大的创新水平落差，加之创新平台数量少、创新机制不完善、产业转型滞后与对接困难等问题，导致枢纽型城市难以发挥带动作用，部分枢纽城市与普通城市间几乎未发生科技论文合作与企业专利权转移。

同时，创新枢纽自身的创新能力较弱，难以对普通城市形成足够吸引力。以石家庄为例，该市作为河北省省会城市，在2021年的R&D

人员折合全时当量仅占京津冀区域的2%，次于省内唐山、保定，与沧州、邯郸相当，R&D经费内部支出仅占区域的1%，处于河北省内落后水平，专利申请授权量区域占比仅达到6%，创新投入与产出规模较低。相比之下，北京作为河北绝大多数城市的论文主要合作对象，其创新规模指标处于区域的五成到七成，与河北其他城市的论文合作与专利权转移数量达到了石家庄的三倍至十倍，这说明创新领导型城市与枢纽型城市之间的创新能力差距悬殊，导致枢纽型城市创新吸引力与带动效应的不足。

（二）京津冀协同创新发展对策

1. 发挥创新各环节能动性打造政产学研用新模式

构建京津冀政产学研用新模式，需要依据区域内不同城市、不同创新参与主体的提供能力与需求水平进行充分对接，形成结构完整、优势互补的有效合作模式。

京津冀政府应充当产学研合作新模式前端引导者与协调者的角色。政府部门应同时加强横向与纵向的协同创新合作：横向上，构建充分的跨地政府协商渠道与机制，通过府际沟通消除区域内不同地区间产学研发展的信息壁垒，提升异地产学研合作程度与适配度；纵向上，建立高级别政府制定产学研发展与合作规划、低级别政府推动企业、高校与科研机构合作融合深化的立体化政府引导体系。

北京应充分利用其作为区域科技创新高地的优势。统筹北京丰富的科研资源、众多的一流高校与人才以及创新能力处于中国前列的大量企业，推动北京内部的产学研合作升级，提升企业积极性、推动培育中小微企业等途径提升企业创新主体与主导作用。同时通过高校分校设立、企业子公司与分支机构设立等途径，强化北京与津冀两地之间的跨地合作，充分发挥北京的创新引领作用。

天津应提升制造业创新水平并加强区域创新合作。充分利用其良好的现代工业基础，继续推动制造业高质量发展，提升企业创新能力与对北京先进技术的承接能力。同时，发展天开高教园科创园等高校科创合作与培育基地，提升天津高校与科研机构的创新能力与合作水平，并继续推进津冀知识共享与科技合作进程。

河北应持续提升创新能力与承接能力。继续强化其高校与科研机构建设，并提高科技研发与创新能力，通过政策支持、机制完善等方式，提升创新部门的吸引力；同时，高质量推进雄安新区建设，实现雄安新区对更多京津高校与科研机构的有效承载。此外，河北应持续推动传统工业的转型升级，加强企业的自主创新能力，做到对北京知识技术流的有效承接、扩大非首都功能疏解容量的同时，提升创新主体的自有技术水平，实现承接发展"两手抓"。三地需要把握创新产业发展趋势，提升区域数字化、智能化水平，激发各地区的成果转化潜力，以实现产学研后端之"用"，进而形成完整的新型产学研合作链条。

2. 推动创新链产业链人才链融合助推创新成果高质量转化

京津冀全域充分的协同创新，形成创新链与产业链的融合发展，需要域内各城市具备足够创新能力与科技研发水平，以实现链条各节点的有效对接。

北京需要继续延续其良好的创新发展态势并统领京津冀协同创新发展。作为区域内创新"领头羊"，北京应充分围绕其先进产业与企业的项目需求与发展模式，在产学研新模式下将来自高校与科研院所的人才链所产出的创新成果和供给相匹配，实现产业链、创新链与人才链的精确对接与多层次融合，培育壮大新兴产业，为世界级先进制造业集群建设提供坚实基础。同时，北京在实现自身创新规模与能力提升的同时，应当扩大对津冀的创新辐射能力。一方面，北京应增加其位于津冀的创新机构、高校及企业的分支机构设立，增加人才链延伸长度，同时提升与津冀间知识技术流动性，实现作用空间范围更大、参与主体更多的协同创新；另一方面，北京应在疏解其非首都功能的同时，为津冀地区充分提供其先进的创新经验模式，使津冀两地在吸收、承接的同时，可培育属于津冀自身的创新能力与规模。

天津需要填补创新规模缺口并提升与京冀间协同创新程度。首先，天津需补全创新投入的资金与人员缺口，通过政策保障、资金支持与创新机制优化提升对高技术人才、创新要素的吸引力，充分激发本地企业、科研机构与高校的创新潜力，完善人才链布局。其次，天津需要提升本地企业创新能力，巩固延伸优势产业，推动制造业转型升级与产业集群建设，以实现对北京流出产业与知识流的精确承接，提升京津冀区域内科技成果转化率；又需要继续强化与河北之间的产业联系与知识共享，努力建设成为京津冀地区的协同创新核心枢纽。

河北需要推动产业升级与强化枢纽城市创新能力。第一，河北应聚焦提升创新能力，进一步推动对传统产业的改造升级，同时形成和提升具备充分吸纳转化京津两地间科技成果的创新能力。第二，着重提升冀内石家庄、保定等创新枢纽型城市的创新规模与创新能力，强化创新枢纽对其他河北城市的带动作用，以及对京津与河北之间的创新衔接作用，实现河北各市参与、稳步提升的协同创新新局面。

3. 充分发挥数字经济对协同创新推动作用

强化数字技术对创新活动的驱动力。京津冀的创新研发部门与高校应从基础研究、科技原始研发开始，充分运用新兴数字技术实现更高的研发效率。企业与高校在研发过程中，一方面，提升科研人员的数字技术运用能力，着力培养"数字工匠"；另一方面，利用数字创新高普适性、短研发周期性、低成本性的优势，提升不同研发项目的协同度，同时借助数字化技术的信息对称优势，加强在京津冀区域内与其他区域间高校的原始创新合作，精准把握技术前沿的动向，深挖技术创新机会，进而在更大程度上开拓研发空间。

促进产业转型升级与数字经济融合。京津冀的企业作为区域创新主体，应在产业转型过程中合理运用数字经济相关技术与生产模式，将数字经济融入产业发展进程。在区域产业发展方面，各产业需利用人工智能、大数据、5G技术及物联网等新兴科技，结合产业发展特点部署创新突破口，逐渐形成生产流程数字化、制造形式智能化的新生产模式，转化新技术、运用新技术，推动传统产业数字化转型升级与新兴产业高质量发展，促进京津冀的产业聚集与协同，形成跨产业、跨区域的产业链条，从而实现创新链与产业链的深度融合，加速形成京津冀地区数字创新网络与工业互联网互联互通新局面。

提升大数据协调三地协同创新的媒介作用。京津冀三地间应充分利用大数据覆盖面广、规模大、携带信息丰富等突出优势，实现区域协同创新的新发展。三地政府部门、产学研等不同创新参与主体，应借助大数据的多维度信息支撑优势，通过搭建创新大数据平台、完善数字基础设施建设等数字媒介的构建与优化，消除与减少在跨地创新要素流动、创新资源分配与资金融通、创新主体间供给与需求匹配等方面存在的信息不对称问题，形成跨区域、跨产业的京津冀协同创新新局面。

4. 营造良好的创新生态，持续提升区域创新环境

发挥京津冀政府对区域创新生态保障作用。京津冀政府在区域协同创新环境建设上具有综合部署、统筹协调的重要作用。第一，三地政府应明确地区的创新发展任务，因地制宜推行地方创新发展规划与方案，推动地方创新参与主体结合自身优势、补足短板，融入京津冀区域协同创新进程。第二，提升京津冀各城市府际合作，通过基础研究、科技成果转化、数字经济发展等前沿科技发展的合作规划，以及科技创新券、京津冀协同创新基金等创新资金支持，为地区内创新主体间合作提供更优质的创新环境。第三，结合创新活动与过程中存在的各类风险，出台更完善的创新保障法规与措施，提升创新主体参与创新活动过程的稳定性与积极性。

推动创新平台与创新中介营造高质量创新环境。京津冀的创新环境需要创新平台与创新中介共同作用，为创新参与主体的合作提供良好创新环境。就创新平台构建而言，发挥区域内创新领先型企业的带头作用，以科创产业园、开发区、科技城等地理园区集群形式建设创新飞地，以及产业联盟、创新联盟与发展联盟等创新组织形式，与中小微企业形成创新经验共享、成果共建的优质创新生态。建立企业、高校与科研院所的协同创新平台，以及京津冀与中国其他经济区域协办的创新中心。同时，推动区域共建京津冀国家技术创新中心、北京协同创新研究院等协

同创新导向的研究院所，深化创新过程与经验总结，为区域创新提供更好的改进与发展方案。就强化创新中介作用而言，努力实现创新中介多元化：一方面，推动建设参与创新具体进程的中介，包括为创新创业企业与个人提供法律帮助的创新律师事务中介机构、助力对接知识产权供需双方的科技专利转移转化中介机构等；另一方面，促进企业、高校及个人在内的创新参与者发挥中介作用，借助信息优势构筑创新参与主体间沟通与合作桥梁，构建创新中介网络。

提升区域内高校科研创新合作水平。京津冀的众多高校作为创新人才培养、知识创造、科技研发的区域创新核心力量，需要通过更高水平、高质量的校际合作实现协同创新，即从固有的单一竞争模式，转化为共同合作、缔造创新成果的新合作模式。合作方式包括组建依学科目标产业划分的京津冀协同创新联盟、召开如京津冀高校知识产权运用联盟大会一类的高校协同创新会议，以及建立区域内高校的跨地创新发展研究院等形式，形成京津冀高校间实现跨学科、跨区域的校际协同创新的新发展模式。

参考文献

习近平：《高举中国特色社会主义伟大旗帜 为全面建设社会主义现代化国家而团结奋斗——在中国共产党第二十次全国代表大会上的报告》，人民出版社2022年版。

白俊红等：《协同创新、空间关联与区域创新绩效》，《经济研究》2015年第7期。

戴靓等：《中国城市知识合作网络结构演化的影响机制》，《地理学报》2023年第2期。

李春涛等：《金融科技与企业创新——新三板上市公司的证据》，《中国工业经济》2020年第1期。

李虹：《区域创新体系的构成及其动力机制分析》，《科学学与科学技术管理》2004年第2期。

李文鸿等:《科技创新、对外开放与京津冀高质量协同发展研究》,《统计与决策》2021 年第 7 期。

刘洋:《科技协同创新 三地各展作为》,《北京青年报》2023 年 7 月 31 日第 A04 版。

孙瑜康等:《京津冀协同创新水平评价及提升对策研究》,《地理科学进展》2017 年第 1 期。

张璐等:《创新促协同 共享"硬科技"》,《天津日报》2023 年 2 月 26 日第 06 版。

第四章
先行区示范区建设与京津冀产业协同

郭佳宏*

摘　要：自2014年京津冀协同发展政策实施以来已经历近10年，并取得突破性进展成果。本章对京津冀产业协同发展的测度分析表明，至2022年京津冀三地产业协同发展达到较高水平，京冀产业协同达到优质协调程度，京津、津冀产业协同达到中级协调程度。京津冀三地在信息传输、软件和信息技术服务业、医药制造业领域产业协同实现了较快突破并具备提升潜力，而在新能源汽车、专用设备制造领域产业协同受阻有待优化。就京津冀城市间整体产业协同发展指数来看，京津冀整体城市间整体产业协同发展指数正逐年上升，城市间产业协同发展整体向好。先行区、示范区建设背景下未来京津冀产业协同发展应以战略性新兴产业为引领，打造高水平产业集群、着力推动产业协同发展的体制机制创新。

关键词：先行区、示范区建设；产业协同；传统产业；战略新兴产业

2023年5月，习近平总书记在深入推进京津冀协同发展座谈会上提出："以更加奋发有为的精神状态推进各项工作，推动京津冀协同发展

---

* 郭佳宏，南开大学经济与社会发展研究院讲师，研究方向：现代化产业体系、产业地理学、演化经济地理学。

不断迈上新台阶，努力使京津冀成为中国式现代化建设的先行区、示范区。"2023年5月底，《京津冀产业协同发展实施方案》印发，明确到2025年，京津冀产业分工定位更加清晰，产业链创新链深度融合，综合实力迈上新台阶。

当前京津冀协同发展即将进入十周年的关键阶段，亟待形成京津冀产业协同发展新思路、新方案、新举措，将京津冀协同发展提升到新高度。同时，京津冀三地城市作为京津冀产业协同的重要枢纽与主体行动者，如何通过积极参与产业协同，推动本土产业升级，成为现阶段的重要研究问题。

一 先行区示范区建设对京津冀产业协同的新要求与理论逻辑

明晰先行区、示范区建设对京津冀产业协同的新要求与理论逻辑，有助于明晰京津冀产业协同的顶层设计，推动京津冀产业协同走深走实，发挥京津冀产业协同在全国范围内的先行示范作用。

（一）先行区示范区建设对京津冀产业协同的新要求

1. 推动产业结构调整优化

京津冀地区作为世界级城市群之一，是带动全国产业发展与经济增长的重要增长极，然而现阶段京津冀产业发展面临产业升级与高耗能产业转型的结构性问题，在先行区、示范区建设背景下，京津冀对产业结构调整优化升级的需求极为迫切。

如表4-1所示，长期以来，京津冀地区以黑色金属冶炼及加工业为主导产业，尤其以黑色金属冶炼及加工业拉动京津冀地区经济增长。2018年至2021年尤以河北为代表的京津冀地区黑色金属冶炼迅速增长，产业主营收入远超其他产业。而作为传统主导产业的电子及通信设备制造业与电气机械和器材制造业虽然有所发展，但产业增速不快，产业体量不足，与高耗能的黑色金属冶炼和压延加工业相比仍处于有待发展的阶段。

表4-1　　　　　　　京津冀地区主导产业演化情况　　　　（单位：亿元）

行业	计算机、通信和其他电子设备制造业				黑色金属冶炼和压延加工业				电气机械和器材制造业			
年份	2018	2019	2020	2021	2018	2019	2020	2021	2018	2019	2020	2021
北京	3322	3625	4213	5500	109	91	109	144	767	796	917	886
天津	1776	1742	1890	2074	2628	2713	2724	3485	863	962	1153	1306
河北	356	413	442	659	12565	12606	13346	17854	1282	1464	1680	2026

数据来源：中国工业企业数据库。

正如党的二十大报告所指出：中国式现代化是人与自然和谐共生的现代化，京津冀要成为中国式现代化建设的先行区、示范区，更需要转变产业发展方式，承接、转移、淘汰传统高耗能产业，发展高新技术产业及环境友好型产业，推动产业结构优化升级，以京津冀产业间协同驱动产业结构优化升级，以京津冀产业内部优化升级推动京津冀产业高质量协同发展。

2. 壮大战略性新兴产业

推动战略性新兴产业融合集群发展是建设现代化产业体系与推进中国式现代化的重要内容。京津冀地区作为产业空间集聚的重要载体，是产业发展的重要先驱，然而现阶段京津冀产业发展仍然存在战略性新兴产业发展不足、不充分、不完善的问题。如图4-1所示，就产业分布而言，目前我国战略性新兴产业主要分布在长三角、珠三角和长江中游城市群，京津冀地区虽然在高新技术产业或传统产业上也有着一定的产业规模，然而未有引领优势。京津冀地区产业附加值虽然较高，但较哈长城城市群、天山北坡城市群仍有一定差距。

党的二十大报告提出：建设现代化产业体系……推动战略性新兴产业融合集群发展，构建新一代信息技术、人工智能、生物技术、新能源、新材料、高端装备、绿色环保等一批新的增长引擎。在先行区、示范区建设的背景下，京津冀产业协同发展更需要高标准与严要求：京津冀地区需要统筹布局高端产业和战略性新兴产业，在引入外部知识、技术的同时，引领中国高端产业发展方向和整合国内资源，补短板并构建国家

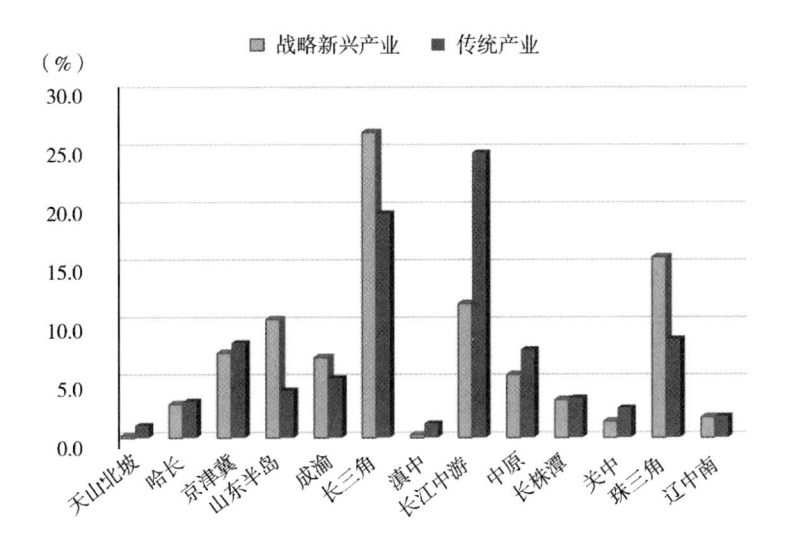

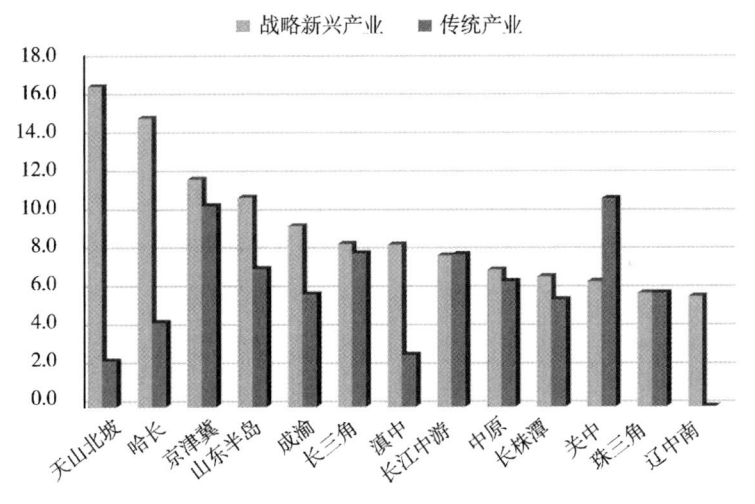

图 4-1 战略新兴产业和传统产业规模占比（上）和人均利润（下）
资料来源：中国工业统计年鉴。

价值链，向全球价值链高端环节攀升。

3. 确保京津冀产业链供应链可靠安全

京津冀城市群是中国产业对外发展的重要门户，对国家战略安全保障都具有不可替代的重要作用。在推进中国式现代化进程中，京津冀产业发展不仅面临着发达国家在高端制造业领域的激烈竞争,同时还要承受发展中国家在中低端制造业领域赶超发展的压力(贺灿飞等,2021)。如表4-2所示,目前中国型"卡脖子"环节主要体现为电子信息、高端装备制造关键零部件。"卡脖子"环节从业企业集中分布于京津冀、长三角、珠三角三大城市群,典型"卡脖子"环节主要出现于电子信息、高端装备制造等产业的价值链高端环节,多为高附加值、高技术含量的关键零部件。

表4-2　　　　　　　中国产业链典型"卡脖子"环节

战略性新兴产业大类	"卡脖子"环节	代表性企业	企业所属区域
新一代信息技术产业	锂电池隔膜	星源材质	广东深圳
		长园集团	广东深圳
	镀膜靶材	江丰电子	浙江宁波
		阿石创新材料	福建福州
		隆华节能	河南洛阳
		有研新材	北京
		金钼股份	陕西西安
	高端电容电阻	风华高科	广东肇庆
	手机射频器件	信维通信	深圳
		硕贝德	广东惠州
		麦捷科技	广东深圳
		长盈精密	广东深圳
	激光雷达	万集科技	北京
	光刻机	上海微电子	上海
	芯片	中芯国际	上海
		士兰微	浙江杭州
		华为海思	广东深圳

第四章 先行区示范区建设与京津冀产业协同

续表

战略性新兴产业大类	"卡脖子"环节	代表性企业	企业所属区域
新一代信息技术产业	触觉传感器	汉威科技	河南郑州
		中航电测	陕西汉中
		苏州固锝	江苏苏州
		通富微电	江苏南通
	超精密抛光工艺	鼎龙股份	湖北武汉
		江丰电子	浙江宁波
		晶盛机电	浙江绍兴
	真空蒸镀机	无	
	操作系统	中国软件	北京
		浪潮软件	山东济南
	工业软件	用友网络	北京
	数据库管理系统	东软集团	辽宁沈阳
高端装备制造产业	高端轴承钢	中信特钢	湖北黄石
		本钢特钢	辽宁本溪
	高压柱塞泵	太重榆液	山西晋中
		中航力源	贵州贵阳
	航空发动机短舱	中航飞机	陕西西安
	重型燃气轮机	中国船舶重工	北京
		上海电气	上海
	掘进机主轴承	中国铁建	北京
		徐工机械	江苏徐州
	高铁钢轨铣刀	拓博尔轨道	北京
	柴油高压共轨系统	成都威特电喷	四川成都
		广西玉柴机器	广西玉林
	线缆水下连接器	江苏中天科技	江苏南通
	高端焊接电源	深圳佳士科技	广东深圳

续表

战略性新兴产业大类	"卡脖子"环节	代表性企业	企业所属区域
新材料产业	环氧树脂	宏昌电子	广东广州
	光刻胶	强力新材	江苏常州
		晶瑞股份	江苏苏州
		容大感光	广东深圳
	微球	丽珠集团	广东珠海
	航空钢材	抚顺特钢	辽宁抚顺
	高强度不锈钢	抚顺特钢	辽宁抚顺
		久立特材	浙江湖州
		方大特钢	江西南昌
生物产业	透射电镜和扫描电镜	聚束科技	北京
		国仪量子	安徽合肥
	医学影像设备元器件	东软医疗	辽宁沈阳
新能源汽车产业	燃料电池关键材料	南科燃料电池	广东深圳
相关服务业	适航标准	无	
	航空设计软件	中国航空工业	陕西西安

资料来源：作者整理。

党的二十大报告提出，建设现代化产业体系……巩固优势产业领先地位，在关系安全发展的领域加快补齐短板，提升战略性资源供应保障能力。在建设中国式现代化的先行区、示范区背景下，更要求京津冀地区发挥产业间协同作用，发挥京津冀三地的资源禀赋优势及产业比较优势，加强区际产业协同与产业合作，确保产业链供应链可靠安全，进而辐射、影响、保障全国范围内的产业安全。

（二）先行区示范区建设新要求下京津冀产业协同的理论逻辑

1. 推动产业分工深化

推动区域产业分工深化，发挥区域比较优势成为提升产业全球竞争力新主张。自20世纪80年代以来，全球垂直产业链和价值链分工成为世界经济循环的显著特征（Humphrey and Schmitz，2002；Gereffi and Gary，2014）。近年来，产业内分工热潮已经逐渐褪去，发达国家开始将制造业环节移回本国，推行再工业化（江小涓和孟丽君，2021；杨文龙等，2021），全球产业链进入新的调整期，基于区域内部产业链视角的区域产业协同发展地位愈加凸显。以欧盟为例，2011年欧盟28个成员国正式提出了精明专业化政策（Smart Specialization），强调各产业发展需要结合自身产业发展的比较优势，依据地方特有的、专门的知识储备和产业结构特点，积极推动地方知识溢出、互动和重组，促发产业区内部潜在的创新行为，从而提升产业集群的全球竞争力。

对京津冀地区而言，参与京津冀产业分工可以充分利用京津冀三地的要素市场资源，充分发挥京津冀各城市比较优势（于强，2021；刘秉镰和孙哲，2017）。对于经济相对发达的城市和地区，参与产业分工可以将不符合本地比较优势的边际产业转移到其他经济相对落后的城市和地区，在转移落后产能的同时为本地产业升级和产业结构调整提供空间。而对于经济发展相对落后的城市和地区，通过对边际产业的承接，可以快速实现与产业分工体系对接，以吸引相对先进的生产技术和管理经验进入，从而提升本地经济发展水平。结合国际发展历程来看，20世纪60年代的日本，70年代的韩国以及21世纪初的中国等都通过积极承接美国等发达国家的产业转移快速实现区域经济发展水平的提升，而与此同时，美国等边际产业的转出国也借此机会实现了区域产业升级和产业结构调整，进一步巩固了其全球经济领先地位。

2. 推动产业集群式发展

无论在发达国家还是发展中国家，通过建立各类产业集群吸引全球生产要素集聚，都是区域产业发展的重要战略。近年来，大量企业、科研院校和服务机构在空间上的高度集聚已成为各国产业集群的基本特征。各国产业集群发展策略在追求集聚效应和规模效应的基础上，更加注重通过提升产业集群的专业化和区域化以培养产业集群的创新能力。以美国为例，自2010年来，美国联邦政府相继提出了"能源区域创新集群计划"、"工作加速器合作集群计划"和"区域创新集群计划"等三个区域集群发展计划进一步扶持全国56个创新型产业集群，强调通过以产业集群为重要空间节点，加强各区域间产业的研发创新合作，扩大和完善国内产业创新链建设，实现全球领先生产技术的发展和推广。

理论上，区域产业集聚可通过规模经济和创新网络产生的市场外部性和技术外部性提升企业生产率，并增强区域创新水平促进区域可持续增长。区域产业集聚的沟通外部性对区域企业生产率有显著的促进作用，在小范围地区内，知识信息通过正式或非正式的方式在企业间传播，企业可以通过观察和直接面对面交流从周围企业获取信息溢出。具体而言，产业在地理上的集中方便了就业人员的交流，区域产业集聚对区域企业全要素生产率具有显著的正向影响，区域产业集聚程度较高的地区，区域企业会有较高的全要素生产率，区域会有较高的创新水平与创新能力。

京津冀地区作为世界级产业集群之一，在先行区、示范区建设背景下亟待通过产业集聚对关键要素进行优化配置。促进京津冀区域资源结构优化，既能破除京津冀区域综合承载硬约束下的创新发展困境，又能实现京津冀区域创新水平与创新能力的有效提升。当前京津冀区域产业集聚呈现一定规模，然而产业集聚区仍然存在无序、不合理的集聚状态，资源供给、基础设施建设不满足需求，集聚效率低下，集聚企业过度消耗资源，环境负担较大。亟须深入研究如何通过京津冀产业协同发展推动产业科学集群，据此有效进行创新治理，达到创新资源供给端与需求端的高度对接，全方位推动京津冀产业高质量协调发展。

3. 驱动产业价值链攀升

产业协同发展可以带来经济活动的成本节约和效益提升，以"工业园区和产业群"为特色的区域产业发展模式，促进了区域价值链的攀升。同一区域内的企业由于资源共享和知识溢出而呈现空间集聚和生产专业化，进而促进产业发展和区域增长，更多的信息和知识溢出会推动创新机会的增加和创新成本的降低，提升地区的生产能力。另一方面，信息和知识溢出会促使关联行业的企业在空间上集聚，进而促进生产与出口产品的地区专业化与产品结构升级，促使企业从价值链的低附加值部分移动到高附加值部分,如从生产为主转向研发设计、品牌创新和市场开拓为主。

区域产业集群与全球价值链的供应链式整合可助推区域企业向区域价值链向高端位置攀升。通过破除中间品供应环节的区际制度壁垒,加速全球价值链与区域产业集群的供应链式整合,可以为助推区域企业向区域价值链向高端位置攀升提供庞大丰富的中间品市场支撑。通过积极引导和强化普通劳动力人才化的战略投入,构建高效的知识交流、人才合作平台,促成企业间形成以强带弱、强弱衔接的空间协同格局,从而将单个企业的全球价值链优势推向整个区域产业甚至区域的全球价值链竞争优势的最优,形成"单个企业—区域产业—区域整体"内生化全球价值链升级路径,进而打破全球价值链背景下区域生产体系的双重分割困局。

在先行区、示范区建设背景下,京津冀产业协同发展可以助力京津冀区域制造业的高质量发展,驱动产业价值链攀升。区域制造业高质量发展意味着高效率、韧性强、转型能力强、创新性强。首先,基于价值链和知识链的分工协同提升了产业效率。其次,拥有相似知识本底的不同行业的协同发展提升了整个体系的韧性,并可以基于其知识本底向外逐渐衍生出新行业,即转型能力强。最后,垂直价值链为知识在研发端和制造端的流动保驾护航,水平知识链促进了知识在不同但相关联行业之间的流动,双链叠加形成了综合体系。在多层级价值链体系中,京津冀城市群作为国家级先进制造业中心,着力攻克"卡脖子"技术。

二 京津冀产业协同的现状测算与问题识别

对京津冀产业协同的现状测算,有助于准确把握现阶段京津冀产业协同存在的关键问题,明确京津冀产业协同发展的难点、堵点,为先行区、示范区建设背景下的未来京津冀产业高质量协同发展提供有益思路。

(一) 京津冀三地产业总体协同情况分析

本部分使用中国工商企业注册数据,采用耦合协调度模型,以京津冀各城市当年产业数量为核心评价指标,测算京津冀产业协同发展指数。对 2014 年京津冀协同发展战略实施以来至 2022 年 9 年的京津冀整体产业协调指数测算结果如图 4-2 所示。

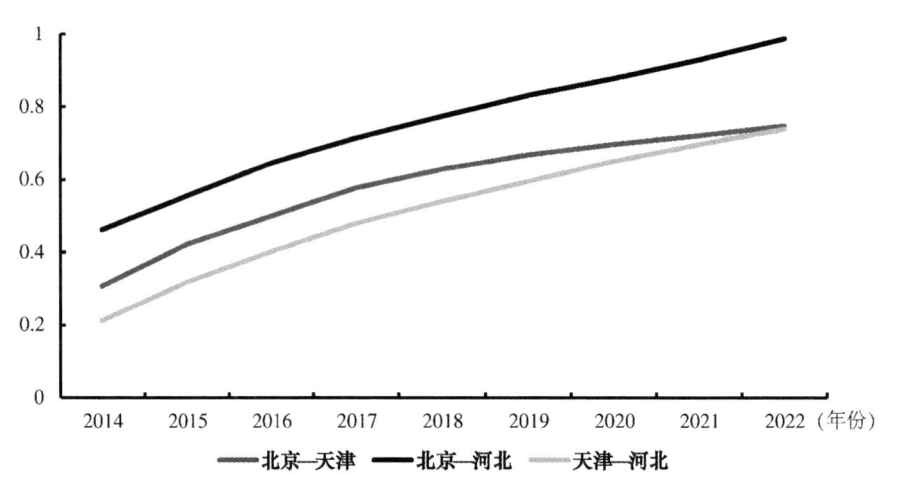

图 4-2 京津冀总体产业协同发展指数 (2014—2022 年)

资料来源:中国工商企业数据库。

自 2014 年京津冀协同发展战略实施以来,京津冀整体产业协同发展指数表现出明显的提升。2014—2019 年,北京—天津两地产业协同发展指数由 0.31 稳步提升至 0.75,京津两地产业协同达到中级协调程度,北京—河北两地产业协同发展指数由 0.46 迅速提升至 0.99,京冀两地产业协同达到高水平优质协调程度,天津—河北两地产业协同发展指数由 0.21 迅速提升至 0.74,津冀两地产业协同同样达到中级协调程度。可以看到,在京津冀协同发展战略实施的前五年,京津冀三地两两之间的产业协同水平经历了迅速提升,而在京津冀协同发展战略实施的后四年,京津、津冀产业协同进入了瓶颈期,产业协同水平提速放缓。

(二) 京津冀三地战略新兴产业协同情况分析

战略新兴产业对经济发展具有重要引领作用，是先行区、示范区背景下京津冀产业协同发展的重要抓手与先导力量，本部分选取信息传输、软件和信息技术服务业、新能源汽车、医药制造业、专用设备制造业作为代表性战略新兴产业进行分析，以期明晰京津冀三地战略新兴产业协同发展的现状问题，为京津冀三地产业高质量协同发展提供实践支撑。

图4.3 展示了自 2014 年京津冀协同发展战略实施以来至 2022 年近 9 年的京津冀信息传输、软件和信息技术服务业产业协调指数测算结果。2014 至 2019 年，北京—天津两地信息传输、软件和信息技术服务业协同发展指数由 0.26 稳步提升至 0.66，京津两地信息传输、软件和信息技术服务业协同达到初级协调程度，北京—河北两地信息传输、软件和信息技术服务业协同发展指数由 0.43 迅速提升至 0.94，京冀两地信息传输、软件和信息技术服务业协同达到高水平优质协调程度，天津—河北两地信息传输、软件和信息技术服务业协同发展指数由 0.20 迅速提升至 0.71，津冀两地信息传输、软件和信息技术服务业协同同样达到中级协调程度。

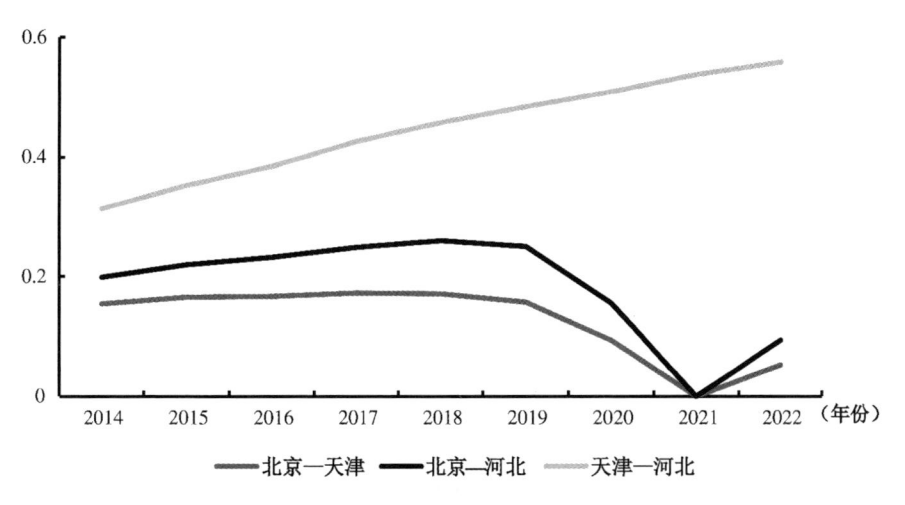

图 4-3 京津冀信息传输、软件和信息技术服务业协同发展指数（2014—2022 年）
资料来源：中国工商企业数据库。

对比图4-1发现，作为京津冀的重要产业之一，京津冀信息传输、软件和信息技术服务业协同发展与京津冀总体产业的协同发展趋势近乎一致，但京津冀信息传输、软件和信息技术服务业协同发展的协同发展程度略低于京津冀的总体产业协同发展程度，京津冀信息传输、软件和信息技术服务业协同发展仍未达到瓶颈，具备较大的协同发展提升潜力。

新能源汽车行业具备技术水平高、环境友好、发展迅速的特征，正成为京津冀地区新兴重要产业。图4-4展示了京津冀新能源汽车产业产业协调指数测算结果。2014—2019年，北京—天津两地新能源汽车产业协同发展指数由0.33降低至0.23，京津两地新能源汽车产业协同仍处于中度失调程度，北京—河北两地新能源汽车产业协同发展指数由0.25提升至0.38，京冀两地新能源汽车产业协同处于低度失调程度，天津—河北两地新能源汽车产业协同发展指数由0.23迅速提升至0.51，津冀两地新能源汽车产业协同达到勉强协调程度。

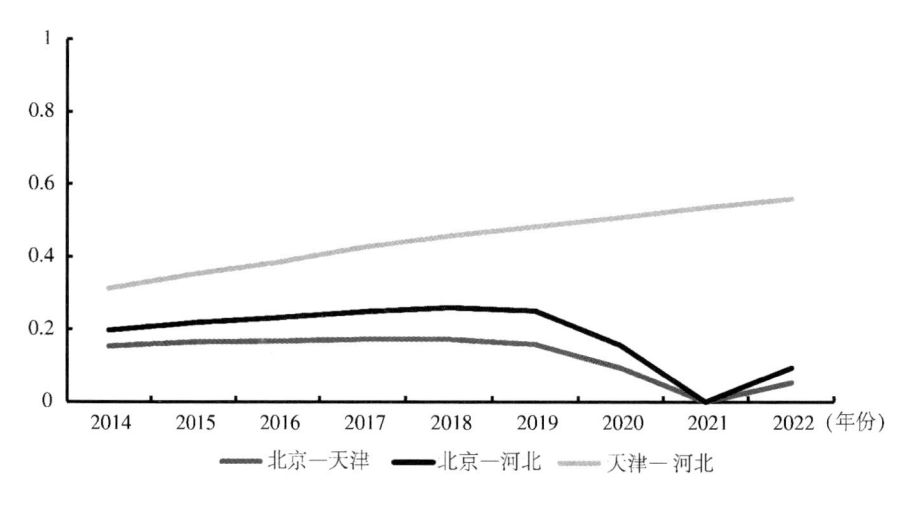

图4-4 京津冀新能源汽车产业协同发展指数（2014—2022年）
资料来源：中国工商企业数据库。

可以看到，作为现阶段的重要战略性新兴产业，新能源汽车产业在京津冀三地间的产业协同发展表现不佳。虽然在京津冀协同发展政策实施的前五年三地新能源汽车产业协同程度经历了明显提升，津冀一度达到中级协调程度,但在2018—2022年期间京津冀新能源汽车产业协同指数显著回落,三地在新能源汽车产业领域的协同程度未达到预期,有待进一步扭转产业协同失调趋势。

医药制造业是高技术产业之一,也是现阶段有代表性的生物技术产业,属于知识技术密集程度高的战略新兴产业,在保障人民健康与经济稳定方面发挥重要作用。图4-5展示了京津冀医药制造业产业协调指数测算结果。2014—2019年,北京—天津两地医药制造业协同发展指数由0提升至0.29,京津两地医药制造业协同虽有较大提升但仍处于中度失调程度,北京—河北两地医药制造业协同发展指数由0.47提升至0.7,京冀两地医药制造业协同达到中级协调程度,天津—河北两地医药制造业协同发展指数由0迅速提升至0.41,津冀两地医药制造业协同濒临失调程度。

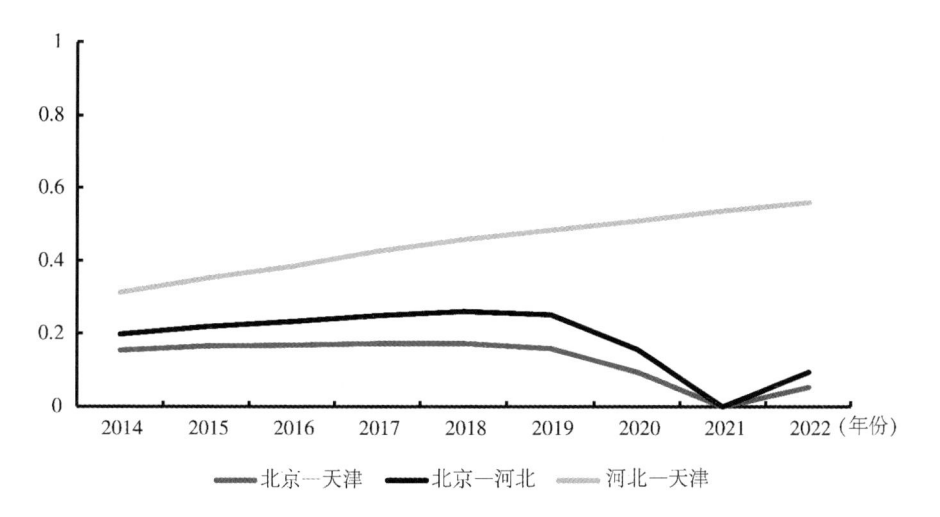

图4-5 京津冀医药制造业协同发展指数(2014—2022年)
资料来源:中国工商企业数据库。

从京津冀三地医药制造业协同指数的对比来看,2014—2022年北京—河北两地医药制造业协同发展基础较好,并有明显提升。而北京—天津、天津—河北医药制造业协同发展几乎无基础,虽有较大提升但仍处于失调状态。整体来看京津冀三地间医药制造业协同存在较大提升空间，有较高发展潜力。

专业设备制造业为各行业提供专用生产设备和工具，既可以提升生产效率，又可以增进行业标准一致性，是国民经济行业的重要组成成分。图4-6展示了京津冀专业设备制造业的产业协同指数测算结果。2014—2019年，北京—天津两地医药制造业协同发展指数由0.15降低至0.05，京津两地医药制造业协同明显降低，处于极度失调程度，北京—河北两地医药制造业协同发展指数由0.2降低至0.1，京冀两地医药制造业协同处于严重失调程度，天津—河北两地医药制造业协同发展指数由0.31稳步提升至0.56，津冀两地医药制造业协同达到勉强协调程度。总体来看，现阶段京津冀三地间专用设备制造业处于高度不协调状态，亟待采取有力措施，增进京津冀三地专用设备制造业合作联系，提振产业协调能力。

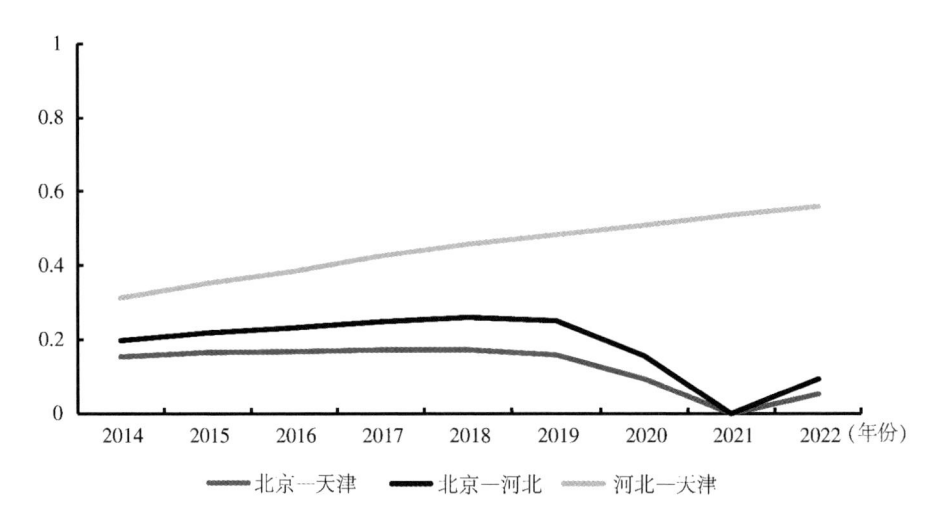

图4-6 京津冀专用设备制造业协同发展指数（2014—2022年）
资料来源：中国工商企业数据库。

（三）京津冀城市间产业总体协同情况分析

对京津冀三地间总体产业以及代表性产业的产业协同指数测算描述

可以较全面地展示京津冀产业协同发展的整体情况，但也忽略了京津冀三地不同城市、不同行为主体的重要作用，本部分进一步考虑京津冀三地不同城市间的整体产业协同程度，表4-2报告了2014—2022年京津冀城市间整体产业协同发展指数情况。

就京津冀城市间整体产业协同发展指数来看，京津冀城市间整体产业协同发展处于低水平的协调状态，除北京—天津、北京—石家庄、北京—保定外，其他京津冀城市间产业协同水平距离初级协调程度仍有一定差距。天津—张家口、天津—秦皇岛、天津—承德城市间的产业协同发展程度最低，处于轻度失调状态。但从时间趋势来看，2014年至2022年京津冀整体城市间整体产业协同发展指数正逐年上升，2022年所有京津冀城市对之间的产业协同指数均较2014年有明显提升，即京津冀城市间产业协同发展整体向好，存在协同趋势与协同潜力。

表4-2　京津冀城市间整体产业协同发展指数（2014—2022年）

京津冀城市间产业协调度	2014年	2015年	2016年	2017年	2018年	2019年	2020年	2021年	2022年
北京—天津	0.26	0.33	0.38	0.44	0.48	0.54	0.59	0.62	0.66
北京—石家庄	0.40	0.44	0.49	0.52	0.55	0.58	0.60	0.63	0.66
北京—唐山	0.34	0.36	0.40	0.42	0.44	0.47	0.49	0.50	0.53
北京—秦皇岛	0.30	0.32	0.35	0.37	0.38	0.40	0.42	0.43	0.45
北京—邯郸	0.33	0.37	0.40	0.43	0.46	0.50	0.52	0.54	0.57
北京—邢台	0.31	0.34	0.38	0.41	0.44	0.47	0.49	0.52	0.55
北京—保定	0.34	0.38	0.42	0.46	0.49	0.52	0.54	0.57	0.60
北京—张家口	0.28	0.31	0.34	0.37	0.39	0.41	0.42	0.44	0.46
北京—承德	0.27	0.30	0.33	0.35	0.37	0.39	0.41	0.42	0.44
北京—沧州	0.31	0.34	0.38	0.41	0.44	0.46	0.48	0.51	0.53
北京—廊坊	0.31	0.34	0.38	0.40	0.43	0.46	0.50	0.52	0.54
北京—衡水	0.30	0.33	0.37	0.39	0.41	0.44	0.45	0.47	0.49
天津—石家庄	0.30	0.33	0.37	0.40	0.43	0.46	0.48	0.51	0.53
天津—唐山	0.25	0.28	0.30	0.32	0.35	0.37	0.39	0.41	0.42

续表

京津冀城市间产业协调度	2014 年	2015 年	2016 年	2017 年	2018 年	2019 年	2020 年	2021 年	2022 年
天津—秦皇岛	0.22	0.24	0.26	0.28	0.30	0.32	0.33	0.35	0.36
天津—邯郸	0.25	0.28	0.31	0.33	0.36	0.39	0.41	0.44	0.46
天津—邢台	0.23	0.26	0.29	0.32	0.34	0.37	0.40	0.42	0.44
天津—保定	0.26	0.29	0.32	0.35	0.38	0.41	0.43	0.46	0.48
天津—张家口	0.21	0.23	0.26	0.28	0.30	0.32	0.34	0.35	0.37
天津—承德	0.20	0.23	0.25	0.27	0.29	0.31	0.33	0.34	0.36
天津—沧州	0.23	0.26	0.29	0.31	0.34	0.36	0.39	0.41	0.43
天津—廊坊	0.23	0.25	0.28	0.31	0.34	0.36	0.40	0.42	0.44
天津—衡水	0.22	0.25	0.28	0.30	0.32	0.34	0.36	0.38	0.40

资料来源：中国工商企业数据库。

从各城市对间的产业协同发展情况对比来看，北京—石家庄、北京—邯郸、北京—保定原有产业协同基础较好，且在2014—2022年实现了产业协同水平的稳步提升。天津—秦皇岛、天津—邢台、天津—张家口、天津—承德产业协同发展基础较弱，虽然在2014—2022年得到一定提升，但仍处于濒临失调乃至轻度失调的状态。此外，北京与河北城市间的产业协同水平明显高于天津与河北城市间的产业协同水平，即天津—河北在整体产业协同方面较北京—河北仍存在一定差距，有待重点关注。

（四）京津冀三地产业协同发展的问题识别

1. 战略新兴产业协同的内在动力不足

京津冀三地战略新兴产业协同的内在动力不足，重点体现在现阶段京津冀三地战略新兴产业产业链供应链不紧密，如图4-7所示，现阶段京津冀战略新兴产业主要布局在上游研发与金融领域，在中游、下游几乎无布局，上中下游的战略新兴产业链联系薄弱，有待提升。此外，现阶段京津冀战略新兴产业还存在充分壮大优势。引领类产业、全速推进提升优化类产业、培植引育后发赶超类产业、重点培育内涵挖潜类等引育不力和发展动力不足；区际、城际合作不充分、共识多、行动少；协议多，落实少；政府行动多，市场和社会响应少；产业协同、创新动力不足和市场活力较弱等问题。

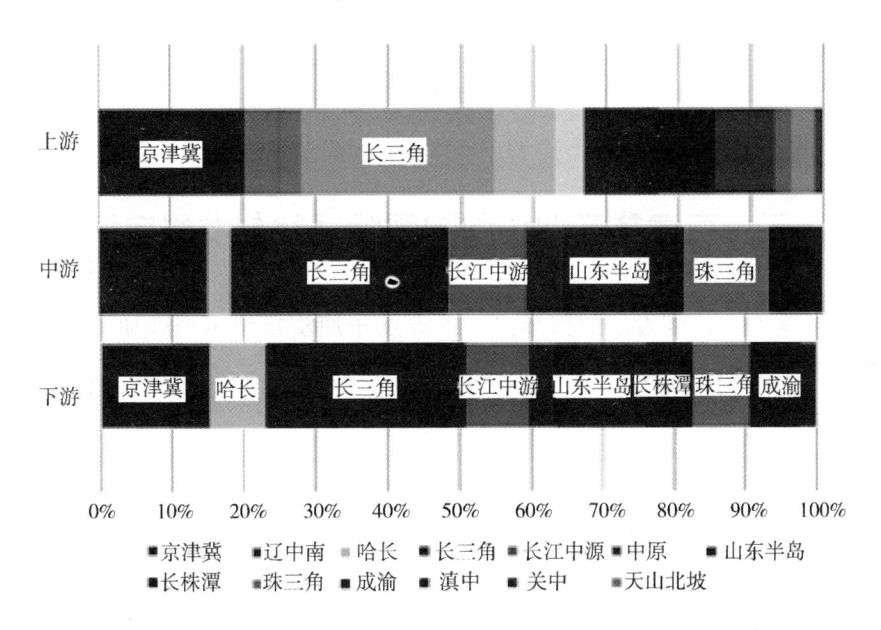

图4-7 各城市群战略性新兴产业细分环节规模占比
数据来源：中国工业企业数据库。

2. 京津冀三地产业结构性错位问题突出

当前京津冀三地分别处于工业化、信息化、城镇化、农业现代化的不同阶段，经济结构和新旧动能严重失调，因而京津冀三地产业存在结构性错位，主导产业链的区域配套不完整，战略性新兴产业和未来产业的空间布局的不均衡，北京一枝独秀，形成了"中心—外围"格局凸显；"行政区行政"现象明显，京津冀区际产业要素流动、产业转移和商品贸易不畅；地区间的经济社会发展差距巨大并且还在继续拉大趋势，这严重影响了京津冀产业协同发展。

3. 京津冀产业协同发展的体制机制有待优化

现阶段，京津冀地区依旧存在着的市场分割、重复建设、区域内公共政策不相衔接，跨区域公共物品提供失灵等问题，造成了严重的资源浪费、行政垄断和分配不公，亦会对京津冀产业协同发展造成阻碍。除了横向政府间关系，京津冀纵向行政关系尚未建立，没有统一的领导机构协调区域利益，化解区域矛盾。此外，京津冀区域立法尚属空白，不符合京津冀协同发展要求。因此，推进政府治理，促进市场要素在区域内合理有序流动，探索京津冀三地政府合作新模式，对京津冀产业协同发展意义重大。

三 京津冀产业协同的国际经验与发展启示

明晰产业协同发展的国际经验，有助于厘清京津冀产业协同的建设方案与实施路径，推动京津冀产业协同高效发展，为先行区、示范区建设背景下的京津冀产业协同发展提供有益思路。

（一）日本：以科技创新驱动的产业协同经验

确保产业链供应链关键环节留在国内，积极推动全球化生产布局。进入21世纪后，日本加大了在中国的投资，分布在中国的日本海外制造企业比重由19.6%提升到27.9%。中国超越北美成为最受日企信赖的投资地。从产业环节分布看，从日本向外转移的主要为相对劳动密集型的产业链下游和后半工序，以电子设备和消费电子行业为代表的大量企业迁移到国外，核心产业链生产环节与配套技术留在国内。

发挥政府和中介服务组织作用，推动海外产业不断创新发展。日本采用多项供应链政策。一是"日本+1"战略，设立了日本国际协力银行、信用担保协会等，从降低融资成本、信用担保、海外投资保险等方面为离开本土的企业提供支持，推动大量日企远赴海外投资建厂；二是在企业组织管理方面，日本制定了"商业秘密管理指针"和"技术流出管理指针"，加强了包括模具图纸在内知识产权的管理保护，确保关键技术留在国内；三是加强对外投资"窗口指导"。日本贸易振兴机构、日本国际协力组织等通过集中收集海外投资国的政治、金融、贸易等信息，帮助企业开展前期调研、项目投资，为企业顺利开展投资活动保驾护航。

加强国内工厂建设，以海外企业反哺母公司。日本加强国内工厂建设，发挥"母工厂"基础创新、原型制造、人员培训等作用。同时，日本推动多边合作协议谈判，TPP（跨太平洋伙伴关系协定）、CPTPP（全面与进步跨太平洋伙伴关系协定）、EPA（美国环境保护总署）等一系列多边协定在降低关税、推进服务、投资自由化、海关手续便利化等方面发挥重要作用，推动日本国内投资环境优化，提高本地生产比例。此外，日本引导产能向国内中小城市转移，鼓励企业总部或者工厂从三大城市圈迁移到其他城市，并制定相应的税收优惠政策。日本鼓励海外工厂收益回流。根据日本税制的规定，海外企业只需在境外缴纳当地赋税，从海外回流回日本母公司的股息免税。因此，日本国内"母公司"拥有资金进行再创新。

（二）德国：以欧盟区域内循环为主的产业协同经验

一是大型企业引领，中小企业专精。首先，大型企业在德国经济体系中发挥着具体作用。2012 年德国大型企业所占企业数量 0.7%，但占从业人数、营业额、实物投资总额分别为 39.7%、67.8% 和 58.5%，集聚了大量资本和劳动力。其次，中小微企业深耕于某一细分市场或者领域。德国中小微企业是德国工业体系的活力细胞，中小微企业占据德国企业数与就业人数的绝大部分，占德国培训学院总数的 83% 以及出口额 60%—70%。德国许多中小微企业是具有全球影响力的"隐形冠军"企业。它们和大型企业之间的关系是合作共赢而非竞争。中小企业通过为大企业提供技术、供应链核心环节的加工或零件等，借助大型产品拓展其市场占有率和销售规模，而大企业有时也会投资小公司研发的项目或帮助其商业化，使之成为自身商业体系的一部分。

二是吸纳金融资本，增进区域合作。一方面，德国凭借强大的工业竞争力以贸易顺差的方式让欧洲实体经济中的资本流向德国。同时德国又在国际资本市场大规模、低成本地吸纳金融资本，再以资本输出的方式将巨额资金"二次分配"到其他欧盟国家,形成循环。德国始终掌控着欧洲资本流动的规模和流向,扮演着"欧洲银行家"的角色。另一方面,推动欧盟内部改革和对外战略调整。德国提出的"紧缩"政策帮助因不合理的高福利导致本国劳动力市场缺乏弹性、经济逐渐丧失了竞争力的欧洲国家摆脱困境,提升欧盟的经济竞争力。在对外战略上,德国极力推动"大西方"战略,对欧盟与中国以及美加等国的贸易政策协定产生了巨大影响。2010年欧盟制定的《全球化时代的统一产业政策》、2012年发表的《强大的欧盟工业有利于经济增长和复苏》工业政策通报等政策文件重新确立工业在欧盟产业结构中的核心地位,而且注重传统制造业和先进制造业双管齐下共同发展。

三是工业4.0战略。"工业4.0"是德国旨在支持工业领域新一代革命性技术的研发与创新,落实《高新技术战略2020》目标,巩固全球制造业龙头地位并抢占第四次工业革命先机的战略导向。德国主要从以下五个方面推进战略实施。一是推进数字化进程。德国工业4.0强调信息技术和制造技术的融合,目的是生产和交付更加灵活,提高能源利用效率,优化人才结构。德企通过健全知识和技术转化机制,加速创新成果商业化。德企通过互联网技术为客户提供全方位的产品保障,并收集市场数据,以便于做出生产决策。二是推进智能制造。智能制造是"工业4.0"的核心。智能制造首先通过嵌入式的处理器、存储器、传感器和通信模块,把设备、产品、原材料、软件联系在一起,使得产品和不同的生产设备能够互联互通并交换命令,使得未来工厂能够自行优化并控制生产过程。更进一步说,智能制造将实现工厂、消费者、产品、信息数据互联,最终实现万物互联,重塑社会生产方式。智能制造旨在改变传统的生产模式,将传统工厂关注制造环节向前端的设计环节以及后端的服务环节推进。三是打造标准化。"工业4.0"实现的关键在于打破同产业领域及环节之间的隔阂,实行关键技术术语、规则标准的统一。继2013年12月德国电气电子和信息技术协会发布首个"工业4.0"标准化路线图,德国工业界与标准化领域权威机构于2016年共同宣布设立"'工业4.0'标准化理事会",提出"工业4.0"数字化产品相关标准并协调其在德国和全球范围内落地。德国政府用标准淘汰落后，奖励先进。企业遵循标准获得竞争力，实现现实生产力的发展。四是完善人才培养。"工业4.0"对工业技师提出了更高的要求，德国技师培训也相应进行了改革，重点培养工业技师生产流程优化、新产品研发成本评估、企业人员规划及培训等能力。同时，人才培养团队注重将员工个人发展目标与企业商业目标深度融合，提高培训的实用性。五是强化创新合作。德国各级政府设立了多种创新基金，支持企业科研。同时，德国政府重视国际间教育和创新合作。2017年6月，德国"工业4.0"应用平台、法国未来工业联盟和意大利国家"工业4.0"计划三家机构就生产数字化开展三方合作行动方案达成一致。2017年，德国教研部为国际合作投入超过8.5亿欧元。

（三）美国：主导全球产业分工体系的经验

一是引领全球科技创新，主导全球产业链供应链体系。美国企业在研发、知识产权、行业标准、战略等方面一直走在世界前列，并将四者组合起来制定行规，进而形成技术壁垒。美国企业在产业链中扮演引导者的角色，即美企先行，他国企业追随。除此之外，美国善于将专利标准化，从而形成更加坚固的技术壁垒，并且通过技术授权、认证许可来产生更大的规模效应。尽管美国实施了多年的外包战略，但是美国企业在各个行业的关键零部件、工艺、材料等方面仍然保持世界领先。通过掌握关键部件工艺研发和制造等技术，美国甚至可以通过对关键环节技术的掌握做到牵一发而动全身，控制整个产业链的布局。

二是以软件与数据支撑，实行全产业价值单元的链式布控。一方面，美国企业在产业软件领域非常领先，而这种成熟且先进的产业软件可以给美国带来得天独厚的检测环境，使其有能力建立检测设备和数据库，并且依靠不断积累的数据实现迭代发展，形成正相关效应。强大的软件和数据赋予美国控制整个产业链的能力；另一方面，美国基于其强大的基础制造能力与软件数据能力创建了许多价值单元，并将其串联起来，形成对整个行业链的控制。企业在其中充当"串联者"角色。不同企业之间形成联盟，彼此互通有无，形成一个完整的闭环链条，进行良性竞争，促进整个行业发展。

三是国家创新网络与地方先进集群相结合。美国的创新系统非常完善，主要由国家创新网络（基础研究）和地方先进集群（应用研究）组成。它们彼此之间相互协作和联系，形成了先进的创新网络和极强的精益生产能力。这种创新体系使得创新成果可以很快被市场化、商业化，带动新产品、新模式的出现。政府和市场交替主导，推动美国创新体系不断发展。在面对外来压力竞争下，美国政府的战略主导作用尤为突出，政府会针对性地加大科研项目的投入。

四 先行区、示范区建设下京津冀产业协同发展的思路设计与实施路径

（一）京津冀产业协调发展的思路设计

1. 推动产业链协同建设，打造区域性产业集群

区域现代化产业体系及其产业链区域化建设是京津冀产业协同发展的"基石"，关键在于完善重点产业强链、补链以及进行延链。先行区、示范区背景下京津冀协同发展要按照"强点、集群、组链、结网"的路径，实现京津冀产业协同。以"缺链补链、短链拉链、弱链强链、同链错链"为思路，将三地产业子模块统一起来，"粘合"形成一个多主体的聚集体，形成产业链的相互融合与无缝对接。在现代化产业体系方面，尤为重要的是推动京津冀区域实体经济、虚拟经济与科技创新的深度融合。在区域产业集群化发展的思路方面，应侧重"缺链补位、短链拉长、弱链增强、同链错构"，形成以智能制造、新一代信息技术、新能源新材料、生物医药、汽车和智能网联车为主导的多个产业链区域集群，形成从北京知识技术创新源到天津创新转化基地再到河北先进制造的产业一体化网络架构。

2. 优化产业布局，打造区域性创新集群

在产业空间布局上，应侧重"技术进链、企业进群、产业进带"的

战略思路。重视雄安新区、滨海新区、曹妃甸区、张承生态功能区、大兴国际机场临空试验区新型工业化示范基地的建设，起到产业先行和建设示范的作用。持续深入推进新一代信息技术基础设施建设，重点建设5G基站。应遵循创新生态系统"研究、开发、应用"三大群落思路，按照三地功能定位，理顺产业链条，形成"研发—转化—生产"良性循环的区域产业生态系统，将京津冀建设成为"科技创新＋研发转化＋高端制造＋高端服务"分工合作的世界级产业集群。把协同创新作为通武廊协同发展、雄安新区建设的突破口，从区域创新资源优化配置、协同创新服务升级、区域创新创业生态培育、创新创业体制机制改革等方面入手，推动三地逐步实现协同创新常态化、创新资源配置市场化、创新产业适配化及区域创新效能最优化，以此开创区域协同创新发展新格局，打造区域协同创新合作示范区，集聚高级创新要素和高端科技产业，形成具有全球吸引力和辐射力的创新空间，为三地协同创新发展提供强大支撑和保障。

3. *推进创新链与产业链深度融合*

先行区、示范区背景下的京津冀产业协同发展应立足各地比较优势，对技术约束明显的领域和环节，围绕产业链部署创新链，特别要紧紧围绕两链融合的薄弱点、脱节点、梗阻点，打通创新链进行突破。应重点形成推进两链深度融合的思路，围绕产业链布局创新链，依托创新链的打造突破产业链拓展、延伸和提质的技术瓶颈、产品瓶颈和市场瓶颈，补齐产业链中的"断点"，同时在产业链水平的提升中，关键是要在产学研深度融合中打通科技创新推动产业发展的通道。产学研是科研、教育、生产不同社会分工在功能与资源优势上的协同与集成化，是技术创新上中下游的对接与耦合。提炼推进两链深度融合的主要模式。包括产业链拉动创新链融合模式、创新链推动产业链融合模式。应明确推进两链深度融合的主要路径与抓手，主要包括创新与产品生产、文化、管理、组织四大融合路径。深入探讨加强基础研究、做实平台载体、强化要素投入（人才、团队）、系列技术攻关与项目工程。形成两链深度融合基础上，重点引导战略性新兴产业和产业链供应链协同发展的路径、壮大服务链、延伸园区链。

4. 完善京津冀产业协同发展的体制机制

在坚持市场主导、政府引导；协同创新、开放合作；分工协作、优势互补；转型升级、提质增效四个原则前提下，首先，应处理好"政府间的关系"，做到限权、放权、分权的有效性，做到政府有选择性地向市场、社会、地方放权，实现"政府的归政府、市场的归市场、社会的归社会"，打造适宜京津冀产业协同发展的政策土壤；其次，要创新晋升机制，使得在简政放权、降低制度性成本过程中更有利于构建京津冀跨行政区协调机制，降低京津冀产业协调发展的隐形成本；再次，努力在京津冀地方政府之间形成利益共同体，鼓励各个区域主体通过讨价还价、相互理解与退让就区域发展达成的共同目标和协议条款，打破当前的"囚徒博弈"困境，避免京津冀产业的无效协调；最后，通过京津冀的政府治理，准确把握区域产业发展规律与趋势，为京津冀产业协同发展提供精准引导。

（二）京津冀产业协调发展的实施路径

1. 培育战略性新兴产业，发挥战略性新兴产业的引领作用

先行区、示范区背景下京津冀产业协调发展目标要求在巩固传统产业优势、强化优势产业领先地位的同时，抓紧布局战略性新兴产业、未来产业，提升产业基础高级化、产业链现代化水平。现阶段京津冀应推动战略性新兴产业融合集群发展，构建新一代信息技术、人工智能、生物技术、新能源、新材料、高端装备、绿色环保等一批新的增长引擎。重点提升产业创新能力，引育优质骨干企业，分类指导、精准培植，完善培育创新型企业的配套政策措施，引导创新要素向企业集聚。加快形成以龙头企业为引领、以单项冠军企业为支撑的企业梯次发展格局。推动产业集聚发展，培育战略性新兴产业策源地。构建产业集群梯次发展体系，提升集群集聚效应。综合运用土地、金融、科技、人才等政策，支持战略性新兴产业集群发展，通过布局高端产业和战略性新兴产业，在引入外部知识、技术的同时，引领中国高端产业发展方向和整合国内资源，补短板并构建国家价值链，向全球价值链高端环节攀升，培育打造世界级战略性新兴产业集群。进而提升经济绿色增长效率，保障国家生态安全。

2. 明确产业职能分工，统筹战略联动发展格局

产业协同发展不仅是京津冀各城市的发展方略，更是全局视角下的系统性问题。在京津冀产业协同发展过程中，将会遇到区域间产业同构、产业协同、产业互通等各类情况，要避免产业同构造成结构性浪费。促进产业协同互补，必须加强顶层设计和整体谋划，实现前瞻性规划，为各区域制定适宜当地发展的较为明确的发展方向，以此增强产业系统发展的整体性、协同性，使产业发展动力改革相互配合、相得益彰，这样才能在结构转换的关键性节点保证效率，走好全国一盘大棋。优化生产力布局，进一步明确北京、河北、天津三地的产业分工布局，提高劳动力生产效率。

3. 推动产业协同发展的体制机制创新

从政府治理角度，形成"中央政府引导＋地方政府主导＋市场力量参与"的治理模式。首先，建设开放性的区域产业政策体系；完善区域财政税收政策体系；打破区域协同发展过程中的路径依赖（主要包括治理理念、体制框架、制度网络、利益格局和动力结构等方面的创新）。其次，理顺产业治理中政府间的关系：建立政府间合作机制；地方政府治理制度创新；地方政府职能性整合；构建跨界政策网络。再次，完善区域协同治理的企业与社会参与机制：完善企业参与机制；完善非营利组织参与机制；完善市场主体参与机制；促进社会力量有效成长；构建区域公共治理多元主体体系。最后，政府牵头引导完善人才与市场的配置体系，设计出鼓励人才创新创业的好政策并培养优秀人才，进行高新技术产业研发的高校、高级职业院校完善合作机制，促进创新成果商业化，提供人才发展平台。

4. 加快厚植京津冀现代化产业体系的"新根基"

通过交通和通信等基础设施建设，推动京津冀不同城市间高端知识、技术、劳动力等要素的有效流动，进而实现京津冀城市间的知识溢出、

相互学习乃至良性竞争，推动京津冀城市群的创新成果转化和扶持，最终给每个京津冀城市更强的发展动力，并有效降低区域差异，实现区域产业协调发展。抢抓新型基础设施建设为产业复苏升级带来的重要机遇，高水平推进以5G等新一代网络基础设施为主的"新网络"建设；持续提升以中关村及其在津冀分园等创新基础设施能级建设；以人工智能等一体化融合基础设施为主的"新平台"建设；加快建设以智能化终端基础设施为主的"新终端"建设；尽快完善社会治理和民生福祉的"新服务"布局，着力创造新供给、激发新需求、培育新动能，打造经济高质量发展新引擎。

5. 构建京津冀产业创新共同体

促进京津冀区域产业链和创新链深度融合发展，发挥创新第一动力的作用，以制造业高端化＋科技创新"双轮"驱动京津冀高质量发展，从政府机制向市场机制、社会机制相结合转变，统筹创新资源，构建创新生态和创新共同体。加强规划引导，因地制宜科学选择重点产业和优先领域。加强产业链谋篇布局，做好创新链规划引领，是京津冀产业链与创新链系统融合优化的重要保障，是统筹京津冀产业协调、高质量发展之魂。

参考文献

Humphrey J, Schmitz H., "How Does Insertion in Global Value Chains Affect Upgrading in Industrial Clusters?" *Regional Studies*, Vol. 36, No. 9, 2002.

Gereffi, Gary, "Global value chains in a post-Washington Consensus world," *Review of International Political Economy*, Vol. 21, No. 1, 2014.

贺灿飞、任卓然、王文宇：《"双循环"新格局与京津冀高质量协同发展——基于价值链分工和要素流动视角》，《地理学报》2022年第6期。

江小涓、孟丽君：《内循环为主、外循环赋能与更高水平双循环——国际经验与中国实践》，《管理世界》2021年第1期。

刘秉镰、孙哲：《京津冀区域协同的路径与雄安新区改革》，《南开学报》（哲学社会科学版）2017年第4期。

杨文龙、游小珺、杜德斌：《商品贸易网络视角下地缘经济系统的属性与功能演进》，《地理研究》2021年第2期。

于强：《京津冀协同发展背景下北京制造业的产业转移——基于区位熵视角》，《中国流通经济》2021年第1期。

张贵、孙晨晨、刘秉镰：《京津冀协同发展的历程、成效与推进策略》，《改革》2023年第5期。

第五章

先行示范区建设与京津冀空间结构优化

叶堂林　王　苒*

摘　要：京津冀协同发展纲要明确指出力争建成"一核、双城、三轴、四区、多节点"的空间布局，助力资源合理配置和城镇体系协调发展。本文通过测算等级规模结构和空间经济联系分析京津冀空间结构现状及其演变历程。京津冀地区城市规模分布极化，长期呈现北京"一家独大"的局面；该局面在《规划纲要》实施后有所改善，中等规模城市逐渐成长但数量仍然有限。京津冀区域内经济联系长期以北京、天津为核心，尽管区域内各城市间经济联系网络日益密集且强化，但京津两城仍然具有绝对优势。基于此，提出京津冀城市群空间结构优化策略，主要包括完善城市等级规模体系，加强城市间京津冀联系，构建现代化交通网络体系，提高区域协同发展水平，以期从空间结构的角度为将京津冀打造为先行区、示范区提供数据支撑与决策参考。

关键词：空间结构；等级规模；空间经济联系；京津冀

区域空间结构反映了社会经济活动在该地区的空间布局、空间组织关系和空间差异格局。在全球一体化与区域一体化发展背景下，生产生

---

* 叶堂林，首都经济贸易大学特大城市经济社会发展研究院（首都高端智库）执行副院长、教授、博导，特大城市经济社会发展研究省部协同创新中心（教育部2011计划）执行副主任，长城学者特聘教授，研究方向：区域经济、京津冀协同发展。王苒，南开大学经济与社会发展研究院讲师，研究方向：气候变化与城镇化、可持续发展。

活资料与要素实现频繁流动,特别是向超大城市和中心城市聚集,使得区域空间结构处于动态变化之中。空间结构与社会经济活动相互作用,优化空间结构对区域经济社会发展至关重要。京津冀城市群以建设世界级城市群为目标,是我国区域空间结构优化的重点地区,对其他城市群的建设具有重要借鉴作用。自京津冀协同发展战略实施以来,各级政府出台多项措施推动该区域的社会经济发展水平,如疏解非首都功能、建立雄安新区等,都对京津冀地区的空间格局产生一定影响。本章从京津冀空间结构现状、演变过程、存在问题出发,基于数据分析提出先行区、示范区建设对京津冀空间结构的新要求与理论逻辑,并探讨潜在的空间结构优化策略。

一 京津冀空间结构的现状测算与问题分析

测算城市群空间结构并分析其存在的问题是后续从空间结构优化角度提出将打造京津冀为先行区、示范区的基石。本节内容主要从两个方面开展,首先以京津冀城市群的13个城市为研究对象,利用城市首位度、位序—规模法则、修正的引力模型等方法分析京津冀城市群的等级规模结构与空间经济联系现状及演变历程;其次,基于测算结果讨论京津冀地区空间结构存在的问题。

(一) 京津冀空间结构的现状测算

空间结构定义多样,本章中的空间结构指要素集聚与配置的空间表现,重点关注其在区域空间中的相互联系、相互位置,是空间组织关系的外在表现。本章采用空间结构测算中的经典方法——城市首位度、位序—规模法则、引力模型分别测算城市群内部的城市等级规模结构和城市间空间经济联系。

1. 等级规模结构分析

等级规模分布是城市研究中的重要研究议题,国内外许多学者已对城市等级规模分布做了大量研究,针对等级规模结构的定性研究侧重讨论不同等级规模城镇的数量及其变化趋势,定量研究则关注如何量化位序—规模结构、验证 Zipf 法则,从而探讨城镇或城市群规模体系的合理性,为后续提出空间结构优化策略提供了翔实数据基础[①]。等级层次分布均匀的城市体系能最大限度发挥城市群的作用,因而需要探讨京津冀城市体系的等级分布情况。

(1) 城市首位度

城市首位度指一个国家或者地区中最大城市与第二大城市的人口比重,描述了城市体系中城市人口在最大城市集中程度,具体计算方法如下。

$$S_2 = P_1/P_2 \quad (5-1)$$

其中,S_2 为城市首位度,P_1 和 P_2 分别代表区域内最大城市和第二大城市的人口总量。一般来说,S_2 小于 2 代表城市体系等级规模结构较为正常;S_2 大于 2,则表示城市体系等级规模结构存在失衡和过度集聚的问题。

(2) 位序—规模法则

一个地区内的城市规模分布在一定条件下具有自相似性,存在分形特征,可通过分形理论计算某个区域内的城市规模分布的空间维数,最常用的分形维数为 Hausdorff 维数。位序—规模法则认为城市人口规模与其所在城市体系中的位序有关联;位序指的是各个城市根据人口规模从大到小的排序。学者通过研究发现城市规模与位序之间的关系满足如公式如下。

$$N(r) = cr - D \quad (5-2)$$

(5-2) 式中,r 代表城市人口,$N(r)$ 表示区域内人口规模小于 r 的城市数量,D 为分形维数(Hausdorff 维数),c 为常数。

公式 (5-2) 是反映城市群等级规模分布的分形模型,可以发现 N

[①] 郭庆宾、骆康、刘承良:《长江经济带城市群要素集聚能力差异的比较研究》,《地理科学进展》2020 年第 39 期;杨洋、李雅静、黄庆旭等:《中国城市用地与人口规模分布时空动态比较——以环渤海地区为例》,《地理研究》2016 年第 35 期;周鹏超、杨永芳:《中国城市人口和用地规模结构的演变及异速生长关系》,《城市问题》2018 年第 6 期。

(r) 与 r 之间成负幂数关系。1949 年，美国学者齐夫提出了人口规模与城市位序关系的一项通用法则，即齐夫法则。

$$P(r) = P_1 r - q \qquad (5-3)$$

公式（5-3）亦呈现负幂数关系，故齐夫法则也是一种分形模型，参数 q 具有分维性质，可用来反映一个地区内城市体系规模分布的特征：

当 $D = q = 1$ 时，最大城市与最小城市人口数量之比为整个城市群的城市数量，此时为自然状态下的最优分布，城市群结构达到理想状态，城市形态呈现位序—规模分布；当 $D < 1$，$q > 1$ 时，表明该区域内的城市分布较为分散，各城市人口数量相差较大，首位城市具有明显垄断地位，中小城市发育不足，城市体系发展不成熟，呈首位型分布；当 $D > 1$，$q < 1$ 时，城市规模分布相对集中、均衡，中等规模城市数量较多，城市群人口分布较为均衡，呈现多中心结构分布；当 $D \to 0$，$q \to \infty$ 时，城市群内只有一个城市；当 $D \to \infty$，$q \to 0$ 时，城市群内城市规模无差别。[①]

本部分选取京津冀城市群 13 个城市的常住人口作为测度该城市群等级规模结构的特征量，计算过去 7 年间（2014—2021 年）京津冀地区的城市首位度和分维指数。数据来源主要包括《中国城市统计年鉴》《中国城市建设统计年鉴》及各个城市的地方年鉴。

2. 空间经济联系分析

城市群内各城市之间的相互作用是促进单体城市经济发展、城市群空间结构不断优化的内在动力。学者常使用引力模型测度城市之间的经济联系。引力模型起源于牛顿提出的万有引力模型和距离衰减原理，最早可追溯至 Reilly 在 1929 年提出的"零售引力定律"，用来描述城市间辐射和吸引力交互作用，确定城市间联系的主要方向和程度[②]。引力模型公式如下。

[①] 刘继生、陈彦光：《分形城市引力模型的一般形式和应用方法——关于城市体系空间作用的引力理论探讨》，《地理科学》2000 年第 6 期。

[②] 赵正、王佳昊、冯骥：《京津冀城市群核心城市的空间联系及影响测度》，《经济地理》2017 年第 37 期。

$$I_{ij} = G(M_i M_j / Db_{ij}) \qquad (5-4)$$

其中，I_{ij} 为城市 i 与城市 j 之间的经济联系，M_i 和 M_j 分别是城市 i 和城市 j 的质量，Db_{ij} 为城市 i 与城市 j 之间的地理距离，b 为摩擦系数。G 和 b 可根据不同地区的实际情况取值，一般 b 通常取值为 2，G 取值为 1。一个城市的总体经济强度可表示为：

$$I_i = \sum_{j=1}^{n} I_{ij}, \quad i, j = 1, 2, 3, \cdots, n \text{ 且两者不相等} \qquad (5-5)$$

（1）城市质量的修正

以往研究常常使用单个指标估算城市质量，如城市人口、国内生产总值、规模以上工业增加值等，以上这些指标仅仅描述了城市经济发展状况，无法全面反映城市发展的多方面。城市质量是城市综合竞争力的体现，本部分基于前任成果，选取人口、GDP 和建成区面积的乘积来表示城市质量。修正后的引力模型可表达为：

$$I_{ij} = \sqrt[3]{G_i P_i S_i} \times \sqrt[3]{G_j P_j S_j} / D2_{ij} \qquad (5-6)$$

其中，G_i 和 G_j 表示城市 i 和城市 j 的地区生产总值；P_i 和 P_j 表示城市 i 和城市 j 的城镇常住人口数；S_i 和 S_j 表示城市 i 和城市 j 的建成区面积。

（2）城市距离修正

以往使用引力模型的研究往往采用两城市之间的直线距离表示 D，然而，交通设施改善升级可拉近城市之间的距离，加强城市间的经济交流，从而强化城市间的经济联系。因此，后来学者们使用城市间的交通时间来定义 D，称其为"时间距离"；时间距离一般用城市间公共交通（如公路、铁路）所用时间来表示。

本部分选取两城市间最短的公共交通时间来表示 D。通过计算得到京津冀地区两两城市间最短时间成本距离，从而修正传统引力模型中的距离参数。

（二）京津冀城市群空间结构演变

基于以上测算方法，本部分从城市规模等级和城市空间经济联系两方面分析京津冀城市群空间结构演变特征。

1. 城市规模等级变化特征

(1) 基于城区常住人口的等级规模变化特征

依据行政等级体系,京津冀城市群可分为北京、天津两个直辖市,副省级城市石家庄,唐山、邯郸、廊坊、保定等10个设区市,以及迁安、任丘等21个县级市,共计34个行政单元。2014年11月,国务院发布了《关于调整城市规模划分标准的通知》,以城区常住人口为统计口径,将城市划分为五类七档(表5-1)。为更合理反映城市群实际的等级规模体系,本部分以县级市为最小统计单元,根据以上城市规模划分标准探讨京津冀地区城市规模等级变化情况。

表5-1　　　　　　　　　城市规模划分标准

城市等级		城区常住人口
超大城市		1000万以上
特大城市		500万—1000万
大城市	Ⅰ型大城市	300万—500万
	Ⅱ型大城市	100万—300万
中等城市		50万—100万
小城市	Ⅰ型小城市	20万—50万
	Ⅱ型小城市	20万以下

资料来源:作者自制。

至今,京津冀城市群已经形成超大城市(2个)、大城市(5个)、中等城市(6)个、小城市(23个)的城市等级规模体系,缺少特大城市。2014年,京津冀城市群内北京和天津均为超大城市;截至2022年,两个直辖市依旧保持超大城市规模。2014—2022年,城市群内大城市数量由4个增加至5个,中等城市由5个增加到6个,小城市由23个降低为21个,大中小城市的数量占比分别为20.59%,17.65%,61.76%。京津冀城市群城市规模体系分布并不合理,特大城市和大城市发展数量和规模短缺,城市规模等级序列中缺少"过渡城市",从而导致经济联系断层,人口持续向超大城市集聚,进一步加重"大城市病"。

由表 5-2 可看出,北京和天津两个核心城市主导着京津冀城市群的整个城镇体系。从时间序列看京津冀城市群城镇体系结构的演化发现:2014—2022 年,小城市持续发展,但京津"双核"格局仍未改变;石家庄成长为Ⅰ型大城市,成为支撑区域城镇体系的二级城市;秦皇岛进入具有地区影响力的大城市行列;从地形上看,西北山地城市发展较为缓慢,而南部平原城市发展较为快速。

表 5-2　　　　　　　　京津冀城市群城市规模结构变化

规模等级	名称	2014	2021
1000 万以上	超大城市	1(北京)	2(北京、天津)
500 万—1000 万	特大城市	1(天津)	0
300 万—500 万	Ⅰ型大城市	0	1(石家庄)
100 万—300 万	Ⅱ型大城市	4(石家庄、唐山、邯郸、保定)	4(唐山、秦皇岛、邯郸、保定)
50 万—100 万	中等城市	5(秦皇岛、邢台、张家口、承德、沧州)	6(邢台、张家口、承德、沧州、廊坊、衡水)
20 万—50 万	Ⅰ型小城市	9(遵化、迁安、武安、涿州、任丘、廊坊、衡水、定州、滦州)	8(滦州、遵化、迁安、武安、涿州、任丘、三河、定州)
20 万以下	Ⅱ型小城市	14(其余城市)	13(其余城市)

资料来源:作者自制。

(2) 基于城市首位度的等级规模结构变化特征

城市首位度是衡量一个区域内首位城市规模的常用指标,反映区域城镇规模的顶头优势性,亦表明区域中各种资源的集中程度[①]。常用的首位度测算指标有"两城市指数""四城市指数""十一城市指数",分别利用首位城市与第二位城市人口数量之比、首位城市与第二至第四位

[①] 宁越敏、张凡:《中国省会城市首位度变化分析——兼论省会城市的高质量发展》,《同济大学学报》(社会科学版) 2021 年第 32 期。

城市人口数量之和的比率、首位城市与第二至第十一位城市人口数量之和的比率表示[①]。学者一般认为，两城市指数接近 2、四城市指数和十一城市指数接近 1 是最优的首位城市规模。本章基于城市首位度理论计算 2014—2022 年京津冀城市群的两城市指数、四城市指数、十一城市指数，结果如表 5-3 所示。

表 5-3　　　　2014—2022 年京津冀城市群城市首位度指数演变

首位度	2014 年	2015 年	2016 年	2017 年	2018 年	2019 年	2020 年	2021 年
两城市指数	2.89	2.77	2.61	2.74	1.44	1.43	1.63	1.64
四城市指数	1.69	1.66	1.60	1.64	1.05	1.01	1.12	1.11
十一城市指数	2.15	2.09	2.00	2.00	1.48	0.73	0.78	0.78

资料来源：作者自制。

综合来看，近十年内京津冀城市群的两城市指数、四城市指数、十一城市指数均高于理论值，表明城市群等级规模结构失衡，首位城市过度集中。具体来看：

（1）两城市指数：京津冀城市群呈现先下降后小幅上升的趋势，2014—2019 年的总体趋势为下降阶段，这一时期城市首位度呈现波动下降趋势，并于 2018 年下降到小于 2，说明在这一时期京津冀地区首位城市（北京）的地位逐渐被削弱。随着邻近城市（天津）的社会经济发展，天津市城区人口由 642 万人（2014 年）增长至 1296 万人（2018 年），城市规模逐步扩大，成为京津冀地区仅次于北京的超大城市，而该城市群以北京、天津为双核发展。2019—2021 年，京津冀城市群的两城市指数略微回升，该现象与近几年天津市人口流出加剧有一定关系。天津市面临产业结构转型与升级等问题，经济增速不理想，就业市场繁荣程度下降，对人口流入的吸引力下降；同时北京的人口流入量保持持续增长态势，故近三年内京津冀地区的两城市指数呈现上升

[①] 叶玉瑶、张虹鸥：《城市规模分布模型的应用——以珠江三角洲城市群为例》，《人文地理》2008 年第 3 期。

趋势。

（2）四城市指数：京津冀城市群的四城市指数于2014—2021年呈现波动下降趋势，地区内城市总体规模变动有限。2014—2018年，四城市指数显现逐年下降趋势，表明该时期北京的首位地位逐渐降低，主要由于天津市人口增长速度高于首位城市发展速度，在一定程度上削弱了首位城市的主导地位。且四城市指数在2014—2021年逐渐向理论值1靠近，尤其在2018年和2019年，更加接近最优的首位城市规模；而后，该测度指标回升。

（3）十一城市指数：京津冀城市群的十一城市指数呈现总体下降的趋势，且于2019年开始低于理论值1，表明该地区城市群内部城市等级规模体系发生变动，影响首位城市的垄断性地位，弱化了其规模强度。

（4）基于位序—规模法则的等级规模结构变化：除城市人口规模划分、城市首位度测算外，本章亦选取城区人口，运用城市位序—规模法则的分形理论对京津冀城市群的城市等级规模结构进行分析。首先，对2014—2021年京津冀地区的城区常住人口按照降序排列；之后，将人口规模和位序取对数，作散点图；最后运用线性回归模型模拟得出回归方程并计算分形维数。

从2014—2021年京津冀地区城区人口的位序—规模散点图（图5-2）可看出，城市规模与其位序有着显著的线性相关关系，R^2在0.80以

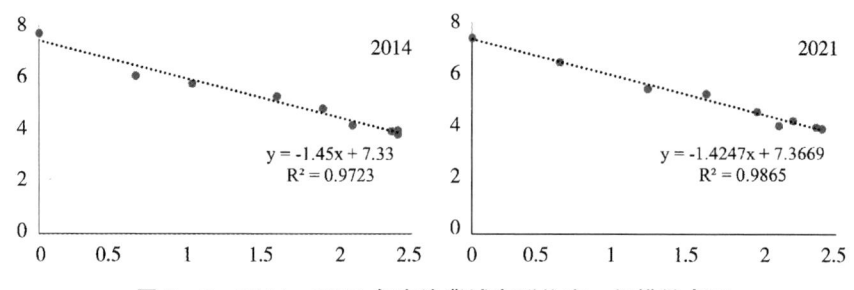

图5-2　2014—2021年京津冀城市群位序—规模散点图

资料来源：笔者绘制。

上,说明模型拟合度较高,城市群位序—规模相关性较强,且该地区的城市规模分布具有明显分形特征,符合 Zipf 的位序—规模结构分布。从表 5-4 可知,2014—2021 年京津冀城市群分维数 D 均小于 1,q 值均大于 1,说明该地区内城市分布较为分散,城市人口规模分布差异较大,城市群规模体系不合理——首位城市的垄断性较强,"过渡城市"即中间序位城市发展不成熟,城市群呈现单中心分布。

表 5-4　　　2018—2021 年京津冀城市群位序—规模结构演变

年份	q 值	D 值	R^2	回归方程
2014	1.463	0.684	0.987	$y = -1.425x + 7.367$
2015	1.463	0.684	0.986	$y = -1.463x + 7.437$
2016	1.413	0.708	0.984	$y = -1.413x + 7.418$
2017	1.394	0.718	0.984	$y = -1.394x + 7.402$
2018	1.481	0.675	0.961	$y = -1.481x + 7.619$
2019	1.475	0.677	0.930	$y = -1.389x + 7.131$
2020	1.484	0.673	0.957	$y = -1.265x + 7.033$
2021	1.471	0.679	0.972	$y = -1.450x + 7.330$

资料来源:作者自制。

2. 城市空间经济联系变化特征

根据修正后的引力模型计算得出 2014—2021 年京津冀城市群内部城市间经济联系强度,并借助地理信息系统软件的自然间断点法将城市间经济联系强度划分为 4 个等级。本部分将各城市与其最大引力的城市进行连线,连线粗细代表引力强度;某一城市与其他城市间连线越多,则表明其在城市体系中的等级越高,经济影响力越显著,而吸引力过小的城市间连线则略去(如图 5-3 所示)。

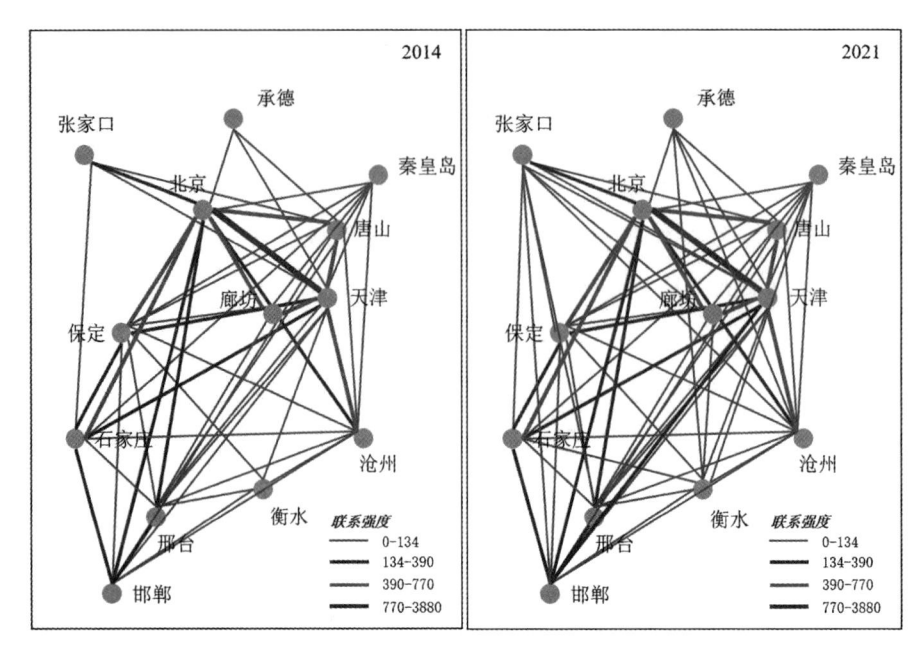

图 5-3 京津冀城市群内部经济联系强度空间分布

资料来源：笔者绘制。

总体来看，京津冀城市群经济联系网络的密度和联系的强度逐渐加强，城市间经济联系日益紧密，要素流动日趋频繁，经济合作与产业交流持续增强。从空间上看，城市群内经济联系呈现空间非均衡性分布，较高联系强度发生在两大核心城市（北京和天津）之间，其与周边地市间的经济联系亦较强；而京津与区域内距离核心城市较远的地市之间的经济联系相对较弱。京津冀城市群内部经济联系存在明显的圈层结构特征，呈现以京津为核心的放射状、非均质空间结构。城市群内部较高的经济联系强度一般发生在北京、天津、唐山、保定和石家庄之间；其中，京津之间的经济联系最强。根据各城市对外产生的经济联系数量及强度，可将城市群内部城市划分为不同梯队：第一梯队包括北京、天津，第二梯队为石家庄、保定、唐山，第三梯队为沧州、廊坊、邢台、邯郸，其余城市的对外经济吸引力有限。

从时间上看，京津"双核"结构持续显著，北京始终占据京津冀内经济联系的重要中心地位，是整个城市群中等级最高的城市，在各年份均与其他城市具有经济联系且产生较强影响力;尽管天津的城市规模从特大城市成长为超大城市,但其影响力一直弱于北京,其辐射带动范围有限,产生的经济联系强度亦不高。此外,2014—2021 年,京津冀城市群内部经济联系逐渐增强,各城市间的连接线日益密集、加粗,网络化的联系结构趋势进一步加强,但"核心—外围"结构特征依然显著。

(三) 京津冀空间结构存在的问题

得益于一系列协同发展政策,京津冀地区的空间结构有了一定程度的改善,总体城市规模呈现增长趋势,人口集聚现象明显,城市间经济联系日益密切。然而,该地区的空间结构仍存在显著问题:"一家独大"仍是主要表征,城市规模等级尚待平衡;京津冀三地开发强度表现出明显的空间不均衡,不论是建成区扩展速度还是经济活动的空间分布,北京和天津始终占据主导地位。

1. 城市规模分布极化,缺少中等规模城市

从首位度、城市人口规模划分可看出,京津冀城市群城市等级规模分布极不均衡,出现"一家独大"的现象。尽管京津冀协同发展工作已取得显著进展,但京津冀区域空间结构不均衡特征仍然凸显。我国城市的经济发展状况与城市行政级别之间存在一定正相关性[①]。城市的行政等级越高,其拥有的行政权力越大,经济水平越发达;反之,一个城市的行政等级越低,其经济规模也就越小。根据行政等级可将京津冀城市群中的 34 个县级及以上城市划分为四个层级:直辖市、副省级城市、设区市和县级市(表 5-5)。

北京和天津作为京津冀城市群中仅有的两个直辖市,在该区域的社会经济发展过程中起着主导作用,具有最大的经济规模,是京津冀地区的重要枢纽与门户,辐射带动周边城市经济发展。作为京津冀城市群的重要组成省份,河北省没有副省级城市,行政等级的断层使得河北各城市在资源获取与经济发展上处于不利地位。京津冀地区除北京、天津外,

---

① 李国平、宋昌耀:《京津冀区域空间结构优化策略研究》,《河北学刊》2019 年第 39 期。

还包含11个设区市（占该区域城市总数的33.3%）和21个县级市（占比近61%）。前者一般为地区经济中心，其中石家庄、唐山等是京津冀城市群的次级经济中心；后者则在促进城市融合与共同富裕中发挥着重要作用。

表5-5　　　　　　　　　　京津冀地区的城市行政等级分类

行政等级	城市数量	城市名称
直辖市	2	北京、天津
副省级城市	0	—
设区市	11	石家庄、唐山、保定、邯郸、秦皇岛、张家口、邢台、廊坊、承德、衡水、沧州
县级市	21	晋州、新乐、滦州、遵化、迁安、武安、南宫、沙河、涿州、安国、高碑店、平泉、泊头、任丘、黄骅、河间、霸州、三河、深州、辛集、定州

资料来源：作者自制。

根据上文中京津冀各城市城区常住人口的等级规模分析可知，该地区的城市规模等级处于空间失衡状态。尽管从2014—2021年，部分小城市被培育发展为中等城市或由Ⅱ型小城市成长为Ⅰ型小城市，但小城市数量占比仍较高（61.76%）；大城市和中等城市数量有限，占京津冀城市总数目的32.35%；城区常住人口500万以上的特大城市出现空挡，超大城市为北京和天津。总体来看，即使京津冀协同发展相关研究与实践工作已开展近10年，京津冀地区的城市规模等级依旧存在明显断层，缺少连接超大城市和大中城市的特大城市，且大中城市占比亦较低，出现京津"两家独大"的局面，河北省内城市发育程度尚待提高。

2. 区域开发强度不均，京津扩展速度显著

城市空间扩展是土地覆被与利用对区域经济发展和城市化的地理表征。20世纪90年代后，我国社会经济进入快速增长阶段，京津冀城市群凭借区位优势和政策支持，集聚生产资料，成为城市空间增长最显著

的地区之一，建成区面积持续扩展，城市规模不断扩大，社会经济活动更加活跃。[①] 利用遥感影像和监督分类方法提取京津冀建成区并计算其面积，发现在2014—2021年间京津冀城市群建成区面积增幅达24.93%。

由于经济发展水平、人口、地形等因素的限制，城市空间扩展呈现出显著的空间异质性特征。北京和天津及其周边城镇的开发速度及强度相较于京津冀其他城市较快、较强，且在京津之间形成一条都市连绵带。京津两大增长极出现典型的"虹吸"现象，城市扩展为两城主导下的"双核"模式，京津冀地区北部的张家口、承德和南部广大城市处于分散发展的状态，整个城市群的空间重心始终位于北京和天津两大核心之间。河北各城市的扩张速度及强度，相对于京津来说，均处于较慢状态。交通干线沿线城市之间逐渐形成轴带式发展模式，如北京、保定、石家庄、石家庄、邢台、邯郸。随着京津冀协同发展战略的实施，河北省内部分城市的扩张速度及开发强度具有明显增长，如唐山及其周边城镇、石家庄、邯郸、邢台及其周边地区；然而，冀北地区的张家口、承德、秦皇岛三地的开发强度仍待提高。

3. 经济空间分布失衡，京津占据主导地位

从经济发展水平来看，京津冀区域各城市的经济发展差距较大，呈现显著的空间非均衡性（如表5-6所示）。北京和天津在整个城市群的GDP中占有主导地位——2021年，北京和天津的GDP分别为40270亿元和15695亿元，分别占京津冀地区经济总量的41.81%和16.29%；而河北省各城市GDP之和占比不足京津冀地区的50%，GDP总量最高的石家庄和唐山仅仅分别占整个城市群经济总量的6.74%和8.55%，GDP总量最低的承德仅占1.76%。从人均GDP来看，北京和天津在2021年分别为183980元和113732元，然而河北省人均GDP仅为54172元，是北京的29.44%和天津的47.63%，地区间经济发展状况差异巨大[②]。

---

① 董鹤松、李仁杰、李建明等：《基于DMSP-OLS与NPP-VIIRS整合数据的中国三大城市群城市空间扩展时空格局》，《地球信息科学学报》2020年第22期。

② 资料来源：中国城市统计年鉴。

表 5-6　2014 年和 2021 年京津冀地区各城市经济发展水平

城市	GDP（亿元）				人均 GDP（元）	
	2014 年	占比	2021 年	占比	2014 年	2021 年
北京	21331	32.04%	40270	41.81%	99995	183980
天津	15727	23.63%	15695	16.29%	105231	113732
石家庄	5170	7.77%	6490	6.74%	48970	57830
唐山	6225	9.35%	8231	8.55%	80450	106784
秦皇岛	1200	1.80%	1844	1.91%	39282	58774
邯郸	3080	4.63%	4115	4.27%	32943	43817
邢台	1647	2.47%	2427	2.52%	22758	34193
保定	3035	4.56%	4402	4.57%	26501	38157
张家口	1349	2.03%	1728	1.79%	30540	42049
承德	1343	2.02%	1697	1.76%	38128	50749
沧州	3133	4.71%	4163	4.32%	42676	57009
廊坊	2176	3.27%	3553	3.69%	48407	64460
衡水	1149	1.73%	1703	1.77%	26022	40561

资料来源：基于统计年鉴，作者自制。

从经济联系来看，京津冀城市群内经济联系依旧以北京和天津为双核心，尤其是北京，具有最强的对外吸引力。尽管地区内不同城市之间的经济联系网络逐渐密集化且联系强度逐渐加强，但京津两城仍然具有绝对优势。

二　先行区示范区建设对京津冀空间结构的新要求与理论逻辑

先行区、示范区是我国政府在现代化建设中的试验田和引领区域，通过先进的政策、技术和实践推动现代化进程，为其他地区提供成功经验和示范效应。两区在中国式现代化进程中有着重要意义，需从不同角度提出新要求与理论逻辑。

第五章 先行示范区建设与京津冀空间结构优化

（一）先行区示范区建设对京津冀空间结构的新要求

空间结构影响区域社会经济发展总体水平、协调程度，进而影响居民生活幸福状况，是新时期建设两区的重要着力点之一。先行区、示范区建设对京津冀空间结构提出如下新要求：

1. 构建规模体系有序的城市群

进一步完善京津冀地区的城市等级规模体系是两区建设对京津冀空间结构要求的重要基石。合理均衡的等级规模结构有助于区域内要素资源的流动与配置，对经济、社会、环境等各个方面产生影响，从而影响城市群的发展质量。在实践中，从空间结构角度来谈，先行区、示范区应从不同层级进行优化，包括大城市、中心城市、都市圈和城市群。大城市层面应继续关注北京"一家独大"的现象，避免资源过度集中，大力培育中等规模城市；中心城市层面需发挥其自身特色，加强与大城市的互补合作，共享资源；都市圈层面则进一步提升交通网络便捷度，促进都市群内城市之间的合作；城市群层面则紧扣空间节点、交通设施、生态环境、产业发展、历史文脉等要素，打通城市间要素流动通道，加速经济要素在区域内的流动。

2. 推广京津冀空间结构优化经验

我国新型城镇化明确指出以城市群为主体构建大中小城市和小城镇协调发展的城镇格局，其中京津冀城市群是重点发展对象之一。京津冀城市群一直是我国北方地区经济发展的先导区，且经过四十多年的经济建设与发展，已成长为我国经济增长的重要引擎之一。随着改革开放的进一步深入、"一带一路"建设的进一步推进以及雄安新区百年大计的稳步推进，京津冀城市群正日益成为我国北部地区经济增长、对外开放、创新发展的先行区、示范区。

在推动全国区域协调发展的过程中，我国各大城市群同样面临空间结构优化的问题。京津冀城市群作为先行区、示范区，"身体力行"地试验、"求解"最优空间结构优化策略，可为其他城市群提供基于高质量发展视角下的空间结构优化经验，从而发挥示范效应。例如，建设北京新两翼，即北京城市副中心和雄安新区，分流城市群中特大城市的功能，降低城市集中度，引导人口和资本流入次一级地区或城市，创造新的发展机遇；发展"三带四区"（"三带"：沿海、京廊雄保邯、张京唐秦；"四区"：环京津核心功能区、沿海率先发展区、冀中南拓展区、冀西北生态涵养区）强调产业分工，促进区域内不同城市的互补发展，同时最大限度发挥自身优势，避免城市功能重叠；加强交通一体化，包括高速铁路、高速公路和城市轨道交通系统的改善和扩建，推动城市群内的互联互通，减少交通拥堵。

（二）先行区、示范区建设新要求下京津冀空间结构优化的理论逻辑

先行区、示范区建设新要求下京津冀空间结构优化的理论逻辑可从以下方面进行探讨。

1. 空间结构类型及其社会经济影响

空间结构反映了资源、要素及社会经济活动在特定空间上的分布方式和组织形态，是各种物质要素在区域空间中相互关联、相互作用而形成的空间组织关系和分布格局[①]。在城市地理中，空间结构一般可分为两类：单中心和多中心。单中心空间结构有利于实现生产要素的集聚，从而产生更多规模经济；然而，单中心模式可能会因集聚规模过大而导致城市交通拥堵、市场过度竞争、城市承载力超负荷等问题[②]。

随着城市化进程不断持续，涌入城区的人口数量持续增长、建成区面积不断扩张，经济活动不断加强，单中心空间结构引起一系列城市社会、经济、环境问题，包括土地利用过载、空气质量恶化、交通拥堵等，许多学者提出，城市发展可采用多中心空间结构[③]。多中心

---

① 滕祥河、钱美君、文传浩：《多中心空间结构对区域经济韧性的影响研究》，《技术经济》2022年第41期。

② 孙斌栋、丁嵩：《多中心空间结构经济绩效的研究进展及启示》，《地理科学》2017年第37期。

③ 刘修岩、李松林、陈子扬：《多中心空间发展模式与地区收入差距》，《中国工业经济》2017年第10期；卓云霞、刘涛：《城市和区域多中心研究进展》，《地理科学进展》2020年第39期。

空间结构引导人口流动和产业结构在空间布局上的改变,对区域经济质量、环境变化及居民生活水平均产生一定影响。多中心空间结构可形成"互借规模",即地理位置上邻近的小城市组合通过"互帮互助"获得外部经济,在这一过程中产生了互联互通的外部效应,促进区域内城市间优势互补、功能互用。此外,多中心空间结构有利于通过城市之间的连通将区域内等级规模较大的城市具有的人才教育、技术水平优势传递给中小城市,使得区域经济结构联系更加紧密与牢固[1]。

在优化京津冀空间结构时,需平衡不同空间结构类型带来的正、负面影响——既要避免单中心空间结构因超过限度而导致的一系列城市病,又要考虑在区域内大城市尚未达到最优规模的情况下,全面推行多中心空间结构可能会削弱集聚经济效应[2]。认识不同空间结构类型的社会经济效应,选择适合京津冀城市群高质量发展的结构模式是先行区、示范区建设新要求城市群空间结构优化的理论逻辑之一。

2. 区域协调发展统筹

区域协调发展是推动京津冀城市群持续高质量发展的重要基础,也是打造先行区、示范区建设新要求下京津冀空间结构优化的理论逻辑之一。京津冀城市群内各城市发展水平差距显著,北京、天津的"极化"效应强烈,高新技术产业多集中于京津两城,河北产业发展水平有待提高;近年来,京津冀地区内人口持续流入北京,尤其是高素质、高技术人才,进一步为北京市的社会经济发展提供了劳动力红利。尽管京津冀协同发展战略在一定程度上缩小了京津冀三地间经济、社会生活水平等方面的差距,但区域内不均衡现象仍是京津冀地区高质量发展的"拦路虎"。

城市群作为城市发展的高级形式,具有更高的复杂性,在其发展过

---

[1] 赵春燕、王世平:《经济集聚对城市经济韧性的影响》,《中南财经政法大学学报》2021年第1期。

[2] 陈旭、邱斌:《多中心空间结构与劳动收入——来自中国工业企业的证据》,《南开经济研究》2021年第2期。

程中需要各方面的高质量协作。作为城市群组成元素的城市，各自的社会经济发展水平及彼此之间的关系都对城市群发展起着决定性作用：一方面，城市群地区内需要有核心城市起"带头"作用，发挥其辐射作用拉动周边规模等级有限的城市继续发展壮大；另一方面，"一家/两家独大"的空间结构使得资源要素高度集中，造成核心城市面临一系列城市病的局面，长此以往，其他中小城市的发展则相对落后，整个城市群的运行效率大打折扣。因此，京津冀空间结构优化必须遵循协调发展的理论逻辑，打破行政区划的限制，实现"多赢"局面。

三　京津冀城市群空间结构优化实施路径

本节在前文量化分析的基础上，根据两区建设对京津冀空间结构的新要求与理论逻辑，尝试提出以下优化该地区城市群空间结构的实施路径。

（一）完善城市等级规模体系，优化空间布局

合理均衡的城市群等级规模是高质量发展的前提，城市群规模结构折射出区域内不同规模等级城市的排序情况，层次分明的规模结构有利于城市群内资源要素的流动与配置，影响城市群的发展水平。提升城市群等级规模合理性的具体路径包括两条。

1. 由"双核"向"多极化"格局演变，优化城市群城市体系

北京和天津经过多年努力与发展，在社会、经济、文化等方面积累了雄厚实力，成为环渤海地区的两个核心；相较之下，河北省各城市发展水平较低，至今未出现能与京津两城发展相当的城市；京津冀协同发展战略的实施对于缩小京津与冀之间的差距有一定效果但十分有限，以京津为核心的"强极化效应"导致区域内发展不均衡现象越发严重，故，培育多个局部"核心"城市迫在眉睫。京津冀小城市的发展要结合自身优势和特色，根据《京津冀协同规划纲要》提出的各城市的功能定位，重点扶持和培育一些产业，合理有效地促进小城市的发展。同时，

第五章　先行示范区建设与京津冀空间结构优化

本报告还指出京津冀城市群规模等级不连续，存在断层现象，因此亟须优化城市体系，实现功能布局合理高效的城市群体系。具体做法包括：完善顶层设计、建立政府协调机制，明确域内各城市的功能定位，构建功能布局合理的大中小城市体系；推动优质公共资源向河北倾斜，提高城市公共服务能力，缩小区域落差；加速在京国企、高校、科研机构向雄安新区和天津的搬迁步伐，北京通州城市副中心建成后，通州与天津的距离不足10公里，应填平洼地，在新两翼建设的基础上尽快启动京津都市连绵带建设；在京津之间开发新城，一方面可就近疏解北京非首都功能，另一方面通过武清产业新城建设形成大规模投资，有效拉动经济发展。

2. 改变空间发展模式，推进"一核、双城、三轴、多节点"建设

京津冀协同的短板在于不平衡不充分的发展，而非集聚本身，区域协调发展与核心城市做大做强并不矛盾，城市集聚带来的问题最终还是需要城市化本身来解决，需要在更大尺度上进行空间结构的调整以解决北京过度集聚而周边中小城市功能性不足问题。打造"一核、双城、三轴、多节点"的京津冀空间布局基本骨架，构建合理的中心城市层级结构，推动有序疏解北京非首都功能，构建以核心城市为支点带动周边石家庄、唐山、张家口、廊坊等城市的发展，以交通干线为纽带，以人才流动为载体，以制度创新为重心的区域发展空间新格局。具体来说，京津两市人口近4000万，产业结构互补性强，且两地最近距离仅十几公里，可在"通武廊"探索试验基础上，沿北京中心城区—通州—高村—杨村—北辰—天津中心城区—滨海新区一线加速新型城镇化建设，以新建一条通勤轨道交通为先导，打造京津都市连绵带；同时要提升唐山、沧州、廊坊、张家口等周边城市承接北京产业转移的能力，避免要素单向流动造成的资源浪费和新的城市问题。①

---

① 刘秉镰、汪旭：《中国式现代化与京津冀协同发展再认识》，《南开学报》（哲学社会科学版）2023年第2期。

(二) 加强城市群空间经济联系

经济活动与空间位置、空间关系、空间布局直接相关，城市群内部空间经济联系的改善有助于实现经济一体化，提高整个城市群的发展质量与可持续性，加强城市群内经济联系的具体路径如下。

1. 发挥中心城市辐射带动作用

由上文引力模型的分析结果可知，京津两城在整个京津冀城市群经济联系的空间网络中占据主要地位，城市之间的联系指向均有这两座城市，从中可以看出京津与其他城市之间的经济联系差距悬殊。在未来的城市群建设中，应提升中心城市的辐射能力，发挥其极化效应和涓流效应，利用中心城市的极化作用推进城市群均衡发展；促进大城市与周边中小城市分工协作、功能互补、协同发展[1]。中心城市在总部经济、高端服务业、科技创新等方面具有明显的优势，进而产生巨大的空间集聚效应。通过这些集聚效应的外溢，带动中小城市相关产业链的形成。中小城市一方面承接中心城市的上下游产业，形成产业的空间地理关联；另一方面，利用成本或空间的比较优势形成经济增长点，避免锁定效应的潜在威胁[2]。针对县域经济，应当充分联动乡村振兴战略和高质量城镇化发展战略，将"淘宝村""农地云拼"等新业态与城市仓储、物流服务业和制造工业充分联动，在地理空间维度形成均衡发展的产业布局。

需要注意的是，在发展河北省各城市的过程中，需要明确京津冀协同发展规划中不同城市的功能定位，避免产业结构/主导产业同质化，注重优势互补、各有特色，积极利用各城市本身的资源优势，发展特色产业，实现城市间的错位发展。例如，发挥北京"科技创新中心"、天津"先进制造业研发基地"以及河北"商贸物流重点基地"的优势。同时，

---

[1] 刘秉镰、高子茗：《城市群空间结构视角下中国式城镇化的内涵、机制与路径》，《西安交通大学学报》（社会科学版）2023年第43期。

[2] 刘秉镰、袁博：《中国式现代化视域下城市群发展的理论逻辑与路径选择——学习习近平总书记关于城市工作的重要论述》，《城市问题》2023年第3期。

打破行政区域的限制，积极合作，实现共赢。

2. 培育新的增长节点

从经济联系强度及密度来看，京津冀城市群表现出显著的京津"双核"结构，网络中的大型节点城市数量较少。然而，根据网络开发理论，网络中节点数目越多，网络的运行效率及效果越良好，因此，建议培育新的节点城市。新的节点城市应分为两种：第一种是仅次于京津的一级节点城市，第二种是次一级的二级节点城市。一级节点城市可以选择河北省内经济实力相对雄厚的城市，且地理位置尽量分散以覆盖京津冀较大范围，比如位于京津冀城市群东中南部的石家庄、唐山和邯郸。二级节点城市则是为了衔接一级节点城市，构成各自地区内的小型网络空间结构。总体来看，通过培育新的节点城市，逐步增强其辐射带动作用，形成新型经济联系网络，从而促进京津冀城市群协调发展。

（三）构建现代化交通网络体系

城市群由多个地域单元组成，内部城市在能源、交通、信息、水利等基础设施方面存在差异，难以形成一体化网络，影响城市群整体运转效率。空间联系是连结不同城市、城市群与城市群间物流、人流、信息流等要素的渠道，交通网络是实现城市群内空间联系的重要载体，是城市群联系网络结构优化的重要要素，均衡紧密的现代交通体系有利于促进城市群内部资源要素的流动与整合。

通过测度京津冀城市群内各城市间的经济联系可发现，居于经济联系网络核心位置的城市为行政等级较高的城市，具有较为发达、完善的城市内及城际交通网络。因此，在优化城市群空间结构时，构建现代化交通网络体系有助于增强区域间的交流与联系，推动跨区域要素资源整合与流动，促进城市群整体的高质量发展，具体实施策略如下。

1. 强化京津冀交通一体化网络

未来可从硬件和软件两方面强化京津冀交通一体化网络，提升整体交通网络的质量和效率。硬件方面：继续扩建高速铁路网络，以适应交通需求的增长；继续发展轨道交通系统，增加线路和车站，覆盖更广泛的地区，使城市更易到达；升级桥梁、隧道、码头和港口等关键交通基础设施，保证安全和效率。软件方面：扩大智能交通管理系统的应用范围，包括交通监控、交通信息共享、智能信号灯等；依托大数据和人工智能技术更好地了解交通需求和拥堵点，制定更科学的交通规划；使用补贴等激励措施鼓励使用清洁能源交通工具，如电动汽车，减少尾气排放和空间污染。

2. 提升多中心、多层次的交通网络格局

围绕空间节点构建多层次交通网络，增加交通枢纽数量，实现多中心互联互通，且这些枢纽应具备高度的可扩展性和便捷性。北京、天津、石家庄为传统的京津冀地区交通枢纽，在此基础上，结合城市规模等级优化策略和经济活动空间分布，发展更多节点城市进行交通枢纽的建设，如雄安新区。此外，依据交通枢纽城市的功能定位差异（北京：陆地＋航空运输枢纽，天津：港口交通枢纽，石家庄：陆地交通枢纽），综合协调三地之间的关系，实现优势互补、短板补齐。在增多交通枢纽的同时需要进一步加强多层次交通网络，包括快速交通干线、城际交通、市区内交通等，其中重点建设城际快速轨道交通系统，形成以北京为核心，京津为主轴的路网；加强港口运输系统，打造集铁路、公路、水路、空运、管道为一体的综合性物流系统。

（四）提高区域协同发展水平

京津冀三地之间由于行政区划的存在，各自为政，缺乏沟通联系，导致各城市的产业规划和分工不明确，产生产业结构相似、基础设施重复的现象，形成了城市之间相互竞争、争夺资源、相互排斥的不良局面。例如，北京作为国家首都，集聚了大量优质资源，使天津、河北长期处于不公平的竞争环境之中。因此，京津冀城市群空间结构优化的成效很大程度上与区域协调水平紧密联系。提高区域协调发展可从以下两个方面着手：一要探索跨区域投入共担、利益共享的利益分享协调机制，以完善财政转移支付制度、生态补偿机制为抓手推动域内城市的互动与协调发展，完善区域空间治理体系。二要加强京津优质的教育、医疗等公共资源与河北省内城市的共享合作，通过缩小公共服务差距为三地要素人才流动创造条件。推动京津优质中小学（幼儿园）采取学校联盟、结对帮扶、开办分校等方式实现优质教育资源共享；开展医疗共建，推进信息化建设和远程医疗；落实人力资源服务京津冀区域协同标准，开展人力资源服务机构等级评定，降低人口迁移成本①。

参考文献

郭庆宾、骆康、刘承良：《长江经济带城市群要素集聚能力差异的比较研究》，《地理科学进展》2020年第39期。

杨洋、李雅静、黄庆旭等：《中国城市用地与人口规模分布时空动态比较——以环渤海地区为例》，《地理研究》2016年第35期。

周鹏超、杨永芳：《中国城市人口和用地规模结构的演变及异速生长关系》，《城市问题》2018年第6期。

陈彦光、刘继生：《城市规模分布的分形和分维》，《人文地理》1999年第2期。

刘继生、陈彦光：《分形城市引力模型的一般形式和应用方法——关于城市体系空间作用的引力理论探讨》，《地理科学》2000年第6期。

赵正、王佳昊、冯骥：《京津冀城市群核心城市的空间联系及影响测度》，《经济地理》2017年第37期。

宁越敏、张凡：《中国省会城市首位度变化分析——兼论省会城市的高质量发展》，《同济大学学报》（社会科学版）2021年第32期。

叶玉瑶、张虹鸥：《城市规模分布模型的应用——以珠江三角洲城市群为例》，《人文地理》2008年第3期。

李国平、宋昌耀：《京津冀区域空间结构优化策略研究》，《河北学刊》

---

① 刘秉镰、汪旭：《中国式现代化与京津冀协同发展再认识》，《南开学报》（哲学社会科学版）2023年第2期。

2019年第39期。

董鹤松、李仁杰、李建明等:《基于DMSP-OLS与NPP-VIIRS整合数据的中国三大城市群城市空间扩展时空格局》,《地球信息科学学报》2020年第22期。

滕祥河、钱美君、文传浩:《多中心空间结构对区域经济韧性的影响研究》,《技术经济》2022年第41期。

孙斌栋、丁嵩:《多中心空间结构经济绩效的研究进展及启示》,《地理科学》2017年第37期。

刘修岩、李松林、陈子扬:《多中心空间发展模式与地区收入差距》,《中国工业经济》2017年第10期。

卓云霞、刘涛:《城市和区域多中心研究进展》,《地理科学进展》2020年第39期。

赵春燕、王世平:《经济集聚对城市经济韧性的影响》,《中南财经政法大学学报》2021年第1期。

陈旭、邱斌:《多中心空间结构与劳动收入——来自中国工业企业的证据》,《南开经济研究》2021年第2期。

刘秉镰、汪旭:《中国式现代化与京津冀协同发展再认识》,《南开学报》(哲学社会科学版)2023年第2期。

刘秉镰、高子茗:《城市群空间结构视角下中国式城镇化的内涵、机制与路径》,《西安交通大学学报》(社会科学版)2023年第43期。

刘秉镰、袁博:《中国式现代化视域下城市群发展的理论逻辑与路径选择——学习习近平总书记关于城市工作的重要论述》,《城市问题》2023年第3期。

第六章

先行区示范区建设与京津冀公共服务均等化

李兰冰　曹　瑞[*]

摘　要：公共服务均等化既是区域协同发展的重要目标，也是推动区域协同发展的重要基础。2023年5月，习近平总书记在深入推进京津冀协同发展座谈会上提出：努力使京津冀成为中国式现代化建设的先行区、示范区。京津冀地区迫切需要积极应对新形势、新要求，探索推进公共服务均等化的有效路径，以更高水平的公共服务均等化促进区域经济高质量发展，从而为落实新使命提供坚实基础。鉴于此，本章将沿着"发展要求与理论逻辑——现状评价——国际经验——路径探索"的主线思路，在剖析理论逻辑与发展现状的基础上，从公共服务业标准化体系建设、机制创新、多方供给机制构建以及效率提升四个方面提出实现京津冀城市群公共服务均等化的可行路径。

关键词：公共服务均等化；世界级城市群；机制创新；多元供给

---

[*] 李兰冰，南开大学经济与社会发展研究院教授、博导，南开大学战略发展部部长，入选教育部重大人才工程青年学者、天津市宣传文化"五个一批"人才、南开大学百名青年学科带头人计划，研究方向：区域经济理论与政策、区域产业分析与规划。曹瑞，南开大学经济学院博士研究生。

一 先行区示范区建设对京津冀公共服务均等化的新要求与理论逻辑

2023年5月,习近平总书记在深入推进京津冀协同发展座谈会上提出:努力使京津冀成为中国式现代化建设的先行区、示范区。这赋予了京津冀协同发展新的使命,为高标准高质量深入推进京津冀协同发展指明了方向。本部分将致力于梳理新使命对京津冀公共服务均等化提出了新要求以及新使命与公共服务均等化之间的理论机理,为探索京津冀公共服务均等化路径奠定坚实基础。

(一)先行区示范区建设下京津冀公共服务均等化的新要求

先行区、示范区建设既凸显了京津冀城市群之于全国的重要意义,又对三地协同发展提出了更高要求。作为京津冀协同发展的目标之一,京津冀公共服务均等化需进一步发挥"稳定器"和"助推器"的作用,在创新自身体制机制基础上发挥更强的先行示范作用,为京津冀地区落实新定位提供有力支撑。

1. 京津冀公共服务均等化增强对世界级城市群建设支撑力

《京津冀协同发展规划纲要》明确提出京津冀区域整体定位之一是以首都为核心的世界级城市群。目前全球已形成以纽约为中心的美国东北部大西洋沿岸城市群、以芝加哥为中心的北美五大湖城市群、以东京为中心的日本太平洋沿岸城市群、以伦敦为中心的英伦城市群、以巴黎为中心的欧洲西北部城市群、以上海为中心的中国长江三角洲城市群六大世界级城市群,它们普遍具有综合发展水平全球领先、国际影响能力强、城市间分工明确且协调发展等典型特征。中国式现代化先行区、示范区建设对京津冀协同发展提出新要求,其中之一就是打造世界级城市群空间新格局、构筑共同富裕新标杆。公共服务均等化作为区域协调发展的重要指标,有利于推进地区间要素有序流动、统一大市场建设以及分工合作体系形成,是建设世界级城市群的重要基础。因此,先行区、示范区建设要求必须强化公共服务均等化对世界级城市群建设的支撑力，通过更高水平的公共服务均等化吸引国内外人才及资本流入、促进城市群内产业创新升级、提升城市群国际竞争力和影响力，促进京津冀加快建成世界级城市群，为京津冀落实新定位提供重要支撑。

2. 京津冀公共服务均等化加快探索机制体制创新

治理协调是区域协调发展的有机组成部分，其核心任务是通过政策、制度与治理模式等机制体制创新，强制性打破地方保护与行政分割，促进经济发展由行政区划向经济区域转变，激励地方政府从现有小尺度地方保护思维向大尺度区域协调发展思维转变[1]。近年来，京津冀公共服务均等化发展取得积极进展，一些基础性的问题得到解决，但同时也暴露出更深层次的体制机制问题。对标中国式现代化先行区、示范区建设的新要求，京津冀公共服务均等化必须着力破解体制机制难题，加快探索体制机制改革创新。京津冀公共服务均等化的体制机制创新需统筹考虑一般性与多元性。一方面，从一般性视角出发，均等化发展要打破"一亩三分地"的思维定式，破除公共资源跨区域流动的行政壁垒和市场堵点[2]；另一方面，从多元性视角出发，应充分考虑北京、天津、河北所处的经济发展阶段差异性以及公共服务现状差异性，围绕打破三地公共服务显著落差、促进三地公共服务共享共建，因地制宜、因时制宜地促进有利于提升公共服务供给效率和供给质量的机制体制改革与创新，构建政府、市场和社会三位一体的协同供给机制，更好地释放区域协同发展进程中公共服务均等化的红利[3]。

3. 京津冀公共服务均等化发挥更强的先行与示范作用

中国式现代化既有各国现代化的共同特征，更有基于自己国情的中国特色，是人口规模巨大的现代化，是全体人民共同富裕的现代化，是物质文明和精神文明相协调的现代化，是人与自然和谐共生的现代化，

---

[1] 李兰冰：《中国区域协调发展的逻辑框架与理论解释》，《经济学动态》2020年第1期。
[2] 郑功成：《京津冀协同发展关键是消除社会保障服务的政策壁垒》，《中国人大》2017年第15期。
[3] 冒小飞：《京津冀地区协同发展：结构评估与演进》，《经济与管理》2023年第4期。

是走和平发展道路的现代化。京津冀协同发展作为区域重大战略迫切需要在中国式现代化建设中发挥先行作用及示范作用。面对努力使京津冀成为中国式现代化建设的先行区、示范区的新定位,京津冀协同发展建设肩负的历史任务更加艰巨,不仅关系到京津冀地区发展,而且关乎实现中国式现代化的建设进程。面对不平衡不充分发展的现实条件,京津冀肩负着"均衡"与"发展"的双重使命,这既包括促进地区间发展落差缩小、促进地区间实现共同增长,通过向协调要红利而更好地促进京津冀地区高质量发展,也包括通过京津冀协同发展培育北方新的增长极,从而有效缓解南北地区发展分化、促进南北地区均衡发展①。公共服务均等化作为京津冀协同发展的重要基础,也需要做好中国探索公共服务均等化的重要试验田,通过更好地发挥先行与示范作用,为京津冀地区落实新定位提供有力支撑。

(二) 先行区、示范区建设下京津冀公共服务均等化的理论逻辑

随着经济理论的发展,公共服务在区域经济增长以及区域发展差异中的作用日益受到关注。尤其是在关注地区发展质量以及共同富裕的背景下,地区差距缩小并不仅限于经济总量或经济增长差距,公共服务差距缩小也是其重要维度。② 公共服务均等化不仅会作用于地区之间居民生活质量差距缩减,也会通过多元途径促进地区间经济发展落差缩小。

一是公共服务均等化有利于缩小地区差距。以中心城市与外围城市之间的关系为切入点,中心城市拥有更优质的医疗、教育资源和更完善的社会保障等公共服务,这是其吸引要素流入的重要优势。鉴于此,提升周边地区公共服务的供给规模与质量,能够通过要素再配置效应,促进区域差距缩小,从而提升城市群综合承载力。第一,公共服务治理有利于促进人口向周边地区流动。通过区域公共服务协同治理,缓解中心

---

① 柳明洪、巨栋、涂开均:《"南北差距":中国区域发展格局演化的事实、成因与政策响应》,《经济理论与经济管理》2021 年第 4 期。
② 李实、柳一心:《面向共同富裕的基本公共服务均等化:行为逻辑与路径选择》,《中国工业经济》2022 年第 2 期。

城市与周边地区之间的公共服务差距，有利于加速人才向周边节点城市自由流动，减轻中心城市人口压力的同时优化城市群网络空间格局，提高综合承载力。第二，公共服务治理通过改善投资环境，促进资本向非中心城市流动。各级政府加大对非中心城市公共服务投资力度，不仅能够直接改善投资环境，还能够通过"示范效应"撬动社会资本流入，有助于实现公共服务的有效供给，为吸引资本流入创造良好的条件。第三，完善的公共服务供给体系能有效促进产业转型升级，推动周边地区的经济增长。社会性公共服务供给如文教、娱乐等设施的完善将刺激新需求的产生，从而倒逼产业创新升级以满足人民日益增长的生活需求；经济性公共服务如科技推广、政策性信贷等将直接为产业转型升级提供支持保障，进而推动区域经济高质量发展。

二是公共服务均等化有利于改善区域发展环境和要素导入能力。基础设施建设不仅有利于直接促进劳动生产率的提高，也有利于区域经济活动的空间集聚[1]。从劳动力区位选择以及流动决策的影响因素来看，劳动力选择向某一地区流动，不仅是为了获得更好的就业机会和较高的工资水平，还是为了享受到更好的教育、医疗、生态环境以及更好的社会福利。人口、资本要素的充分流动依托于以基础设施和公共服务为载体的空间网络体系，公共服务已成为地区吸引发展要素的核心资源[2]。因此，公共服务均等化能通过缩小地区间公共服务供给水平差距引导要素的有序流动，从而更好地促进地区间共赢发展[3]。

三是公共服务均等化可以更好地保障相对落后地区基本生活需求，提高相对落后地区居民生活质量并增强地区经济发展能力。地区教育以及医疗卫生等方面的均等化将有利于通过创造更多的教育机会以及更好的医疗保障而实现劳动力素质提升以及劳动力要素导入，打破落后地区

---

[1] 刘晨冉、刘冲、牛逸婕：《强大国内市场与经济增长极培育——基于市场一体化视角的分析》，《产业经济评论》2021年第4期。

[2] 邓慧慧、薛熠、杨露鑫：《公共服务竞争、要素流动与区域经济新格局》，《财经研究》2021年第8期。

[3] 王必达、苏婧：《要素自由流动能实现区域协调发展吗——基于"协调性集聚"的理论假说与实证检验》，《财贸经济》2020年第4期。

的贫困陷阱，进而增强落后地区经济发展能力。与此同时，社会保障是保障和改善民生的重要制度安排，具有典型的救助和反贫困功能①，有利于缩小地区收入差距。

四是公共服务均等化有利于推动区域合作。一方面，有利于推动区域基础设施整合，促进区域统一大市场建立。公共服务均等化强调提供平等和公平的基础设施供给，致力于推进各地区享受到统一的基础设施以及公共服务标准。通过制定和推行统一的标准和规范，有利于推进不同地区之间的基础设施协调运作，促进基础设施整合与互联互通。与此同时，公共服务均等化有利于实现更大空间尺度下的区域基础设施以及公共服务设施整体规划布局，通过考虑不同地区的需求和优势，推动实现区域整体基础设施的总体提升。另一方面，公共服务有效供给通过深化劳动分工进而促进区域合作。教育和培训等公共服务供给的增加能有效提升劳动者的素质和技能水平，使其具备更强的参与社会分工的能力。同时，公共服务的社会保障和福利效应通过建立健全的就业服务体系为劳动者开展区域合作提供了一定的保护和支持。

二 京津冀公共服务发展现状及问题

京津冀协同发展战略自实施以来，三地积极推进公共服务协同发展，公共服务领域取得了明显进展，但同时也依然存在一些突出问题。本部分将系统地剖析京津冀公共服务发展现状以及存在的问题，明确京津冀三地公共服务均等化的攻坚方向。

（一）京津冀公共服务演进历程与发展现状

1. 一体化区域交通网络基本形成

交通是京津冀协同发展战略的先行领域。当前，"轨道上的京津冀"

---

① 杨晶、邓大松、申云：《人力资本、社会保障与中国居民收入不平等——基于个体相对剥夺视角》，《保险研究》2019年第6期。

第六章　先行区示范区建设与京津冀公共服务均等化

主骨架基本成形，互联互通的公路网络全面构筑；京津雄核心区半小时通达，京津冀主要城市1小时至1.5小时交通圈加速形成，基本形成了以"四纵四横一环"运输通道为主骨架、多节点、网格状的区域交通新格局，初步构建了现代化的高质量综合立体交通网[①]。其中，"四纵"包括沿海通道、京沪通道、京九通道以及京承—京广通道，"四横"包括秦承张通道、京秦—京张通道、津保通道以及石沧通道，"一环"为首都地区环线，如表6-1所示。

表6-1　　　　京津冀地区"四纵四横一环"公路运输布局

布局形态	名称	主要节点	高速公路
四纵	沿海通道	秦皇岛、唐山、天津（滨海新区）、沧州	沿海（G0111）、长深（G25）、唐港
	京沪通道	北京、廊坊、天津、沧州	京沪（G2）、京台（G3）、京津塘、京津、天津绕城南段（G2501）
	京九通道	北京、北京新机场、衡水	大广（G45，北京以南）、北京城区经新机场至霸州（规划）、新机场北线高速（规划）
	京承—京广通道	承德、北京、保定、石家庄、邢台、邯郸	京港澳（G4）、京昆（G5）、大广（G45）
四横	秦承张通道	秦皇岛、承德、张家口	首都地区环线北段（在建）、秦承
	京秦—京张通道	秦皇岛、唐山、北京、张家口	京藏（G6）、京新（G7）、宣大、京哈（G1）、京秦（规划）
	津保通道	保定、廊坊、天津（滨海新区）	荣乌（G18）、津石（G0211）（规划）、天津绕城北段（G1811）
	石沧通道	石家庄、衡水、沧州（黄骅）	石黄（G1811）
一环	首都地区环线	承德、廊坊、固安、涿州、张家口	首都地区环线G95高速（在建）、涞水—涞源高速（G9511）

资料来源：根据《关于推进京津冀交通一体化率先突破的实施方案》整理。

[①]　王胜强、杨学聪、周琳：《互联互通向纵深迈进》，《经济日报》2023年6月7日第8版。

铁路方面，截至2022年底，京津冀区域营运性铁路总里程达10933公里，较2014年增长38.6%，其中高铁2575公里，北京至6个毗邻区域全部实现1小时内通达，与300公里范围内的主要中心城市"津石保唐"之间，均已实现高铁1—1.5小时的快速联系。首条跨越市域行政范围的城市轨道交通线路——北京轨道交通22号线（平谷线）正在加速建成，其建成后北三县、平谷区将接入北京市城市轨道交通网，至中心城区最短时间分别为32分钟、55分钟，均进入1小时交通圈。作为京津冀交通一体化的标志性线路，轨道交通22号线（平谷线）对于京津冀协同发展交通一体化和北京城市副中心发展建设具有重要意义[①]。

公路方面，环京津地区的高等级公路基本实现了全覆盖。国家高速公路待贯通路段基本上打通，普通国省道省际接口技术等级对接加快推进，跨区域的国省干线"瓶颈路段"大部分消除，环京津地区的高等级公路基本实现了全覆盖。截至2022年底，河北省公路里程达20.9万公里，实现了县县通高速。天津市全市公路网总里程15230公里，其中高速公路1358公里。北京市高速公路里程从2014年的982公里增至1196公里，增幅达到21.8%[②]。

航空方面，一枢多支多点机场布局体系基本成形。在航空枢纽的建设上，《京津冀三地机场协同发展战略合作框架协议》阐明了京津冀各地机场定位：首都机场定位是国际航空枢纽；北京新机场定位是国际航空枢纽和京津冀区域综合交通枢纽；天津机场定位是区域航空枢纽，目的是重点发展国内中转航线、周边国际旅游航线等特定航空市场；石家庄机场定位是区域航空枢纽，目的是重点增强对周边的聚焦辐射能力，同时大力发展低成本航空、货运包机、航空快件等特定航空市场。所有机场均由首都机场集团统一管理、错位发展，有利于京津冀运营一体化的实施。

[①] 参见《轨道交通22号线（平谷线）北京段获批，计划2025年建成通车》，访问日期：2023年10月8日。中国政府网（https://www.gov.cn/xinwen/2022-07/06/content_5699580.htm）。

[②] 根据北京市、天津市、河北省2022年国民经济和社会发展统计公报数据整理。

2. 高等教育协同发展加速推进

疏解非首都功能是京津冀协同发展的牛鼻子。长期以来，北京市优质高校高度集聚，优化区域高等院校布局已经成为推动京津冀协同发展的重要举措。目前，北京援建雄安新区的"三校一院"交钥匙项目已经陆续建成并交付使用，首批启动向雄安新区疏解的四所在京高校已确定项目选址。

与此同时，高校协同创新、高校联盟等协同模式正在形成。在高校协同创新方面，京津冀三地高校于2015年成立京津冀协同发展联合创新中心，探索跨区域跨高校的科研协同创新新路径；在高校联盟建设方面，京津冀三地高校先后成立信用教育联盟等10余个高校联盟，实现了联盟高校在学科建设、人才培养、科学研究、社会服务、资源共享等方面的资源整合，详见表6-2。[1]

表6-2 2014—2020年京津冀地区成立的部分高校联盟

联盟名称	成立年份	成员单位
信用教育联盟	2014年12月	北京大学、中央财经大学、天津财经大学等50多所高校、信用研究机构及相关经济实体
京津冀协同创新联盟	2015年6月	北京工业大学、天津工业大学、河北工业大学
京津冀心血管疾病精准医学联盟	2015年7月	首都医科大学、天津医科大学、北京大学医学部、河北医科大学
京津冀建筑类高校协同创新联盟	2015年7月	北京建筑大学、天津城建大学、河北建筑工程学院
京津冀纺织服装产业协同创新高校联盟	2015年9月	北京服装学院、天津工业大学、河北大学等11所高校
京津冀高校新媒体联盟	2015年12月	北京电影学院、天津科技大学、河北经贸大学等34所高校

---

[1] 柳天恩、董葆茗：《京津冀高等教育协同发展的进展成效与路径优化》，《河北师范大学学报》（教育科学版）2023年第2期。

续表

联盟名称	成立年份	成员单位
京津冀地区农林高校协同创新联盟	2015年12月	中国农业大学、天津农学院、河北农业大学等9所高校
京津冀经济学学科协同创新联盟	2016年4月	北京工商大学、天津商业大学、河北经贸大学
京津冀轻工类高校协同创新联盟	2016年4月	北京工商大学、天津科技大学、河北科技大学
京津冀高校图书馆信息资源服务与共享协同创新联盟	2016年5月	天津科技大学、河北科技大学、北京工商大学、北京科技大学
京津冀高校商科类协同创新联盟	2016年8月	河北大学、北京工商大学、天津财经大学
京津冀电影教育联盟	2016年11月	北京大学、北京电影学院、天津师范大学、天津工业大学、河北大学
京津冀大学科技园联盟	2017年5月	清华大学国家大学科技园、天津大学国家大学科技园、保定国家大学科技园等19处国家级大学科技园
京津冀地方高校继续教育联盟	2018年5月	北京工业大学、首都师范大学、北京工商大学、天津工业大学、天津理工大学、中国民航大学、河北大学、河北科技大学、河北工业大学
京津冀会展教育联盟	2019年4月	天津商业大学、南开大学、北京第二外国语学院、河北经贸大学
北京卓越医学人才培养高校联盟	2019年12月	首都医科大学、北京协和医学院、北京大学医学部、北京中医药大学、天津医科大学、河北医科大学
京津冀"双高"建设联盟	2020年10月	北京电子科技职业学院、天津职业大学、河北工业职业技术学院等24所高职院校

资料来源：柳天恩，董葆茗：《京津冀高等教育协同发展的进展成效与路径优化》，《河北师范大学学报》（教育科学版）2023年第2期。

3. 医疗卫生合作惠及三地

京津冀协同重大发展战略实施以来，三地卫生健康部门为进一步优化患者就医流程、降低患者就医费用、构建和谐医患关系、积极推进医疗卫生领域的协同发展，开展了一系列合作，出台多项便民惠民措施，取得了丰硕成果。

表6-3　　京津冀推进医疗卫生协同发展的部分政策文件

发布机构	印发时间	政策文件名称
京津冀三地卫计委	2014年6月	《京津冀突发事件卫生应急合作协议》
京津冀三地卫计委	2015年9月	《京津冀卫生计生事业协调发展合作协议》
北京市卫计委	2015年12月	《北京市卫生和计划生育委员会关于印发京津冀卫生计生事业协同发展工作计划（2015—2016）分工方案的通知》
京津冀三地卫计委	2016年8月	《关于开展京津冀地区医疗机构临床检验结果互认试点工作的通知》
京津冀三地卫计委	2017年5月	《京津冀精神卫生和口腔卫生合作协议》
京津冀三地卫计委	2018年3月	《关于京津冀地区医疗机构临床检验结果互认工作的通知》
京津冀三地卫健委	2019年6月	《京津冀医疗保障协调发展合作协议》
京津冀三地医疗保障局	2020年12月	《京津冀药品联合带量采购工作意见》
京津冀三地医疗保障局	2021年12月	《2021年京津冀药品联合带量采购工作实施方案》
京津冀三地医疗保障局	2022年7月	《京津冀医保协同发展2022年工作要点》
京津冀三地医疗保障局	2023年3月	《关于开展京津冀区域内就医视同备案工作的通知》

资料来源：根据京津冀三地卫计委官网、医疗保障局官网整理。

京津冀三地医疗机构检验结果互认显著降低患者就医成本。自2016年起，京津冀三地卫生健康部门共同开展京津冀地区医疗机构临床检验结果互认及医学影像检查资料共享，先后完成多批京津冀临床检验结果互认和京津冀医学影像资料共享。截至2022年底，京津冀共有685所医疗机构加入临床检验结果互认名单，互认项目达50项，覆盖符合要求的三级、二级和一级医疗机构、独立医学检验实验室及民营医疗机构[①]。

医保红利不断提高，异地就医结算、报销服务越来越方便。2021年底，京津冀千余家定点医疗机构开通了跨省异地就医门诊费用直接结算，支持持社保卡及医保电子凭证进行结算。住院备案免登门，出院结算免材料、免审核，实现了"一次不跑"也能办结算的新态势。

三地卫生健康部门推进京津冀医疗机构深度合作，努力打造京津冀医学专科联盟。主要模式如下：一是基本帮扶。通过北京、天津两地的优秀专家定期与合作的河北省医疗机构开展互联网远程会诊，实现初步帮扶与指导。同时，通过定期开展医疗机构工作人员的交流访学，促进京津先进医疗手段和医疗知识向河北外溢。二是合作共建。京津冀三地开展合作构建医院新发展模式，实现医疗资源的合理配置和协调发展。三是集团合作。随着医疗协调发展的不断推进，河北省部分医疗机构通过直接加入北京大型医院的模式实现优质资源的共享[②]。

4. 区域生态环境联建联防联治成效明显

生态环保是京津冀协同发展三个率先突破重点领域之一。三地积极推进生态环境联防联控机制体制建设。2020年，京津冀三地公布同步施行《机动车和非道路移动机械排放污染防治条例》，三地将按照统一规划、统一标准、统一监测、统一防治措施要求开展机动车和非道路移动机械的联防联治。2021年，京津冀三地生态环境、水利部门联合签订了跨省流域上下游突发水污染事件联防联控框架协议，三地突发环境事件联防联控工作进一步深化。2022年6月，京津冀三地生态环境部门联合签署了《"十四五"时期京津冀生态环境联建联防联治合作框架协议》，围绕大气污染联防联控、水环境联保联治、危险废物处置区域合作、绿色低碳协同发展、生态环境执法和应急联动、完善组织协调机制六大方面深化生态环境联建联防联治协同。

党的十八大以来，三地大气污染防治按下"加速键"。2012至2022

[①] 根据《2021—2022年度京津冀鲁区域医疗机构临床检验结果互认结果》整理。
[②] 宋永志：《京津冀医疗卫生资源配置的协同研究》，《产业与科技论坛》2022年第20期。

年间三地分类整治"散乱污"企业 16.3 万余家、三地农村及城镇地区散煤清洁能源改造近 1580 万户，北京市实现平原地区基本无煤化，天津市燃煤锅炉和工业窑炉基本完成清洁能源替代，河北省基本淘汰 35 蒸吨以下燃煤锅炉。区域能源结构持续优化升级，2022 年北京市完成山区 2.1 万户居民煤改电，天津市平原地区实现散煤基本清零，河北省承德、秦皇岛完成 10.98 万户居民清洁取暖改造。大气污染治理取得明显效果，2022 年京津冀地区 PM2.5 平均浓度比 2013 年下降超 63%[1]。

（二）京津冀地区公共服务均等化面临的主要问题

1. 地区间公共服务差距依然较为明显

多年来，京津冀地区在加快公共资源共享、推进京津冀公共服务均等化方面取得了积极成效，但地区间公共服务差距依然较为明显。

京津冀地区教育服务呈现出明显的非均等化。以义务教育为例，北京、天津和河北三地呈现断崖式的梯度差异。从师资力量来看，2021 年京津冀三地普通初中、小学每一专任教师负责学生数分别为 8.87、11.21、13.39 人和 13.92、15.26、16.59 人，义务教育阶段河北省每一专任教师负责学生数均明显高于北京、天津。[2] 以高等教育资源为例，京津冀地区拥有的"双一流"高校从地理区位看高度集中于京津两市。

医疗一体化是京津冀公共服务一体化推进中的先行领域，北京、天津以开办分院、专家异地坐诊等方式助力河北省医疗服务质量和水平的提升。但是，京津冀三地医疗服务水平仍有较大差距。截至 2021 年，北京市共有 644 家医院，其中三级甲等医院有 56 家；天津市共有 432 家医院，其中三级甲等医院有 33 家；河北省共有 2395 家医院，其中三级甲等医院有 51 家。2021 年每千人口医疗卫生机构床位数分别为 5.95、5.00、6.11，三地每千口人卫生技术人员分别为 13.20、8.87、7.51，

---

[1] 骆倩雯：《京津冀 PM2.5 浓度十年来降低超六成》，《北京日报》2022 年 12 月 16 日第 4 版。

[2] 根据 2021 年《中国统计年鉴》数据整理计算。

三地之间仍然呈现显著差距[1]。

2. 经济发展水平与财政实力相差悬殊

京津冀三省市资源禀赋、发展基础以及发展阶段不同,三地的财政实力也相差悬殊。公共财政在改善和保障民生过程中扮演着重要角色,在公共服务影响流动人口居留意愿的路径中表现出显著增强型调节效应[2],是支撑和保障地区公共服务供给、提升整体竞争力的重要基础。从总体上看,京津冀三地财政收入规模的差距较大。图6-1显示了京津冀2014—2022年人均一般公共预算收入的变动情况。尽管河北省人均一般公共预算收入处于逐年攀升的状态,但同北京市、天津市相比差距依然明显。具体来看,河北省与京津两市在公共教育、医疗卫生、文化体育、社会保障等方面的供给水平均存在较大差距。统计数据显示,2022年北京市人均教育支出为0.536万元/人,是河北省此项人均支出的2倍多;医疗卫生领域,2022年北京市财政支出为0.355万元/人,远超河北省此项人均支出;社会保障与就业方面,2022年北京市人均财政支出为0.489万元/人,天津市为0.401万元/人,均近乎是河北省的两倍。

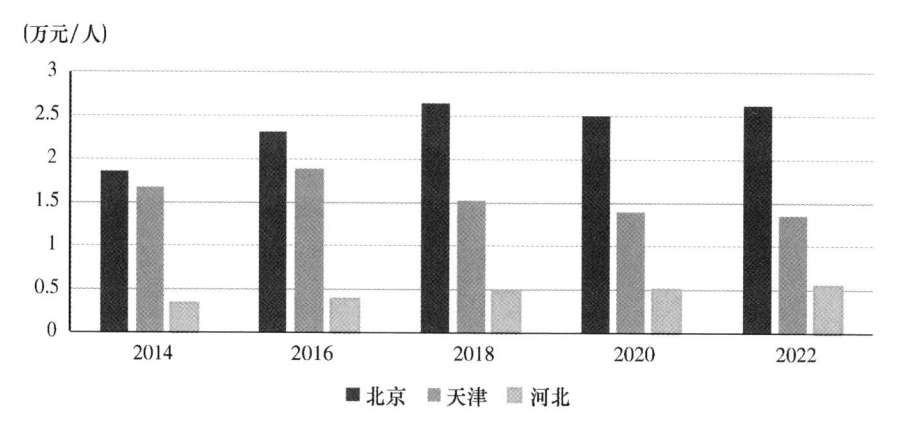

图6-1 京津冀2014—2022年人均一般公共预算收入变动情况

资料来源:根据2014—2022年《中国统计年鉴》数据整理绘制。

---

[1] 根据2021年《中国卫生健康统计年鉴》数据整理。
[2] 陈浩、罗力菲:《财政能力、公共服务供给与流动人口居留意愿》,《中国人口·资源与环境》2022年第10期。

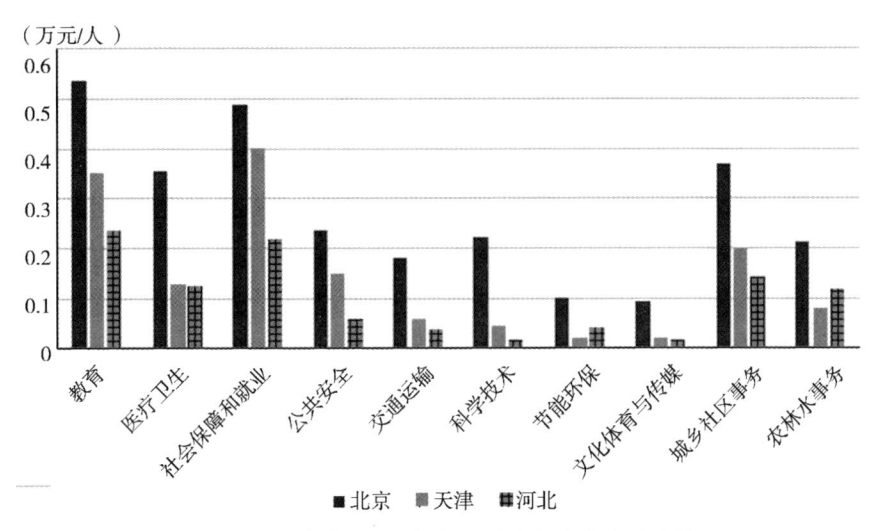

第六章　先行区示范区建设与京津冀公共服务均等化

图 6-2　京津冀 2022 年各项财政支出人均对比情况

资料来源：根据 2022 年《中国统计年鉴》数据整理绘制。

3. 公共服务多元供给模式尚未形成

京津冀的公共服务仍然以政府为主，政府、市场和社会组织共同参与的多元化供给模式仍然亟待形成。面对需求规模不断扩大、需求类别不断多元化的变化趋势，仅仅依靠政府作为供给者的公共服务供给模式需要转型。在社会主要矛盾转变为人民日益增长的美好生活需要和不平衡不充分的发展之间的矛盾的背景下，迫切需要引入市场化机制，推进公共服务的分层次供给，以更高质量和更多样化的公共服务满足人民群众的需要①。与此同时，市场化机制引入不足也引致了公共服务供给缺乏竞争，不仅可能带来供给效率不高等难题，也可能带来公共服务供给机制缺乏创新等问题。

三　世界级城市群公共服务建设经验与启示

京津冀区域整体定位之一是以首都为核心的世界级城市群。鉴于此，

---

① 张开云、张兴杰、李倩：《地方政府公共服务供给能力：影响因素与实现路径》，《中国行政管理》2010 年第 1 期。

▶▶▶▶ 第二篇 分报告

本部分将系统性梳理美国东北部大西洋沿岸城市群、英国伦敦城市群、日本太平洋沿岸城市群等世界级城市群的公共服务建设经验,以期为京津冀地区公共服务均等化建设提供有益启示。

(一)世界级城市群公共服务建设的经验

1. 美国东北部大西洋沿岸城市群

美国东北部大西洋沿岸城市群具有国际金融中心地位及突出的综合实力优势。多层次网络化交通系统是美国东北部大西洋沿岸城市群发展的重要支撑:主干铁路线连接波士顿与华盛顿、贯通多个中心城市;发达的轻轨系统有效地扩大了中心城市的辐射范围,提高了城市周边地区的交通通达性;公路网络在东北部大西洋沿岸城市群也十分发达。在港口交通方面,纽约、费城、波士顿、巴尔的摩等地以合理的分工形成了特色的港口群,为货物运输等提供了较大便捷[1]。与此同时,美国东北部大西洋沿岸城市群形成了公共服务及建设的多主体协同机制。政府主要致力于制定及完善公共服务供给的法律法规。市场机制层面,城市之间的市场竞争与合作机制有利于提高效率。市场的规模和激烈竞争刺激科技进步,进而促进社会公共资源在整个城市群的协同配置[2]。

2. 英国伦敦城市群

英国伦敦城市群以伦敦为中心,包括了伯明翰、利兹谢菲尔德、曼彻斯特和利物浦等中心城市以及众多中小城镇。在生态治理层面,伦敦都市圈将分散资源开发与空间公平发展目标高度融合,推出"大伦敦国家公园"理念,积极发展都市圈运动与康养功能。在基础设施治理层面,伦敦都市圈积极以低碳为导向引导居民出行:一方面,积极大力发展公共交通系统,为绿色出行提供高质量的交通基础设施基础;另一方面,通过征收拥堵费等措施引导市民使用公共交通或其他低碳出行方式。

---

[1] 王悦欣、韩宝明、李得伟:《美国东北部城市群多层次轨道交通系统研究》,《都市快轨交通》2015 年第 4 期。

[2] 潘芳、田爽:《美国东北部大西洋沿岸城市群发展的经验与启示》,《前线》2018 年第 2 期。

与此同时，伦敦都市圈高度关注养老服务等公共服务体系建设，致力于提升城市生活质量。

3. 日本太平洋沿岸城市群

日本太平洋沿岸城市群制定综合的国土规划，致力于打造紧凑、多层次、网络化的国土空间，形成更加均衡的城市区域发展格局，并根据规划实施情况以及经济社会发展变化而积极调整规划。例如，日本于2008年7月通过了新一轮的"国土形成计划"，其突出变化是将日本整个国土划分为10个广域圈，以广域圈为基础编制圈内地方国土规划，促进日本国土空间结构由点、线或轴到面或圈的发展。从规划编制的原则和导向看，日本的"国土形成计划"强调了由开发向利用、保全和维护的转变，由重视企业和产业开发向重视生活方式的开发转变[①]。

(二) 世界级城市群公共服务建设的启示

一是注重公共交通优先发展。公共交通是加强城市交通综合治理、提升城市居民生活品质的有效措施，更是城市群协调发展的基础保障。美国东北部大西洋沿岸城市群、英国伦敦城市群以及日本太平洋沿岸城市群等世界级城市群都高度重视轨道交通，以便为居民提供方便、高可承载、安全和环保的交通服务。

二是充分发挥规划的积极引领作用。无论是美国东北部大西洋沿岸城市群，还是英国伦敦城市群，都具有以规划为引领的特点。此外，日本太平洋沿岸城市群制定了综合的国土规划，并适时对规划进行调整，促进日本国土空间结构由点、线或轴到面或圈的发展。

三是坚持核心城市带动周边地区发展。美国东北部大西洋沿岸城市群以纽约为中心，北美五大湖城市群以芝加哥为中心，日本太平洋沿岸城市群以东京为中心，英国伦敦城市群以伦敦为中心，欧洲西北部城市群以巴黎为中心，中国长三角城市群以上海为中心。上述城市群均具有以中心带动周边地区发展的特点，中心城市普遍具有强大的辐射能力。

---

① 李荣欣：《日本东海道城市群建设启示录》，《前线》2018年第4期。

四 先行区示范区建设下的京津冀公共服务均等化发展路径

(一) 推进跨地区公共服务标准化体系建设

随着京津冀协同发展战略的推进,北京、天津和河北在教育、医疗、科技等公共服务的共建共享方面成果卓著,但仍面临着公共服务空间分布不合理、供给需求相对失衡等困境。为有效缓解京津冀公共服务治理的困境,亟须将标准化作为基础,对京津冀三地基本公共服务一体化运作进行规范。在此基础上,研究京津冀区域内公共服务标准的统一化,实现区域内标准的互认与对接,从而促进区域内基本公共服务资源的有序流动与有机融合,进而提升区域综合承载力和资源优化配置能力具有重大意义。一是构建京津冀三地基本公共服务标准化体系应当完善公共服务协同治理顶层设计,对京津冀基本公共服务的标准进行统一,推进三地间标准的互认对接。这有利于公共服务资源互联互通,从而推动实现公共治理协同发展。二是构建京津冀三地基本公共服务标准化体系应当实行以政府为主导、个人、企业和社会组织多元主体共同参与的治理方式。在协同治理中,中央政府扮演了决策者和保障者的角色,地方政府扮演了执行者和责任者的角色,市场主体扮演了合作者和参与者的角色,社会组织扮演了参与者和监督者的角色。政府应当促使多元主体间构建良性合作网络,提振公共服务供给规模、质量与效益,从而更好实现公共服务的协同治理①。三是补齐北京、天津、河北三地之间公共服务落差过大的短板。相较于京津两市而言,河北省医疗卫生、基础教育、社会保障等领域发展水平显著滞后。因此,应当加强对河北省公共服务的支持力度,缩小三地之间的公共服务建设差距,提升区域综合承载力和资源优化配置能力。

---

① 孙玉栋、郑垚:《京津冀基本公共服务协同发展的财力均衡问题研究》,《山东财经大学学报》2020年第5期。

(二) 加快公共服务一体化发展的机制创新

在区域内部发展不平衡、公共服务资源配置不均衡的情况下，京津冀三地应着力探索加快公共服务一体化发展的机制创新。

第一，探索跨区域统筹公共服务互惠共享制度。京津冀地区的公共物品治理必须打破"碎片化"模式，提高京津冀三地不同层级政府的合作效率，树立从全局出发、从"一盘棋"考虑的理念。在组织协调方面，京津冀三地政府应当建立纵向与横向相结合的长效协调机制，将决策层、协调层、执行层有机结合，探索设立促进公共服务互惠共享的协调机构及机制。在利益保障方面，应探索设立财税分享机制、区域环境监管机制、水资源和生态补偿机制以及排污交易制度机制，致力于解决京津冀城市群公共物品治理的可持续发展问题，同时这也将有利于推动京津冀环境、交通、公共服务的良性发展。

第二，探索跨区域共享共营新模式和新业态。教育领域，加强京津冀高校联盟建设，实施培养方案互通、课程互选、学分互认、教师互聘，综合提升区域内各高校教学质量和研究水平；充分利用数字技术和互联网平台的优势，通过整合各高校资源和优势，逐步形成覆盖三地的数字教育资源云服务体系。医疗领域，探索多种形式的医疗联合体建设，创新区域性分级诊疗模式，着力构建基层首诊、双向转诊、急慢分治、上下联动的分级诊疗格局，引导优质医疗资源下沉；加快推进三地医疗机构检查检验结果互认共享工作，推动更多定点医疗机构纳入异地就医联网结算范围。公共文化体育方面，探索公共文化体育互惠共享新形式，推动各类文化设施的联盟建设，形成功能互补、标准耦合、区域联动的京津冀一体化服务体系。

第三，着力打破行政壁垒和体制障碍。制定统一的规划和标准，建立跨地区的公共服务资源统一管理和协调机制；建立共享平台和信息系统，实现公共服务资源的信息共享和协同；推动一体化管理，打破行政壁垒形成统一的管理机构或部门，简化流程和手续，提高服务效率；建立跨地区的人才培养和交流机制，推进就业网、人才网的互联互通，使得公共服务资源要素突破地域界限充分流动。

（三）构建多方参与的公共服务协同供给机制

第一，政府承担主要责任，兜牢民生保障底线。在基本公共服务供给中，政府应承担主要责任，确保全体人民的基本权益和需求得到满足。在此过程中，需要政府进行长期规划、制定政策；合理安排预算，投入充足经费用于公共服务的发展和提升，确保公共服务的可持续运行；加强对公共服务供给的监督和评估，确保公共服务的质量和效果。

第二，鼓励社会力量参与，引导市场主体和公益性社会机构补充供给。市场主体和机构是普惠性非基本公共服务供给保障的主体力量，通过提供个性化、精细化及多样化的产品和服务满足居民更高层次的需求。应通过政策导向、开放市场准入、探索和推广创新的融资模式、为市场主体和公益性社会机构参与提供良好的激励和回报机制等方式，形成多方参与的公共服务协同供给机制。

第三，发挥社会组织作用，支持社会组织承接社区公共服务。政府应提供便利的法律和政策环境，推动社会组织与其他力量的合作与协同，同时鼓励社会组织创新实践和发展壮大，由此有效激发社会组织的积极性，提升社区公共服务的质量和效益。

（四）实现数字赋能公共服务效率提升

一是建立京津冀公共服务信息平台，精准识别获取居民个性化公共服务需求。搭建稳定安全、高速传递、连通率高的跨区域信息共享平台，降低信息共享的技术壁垒，提高群众办事效率和便利性。建立公众满意度信息反馈机制，实时对接公众对基本公共服务和非基本公共服务的需求，推进区域社保网、就业网、医保网等互联互通。二是充分发挥"互联网＋"模式，推动公共服务供给的便捷化与智慧化。推动人工智能、物联网等新技术在公共服务中的应用，建立智慧化的城市管理系统，提供智慧交通管理、智慧环境监测、智慧公共安全管理等服务，提高公共服务供给质量。三是构建公共服务监督平台，优化公共服务评价机制。

提高信息公开的透明度，将公共服务的相关数据公开，包括服务质量、投诉处理、评估结果等，以供公众参考和监督，促进公共服务的提升和改进。

参考文献

李兰冰：《中国区域协调发展的逻辑框架与理论解释》，《经济学动态》2020年第1期。

郑功成：《京津冀协同发展关键是消除社会保障服务的政策壁垒》，《中国人大》2017年第15期。

冒小飞：《京津冀地区协同发展：结构评估与演进》，《经济与管理》2023年第4期。

杨明洪、巨栋、涂开均：《"南北差距"：中国区域发展格局演化的事实、成因与政策响应》，《经济理论与经济管理》2021年第4期。

李实、杨一心：《面向共同富裕的基本公共服务均等化：行动逻辑与路径选择》，《中国工业经济》2022年第2期。

刘晨冉、刘冲、牛逸婕：《强大国内市场与经济增长极培育——基于市场一体化视角的分析》，《产业经济评论》2021年第4期。

邓慧慧、薛熠、杨露鑫：《公共服务竞争、要素流动与区域经济新格局》，《财经研究》2021年第8期。

王必达、苏婧：《要素自由流动能实现区域协调发展吗——基于"协调性集聚"的理论假说与实证检验》，《财贸经济》2020年第4期。

杨晶、邓大松、申云：《人力资本、社会保障与中国居民收入不平等——基于个体相对剥夺视角》，《保险研究》2019年第6期。

王胜强、杨学聪、周琳：《互联互通向纵深迈进》，《经济日报》2023年6月7日第8版。

柳天恩、董葆茗：《京津冀高等教育协同发展的进展成效与路径优化》，《河北师范大学学报》（教育科学版）2023年第2期。

宋永志：《京津冀医疗卫生资源配置的协同研究》，《产业与科技论坛》

2022年第20期。

骆倩雯：《京津冀PM2.5浓度十年来降低超六成》，《北京日报》2022年12月16日第4版。

陈浩、罗力菲：《财政能力、公共服务供给与流动人口居留意愿》，《中国人口·资源与环境》2022年第10期。

张开云、张兴杰、李倩：《地方政府公共服务供给能力：影响因素与实现路径》，《中国行政管理》2010年第1期。

王悦欣、韩宝明、李得伟：《美国东北部城市群多层次轨道交通系统研究》，《都市快轨交通》2015年第4期。

潘芳、田爽：《美国东北部大西洋沿岸城市群发展的经验与启示》，《前线》2018年第2期。

李荣欣：《日本东海道城市群建设启示录》，《前线》2018年第4期。

孙玉栋、郑垚：《京津冀基本公共服务协同发展的财力均衡问题研究》，《山东财经大学学报》2020年第5期。

第七章

先行区示范区建设与京津冀区域治理深化

刘邦凡　秦文晋[*]

摘　要： 京津冀协同发展不断迈上新台阶，习近平总书记在充分肯定京津冀协同发展成果的同时，提出了"努力使京津冀成为中国式现代化建设的先行区、示范区"的新部署。将京津冀地区打造成中国式现代化建设的先行区、示范区是一项系统性工程，京津冀地区面临诸多区域治理困境与挑战，亟待提升治理水平和治理能力。京津冀区域治理重在"协同"，这不同于以北京和天津为核心与主导的城市治理，而是立足于京津冀地区的区域发展特征，进行整体区域的顶层发展规划，将整体区域不平衡逐渐稀释为多元化区域局部不平衡，以达到动态与相对平衡的目的。积极探索由政府引导，市场和社会等多类治理主体共治的区域治理方案，构筑网络化的治理模式，推动京津冀区域治理体系和治理能力现代化，将成为求解京津冀中国式现代化先行区、示范区建设的重要途径之一。本章分析了先行区、示范区建设背景下的京津冀治理新要求与理论逻辑，测度京津冀地区的区域治理水平，梳理区域治理的国际经验，基于"优化政府治理、推进空间治理探索、以产业治理为根本支撑、推进社会治理体系和治理能力现代化、优化利益分配机制、以创新治理为京津冀治理的新动能"共六大维度，提出京津冀治理深化实施的路径选

---

[*] 刘邦凡，燕山大学公共管理学院原院长、教授、博导，河北省公共政策评估研究中心首席专家、河北省政府特殊津贴专家，研究方向：公共政策、京津冀协同发展。秦文晋，天津财经大学财税与公共管理学院讲师，研究方向：城市与区域经济。

择，以期为推动京津冀协同发展走深走实，先行区、示范区建设提供区域治理政策参考。

关键词：先行区、示范区建设；区域治理；治理主体

经济领域的治理一直是京津冀地区区域治理的重点，而随着中国式现代化先行区、示范区这一战略目标的确定，政府、空间、产业、社会、公共和创新等维度的治理已成为推动京津冀协同发展的重要努力方向。京津冀协同发展是一项系统工程，要统筹兼顾、系统谋划、整体推进，在进行区域综合治理的过程中会遇到诸多困难。京津冀协同发展不仅是一个区域发展问题，更是关乎实现中国式现代化目标的重大国策。实践证明，京津冀协同发展这一重大区域发展战略是符合我国新时代高质量发展需要的，是推进中国式现代化建设的有效途径。在推进构建新发展格局进程中，将京津冀地区打造成中国式现代化建设的先行区、示范区是一项系统性工程，京津冀地区亟待突破区域治理的困境，提升治理水平和治理能力。因此，面对中国式现代化先行区、示范区建设的使命，本章着重厘清京津冀治理深化的现实要求与治理逻辑，分析京津冀地区治理水平的现状与差距，在借鉴国际优秀区域治理经验的基础上，提出京津冀治理深化实施的路径选择，以期为京津冀地区进行中国式现代化先行区、示范区建设提供治理建议和政策支撑。

一 先行区示范区建设对京津冀区域治理的新要求与理论逻辑

"实现高质量发展"是党的二十大报告概括的中国式现代化的本质要求之一，面对高质量发展这一首要任务，京津冀三地将密切协作，力求实现"1+1+1＞3"的效果，合力打造中国式现代化建设的先行区、示范区。本部分主要厘清先行区、示范区建设对京津冀治理的新要求，并基于此，从京津冀治理与政府、市场主体和社会力量的关系探讨治理逻辑。

第七章 先行区示范区建设与京津冀区域治理深化

（一）先行区示范区建设对京津冀区域治理的新要求

我国已迈上全面建设社会主义现代化国家新征程。新征程上，我们要牢固树立大局观，增强发展的整体性协调性，以高水平区域协调发展推进中国式现代化。以习近平同志为核心的党中央对区域协调发展提出一系列新思想、新论断、新要求，明确京津冀要承担起"成为中国式现代化建设的先行区、示范区"的重大任务。为中国式现代化建设先行探路，对京津冀区域治理模式、治理层级、网络化治理结构均提出了更高要求。

1. 促进区域协调发展，构建京津冀区域治理的新模式

区域协调发展作为新时代我国治国方略的重要组成部分，在经济和社会的持续发展过程中，已经形成了区域治理的中国方案。党的二十大报告指出要促进区域协调发展的要求，并相应部署了区域协调发展战略、区域重大战略、主体功能区战略和新型城镇化战略等多项重大区域战略，为我国区域协调发展做出更长远、系统的战略部署。对于京津冀地区整体而言，区域协调发展态势较好，经济压舱石作用不断凸显，顶层设计日趋完善，但是也面临着诸多问题与挑战。推动京津冀协同发展不断迈上新台阶，努力使京津冀成为中国式现代化建设的先行区、示范区，京津冀区域治理迎来了新使命与新任务。

我国经济发展已由高速发展转向高质量发展，京津冀地区区域治理是实现京津冀高质量发展的必由之路与重要前提。在高质量发展时期，京津冀地区所面临的转变发展方式、优化经济结构和转换增长动力任务，让区域内各城市之间的往来更加密切，区域化特征凸显；同时，区域性公共事务增多对京津冀区域治理提出了新要求，创新京津冀区域治理模式已经成为必然。京津冀区域治理重在"协同"，这不同于以北京和天津为核心与主导的城市治理，而是立足于京津冀地区的区域发展特征，进行整体区域的顶层发展规划，将整体区域不平衡逐渐稀释为多元化区域局部不平衡，以达到动态与相对平衡的目的。京津冀地区各城市的经济发展水平不一、资源禀赋各异、城乡发展具有一定差距，发展不平衡、

不充分的问题长期存在，亟待通过创新京津冀区域治理模式，打破"非均衡壁垒"，合力打造中国式现代化建设的先行区、示范区。

2. 丰富治理领域，提升京津冀治理层次

党的十九大以来，京津冀协同发展硕果累累，整体已经迈入高质量协同发展阶段，在优化资源配置、改革破除壁垒以及协同赋能创新等层面取得显著成果，这与京津冀地区的高质量、高标准和高效能的区域治理密不可分。作为国家经济发展的重要区域，京津冀地区在新的发展阶段，肩负新的时代使命，京津冀治理亟待提升治理层次，优化治理模式，构建契合中国式现代化建设的治理框架。在建设中国式现代化先行区、示范区的进程中，北京和天津将作为主体形成核心引领力量，与京津冀地区其他城市联动构成世界级城市群，不断协同提升区域治理能力，形成我国高质量发展新增长极。

目前，京津冀地区在疏解非首都功能、新"两翼"建设、公共服务共建共享、基础设施建设、产业协同和协同创新等层面取得一定成果，但仍旧存在优化空间，今后要立足于中国式现代化先行区、示范区建设，不断深化京津冀治理模式，持续增强区域治理力度，探索构建京津冀协同发展的综合治理体系。着眼于中国式现代化先行区、示范区的建设任务，除了围绕产业、交通、生态、创新和公共服务等重点区域协同发展领域之外，重点针对世界级先进制造业集群建设、教育资源不均衡、天津市经济放缓、提高人民群众的获得感幸福感安全感等领域，在治理模式、治理结构和治理机制进行升级，不断提升京津冀治理层级。

3. 构筑京津冀网络化治理模式，推动京津冀区域治理现代化

中国式现代化统筹推进经济建设、政治建设、文化建设、社会建设、生态文明建设，不断推动新型工业化、信息化、城镇化、农业现代化同步发展，京津冀合力共建中国式现代化的先行区、示范区，将面临治理主体与客体的多维治理压力。积极探索由政府引导，市场和社会等多类治理主体共治的区域治理方案，构筑网络化的治理模式，推动京津冀区域治理体系和治理能力现代化，将成为求解京津冀中国式现代化先行区、示范区建设的重要途径之一。

京津冀区域治理具有系统性和复杂性的特征，不仅涉及产业发展、公共服务、交通基础设施等治理客体各个方面，还要统筹政府、市场和社会力量等多方治理主体。目前，京津冀地区的区域治理以"自上而下"的政府主导型治理模式为主，面对中国式现代化先行区、示范区建设的艰巨任务，应将市场和社会力量纳入治理范畴，打造网络化的治理模式。不同于政府主导型的治理模式，网络化的治理模式不再囿于中央政府和京津冀三地政府行政权力的使用，建立起政府、企业、私人部门和社会组织等多方参与的社会合作治理网络，共谋京津冀地区在中国式现代化先行区、示范区建设过程中所面临的环境、产业、技术等治理问题。与此同时，随着数字时代的到来，区域治理亟待与数字技术深度融合，实现"数字技术+治理"的数字化、智能化区域治理模式。多元治理主体的加入，将会有效激发数字经济市场活力，迎合在先行区、示范区建设中数字政府及数字化区域治理模式的发展需要，推动京津冀治理现代化。

（二）先行示范区建设新要求下京津冀治理的理论逻辑

京津冀治理体系包括规范行政行为、市场行为和社会行为的一系列制度和程序。政府治理、市场治理和社会治理是京津冀治理体系中三个最重要的次级体系，基于京津冀协同发展的功能定位、要素市场一体化、区域联动共建、城乡融合发展等层面的综合审视，最终形成以政府治理为核心、多主体参与的多样化融合式京津冀治理格局。

1. 先行示范区建设新要求下京津冀治理的SMP理论分析框架

面对先行区、示范区建设对京津冀治理体系和治理能力的新要求，京津冀区域治理面临公共服务、产业发展、科技创新和环保等层面的诸多压力。作为京津冀治理体系的治理主体，政府、市场和社会力量三方力量形成了互相促进和制衡的决策、执行和约束机制。本部分参考张贵（2023）的研究，引入新区域主义理论、公共选择学派理论、新制度理论等，构建了先行区、示范区建设新要求下京津冀治理的SMP（System-Mechanism-Pattern）理论分析框架（如图7–1所示）。

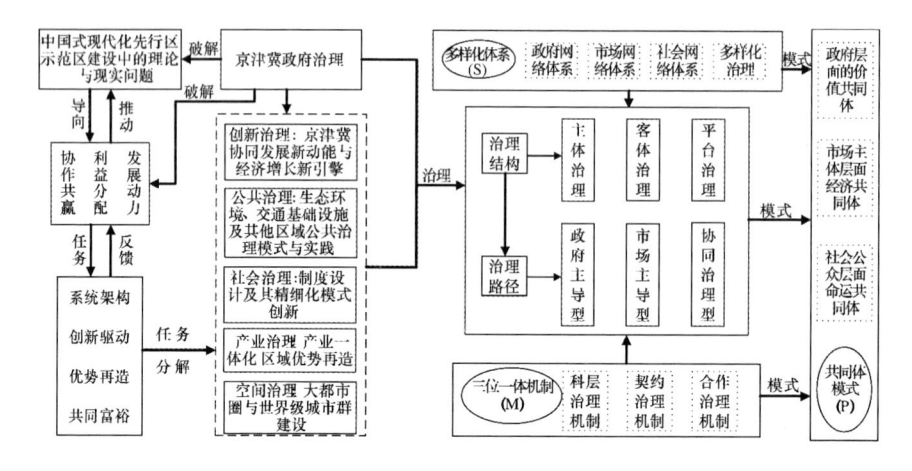

图 7-1　京津冀区域治理的理论逻辑框架

资料来源：参考张贵《中国式区域治理体系、机制与模式》,《甘肃社会科学》2023年第3期。

SMP区域治理分析框架强调京津冀治理是一项复杂工程，需要建立以政府网络为核心、市场网络与社会网络共同参与的"一核多元"治理体系（System），形成网络化、生态化、多样化的治理形态；强调从战略视角探究京津冀协同发展的内生机理，认为京津冀治理的核心机制不再基于单一机制，而是通过政府、契约和合作"三位一体"为主的多元化治理机制（Mechanism）解决京津冀治理问题；基于具有特定的共同利益或共同职业、共同兴趣、共同语言并遵循某种共同规范，引入"共同体"概念，由此建立以"三重共同体"为基础的京津冀区域治理模式（Pattern），即在政府层面形成价值共同体、在市场主体层面形成经济共同体、在社会公众层面形成命运共同体，逐步将其应用在京津冀政府治理、创新治理、产业治理、空间治理、社会治理和公共治理之中，解决"系统架构、创新驱动、优势再造、共同富裕"四大任务，破解区域发展各种约束，进而总结、提炼出能够体现建设中国式现代化先行区、示范区需求、蕴含丰富内涵的京津冀治理理论，进一步推进京津冀地区中国式现代化先行区、示范区建设，不断提升京津冀治理水平。

2. 京津冀治理与核心主体的逻辑关系

（1）京津冀治理与政府

区域治理理论由单中心区域治理理论逐步演变为多中心治理理论，随着信息通信技术的发展，又于20世纪末兴起了网络化治理理论。在理论演变过程中，政府在区域治理中的重要作用历来都是学界关注的重点，单中心区域治理理论将一个占支配地位的大都市政府正式机构作为主体，多中心治理理论将权力从单一主体下放至多种行政主体，网络化治理理论更注重将"政府+市场+社会"主体进行有机结合。京津冀协同发展作为国家战略，其区域治理由中央政府、相关部委和地方政府进行整体统筹，对京津冀地区整体的功能定位、发展目标和发展计划进行规划，在此基础上协调各级政府给予政策支持，调动企业和社会力量参与其中。对京津冀地区进行中国式现代化先行区、示范区建设而言，政府层面是京津冀治理的关键所在，向上能够有效执行国家战略，向下可以进行资源要素配置和制定支持政策，直接决定着京津冀治理的水平与结果。

京津冀治理在传统政府网络下，在提供公共服务或者产品的过程中，囿于环境保护领域、行政分割、资源禀赋和地区经济差距的影响，不可避免地会产生利益博弈和"搭便车"，陷入制度性"集体行动困境"。在进行中国式现代化先行区、示范区建设过程中，京津冀治理的政府网络体系构建更加现实且必然，这也将成为摆脱京津冀治理困境的核心领域。可行的方式在于：对京津冀三地政府而言，注重地方政府功能重塑，将"小我"融入"大我"，结合本行政区发展规划和区域整体战略，实现"小我"和"大我"的一体化发展、共同富裕、区域治理，为中国式现代化先行区、示范区创造良好的政治环境。对京津冀地区各地政府与政府之间而言，健全政府间的区域治理机制尤为重要，通过建立明确的治理法则让各地方政府的职责与义务"有法可依"，形成地方政府之间的相互监督和利益共享机制，在环境保护、公共服务和科技创新等重点领域实现共治、共享。

（2）京津冀治理与市场

改革开放以来，我国经济体制改革的重点是权衡政府与市场之间的关联，更好地发挥政府作用的同时，让市场能够在资源配置中发挥决定性作用。市场主体在京津冀治理中的主要作用是推动区域协同机制构建，打破要素与资源流动壁垒，建立统一、透明和有序的市场环境。回溯珠三角和长三角地区的区域治理历程，实现区域整合的最终力量均来自市场，整体经济发展程度与市场经济发展水平呈现正相关关系。京津冀地区的区域治理与发展呈现"醒得早、起得晚"的特征，其根源很大程度上在于京津冀地区的市场化水平与程度，尚未形成致力于京津冀协同发展的市场设施联通、市场基础规则、统一要素、市场监管和数据要素市场等市场体系关键内容。

京津冀协同发展是一项"浩大"的工程，其涉及范围较广并产生深远影响，"市场失灵"在其不断发展的过程中不可避免地会出现。因此，伴随着市场由分割迈入整合，市场主体与机制在京津冀治理中发挥的调节作用愈加重要，京津冀三地政府要不断推进要素、产品、服务、消费和资源等市场一体化建设，使区域一体化和市场一体化形成合力，逐步产生市场共享效应，积极推动各种要素基于市场规律在京津冀地区实现自由流动和优化配置。当前适逢京津冀地区进行中国式现代化先行区、示范区建设，市场一体化是京津冀治理的基本支撑与内在要求。京津冀地区实现市场一体化能够打造统一开放、竞争有序的市场体系，作为区域间高效分工的前提，市场一体化通过"本地市场效应"和"拥挤效应"影响各类要素的自由流动，进而实现对京津冀协同发展的影响。

2022年，中共中央、国务院颁布的《关于加快建设全国统一大市场的意见》中指出，建设全国统一大市场要优先推进区域协作，通过区域市场一体化建设工作实现全国统一大市场合作机制，全面推动我国市场由大到强转变，为建设高标准市场体系、构建高水平社会主义市场经济体制提供坚强支撑。京津冀地区市场一体化建设若能够实现区域内互联互通、市场监管体系协同、要素市场联结，就是对全国统一大市场建设的重大贡献。与此同时，京津冀地区市场一体化建设合作机制的构建，也可形成全国示范典例，通过在其他区域的推广与学习，助力并引领全国统一大市场建设。

(3) 京津冀治理与社会力量

美国、英国、法国和日本等部分发达国家的城市化进程起步较早，在他们的城市圈和城市群的区域治理经验中，社会力量在区域治理中发挥着重要作用。社会参与是指区域治理的参与者和监督者，涵盖行业组织、非营利机构、社会组织以及民众等多类群体，在政治、经济、文化和社会工作中能够有效权衡政府"有形的手"和市场"无形的手"之间的关系。对于京津冀治理而言，基于区位优势、资源禀赋、职能复合和政策支持等优势，社会参与已经通过多种方式实现。尤其是在公共服务领域，京津冀地区凝聚大批社会组织，通过营造良好的发展环境和规范高效的公共服务管理模式，引导他们进行公共服务，加快推进公共服务共建共享。与此同时，为了进一步提升社会力量在京津冀治理中的功效，京津冀三地于2016年联合签署京津冀社会组织协同发展框架意向书，助力京津冀区域治理。

社会力量在京津冀治理中日趋重要，但面对着多维外部环境的复杂变化，以及政策引导不到位和参与方式局限的桎梏，目前京津冀的社会力量尚未发展为京津冀治理的重要参与力量，中国式现代化先行区、示范区建设对社会参与提出更高要求，建立健全京津冀社会组织体系成为必然。一方面，要提升社会力量的参与广度，即充分考虑多元利益主体的诉求，通过营造优质的发展氛围和文化环境，帮助社会组织借助文化嵌入与政治嵌入融入京津冀治理的环境保护、经济发展、社会服务等多个领域，实现更为公平的分享机制；另一方面，要提升社会力量的参与深度，发展与健全商会、学会、行业协会以及合作社等相关社会组织，制定一系列有利于实现社会参与的法律与制度，将社会力量纳入京津冀治理的全过程，涵盖规划制定、实施、监督、评价、激励和终结等多个环节。

二 京津冀地区区域治理水平测度及分析

随着京津冀协同发展的持续推进，提升区域整体治理水平有助于拉动区域整体竞争力，同时这也成为推进国家治理体系和治理能力现代化的应有之义。本部分通过构建涵盖政府、空间、产业、社会、公共和创新等维度的评价指标体系，测度京津冀地区的区域治理水平，并分析其地区差距和空间相关性。

（一）京津冀区域治理水平测度

1. 评价指标体系构建

基于对区域治理内涵的理解，本部分最终通过6个一级指标、17个二级指标构建京津冀区域治理水平评价指标体系，如表7-1所示。将京津冀地区所有城市作为研究目标，根据《京津冀协同发展规划纲要》的审议通过时间，将样本区间定为2006—2021年，相关数据均来自《中国统计年鉴》、《中国城市统计年鉴》和EPS数据库。为剔除通货膨胀等因素对数据的影响，本部分以2006年为基期对相关经济数据进行平减。

表7-1 京津冀区域治理水平评价指标体系

一级指标	二级指标	三级指标衡量方式
政府治理	经济波动率	（当年GDP增长率－去年GDP增长率）/去年GDP增长率
	生产者价格指数	反映工业生产企业产品出厂价格水平变动程度的相对数，数据测度和获取均来自国家统计局官方网站
	政府分权	城市财政收入/全国整体财政收入
空间治理	道路密度	道路面积/建成区面积
	城市人口密度	常住人口总数/建成区面积
产业治理	产业结构合理化	产业结构合理化指数
	产业结构高度化	产业结构高度化指数

续表

一级指标	二级指标	三级指标衡量方式
社会治理	医疗卫生服务类社会组织数量	包括医疗卫生服务研究与评价中心、医疗卫生协会等
	人力资源类社会组织数量	包括人力资源协会、人才纠纷调解中心、青年科技人才协会等
	社会保障类社会组织数量	包括街道社会保障援助服务社、劳动和社会保障协会等
	环境保护和类社会组织数量	织包括环保志愿者协会、环保产业技术研究院、环保产业协会等
公共治理	教育服务水平	每百名学生教室数量
	公共医疗卫生服务水平	每万人床位数
	公共文化服务水平	每万人图书馆藏书量
	社会保障服务水平	失业保险参保率
创新治理	人均发明专利授权量	发明专利授权数量/常住人口总数
	R&D经费占比	R&D经费/GDP

资料来源：作者整理。

2. 测度及分析方法

（1）熵值法

本部分通过政府、空间、产业、社会、公共和创新等多个层次来衡量京津冀区域治理水平，需要对不同层次的指标赋予权重。专家评议法、变异系数法、层次分析法均可确定权重，但不够完善和客观。熵值法作为客观赋权法当中的一种，通过熵值对不确定性进行度量，借助信息熵反映指标的效用价值，通过计算不确定因素在系统中的贡献来构造最优权重，以此得到较为客观的指标权重。鉴于熵值法在确定指标权重中的诸多优势，本部分最终选用熵值法，具体测度步骤如下。

第一步：去除量纲的标准化处理。京津冀区域治理指标体系包含多种维度、多个量纲的数据，数据无法直接测算。因此，首先利用极差法对所有指标的原始数据进行无量纲的标准化处理,具体如式(7.1)所示。其中,i 和 j 分别代表京津冀地区各个城市和评价指标体系中各类相应指标,X_{ij} 代表原始测度值,$\max(X_{ij})$ 为原始值的最大值,$\min(X_{ij})$ 为原始值的最小值,Y_{ij} 表示标准化后的区域治理水平分项指标值。

$$Y_{ij} = \begin{cases} \dfrac{X_{ij} - \min(X_{ij})}{\max(X_{ij}) - \min(X_{ij})}, X_{ij} \text{为正向指标} \\ \dfrac{\max(X_{ij}) - X_{ij}}{\max(X_{ij}) - \min(X_{ij})}, X_{ij} \text{为负向指标} \end{cases} \quad (7.1)$$

第二步:计算分项指标 Y_{ij} 中第 i 个城市的第 j 项指标占比(P_{ij}),如式(7.2)所示。m 和 n 分别代表研究对象总数和评价体系指标个数。

$$P_{ij} = Y_{ij} / \sum_{i=1}^{m} Y_{ij}, (j = 1, 2, \cdots, m) \quad (7.2)$$

第三步:计算分项指标 Y_{ij} 的熵值(E_j),如式(7.3)。

$$E_j = -\ln\frac{1}{m}\sum_{i=1}^{m} P_{ij} \ln(P_{ij}) \quad (7.3)$$

第四步:计算分项指标 Y_{ij} 的信息熵(D_j),如式(7.4)。D_j 反映了指标的无序程度,D_j 越大,则说明指标越混乱,所携带的信息少,效用值越低;反之,D_j 越小,效用值则越高。

$$D_j = 1 - E_j \quad (7.4)$$

第五步:确定分项指标 Y_{ij} 的权重 W_j,如式(7.5)。

$$W_j = D_j / \sum_{j=1}^{n} D_j \quad (7.5)$$

第六步:构建京津冀区域治理水平评价指标加权矩阵。在确定权重后,采用线性加权法测度经济高质量发展水平(R_{ij}),如式(7.6)。

$$R_{ij} = (W_j \times Y_{ij})_{m \times n} \quad (7.6)$$

(2)Dagum 基尼系数及其分解方法

为揭示京津冀区域治理水平的地区差距和差距来源,本部分采用 Dagum 基尼系数及其分解方法进行识别。根据 Dagum(1997),基尼系数 G 可以分解为地区内差异 G_w、地区间差异 G_{jh} 和超变密度 G_{nb},不仅测

第七章 先行区示范区建设与京津冀区域治理深化

度了地区之间和地区内部的京津冀区域治理水平差距,还考虑了样本数据的交叉重叠问题①。

基尼系数由 (7.7) 式定义,式中 G 为整体基尼系数,j、h 表地区,i、r 表地区内城市,y_{ji} 和 y_{hr} 分别代表 j 地区任意城市 i 和 h 地区任意城市 r 的区域治理水平,$\bar{y}$ 表示均值,n、n_j 和 n_h 分别为城市总数、j 地区和 h 地区内的城市个数,k 是地区划分个数。地区内差异 G_w 由 (7.8) 式和 (7.9) 式表示,公式 (7.10) 和公式 (7.11) 分别表示 j 和 h 地区的地区间基尼系数 G_{jh} 和地区间超变净值差距的贡献 G_{nb},公式 (7.12) 则为超变密度的贡献 G_t。其中,$p_j = n_j/n$,$s_j = n\bar{Y}_j/(n_j\bar{Y})$。$D_{jh}$ 为 j 和 h 区域间区域治理水平的相对影响。

$$G = \frac{\sum_{j=1}^{k}\sum_{h=1}^{k}\sum_{i=1}^{n_j}\sum_{r=1}^{n_h}|y_{ji}-y_{hr}|}{2n^2\bar{Y}} \qquad (7.7)$$

$$G_{jj} = \frac{\frac{1}{2\bar{Y}_j}\sum_{i=1}^{n_j}\sum_{i=1}^{n_j}|y_{ji}-y_{hr}|}{n_j^2} \qquad (7.8)$$

$$G_w = \sum_{j=1}^{k}G_{jj}p_js_j \qquad (7.9)$$

$$G_{jh} = \frac{\sum_{i=1}^{n_j}\sum_{r=1}^{n_h}|y_{ji}-y_{rh}|}{n_jn_h(\bar{Y}_j+\bar{Y}_h)} \qquad (7.10)$$

$$G_{nb} = \sum_{j=2}^{k}\sum_{h=1}^{j-1}G_{jh}(p_js_h+p_hs_j)D_{jh} \qquad (7.11)$$

$$G_t = \sum_{j=2}^{k}\sum_{h=1}^{j-1}G_{jh}(p_js_h+p_hs_j)(1-D_{jh}) \qquad (7.12)$$

(3) Moran's I 指数空间相关性检验

为探究京津冀区域治理水平的空间相关性,本部分采用 Moran's I

---

① 地区内差异 G_w、地区间差异 G_{jh} 和超变密度 G_{nb} 之间的关系满足 $G = G_w + G_{nb} + G_t$。

指数对其进行测算。Moran's I 指数公式为式（7.13）。

$$Moran's\ I = \frac{n\sum_{i=1}^{n}\sum_{j=1}^{n}w_{ij}(x_i-\bar{x})(x_j-\bar{x})}{\sum_{i=1}^{n}\sum_{j=1}^{n}w_{ij}\sum_{i=1}^{n}(x_i-\bar{x})^2} = \frac{\sum_{i=1}^{n}\sum_{j=1}^{n}w_{ij}(x_i-\bar{x})(x_j-\bar{x})}{S^2\sum_{i=1}^{n}\sum_{j=1}^{n}w_{ij}} \quad (7.13)$$

$$S^2 = \frac{1}{n}\sum_{i=1}^{n}(x_i-\bar{x})^2 \quad (7.14)$$

$$\bar{x} = \frac{1}{n}\sum_{i=1}^{n}x_i \quad (7.15)$$

其中，$\bar{x}$ 为所有 n 个空间区域治理水平的平均值，w_{ij} 为空间权重矩阵，x_i 为第 i 个空间单元的观测值。Moran's I 指数的取值范围为 [-1，1]，正值和负值分别表示区域治理水平呈空间正相关或负相关，等于0则表示独立分布状态。Moran's I 指数的绝对值表征空间相关程度大小，绝对值大小与空间相关程度成正相关。

(二) 评价结果与分析

1. 京津冀区域治理水平分析

(1) 整体水平分析

基于区域治理水平评价指标体系及熵值法，本部分测度了2006—2021年京津冀地区的区域治理水平，结果如图7-2所示。在2006—2021年，整体而言，京津冀三地的区域治理水平均有所提升，但是区域水平绝对值差异变化较大，北京的区域治理水平最高，天津次之，河北相对较低，且样本考察期内一直维持这一排名状态。

(2) 各维度水平分析

2006—2021年，在分维度指标层面，政府、空间、产业、社会、公共和创新各维度指标权重变动较小，均值权重分别为18.63%、9.04%、21.28%、11.80%、21.14%、18.11%，京津冀三地在不同维度的治理水平如表7-2所示。无论是整体治理水平，抑或是各分维度治理水平，2006—2021年，北京在京津冀三地治理水平中均位列第一，天津次之，河北处第三位。北京作为京津冀地区的核心城市，拥有先进的科技、教

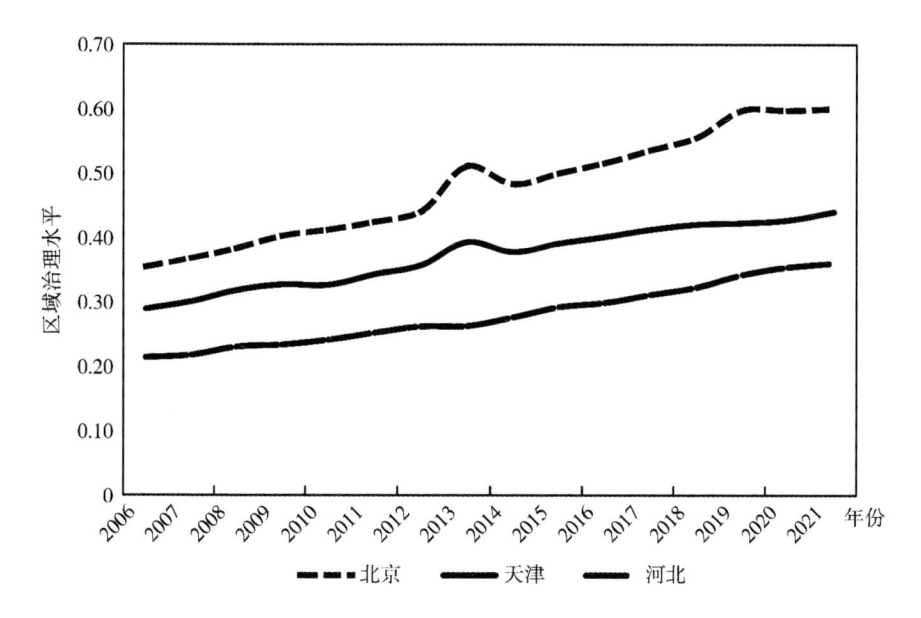

第七章 先行区示范区建设与京津冀区域治理深化

图 7-2 2006—2021 京津冀地区区域治理水平

资料来源：笔者绘制。

育、交通、通讯等设施，吸引了大量的投资、创新和人才，在此过程中推动北京依托政府、非政府组织以及社会公众等各种组织化的网络体系，对区域公共事务进行协调和自主治理，促进北京整体区域治理水平的提升。

表 7-2　　　　　　2006—2021 年京津冀分维度区域治理水平

	维度	2006 年	2009 年	2012 年	2015 年	2018 年	2021 年
京	政府	0.066	0.075	0.082	0.093	0.103	0.112
	空间	0.032	0.036	0.040	0.045	0.050	0.054
	产业	0.075	0.086	0.094	0.106	0.118	0.128
	社会	0.042	0.048	0.052	0.059	0.066	0.071
	公共	0.075	0.085	0.093	0.106	0.117	0.127
	创新	0.064	0.073	0.080	0.091	0.101	0.109

续表

	维度	2006年	2009年	2012年	2015年	2018年	2021年
津	政府	0.054	0.061	0.066	0.073	0.078	0.082
	空间	0.026	0.030	0.032	0.035	0.038	0.040
	产业	0.061	0.070	0.076	0.083	0.090	0.094
	社会	0.034	0.039	0.042	0.046	0.050	0.052
	公共	0.061	0.069	0.075	0.083	0.089	0.093
	创新	0.052	0.059	0.065	0.071	0.076	0.080
冀	政府	0.040	0.044	0.049	0.054	0.060	0.067
	空间	0.019	0.021	0.024	0.026	0.029	0.033
	产业	0.046	0.050	0.056	0.062	0.069	0.077
	社会	0.025	0.028	0.031	0.034	0.038	0.042
	公共	0.045	0.049	0.055	0.062	0.068	0.076
	创新	0.039	0.042	0.047	0.053	0.058	0.065

资料来源：作者测度。

2. 京津冀区域治理水平地区差距分析

通过测度结果发现，在2006—2021年，京津冀三地整体区域治理水平的 Dagum 基尼系数的范围为 0.31—0.37。由图 7-3（a）可见，2006—2021年，京津冀三地的区域治理水平整体差距处于波动下降的态势，这意味着京津冀地区的区域治理水平地区差距逐渐降低。其中，地区内差距的变动趋势与整体区域差距的变化保持一致，2006—2015年总体上保持平稳态势，在2016年之后降低幅度较大，说明京津冀三地的区域治理水平地区内差距在2016年之后呈降低态势。地区间差距和超变密度的变动趋势恰好相反，地区间差距在考察期内不断上升，而超变密度则呈波动下降态势，这意味在京津冀地区的区域治理中要综合统筹京津冀三地治理差距，防范治理水平差距进一步扩大。

京津冀三地的区域治理水平整体差距由区域内差距、区域间差距和超变密度构成。通过图 7-3（b），对比三种差距来源的贡献率可以发现，考察期内超变密度的贡献率最高，均值达到 53.37%，地区内差距次之，均值为33.11%，地区间差距最小，均值为13.52%。

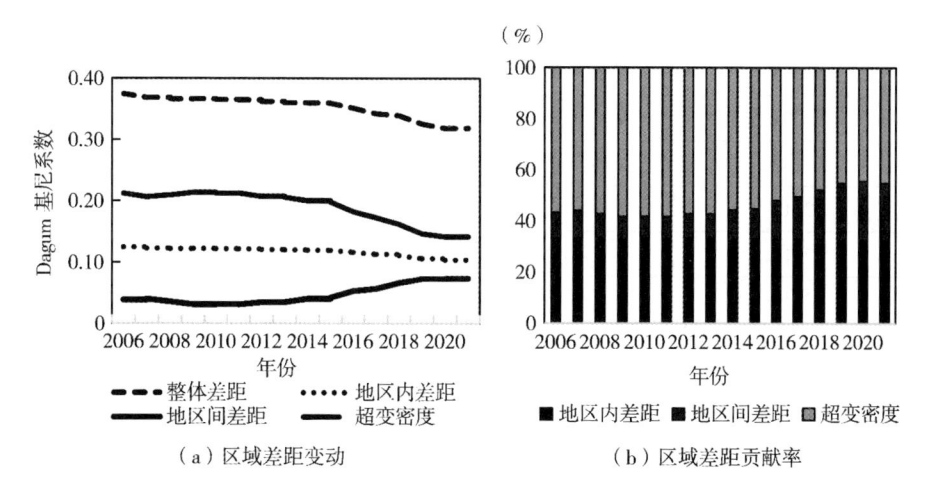

（a）区域差距变动　　　　（b）区域差距贡献率

图7-3　京津冀整体区域治理水平差距变化

资料来源：笔者绘制。

3. 京津冀区域治理水平的空间相关性分析

基于邻接矩阵，本部分分别计算2006—2021年京津冀三地区域治理水平全局Moran's I指数（表7-3），并验证其显著性水平。根据测度结果，Moran's I指数均为正值，数值范围处于0.180—0.244之间。与此同时，统计量Z值皆大于0，P值均通过1%的显著性水平检验。这一结果说明京津冀三地区域治理水平在空间上的分布并非独立，而是存在正向空间相关性。根据指数变化趋势，2006—2009年，Moran's I指数呈波动变化，但变化幅度相对较小，这意味着京津冀三地区域治理水平的空间集聚程度不稳定；2010—2015年，Moran's I指数逐年降低，反映了京津冀三地区域治理水平空间集聚程度减弱；2016—2019年，Moran's I指数呈大幅增长，于2019年升至最高值，这意味着京津冀三地区域治理水平空间集聚程度逐渐加强；2020年之后Moran's I指数整体呈现出波动下降态势，这也意味着京津冀三地区域治理水平空间相关程度略有降低。

表7-3　2006—2020年京津冀三地区域治理水平的Moran's I指数

年份	Moran's I	Z值	P值
2006	0.203	5.480	0.000
2007	0.206	5.572	0.000
2008	0.201	5.426	0.000
2009	0.206	5.557	0.000
2010	0.212	5.704	0.000
2011	0.207	5.585	0.000
2012	0.201	5.419	0.000
2013	0.194	5.270	0.000
2014	0.192	5.182	0.000
2015	0.180	4.890	0.000
2016	0.188	5.086	0.000
2017	0.233	6.282	0.000
2018	0.244	6.557	0.000
2019	0.245	5.967	0.000
2020	0.209	5.648	0.000
2021	0.210	5.732	0.000

资料来源：作者测度。

三　区域治理的国际经验与发展启示

本部分通过梳理区域治理的国际经验，总结国际优秀区域治理的发展启示，为先行区、示范区建设背景下的京津冀治理深化提供有益参考。

（一）区域治理的国际经验

1. 德国的治理经验

（1）德国整体的区域治理过程

欧洲一体化加速和德国统一影响了德国的空间规划战略，"空间均衡"的空间发展模式逐步转向"核心城市与区域的集中增长"，国家、区域、城市和社区等不同空间尺度由此产生上推（up-scaling）或下放（down-scaling），空间尺度重组影响德国区域治理主体、治理手段和中立机构的重构。大都市区的区域治理和尺度重组成为德国政府着重关注的对象，由此展开了一系列的区域治理方案，其治理过程为京津冀地区的区域治理提供了丰富的经验借鉴。

德国大都市区最终由 11 个区域集群构成，经过 1995 年第一轮"欧洲大都市区"认定，确定莱茵—鲁尔大都市区、柏林/勃兰登堡大都市（首都）区、法兰克福/莱茵—美因大都市区、斯图加特大都市区、汉堡大都市区、慕尼黑大都市区，中德国大都市区在 1997 年"欧洲大都市区"（增补）认定中被确定。2005 年第二轮"欧洲大都市区"认定中，又确定了不来梅—欧登堡大都市区、莱茵—内卡大都市区、纽伦堡大都市区、汉诺威—布伦瑞克—哥廷根—沃尔夫斯堡大都市区。遗憾的是，由于自治权在德国各区域较为强大，都市区的重组与确定并不能根治区域治理问题，各个都市区的碎片化管理普遍存在，横向竞争关系并未得到有效改善。部分大都市区缺乏有效的治理手段，制度化的治理模式也未形成，如莱茵—鲁尔城大都市区和莱茵—内卡大都市区，虽然这些大都市区涵盖多个核心城市，但由于区域涉及较广，不可避免地面临跨区域治理的复杂问题，"同治"和"同享"面临挑战。

（2）以德国莱茵—内卡大都市区为例分析德国区域治理经验

德国的大都市区较多，多个地区的治理过程，在国际上形成了可供参考和效仿的经验，其中莱茵—内卡大都市区的治理经验堪称典范。在德国 11 个大都市区中，莱茵—内卡大都市区面积最小，人口数量最少，中心城市呈现分散状态，同时又受到其他都市区的"虹吸效应"。区位条件和发展基础给莱茵—内卡大都市区治理带来极大挑战，然而经过加强域内联系、制定相关法规等一系列优化治理结构的措施，莱茵—内卡大都市的人口密度、经济活力、失业率均得到改善。

1950 年至今，莱茵—内卡大都市区的区域治理演进历经三个主要阶段。第一阶段处于 1950—1980 年，该阶段的治理手段是以行政手段为主、市场手段为辅，通过政府主导，与空间规划协会、地方规划组织、市政工作小组有限公司等治理主体进行有限合作,实现交通、环境等领域的区域治理。第二阶段处于1990—2004年,该阶段的治理手段是以市场手段为主、行政手段为辅,在市场主导下,代表市场需求的私人治理主体更多地参与区域治理之中,涉及跨国公司、工商协会和高校等多类部门,通过多主体的竞争与协作,多主体区域治理体系和治理模式的雏形已经形成。第三阶段是2005年至今,该阶段综合使用法律、行政和市场手段,实现以政府为核心的多元合作制与联合决策制,该阶段明确了莱茵—内卡大都市区的边界范围、区域性职能、自主编制审核区域规划的合法权利,迎来区域治理的新阶段。

综合审视和分析莱茵—内卡大都市区的区域治理历程,我们可以发现其治理模式和治理结构的优势主要体现治理主体、法律手段介入以及治理机制创新等关键维度。莱茵—内卡大都市区由政府主导的单一主体治理模式,转向政府市场合作的联合治理模式,将公共部门利益、私人部门诉求、公私合营项目与运营主体纳入治理范畴,对各主体的治理功能进行调整、延续与重组。法律手段的介入丰富了莱茵—内卡大都市区的治理手段,与行政手段和市场手段相配合,破除部门间、区域间进行合作和治理的障碍,为区域治理提供法律依据。尤其是法律手段和行政手段的结合,在莱茵—内卡大都市区区域治理中发挥了重要的区域规划作用。2014年,《莱茵—内卡区域一体化规划6F》得到获批,这项法定规划遵循"上级—下级"① 不可相悖的反馈原则,解除了先前子区域规划的法律效力,避免不同层次法律相互矛盾的问题,让莱茵—内卡大都市区进行区域规划遵循一致性的法律。多元治理主体与治理手段的涌现,以及发展前期的治理中产生的治理主体单一和协作模式固定等问题,促使莱茵—内卡大都市区转变治理机制。经过多年发展,莱茵—内卡大都市区区域治理突破传统行政管理层级,形成了以莱茵—内卡区域发展联合会、莱茵—内卡都市区开发有限公司和莱茵—内卡都市区未来发展协会为核心的网络化联合治理机制。

---

① 下级规划需遵从上级规划和区域整体规划,制定上级规划时需将下级诉求纳入考虑范畴。

2. 日本的治理经验

日本虽然人口密度较高，且国土面积较小，与我国以及其他发达国家相比，并不存在较大的资源和区位优势。然而，日本在亚洲率先实现现代化，这与其对城市群和都市圈的有效治理存在极大关联。日本城市群和大都市区的治理模式涵盖了与时俱进的规划、持续协调的综合统筹以及行之有效的治理机制，这种以政府为治理主体的治理模式已经成为可供国际其他大都市区借鉴的成功案例。其中，在日本大都市区借鉴中最具代表性的是东京都市圈。

东京都市圈（Tokyo Metropolitan Area 或 The Tokyo Megalopolis Region）涵盖多个尺度的圈层空间，将东京都 23 区部为圈层核心，将京东都外围[①]为中圈，将以茨城县、栃木县、群马县和山梨县等周边地区为外圈。日本经济发展经历了多个发展阶段，东京都市圈的治理呈现出与经济波动相关周期性特征：20 世纪 60 年代，日本经济处于快速和稳定发展阶段，东京都市圈的治理思路是以疏解为主，通过新城大规模建设实现集聚到分散的转变，在此过程中实现都市圈的多核多圈层结构。20 世纪 90 年代，经济泡沫的破裂导致日本经济趋于停滞阶段，东京都市圈人口增速放缓。经济和人口的双重压力迫使日本政府"分权"，通过地方分权改革将部分规划事权下放至地方政府，打破东京都市圈原有的"自上而下"模式。近年来，日本的经济发展处于"停滞—恢复—停滞"的徘徊状态，东京都市圈在日本经济转型成效甚微的背景下，虽然处于世界城市地位下降的窘境，但其人口依旧保持净流入状态。为强化东京的世界城市功能，并缓解东京的人口和功能"集中"压力，东京政府提出"对流"的治理理念。与东京都市圈过去的单方向"回流"的治理理念不同，市场机制将主导发展，实现"中心—外围""外围—外围"区域的双向流动发展。

纵观东京都市圈的治理演化，我们可以发现其现代化的城市治理体系在其中发挥了重要作用，尤其是各类治理机制有力支撑了东京都市圈

---

① 主要包括市町村、千叶县、神奈川县和琦玉县。

集约化、多核心的空间拓展以及高质量经济发展水平的实现。就统筹规划机制而言，东京都市圈集约了中央政府的多重核心职能和国家发展的中心职能，为了促进东京都市圈的可持续发展，疏解东京的中心城市功能，日本政府确立"首都整备计划"，保障东京都市圈其他中心城市的协作发展、组团发展与一体化发展。经过多轮动态调试，东京都市圈的规划范围扩大，一体化协作由"近域"走向"广域"，城市间实现空间互动，各个城市组团通过职能分工形成了高效的城市网络结构，避免东京都市圈城市发展的"摊大饼"问题。就顶层管控机制而言，东京大都市圈的有效治理离不开中央政府的调控，政府的管理机制引导区域内进行行政协作，在东京都市圈的治理过程中发挥主导作用。日本中央政府整体把控东京都市圈的战略方向，主要通过基本规划、投资、基建和产业四个维度实现顶层治理，在此基础上，根据东京都市圈各城市的区位和比较优势，通过立法"自上而下"将规划和发展权力给予每个城市。为实现东京都市圈"精致的首都圈"的构筑，日本政府设立咨询式管理制度，广泛听取并采纳地方政府、民众和经济界的意见，并将建议汇总反馈至东京都市圈整体治理规划之中。就市场协调机制而言，虽然政府在东京都市圈治理中发挥核心作用，但是市场机制的作用下，资源实现在东京都市圈"中心"与"外围"的有序流转。市场机制优化了东京都市圈的价值链分工，"总部内设、生产外设"构成了东京都市圈企业的分布特征，部分企业基于成本考量，将总部设置在东京都中心地区，确保专业员工处于核心城市，便于接触金融和政府机构。"研发内设、制造外设"也是市场机制作用下的企业分布结果，大量企业的研发中心位于研发优势较高、劳动力质量较优、地价较低的东京都区部和多摩地区，高质量的研究环境和低廉的成本更有利于企业实现研发和技术创新。

3. 美国的治理经验

纽约大都市区（New York Metropolitan Area）于 20 世纪 20 年代进入"大都市区化"时期，由此逐渐形成了纽约大都市区，共涵盖纽约州、新泽西州和康涅狄格州三个州。时至今日，纽约大都市区历经百年发展，积累了较为丰富的大都市区区域治理经验，已经成为国际上最重要的经

第七章　先行区示范区建设与京津冀区域治理深化

济区域之一，是金融、旅游、娱乐、房地产和制造业等多个行业的中心，在全球范围内以先锋姿态影响着国际政治、教育、金融以及时尚领域。与纽约大都市区的较高城市地位所不匹配的是，特殊的港口地理位置和城市情况导致区域治理呈现复杂化、多元化特征。全面分析纽约大都市区的区域治理演变过程，无疑对京津冀地区中国式现代化先行区、示范区建设、不断推进京津冀治理深化具有重要的借鉴意义。

纽约大都市区当前是世界上规模最大的城市区域，不可避免地会面临不同政府单元之间的碎片化治理问题，整体治理结构与制度同样面临巨大挑战。整体来讲，纽约大都市区的区域治理演进可划分为三个主要阶段。第一个阶段是前工业化自由主义时期，时间处于1664—1875年，这一阶段殖民商贸型城镇呈分散状态，美国各个城市的治理是各自独立，保持分散化的治理模式。尤其是本地商人和富裕阶级通过组成政治寡头从事城市事务管理，同期出现了地方性的社会主义，而且他们的管理范围仅限于城镇辖区范围之内。第二个阶段是工业化与政治改革时期，处于1875—1920年，这一阶段美国开始成为世界城市文明的先锋，城市间经济开始融合，部分地区逐渐合并，大纽约在此期间形成。19世纪初期，随着美国经济的工业化发展，城市之间的经济联结更为紧密，在美国东北部形成了以纽约为中心的大都市区。这一阶段，美国多个城市通过委员会制和城市经理制进行城市治理，并推进中心城市与郊区不断合并，以期借助城市规模经济实现自身转型发展。纽约也并不例外，其积极进行城市合并与地铁合并运作，于20世纪初期成为世界上人口最多的城市区。第三个阶段是后工业与大都市区化时期，时间是1920年至今，这一阶段美国城市化进程加速，工业城市开始衰退的同时，新兴城市发展势头强劲，美国城市全面进入大都会区时代。20世纪30年代的美国经济大萧条催生出了罗斯福新政，重组联邦政府各城市之间的关系，区域治理也由此进入了全新阶段。纽约大都市区在这一背景下组建公共性的区域规划机构，依靠半自治的治理结构解决大都市区发展过程中所面临的多种治理问题。

美国纽约大都市区的区域治理立足于区域地方政府分割而产生的

"治理碎片化"问题,在长达百年的区域治理过程中,建立了设计、经济、文化、教育、规划和公共服务等多领域的跨区域跨州协调机制。首先,纽约大都市区依法设立特区,组建了专业化的洲际联合管理机构。专业化的跨州协调机构化解了纽约大都市的区际发展矛盾,它弥补了强自治结构体系下统一机制的缺失,通过循序渐进的方式解决了州之间的资金竞争、基础设施分割管理问题、交通管理问题,这种新的治理模式在纽约大都市区的繁荣发展过程中功不可没。其次,丰富治理主体,将私人和民众意见持续纳入纽约大都市区总体发展规划之中。重商主义盛行以及纽约大都市区城市广域分布模式,促使纽约大都市区形成了非官方和非营利性质的民间社会治理组织——"纽约区域规划协会"。该组织成为私人和民间领域的利益诉求"传话筒",组织框架由董事会、专家委员会、州委员会、项目委员会以及各州委员会等部分构成(图7-4),围绕基础设施建设、土地、公共服务和环境等领域提供规划与建议。区域规划协会历经百年,在此过程中为纽约大都市区的经济和社会发展提供重要指导,也成为私人和民间区域治理的典范。最后,将公共和私人领域结合,确保市场机制在区域治理中的重要地位。单纯政府主导或者完全采用市场化机制均存在弊端,纽约大都市综合利用政府和市场优势,将公共和私人领域结合,最大程度降低政府部门在跨区域治理和经济规划中的影响。以纽新港务局为例,它只对州长负责,从而最大程度地降低对区域治理的政治影响,并实行自负盈亏的财政制度,财政收入水平与当地经济发展水平呈正相关,于无形中形成一种"反向激励机制"促使纽新港务局提供公共服务和治理的水平与效率。

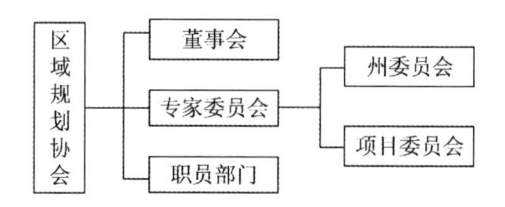

图7-4 纽约区域规划会组织架构

资料来源:笔者绘制。

第七章 先行区示范区建设与京津冀区域治理深化

（二）区域治理的发展启示

京津冀协同发展任重道远，其治理深化对我国城市化发展以及新型城市功能区域建设发挥重要作用。在建设过程中，构建合理高效的治理模式与机制，处理好区内、区间关系，是京津冀治理深化面临的现实挑战，这也成为了实现国家治理体系和治理能力现代化的重要议题。通过梳理德国、日本东京都市圈和纽约大都市区的治理历程与经验，京津冀治理应从以下四点借鉴治理经验与教训。

1. 丰富治理主体，完善利益分配和社会监督机制

通过德国、日本和美国的区域治理经验来看，区域治理不应囿于政府治理主体，需要将多类治理主体纳入治理体系，并明确不同治理主体的权利与责任，形成多治理主体权责统一、共治共享、相互监督的多元主体治理体系。在我国现有的地方政府模式下，地区间的联合治理一般通过"政府—政府"的模式实现，市场和非政府部门的力量调动亟待提升。

京津冀地区的区域治理主体应将多类治理主体纳入治理体系，鼓励多元主体参与区域治理，实现"政府—市场—社会"的治理主体结构。多元主体进行区域治理会激发京津冀地区的治理主体活力，促使在京津冀地区进行中国式现代化先行区、示范区过程中构筑网络化区域治理体系。无法忽略的是，虽然多方治理主体的加入能够丰富京津冀地区的治理体系，但如何在"同治"的过程中实现"同享"是值得关注的重要议题。多方治理主体在参与京津冀治理的过程中，其动力和利益需求迥异，需要建立利益补偿机制，权衡各领域治理主体的相关利益，打破原有的"政府主导"型分配格局，完善分配制度，实现在利益诉求上的共享与共赢，推进伙伴关系下的有序合作。与此同时，政府、市场和社会组织所面临的约束条件同样是差异化的，京津冀地区应当完善社会监督运行机制和权力保障机制，保证各方治理主体的权力和责任均在可约束范围内，同时改革各主体的考核评估制度，充分保障各主体的治理权力和利益，激励他们积极参与到京津冀区域治理中来。

2. 实施立法保障,健全区域规划的实施保障机制

前文治理经验和教训告诉我们,编制区域发展整体战略规划是实现区域有效治理的关键,但遗憾的是,若无与之相匹配的制度性安排以及具有落地性的执行方案,区域治理规划将成为"空中楼阁",无法化解区域治理的各种矛盾冲突,也无法通过区域治理实现对经济社会发展的驱动。区域治理规划是区域治理的前提,但是为了确保规划能够依照法律规定明确他们的定位、功能、权力和职责,协调各级政府之间的关系,避免治理过程中与其他部门的冲突,应先设立相应的法律法规保证跨区域治理、跨界治理实现有法可依。

京津冀地区的区域战略规划设定已久,如何让规划落实,制度和法律保障显得尤为重要,换言之,京津冀地区缺乏的不是规划,而是缺乏如何将规划"落地"的法律与制度。为了确保京津冀地区的战略规划能够有效实现其应有的效力,发挥在区域治理中的协调作用,京津冀地区应该制定相应法律法规,依法赋予规划主管部门相应的制定权、协调权、监督权和审批权。与此同时,针对在京津冀治理过程中规划机构所面临的矛盾和问题,需要设定专门的法律调解或是法律诉讼的方式,依法保障规划机构的正常治理。

3. 建立单一的联合管理机构,打造区域高质量治理模式

区域中不同地区的区位、地理特点、资源禀赋和经济发展基础迥异,德国大都市区、日本东京都市圈和纽约大都市区的区域治理都面临跨界矛盾,单一功能特区以及跨界专业管理机构的设立,对于提升大都市区的治理效率尤为重要,这一策略对于京津冀治理深化同样有重要借鉴意义。京津冀区域面积较广,各地的经济发展状况和资源条件各异,环保、交通、经济、文化等多个领域需要进行联合治理。

打造单一功能的跨行政区治理机构,能够逐步破除京津冀三地行政区划对区域治理的障碍,构建高质量的治理模式。比如河湖资源领域,京津冀地区可通过设立单一的河湖联合管理机构进行统一治理,从根本上消除河湖资源的行政区划障碍,打造京津冀地区的河湖统一管理模式,对水资源调配、污染防护、流域管理等进行统一治理,通过这种"单

一"的模式实现京津冀地区河湖资源的综合治理,构建京津冀河湖资源的高质量治理模式与机制。

4. 综合利用政府和市场优势,确保市场机制在区域治理中的重要地位

通过梳理德国、日本和美国的治理经验,我们不难发现,市场机制在区域治理中的作用功不可没,三国的区域治理均确立了市场机制的重要地位。整体而言,京津冀地区目前的治理模式为政府主导型,面对打造中国式现代化建设的先行区、示范区这一目标任务,三地政府亟待脱离"万能管家"的定位,破除制度障碍,营造公平、公正和开放的市场环境,最大程度发挥市场机制的资源配置作用。

政府和市场在区域治理中各有所长,京津冀三地政府需要对市场机制进行积极引导和培育,并构建完善的市场秩序。尤其是打造京津冀协同发展的"开放市场",在市场机制下推动人才、资金和技术等多种生产要素的跨区域流动,激发经济发展活力,加速资源优化配置,构建中国式现代化先行区、示范区建设过程中的"政府搭台,企业唱戏"的高效治理模式。民营企业和中小企业的活力将在市场机制以及竞争有序的市场体系下被激发,在政府逐步破除市场准入壁垒、多维经济要素流动的过程中,加快技术和产业调整的步伐,为京津冀地区建设中国式现代化先行区、示范区注入新的活力。

四 京津冀治理深化实施的路径选择

前文主要探讨了京津冀地区在建设中国式现代化先行区、示范区背景下的治理新要求和理论逻辑,测度京津冀区域治理水平及其差距、空间相关性,梳理区域治理的国际经验并总结发展启示。基于前文的探讨与分析,本部分提出京津冀治理深化实施的路径选择,以期为推动京津冀协同发展走深走实、中国式现代化先行区、示范区建设提供政策参考。

(一) 优化政府治理,纵深推进京津冀协同发展

在党的十八届三中全会通过的《中共中央关于全面深化改革若干重

大问题的决定》(简称《决定》)中,将"完善和发展中国特色社会主义制度,推进国家治理体系和治理能力现代化"作为全面深化改革的总目标。对于京津冀地区政府行政系统而言,要想实现治理体系和治理能力的现代化,有效对自身、市场和社会实施公共管理活动,建立与经济、社会、政治和文化发展相适应的政府现代治理体制成为关键环节。政府治理通常涵盖三大类内容:其一是优化政府内部结构,强化政府治理能力;其二是转变政府职能,充分在市场经济中发挥"有形之手"的作用;其三是协调各主体实现对公共事务的管理活动。京津冀政府治理应遵循政府治理的基本内容,构建现代治理体制。

首先,基于中央政府的领导,京津冀地区三地政府要实现结构性整合,通过打造具有开放性的区域公共政策体系,在此基础上优化区域财政税收政策体系,从而破除京津冀协同发展过程中固有的路径依赖。其次,要厘清京津冀治理中三地政府之间的关系,推进区域内的治理模式由"中央—地方统治"转向"区域—地方—邻里治理",降低合作治理中的信息、谈判、执行和代理成本,通过政府间的合作机制排除合作治理障碍、提升合作治理效能。最后,要加快京津冀三地的政府治理制度创新,基于群众需求,优化公共服务供给,实现公共服务的网络化,在此基础上不断推动地方政府之间和内部的职能性整合,实现"区内—区间"的区域治理政策网络。

(二) 推进空间治理探索,深化空间治理改革

空间治理被界定于在地方政府、市场和社会的通力合作下,在国土领域通过资源配置实现国土空间的有效供给,公平使用,可持续使用和地区间、地区内的均衡发展。国土资源是实现经济社会发展目标的空间场所,同样也是区域发展要素资源的重要载体,国土空间的健康发展在缩小区域、城际和城乡差异中起到核心作用。京津冀地区地处我国北方核心区域,兼具多重使命,这都决定了京津冀地区空间治理的复杂性与重要性。

京津冀区域应立足于建设世界级城市群的背景,通过国土空间的协

同优化与区域治理，全面树立以空间治理促进京津冀高质量协同发展的理念，从功能定位、机制重构、治理模式等层面构建京津冀治理深化的新路径。要实现京津冀地区空间治理的现代化，就要不断引导"国土管理"向"国土治理"转变，减少行政干预，运用经济和法律手段，形成多方利益主体共同参与的国土空间治理体系，不断协调主体功能区之间的关系与利益，提升京津冀三地进行空间区域治理的积极性和创造性。要实现京津冀空间资源的合理分布，就要将提升国土资源利用率和城市群综合承载力作为基准，通过明确区域空间价值、空间定位、空间结构和空间权利，不断引导提升人口和资源与区域的匹配程度，进一步实现多尺度空间规划对京津冀空间资源的安排与调控。不能忽视的是，京津冀空间治理的特殊之处在于雄安新区的空间治理。雄安新区应定位于国土空间协同发展样板板块建设，探索我国及京津冀空间治理的新模式，打造我国新时代处理好生产、生活和生态空间的示范样板。

（三）以产业治理为根本支撑，促进区域产业一体化协同发展

京津冀三地的经济发展基础、资源禀赋、功能定位迥异，以区域产业一体化协同发展带动区域经济发展进而缩小地区差距，是实现区域治理的载体和有效途径。产业一体化协同发展在京津冀区域治理中发挥了重要作用，为实现区域产业目标，主要通过对产业的规划、协调、组织、沟通和控制，致力于形成"支柱产业配套、新兴产业共建、一般产业互补"的产业发展与分工体系。

京津冀地区的产业发展在产业梯度、产业互补性、产业合作和产业链条上已经形成了有利条件，需要综合利用产业治理优势，纵深推进京津冀产业一体化协同发展。一是紧握京津冀产业协同发展的"牛鼻子"，破除"卡脖子"难题，将雄安新区和北京城市副中心建设作为关键机遇期，优化产业治理机制，在创新产业链、丰富产业链配套、优化市场链拓展之中，持续实现产业链优化和产业结构升级。二是要立足于京津冀三地的比较优势、产业优势和产业分工定位，实现京津冀地区的产业对接协作，因地制宜实现分工与协作，沿着产业链的生长延长方向和创新链、人才链、项目链进行嫁接融合，形成多梯度、多层次、多阶段的产业发展集群和系统。三是构建区域产业治理协调机制，基于顶层设计、区域政策、多元主体、产业生态、市场化机制等方面，为京津冀产业一体化协同发展提供政策保障体系。

（四）推进社会治理体系和治理能力现代化，提升社会力量参与程度

从运行意义上分析，"社会治理"实际上指的是"治理社会"，在我国是指在政府主导下，将社会组织等多元治理主体纳入治理体系，对公共事务进行"同治"，并"实现和维护群众权利为核心，发挥多元治理主体的作用，针对国家治理中的社会问题，完善社会福利，保障改善民生，化解社会矛盾，促进社会公平，推动社会有序和谐发展的过程"。京津冀社会治理体制创新的关键所在，是明确创新社会治理体制在推进国家治理体系和治理能力现代化中的重要作用，构建共建共治共享的新型社会治理体系，不断提升社会治理效能。

在提升区域社会治理协同性方面，要建立京津冀跨区域协同法治体系，这有利于通过合理配置法治资源，推动京津冀地区卫生、营商环境、创新和科技等公共领域的衔接与合作，实现区域法治建设和协同法治体系共建，为京津冀社会治理提供法律和制度保障。在社区治理体系方面，社区作为社会治理的单元细胞，创新社区治理体系要满足新型工业化、城镇化、信息化的变化与需要，以群众权益和社区公共需求为导向，形成多功能、多范畴、联动式的社区治理体系。在社会组织监管和培育层面，构建社会治理新格局必不可少的重要组成部分是社会组织，要为社会组织的发展提供与之匹配的制度环境，探索社会组织联动监管机制和激励机制，通过政府搭建京津冀地区社会组织孵化平台，扩大社会组织在社会治理中的影响力。

（五）优化利益分配机制，扩大公共治理的范围与程度

公共治理基于群众诉求，从政治、经济、法律和社会层面反映公共利益，是通过公共权力部门实现公共利益、整合多元力量和解决公共问

题的核心途径。在进行公共治理的过程中，始终围绕着这样几个问题：是否保护群众的权益？是否体现了大多数群体的利益？是否照顾到了弱势群体？是否超越了特殊部门和团体的短期与局部利益？就京津冀地区公共治理而言，其公共利益的实现，同样需要基于以上几个问题展开探索与实践，围绕生态、交通、公共服务和公共危机等公共治理领域，建立京津冀地区政府间合作的公共治理协调机制。

京津冀地区公共利益的实现要着眼于未来，将是否能够实现"可持续发展"与"代际公平"纳入长期战略规划之中，通过优化决策、评价和监督机制，完善公共治理框架。目前，京津冀三地政府之间的利益协调问题亟待解决，津、冀两地在疏解北京非首都功能过程中受益有限，解决不同主体之间、长期与短期之间的利益矛盾普遍存在，需要建立京津冀利益补偿机制、利益反馈共享机制、财政利益协调机制，增强公共利益的均衡性与可及程度，整体提高京津冀公共治理水平。

（六）以创新治理为京津冀治理的新动能，打造京津冀协同发展新引擎

创新是促进区域发展的核心动力，区域创新的关键在于如何将创新优势进一步转化为产业优势。京津冀协同发展同样需要创新驱动，逐步实现技术转移和产业协同创新，不断推进产业结构优化升级，在协同创新中打造世界级先进制造业集群。

创新有机系统的形成并非一蹴而就，而是经历了漫长的"点—群—串—网"发展过程，京津冀创新治理也应基于创新有机系统生长发育的逻辑，遵循这一发展过程进行综合治理。首先，京津冀地区应立足于自身产业优势和资源禀赋，培育产业发展过程中的关键创新节点。其次，围绕产业的关键创新节点，强化区域创新开放机制，打造优质的创新生态，形成产业群。再次，基于产业群进行创新资源优化配置、创新体制机制改革和创新协同配套升级，将创新产业群集结成为创新产业带。最后，为防范和化解创新治理中可能出现的利益冲突，进一步建立创新利益分散机制和创新风险分散机制，推进京津冀三地的创新产业带与技术、产业和市场的融合。

参考文献

国家发展和改革委员会：《全国及各地区主体功能区规划》，人民出版社 2015 年版。

陆大道：《区域发展及其空间结构》，科学出版社 1995 年版。

张贵：《中国式区域治理体系、机制与模式》，《甘肃社会科学》2023 年第 3 期。

张贵、尹金宝：《京津冀区域治理与三位一体机制设计的研究》，《城市》2015 年第 5 期。

张贵、孙晨晨、刘秉镰：《京津冀协同发展的历程、成效与推进策略》，《改革》2023 年第 5 期。

李兰冰、商圆月：《新发展格局下京津冀高质量发展路径探索》，《天津社会科学》2023 年第 1 期。

崔丹、吴昊、吴殿廷：《京津冀协同治理的回顾与前瞻》，《地理科学进展》2019 年第 1 期。

高晓波：《中国特色社会治理共同体的内涵、理论与构建》，《甘肃社会科学》2021 年第 2 期。

洪世键、张京祥：《"碎化"与整合：大都市区管治理论演进探讨》，《城市发展研究》2008 年第 6 期。

胡彬、仲崇阳、余子然：《长三角区域治理水平的测度与提升策略》，《区域经济评论》2022 年第 3 期。

姜晓萍：《国家治理现代化进程中的社会治理体制创新》，《中国行政管理》2014 年第 2 期。

锁利铭、李雪：《从"单一边界"到"多重边界"的区域公共事务治理——基于对长三角大气污染防治合作的观察》，《中国行政管理》2021 年第 2 期。

覃成林、李红叶：《西方多中心城市区域研究进展》，《人文地理》2012 年第 1 期。

唐亚林、郝文强：《从协同到共同：区域治理共同体的制度演进与机制安排》，《天津社会科学》2023年第1期。

唐亚林、王小芳：《网络化治理范式建构论纲》，《行政论坛》2020年第3期。

吴缚龙：《市场经济转型中的中国城市管治》，《城市规划》2002年第9期。

谢琦、陈亮：《网络化治理的叙事重构、中国适用性及理论拓展》，《行政论坛》2020年第3期。

杨妍、孙涛：《跨区域环境治理与地方政府合作机制研究》，《中国行政管理》2009年第1期。

张成福、李昊城、边晓慧：《跨域治理：模式、机制与困境》，《中国行政管理》2012年第3期。

赵斌：《区域合作治理机制的理论和实践探析》，《财政科学》2022年第8期。

Dagum, "A New Approach to the Decomposition of the Gini Income Inequality Ratio", *Empirical Economics*, Vol. 22, No. 4, April 1997.

Feiock R. C., Steinacker A., and Park H. J., "Institutional Collective Action and Economic Development Joint Ventures", *Public Administration Review*, Vol. 69, No. 3, March 2009.

第三篇　专题报告

第八章

现代化首都都市圈建设的理论逻辑与实现路径

李国平　宋昌耀*

摘　要： 现代化首都都市圈是以首都为核心的京津冀世界级城市群的内核和主干架构，包括环京周边地区"通勤圈"、京津雄地区"功能圈"和节点城市"产业圈"。自京津冀协同发展战略实施以来，通勤圈深度融合加快推进，但职住协同的同城化效应有待增强；功能圈错位联动成效明显，然而北京"一核"对津冀的辐射作用有限，京津双城联动相对不足；产业圈分工协作取得积极进展，但制造业产业链条仍未有效衔接。为实现现代化首都都市圈的高质量发展，要构建多中心、网络化的多核多圈型功能分工体系；依托区域快线连接与公共服务配套，打造复合功能的职住平衡通勤圈；以京津雄创新金三角建设为抓手，充分发挥北京"一核"创新辐射作用；理顺制造业分工与产业配套需求，建立上下游衔接的产业链体系。

关键词： 都市圈；首都都市圈；京津冀协同发展

京津冀协同发展战略实施以来，京津冀地区致力于建设以首都为核心的世界级城市群。现代化首都都市圈是以首都为核心的京津冀世界级

---

* 李国平，北京大学首都发展研究院院长、教授、博士生导师，首都高端智库首席专家，研究方向：经济地理学、区域经济学、城市与区域规划、首都区域。宋昌耀，北京第二外国语学院旅游管理系系主任，副教授，研究方向：区域经济与旅游经济。

城市群的内核和主干架构。为此，北京市在"十四五"规划纲要中提出推动形成更加紧密协同发展格局，加快建设现代化首都都市圈。建设现代化首都都市圈，对于建设以首都为核心的世界级城市群、纵深推动京津冀协同发展具有重要意义。本章首先阐述现代化首都都市圈的理论基础及其内涵，继而总结现代化首都都市圈的建设进展与突出问题，并在梳理和借鉴日本首都圈建设经验的基础上，提出深入推进北京现代化首都都市圈建设的实现路径。

一 现代化首都都市圈建设的理论基础及其内涵

现代化首都都市圈建设是城市空间扩张的过程，它不仅遵循着都市圈空间演化的一般规律，也由于其以首都北京为核心而具有其他都市圈所无法比拟的特殊性。

（一）都市圈建设的理论基础

都市圈建设是城市化的特定阶段，是经济高质量发展的关键支撑。都市圈发展的过程是城市空间组织、功能整合、空间增长的重构过程。

1. 都市圈空间演化的一般过程

都市圈是城市地域空间形态演化的高级形式和城镇化发展到较高阶段的产物，是大城市区域化发展到高级阶段出现的一种城乡一体化的地域空间形态。都市圈是兼具时空特性的概念。从时间的角度来说，它内嵌于城镇化进程中，体现为集聚力和辐射力的释放，特点是区域一体化；从空间的角度来说，它由核心大城市和周边小城市构成，体现为空间融合，特点是圈层式结构。在时空叠加中，都市圈发展迅速，成为我国经济高质量发展的重要空间载体[①]。

城市化理论表明，如同经济增长总是伴随经济结构的升级一样，城

[①] 孙久文等：《双循环背景下都市圈建设的理论与实践探索》，《中山大学学报》（社会科学版）2021年第3期。

市空间扩张往往也伴随空间结构的优化和调整,即从单中心结构向多中心结构转变。都市圈空间演化的一般过程即城市空间的多中心化过程,通过中心城市职能向外疏散,有效降低集聚不经济,并通过在更大空间尺度,即区域层面上的再集中获取整合效应,实现城市的可持续发展和竞争力提升。

都市圈空间演化的一般过程具体可以分为三个阶段:首先,随着孤立城市的郊区化,郊区出现新的聚集中心,又称郊区次中心。这些郊区次中心具有相对综合的功能,并高度专业化,促使城市空间结构向多中心转化。其次,城市由中心向边缘扩张过程中,区域联系日益密切,区域化程度加强。这不仅在老的城市中心以外造就了新的城市中心,而且也加强了区域内不同城市中心之间的全方位联系,使传统的"中心—边缘"关系趋于淡化,单中心聚焦的空间发展模式不再适应城市发展需要,最终导致城市发展观念和模式的革新,逐渐形成多中心大都市圈。最后,受网络化经济生产体系影响,城市地域空间组织呈现大范围集中、小范围扩散的发展趋势,即在大城市地域内从城市中心向城市边缘扩散和再集中;同时在整个区域范围内,城镇群体化的发展在更大空间尺度上实现集中,形成网络化的大都市区域。

2. 城市空间发展模式的变化

城市空间发展新趋势导致发展模式和理念的革新,具体包括三方面的内容,即空间组织模式、空间整合模式和空间管治模式。

第一,在空间组织模式上,由传统的、等级性的中心地模式,向多中心、扁平化、网络型模式转变。现代化首都都市圈摒弃传统的单中心聚焦的发展模式,倡导城市空间的多中心化发展,强调通过战略性的空间发展规划构建网络化大都市的空间组织与架构,其核心内容是促进城市空间的多中心化发展,构建面向区域开放的多中心区域城市空间格局。

第二,在空间整合模式上,现代化首都都市圈是围绕多个职能中心,协调分工、和谐运作的城市性功能整体,其特点是城市的职能、设施以及生活或商业环境并非由单一中心城市提供,而是分散在区域内多个城市中心。在空间整合模式上强调分工与合作,促进区域城市网络的形成,从根本上将实体空间上的多中心区域城市变为真正意义的网络化大都市。

第三，在空间管治模式上，由早期的"城市蔓延"向强调空间管治的"精明增长"转变。现代化首都都市圈的空间管治模式是一种多元化的管治机制与模式，强调从制度架构的角度建立地方主体分工与合作的制度平台，通过对话、协调与合作实现权利平衡和利益分配，通过网络化管治实现公平与效率并重的区域治理。

（二）现代化首都都市圈的基本内涵

现代化首都都市圈建设由来已久，在"十四五"时期得到快速发展，其内涵、范围、任务不断明确，内在关系也愈加清晰。

1. 现代化首都都市圈的一般性与特殊性

根据国家发展改革委《关于培育发展现代化都市圈的指导意见》，都市圈是城市群内部以超大特大城市或辐射带动功能强的大城市为中心、以"1小时通勤圈"为基本范围的城镇化空间形态。现代化首都都市圈在本质上是一种都市圈形态，因此具备一般都市圈的内涵，即以超大特大城市或辐射带动功能强的大城市为中心，以"1小时通勤圈"为基本范围形成的功能互补、分工合作、经济联系密切的区域。

现代化首都都市圈是都市圈的特殊类型。现代化首都都市圈的特殊性在于首都北京是其核心依托。北京作为我国首都，是伟大祖国的象征。除了具有一般城市所具有的城市功能外，还具有作为国家政治中心的首都功能，从而区别于国内其他所有城市。北京作为现代化首都都市圈的重要组成部分，其以自身的政治优势、文化优势、经济优势、科技优势参与现代化首都都市圈的分工，因而首都都市圈的发展基础和要素支撑是其他都市圈所不能比拟的。此外，现代化首都都市圈作为唯一一个包含首都城市的都市圈，也使自身承担了政治中心、文化中心、国际交往中心、科技创新中心等诸多国家级职能，要求其在政治中心、文化中心、国际交往中心、科技创新中心建设中发挥重要作用。现代化首都都市圈建设是自京津冀协同发展上升至国家重大区域战略以来做出的重大战略布局，在构建京津冀世界级城市群这一宏伟目标的进程中具有重要意义。

2. 现代化首都都市圈的范围、经纬及其内在关系

（1）现代化首都都市圈的范围

现代化首都都市圈包括环京周边地区"通勤圈"、京津雄地区"功能圈"和节点城市"产业圈"，是以高速和高效的现代化交通网络为支撑，按照职住协同、功能互补和产业配套划分为三个圈层结构。具体来说，"通勤圈"包括三河、大厂、香河、固安、涿州、武清等环京地区，通过提升同城化效应，与北京的东部、南部地区融合发展；"功能圈"是指北京和天津、雄安新区通过功能互补联动发展，共同推动京津冀高质量发展；"产业圈"就是要充分发挥包括唐山、张家口、承德、保定、沧州等京津冀节点城市的支撑作用，进一步推动产业强链补链，提高产业配套能力，共建现代化制造业集群，共同做大产业规模。

（2）现代化首都都市圈提出的经纬

2021年，《中共北京委关于制定北京国民经济和社会发展第十四个五年规划和二〇三五年远景目标的建议》明确提出，"十四五"时期北京经济社会发展要更加突出京津冀协同发展，构建现代化都市圈。发挥北京"一核"辐射带动作用，以快捷高效的现代化交通体系为支撑，按照职住协同、功能互补、产业配套的圈层结构，加快建设定位清晰、梯次布局、协调联动的现代化首都都市圈，推动形成京津冀城市群主干构架。同年8月，《北京"十四五"时期高精尖产业发展规划》率先对环京产业协同发展三个圈层作出规划；北京市政府召开常务会议，研究《北京"十四五"时期推动京津冀协同发展规划》，提出建设现代化首都都市圈，"通勤圈"要加强环京地区合作，建好区域快线，推动公共服务延伸布局；"功能圈"要引导创新要素有序流动，促进功能互补、错位发展；"产业圈"要发挥市场主导作用，推动创新链、产业链、供应链"三链联动"。2021年11月，《关于支持北京城市副中心高质量发展的意见》强调支撑现代化首都都市圈建设，落实现代化首都都市圈分工方案。此外，构建现代化首都都市圈还列入《北京国土空间近期规划（2021—2025年）》《京津冀协同发展"十四五"实施方案》等重要文件。

2022年2月，北京市印发《构建现代化首都都市圈重点任务落实工作方案》，加强对"通勤圈""功能圈""产业圈"任务统筹实施，确保各领域协同发展工作向构建现代化首都都市圈聚焦并有机衔接。2022年4月，北京市京津冀协同办印发《北京推进京津冀协同发展2022年工作要点》，对现代化首都都市圈建设作出重要部署。《工作要点》提出，北京市将以构建现代化首都都市圈为统领，带动协同发展重点领域取得新突破。发挥北京"一核"主动引领带动作用，加快建设定位清晰、梯次布局、协调联动的现代化首都都市圈，包括环京周边地区"通勤圈"、京津雄地区"功能圈"和节点城市"产业圈"（表8-1），推动形成京津冀城市群主干构架。2022年6月，时任北京市委书记蔡奇在中国共产党北京第十三次代表大会报告中指出，今后五年，北京要积极构建现代化首都都市圈，坚持以疏解为抓手，以拓展腹地为支撑，以一体化为路径，推动现代化首都都市圈建设。

表8-1　　　　　　　　　　现代化首都都市圈建设要求

圈层	空间范围	建设要求
通勤圈	环京周边地区	深化通州、大兴、房山等区与北三县、固安、武清等环京周边地区密切合作，率先构建一体化交通体系，引导北京适宜产业在环京地区发展，推进公共服务共建共享
功能圈	京津雄地区	深化雄安新区与城市副中心"两翼"对接协作，形成错位联动发展格局。唱好京津"双城记"，推动科技创新合作园区建设发展，推进北京空港、陆港与天津港的规划衔接融合，用好津冀出海通道； 支持雄安新区提升承接能力，继续推动"三校一院"交钥匙项目后续工作。推动出台雄安新区中关村科技园发展规划，支持符合雄安新区功能定位的创新资源集聚发展
产业圈	节点城市	共同改善区域营商环境，支持重点产业承接平台建设，以创新链带动产业链，共建新能源汽车、工业互联网等上下游衔接的产业链和供应链体系，完善区域产业分工协作与配套

资料来源：根据《北京推进京津冀协同发展2022年工作要点》整理。

(3) 现代化首都都市圈圈层之间的内在关系

现代化首都都市圈三个圈层由内而外，由近到远，定位不同，功能不同。通勤圈与北京联系更紧密；功能圈集中打造雄安新区，促进北京与天津、雄安新区形成差异化定位，功能互补；产业圈在更大范围内与河北形成产业链、价值链、供应链融通，形成广泛的产业合作。在现代化首都都市圈建设过程中，不同的圈层承担的功能不同，紧迫性也有所差异，因此应该有差异地推进梯次布局①。

具体而言，"通勤圈"强调便捷的交通，应加强快速交通体系建设，加快形成一小时通勤圈，提升通勤效率；推进公共服务资源延伸，加强向通勤圈的城市功能再植入，促进职住协同、要素互补，形成同城化效应。"功能圈"强调功能完善与分工，应深入推进功能承接，强化京津雄功能互动；通过全力支持雄安新区规划建设、唱好京津"双城记"，促进京津雄功能深度联动，推动形成城镇密集、功能多样、经济发达、联通高效、高度网络化的京津雄都市连绵区②。"产业圈"强调产业体系建设，应着力增强节点城市产业配套，依托产业发展轴支持重点产业承接平台建设，推动应用场景和技术项目合作，加强节点城市要素集聚，推动创新链、产业链、供应链协调联动。

现代化首都都市圈建设的关键在于互动与协同。现代化首都都市圈内的各类要素相互嵌套、相互关联，因此需要加强"通勤圈""功能圈""产业圈"三个圈层的规划协同，组织好相应关系，实现联动发展。现代化首都都市圈建设应以空间协同规划为战略引领，以现代化交通体系和产业集群为基础，强化三个圈层实现协同共生、资源优势互补、生态高效支撑，构建"核心引领、簇轴发展、圈层联动、节点支撑、网络互联"的现代化首都都市圈空间格局。

---

① 赵弘：《以现代化都市圈建设推动京津冀城市群高质量发展》，《城市问题》2022年第12期。
② 石晓冬等：《现代化首都都市圈规划的互动与协同》，《城市发展研究》2023年第5期。

二 现代化首都都市圈建设进展及其主要问题

在国民经济从高速度增长向高质量发展转变、国土空间从粗放式蔓延向集约式利用转变的过程中,现代化首都都市圈快速发展,生产要素加快流通,统一大市场加快形成,但也存在诸多问题与挑战。

(一) 现代化首都都市圈建设进展

自京津冀协同发展战略实施以来,北京市紧紧抓住疏解非首都功能这个"牛鼻子",与天津、河北两省市紧密协同联动,由"通勤圈""功能圈""产业圈"组成的现代化首都都市圈取得了积极进展。

1. 通勤圈深度融合加快推进

现代化首都都市圈三个圈层中,通勤圈一体化深度融合发展加快推进,区域快线建设与公共服务配套并举,有效增强了都市圈要素互补的同城化效应,其作为北京产业发展腹地的作用逐渐凸显。

第一,交通一体化建设取得突出进展。随着多个跨区域重大交通基础设施项目陆续推进,北京与通勤圈环京地区均已实现1小时内快速通达,环首都"1小时通勤圈"范围逐步扩大。公路交通方面,通州区与北三县对接道路已达10条,厂通路开工建设,通燕高速燕郊西出口改建工程建成通车。平谷至遵化、宝坻、蓟州等6条省际班线的公交化运营试点开通,实现38条公交线路跨省常态化运营,服务范围涵盖环京17个县市。2022年7月,北三县至国贸的定制快巴开通,使得燕郊至国贸的通勤时间由2小时缩短至1小时以内,进一步改善了通勤人员进出京交通不便、出行时间长的问题。轨道交通方面,2017年底已基本实现京津冀区域主要城市、各种公共交通方式"一卡通"全覆盖。京张高铁开通运营,城际铁路联络线一期、大兴国际机场北线高速公路全线贯通。串联通州区与北三县的京唐城际铁路建设有序推进,燕郊站、大厂站、香河站3个高铁站建设即将完工。M22线(平谷线)作为北京首条跨区域城市轨道交通线路,预计2025年底建成通车,将成为北京与北三县的重要通勤快速通道。

第二，公共服务配套逐渐完善。2014年以来，通勤圈环京地区以区域快线连接、公共服务配套为抓手，在改善通勤条件的同时注重提升公共服务品质，一定程度上缓解了长期以来职住不平衡问题。医疗配套方面，中日友好医院、友谊医院等39家北京医疗机构与北三县医疗机构签署协议，开展技术帮扶、远程诊疗、专家坐诊，并持续推进合作。朝阳医院等4家北京属医院对口支持位于三河燕郊的燕达医院。北三县已有22家定点医疗机构纳入了京津冀异地就医普通门诊直接结算范围。教育配套方面，2021年10月，北京潞河中学三河校区、北京实验学校三河校区同时揭牌，教育一体化实现新突破。截至2022年6月，北京中小学、幼儿园等教育机构与北三县11所学校合作办学。行政配套方面，2020年3月，国家发改委发布《北京通州区与河北省三河、大厂、香河三县市协同发展规划》，探索建立统一规划、统一政策、统一标准、统一管控的交界地区协同机制。2021年5月，北京城市副中心与北三县政务服务"区域通办"正式启动，推出453项高频便民事项和70项政务服务事项。

2. 功能圈错位联动成效明显

功能圈建设围绕北京"一核"，辐射带动雄安新区和天津错位联动发展，推动区域分工协作取得了阶段性进展。其中雄安新区重点提升创新资源集聚与承接能力，支持符合其功能定位的北京非首都功能疏解转移；天津坚持唱好京津"双城记"，推进区域科技合作与港口规划深度融合。

第一，雄安新区规划建设有序推进，京雄合作取得明显进展。中国雄安官网数据显示，截至2021年底，雄安新区177个重点建设项目滚动推进，累计完成投资3500多亿元，完成固定资产投资比上年增长22.1%。一是功能承接方面，雄安新区是北京非首都功能域外疏解的集中承载地，中国星网、中国中化、中国华能、中国矿产资源集团等中央企业在雄安新区设立各类机构110家。继幼儿园项目之后，北京以"交钥匙"方式支持河北雄安新区建设"三校一院"中的小学项目，于2022

年 6 月竣工并正式移交雄安新区。北海幼儿园、史家小学和北京四中雄安校区项目也先后移交新区，雄安宣武医院将于 2023 年开诊运营。截至 2021 年，北京已对口帮扶 29 所雄安学校，已有 90 所京津冀知名医疗卫生机构与新区各类医院建立帮扶合作关系。二是创新协同方面，中国科学院雄安创新研究院、中国电信雄安互联网产业园落地建设。创新科技类企业入驻雄安新区数量逐年增加，2021 年进驻雄安新区的创新科技类企业数量超过去 4 年总和。截至 2022 年 3 月，在雄安新区本级注册的北京投资来源企业超过 3600 家，占总量的八成多。三是交通基础设施方面，2020 年京雄城际铁路建成通车，京雄、津雄高铁实现雄安新区与京津直达，雄安新区进入北京"1 小时交通圈"。2021 年雄安新区三条高速正式通车，总长达 545 公里的"四纵三横"对外高速公路骨干路网全面形成，与北京大兴国际机场、天津港、黄骅港等实现便捷联通。

第二，天津"双城"之一的引擎作用增强。天津作为京津冀区域"双城"之一，在京津冀协同发展中发挥引擎作用。近年来，天津不断深化都市圈的产业协同，成立了京津冀国家技术创新中心天津中心等研究机构，推动产业创新资源进一步整合利用。天津滨海—中关村科技园承接北京非首都功能域外疏解优质项目，自挂牌成立以来累计注册企业数量超过 3000 家。在新注册企业中，北京企业占 1/3，科技型企业占 40%。津冀港口合作深入推进，以天津港为中心，19 条内支线航线运输网络覆盖环渤海主要港口。2021 年，黄骅港通过津冀合作完成集装箱吞吐量 7.72 万标箱，同比增长 45%。此外，京津城际延长线通车运营，交通网络体系建设为产业功能联动提供了有力保障。

3. 产业圈分工协作取得积极进展

产业圈节点城市以创新链带动产业链，承接了京津部分产业疏解和转移，逐渐形成特色鲜明、配套完善的产业分工体系，产业协同与配套能力明显提升，尤其在共建园区方面取得突出进展。

第一，重点产业承接平台建设加快推进。北京与河北共建曹妃甸协同发展示范区、京津共建滨海—中关村科技园和京津合作示范区、北京新机场临空经济合作区改革试点、保定中关村创新中心等重点产业合作平台建设进展顺利，集聚效应逐渐凸显。京冀曹妃甸协同发展示范区内有22家央企、13家北京属国企相继落户，金隅曹妃甸示范产业园、京能集团鑫华源智能停车制造基地等项目建成投产，累计实施241个亿元以上北京项目，总投资达到2646亿元，北京企业税收占全区税收比重由2014年的4.4%提高到2022年的35%。沧州市北京现代汽车沧州工厂重点项目带动一系列世界知名汽车配套企业落户，还引进了国家级汽车及零部件检测中心、智能网联汽车试验中心等机构，逐渐形成上下游衔接的汽车全产业链条，推动新能源汽车、智能网联汽车等新兴领域加速布局。张家口市怀来县大数据产业基地已落地秦淮数据、腾讯科技、合盈数据、中国移动等11家数据中心企业和软通动力、竞业达2家软件龙头企业，累计完成大数据产业投资174亿元，与承德、廊坊大数据基地组成初具规模的"张承廊大数据走廊"。北京·沧州渤海新区生物医药产业园建设持续推进，在签约入园项目中有上市公司12家、高新技术企业61家、外资企业6家。

第二，协同创新网络初步形成。通过共建高科技园区等形式，产业圈围绕北京创新中心和天津创新次中心，逐渐形成以廊坊、保定、沧州、唐山、张家口为网络节点的协同创新网络结构，"京津研发、河北转化"模式下的创新合作日益紧密。在京津科技创新资源辐射带动下，京津冀协同发展产业投资基金、京津冀科技成果转化基金相继设立，河北—京南科技成果转移转化试验区、京津冀技术交易河北中心等平台初具雏形，北京航空航天大学与长城汽车建立首个京冀联合实验室，科技成果加速在节点城市落地转化。保定中关村创新中心围绕协同创新建设，累计培育国家级、省级科技型中小企业160余家，国家级高新技术企业37家，重大科技成果转化项目33个，有力推动当地产业转型升级。2014年以来，京津冀三地基础研究合作专项累计投入约5000万元，资助项目100余项，到2021年中关村企业在津冀两地设立分支机构9032家。2021年北京全年流向津冀技术合同共5434项，成交额达到350.4亿元，技术交易主要集中在城市建设与社会发展、新能源与高效节能和现代交通技术领域。

(二) 现代化首都都市圈主要问题

尽管现代化首都都市圈建设已取得积极进展,但随着现代化首都都市圈建设进入转型发展的新阶段,首都都市圈的高质量发展仍存在以下问题与挑战。

1. 通勤圈层面,职住协同的同城化效应有待增强,需要注意协调就业和居住的空间关系

通勤圈就业与居住相协调的同城化效应有待增强,就业岗位供给总体不足,公共服务品质与北京仍有较大差距,长期存在着职住不平衡的问题。2019年联通手机信令数据显示,北京通勤流向具有显著的向心性特征,与中心城区的通勤联系占北京全市通勤的70.67%。居住在环京地区向北京域通勤的比重达到1.38%,上下班高峰时期通勤需求量大,区域通勤压力较为突出,需要特别注意协调就业和居住的空间关系(表8-2)。受区域行政壁垒、体制机制障碍等因素影响,环京地区与北京在政策一体化、规划一体化、标准一体化、管控一体化方面推进较为缓慢,交通领域一直存在"断头路"建设瓶颈。北三县小汽车进京占比高达35.2%、小汽车换乘地铁进京占比高达44.6%,直接造成东部进京通道京通快速路——通燕高速部分路段较为拥堵,进京检查站的拥堵情况尤为严重。公共交通和轨道交通建设仍然不足,现有公交专线耗时长、换乘不便,难以满足大规模通勤人员需要;市郊铁路、城际铁路、城市轨道交通建设周期长、协调难度大,暂未实现与环京地区高效便捷的互联互通。

表8-2　　　　　　　　　2019年北京通勤流向矩阵　　　　　　(单位:%)

工作地 居住地	中心 城区 核心区	中心 城区 西北部	中心 城区 东北部	中心 城区 南部	城市 副中心	近郊区	远郊区	环京 地区	总通勤 比例
中心城区核心区	4.51	1.68	2.15	0.86	0.07	0.54	0.04	0	9.85

第八章　现代化首都都市圈建设的理论逻辑与实现路径

续表

工作地 居住地	中心 城区 核心区	中心 城区 西北部	中心 城区 东北部	中心 城区 南部	城市 副中心	近郊区	远郊区	环京 地区	总通勤 比例
中心城区西北部	2.32	10.79	1.95	0.76	0.04	0.81	0.16	0	16.83
中心城区东北部	2.65	2.08	10.38	0.65	0.2	0.96	0.04	0	16.96
中心城区南部	2.79	2.14	2.62	4.24	0.08	1.16	0.04	0	13.07
城市副中心	0.38	0.2	1.61	0.14	1.24	0.43	0.01	0	4.01
近郊区	2.18	4.92	4.41	2.2	0.41	15.63	0.13	0.1	29.98
远郊区	0.21	0.67	0.29	0.09	0.01	0.29	6.35	0	7.91
环京地区	0.13	0.12	0.44	0.11	0.11	0.46	0.01	0	1.38
总通勤比例	15.17	22.6	23.85	9.05	2.16	20.28	6.78	0.1	100

数据来源：根据联通手机信令数据测算。

2. 功能圈层面，北京"一核"对津冀的辐射作用有限，京津双城联动相对不足

功能圈依托北京"一核"对津冀及雄安新区的辐射带动仍然不足，区域发展潜力尚未充分释放。从企业投资来看，2019年全国企业工商登记库中企业投资数据显示，北京企业对外省市投资中，投向天津的投资金额仅占5.1%，投向河北的投资金额占10.5%（图8–1）。相比之下，上海企业对外省市投资中，投向江苏的占15.9%，投向浙江的占19.2%，而广东企业省内投资所占比重也达到22.2%，均显著高于北京对津冀企业的投资比重。这表明，在功能圈建设中，北京"一核"对津冀及雄安新区的辐射带动作用仍然比较有限，企业间联系有待进一步增强，尤其京津两地之间的企业投资联系相对较弱，未能充分发挥京津双城联动的强大辐射引领作用。

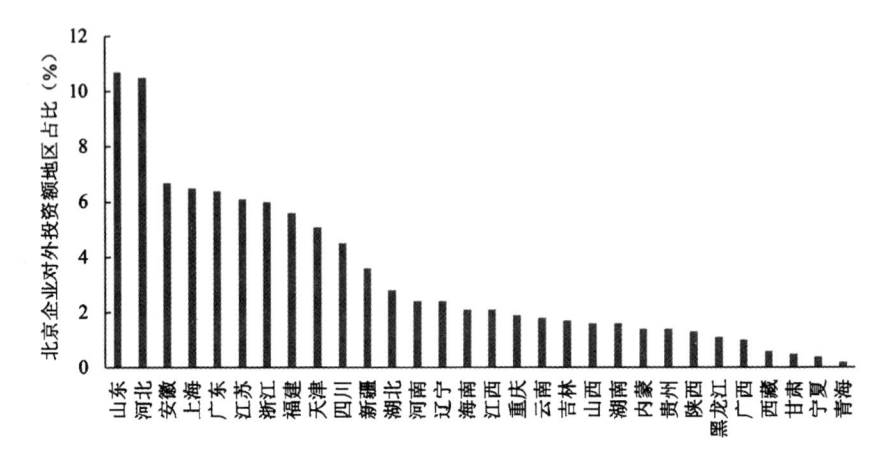

图 8-1 2019 年北京企业向全国各省市投资情况

数据来源：全国企业工商登记数据库。

从技术交易来看，2020 年北京输出津冀的技术合同交易额为 347 亿元，占对外省市技术合同交易总额的 9.3%，其中输出河北 192.7 亿元，输出天津仅 154.3 亿元。也就是说，北京对外技术辐射超过 90% 均流向了津冀以外的地区，仅不到 10% 流向了津冀地区，北京在首都都市圈范围内的技术带动作用相对有限。2014 年以来，尽管北京对津冀技术合同交易额占外省市的比重总体呈上升趋势，由 2014 年 4.8% 增长至 2020 年 9.3%，但始终没超过 10%，且 2020 年相较上一年还有所下降。京津联动主引擎作用较为不足，数据显示，2020 年之前北京输出天津的技术合同交易额规模增长十分缓慢，一直滞后于北京输出河北的技术合同交易额规模水平，制约了天津作为区域中心城市辐射带动作用的有效发挥（图 8-2）。

3. 产业圈层面，制造业产业链条仍未有效衔接，需要处理好疏解与承接的关系

产业圈建设关键在于建立上下游衔接的产业链和供应链体系，但当前基于上下游的协同对接较为不足，北京"一核"制造业疏解与节点城市承接不畅。各个节点城市已建设超过 300 个产业承接平台，这些平台数量多、布局分散，部分载体定位重叠交叉。各地承接平台面临同质化

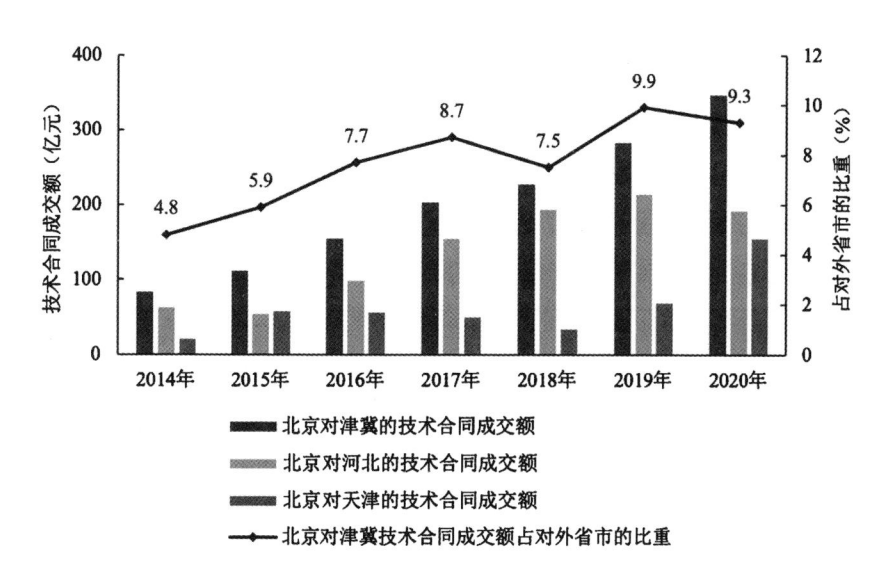

图 8-2 2014—2020 年北京输出津冀的技术合同成交额及占对外省市的比重
数据来源：2014—2020 年北京技术市场统计年报。

甚至恶性竞争，平台间缺乏统筹协调，难以形成全产业链条的集聚优势。根据 2020 年北京和河北规模以上制造业企业分行业的营业收入进行测算，选取两地营业收入规模最大的八个制造业行业，可以筛选出区位商大于 1 的行业作为其制造业主导产业。测算结果表明，北京的主导产业主要为医药制造业、汽车制造业、计算机、通信和其他电子设备制造业和食品制造业，河北的主导产业主要为黑色金属冶炼和压延加工业、金属制品业、石油、煤炭及其他燃料加工业以及农副食品加工业（表 8-3）。可以看出，两地在制造业主导产业上存在明显差异，无重合主导行业，产业基础差距较大。过于差异化的产业基础不利于生产要素的跨区域流动，造成基于上下游的产业链条仍未有效衔接，制造业疏解与承接难度较大。

表8-3 2020年北京与河北省规模以上制造业企业的分行业区位商

地区	行业	营业收入（亿元）	占制造业营业收入比重（%）	区位商
北京	汽车制造业	4283.28	25.31	2.98
	计算机、通信和其他电子设备制造业	4212.60	24.89	1.93
	医药制造业	1344.21	7.94	3.05
	专用设备制造业	947.83	5.60	1.59
	电气机械和器材制造业	916.70	5.42	0.75
	通用设备制造业	590.21	3.49	0.81
	食品制造业	522.86	3.09	1.54
	非金属矿物制品业	493.31	2.91	0.48
河北	黑色金属冶炼和压延加工业	13345.93	35.26	4.64
	汽车制造业	2764.17	7.30	0.86
	金属制品业	2587.89	6.84	1.68
	石油、煤炭及其他燃料加工业	2201.30	5.82	1.33
	农副食品加工业	2119.07	5.60	1.10
	非金属矿物制品业	1904.50	5.03	0.83
	化学原料和化学制品制造业	1903.93	5.03	0.76
	电气机械和器材制造业	1679.62	4.44	0.62

数据来源：北京统计年鉴2021、河北统计年鉴2021。

三 现代化首都都市圈建设的国际经验

全球最有名的现代化首都都市圈包括：以东京都市圈为内核的日本首都圈、伦敦都市圈、巴黎都市圈，其中以日本首都圈具有典型代表意义。本节总结日本首都圈发展历程与建设经验，以期对北京现代化首都都市圈建设有所启示。

（一）日本首都圈的建设历程

日本首都圈包括东京都、神奈川、千叶、崎玉、群马、栃木、茨城、山梨，共一都七县，相当于东京 100 千米—150 千米圈，整个圈域面积 3.69 万平方千米，占日本国土总面积的 9.8%。其中的首都圈的核心部分是包括东京、神奈川、千叶和埼玉一都三县的东京都市圈，相当于东京 50 千米圈，面积 1.35 万平方千米。东京都市圈也有文献称之为狭义日本首都圈。

日本首都圈人口约 4428 万人，占全国人口的 35.1%（2019 年）；作为全球最大的城市级经济圈，日本都市圈城市化水平达到 90%，经济总量约占全国 GDP 的 40%，第三产业占 GDP 的比重超过 80%。

日本首都圈建设历程与整个国家的经济发展密切相关，根据经济变迁的阶段划分，日本首都圈可分为三阶段：第一阶段为快速工业化阶段，包含第一次首都圈基本规划和第二次首都圈基本规划[①]。1958 年，日本战后经济复苏、人口产业向东京集聚、城市快速发展（类似 20 世纪 90 年代—2005 年的北京），基于该时代背景日本制定了第一部《首都圈基本计划》，提出将"卫星城"+"城市近郊绿化带"作为政府主要投资对象，即建设产业卫星城以疏散人口和在建成区周围设置 5 千米—10 千米的绿化带，注重改善城市居住环境。1968 年，日本经济处于高速增长阶段，地区间发展不平衡，在此期间，日本政府公布了第二次《首都圈基本规划》，加大对原有"卫星城"的投入力度，将"绿带"进一步向外延伸，推动工业、科研等功能中心的外移。

第二阶段为工业经济阶段，包含第三次、第四次和第五次首都圈基本规划。1976 年，受石油危机影响，日本经济发展由快速增长趋于稳定，经济社会结构发生变化，日本政府发布了第三次《首都圈基本规划》，提出打造区域多中心城市的广域城市复合体设想，推动外围地区港口、国际机场、大型公园等更多元功能的开发，东京空间规模由环状三层圈向多核型区域、城市复合体转变。1986 年，日本经历了以国际化和信息化为特征的经济全球化，社会逐渐步入老龄化，日本政府发布了

---

① 平力群：《日本经济变迁与首都圈规划更迭——以影响资源配置为视角》，《现代日本经济》2019 年第 2 期。

第四次《首都圈基本规划》，提出按圈层进行功能分工、构建外围自立型都市圈的设想，进一步推动政务管理、企业管理及生活服务等功能的外溢，但受到日本经济泡沫破灭的影响，外围城市副中心、商务核心城市建设距离目标最终有较大差距。

1999年，泡沫经济破灭后，在首都圈中心空洞化、价值观趋于多元化和个性化的时代背景下，日本政府公布了第五次《首都圈基本规划》，提出建立自立、互补、相互联系的分散化网络型空间结构，即在半径50千米以内建设都中心、业务核都市为主的环状节点都市群，在半径50千米—100千米以内建设整合区域的"环状大都市轴"，并打造约30个业务核都市作为广域合作据点，最终形成东京都市圈、关东北部地区、关东东部地区、内陆西部地区、岛屿地区五大自立型次区域。日本政府《首都圈基本规划》的五次思路调整，由限制城市发展转变为引导城市发展；由功能集聚转变为功能扩散；由关注城市活动转变为关注区域竞争力；由规划理念单一转变为规划理念多元化；规划主体从地方转变为中央，再转变为地方。

第三阶段为从工业经济迈向知识经济的成熟社会阶段，包含第六次和第七次基本规划。2006年，日本政府通过对第五次《首都圈基本规划》的微调编制了调整后的第一份《首都圈整备规划》，延续第五次规划所指出的"分散型网络结构"的基本方向，以建设"放射＋环状"的高效立体交通网络为突破口加大首都圈都县之间的空间连通性与可达性①。2016年，日本政府面对人口减少、少子化与劳动力不足、无社交的高龄化、巨大灾害压力、国际竞争环境变化等多元问题，针对日本首都圈发展遵循"互动"和"紧凑与网络"两个国家规划的概念发布了第二份《首都圈整备计划》。该计划涵盖"一都七县"，以10年为期限，以高质高效精细的"精致首都圈"和人地关系和谐的"共生首都圈"为目标，打造"对流型首都圈"的空间结构，促进都市与乡村的共生和对

---

① 王凯等：《日本首都圈协同发展及对京津冀都市圈发展的启示》，《现代日本经济》2015年第1期。

流,形成放射与联动型的多重环状结构。

(二) 日本首都圈的建设经验与启示

1. 推动首都都市圈空间结构的层级优化

日本首都圈空间结构经历了"单核环状圈层""多极结构的广域城市""多核多圈""分散型网络"最终到"功能紧凑型+网络"空间结构的演化。其中,通过建设"业务核心城市",将东京都中心部"一极集中"的首都圈地域结构转变为"多核多圈"的地域结构,以解决工作场所一极化集聚、东京都中心部住房紧张、通勤时间长、交通拥堵等大城市问题;围绕首都圈内各区域的"据点城市",均衡配置行政、居住、商业和文化等职能,打造具有高度自立性区域的同时,强化各据点之间的协作、交流、共享功能,形成高度互补的"分散型网络结构";加强区域之间的互动合作,促进区域间人、物、资金和信息等活跃流动,进而产生"对流"效应,实现"功能紧凑型+网络"的空间结构,在不断强化功能时分散风险,提升首都圈整体的国际竞争力。借鉴日本首都圈空间结构的演化过程,需要清醒认识我国经济发展所处阶段,处理好产业集聚、居民居住、环境优化三者之间的平衡关系,同时重视社会分摊资本投资对资源配置的影响,从而在规划中对都市圈空间结构进行下一步优化调整。

2. 实现首都都市圈功能定位的网络化

在空间结构优化的基础上,对于核心业务城市的功能定位也至关重要。日本首都圈规划注重立足不同地区的比较优势和区位特征,合理安排多圈层、多样化的副中心和卫星城等功能据点,最终形成东京都范围内的山手线副都心、东京圈范围内的业务核心城市以及首都圈范围内的中核城市三个圈层、三种类型的功能据点[1],实现东京都市圈功能定位的网络化。其中,第一圈层的山手线副都心位于都心区10千米以内,以

---

[1] 高慧智等:《网络化空间组织:日本首都圈的功能疏散经验及其对北京的启示》,《国际城市规划》2015年第5期。

明确的职能分工共同承担起首都的核心职能；第二圈层的业务核心城市位于距都心区10千米—70千米以内，属于"1小时通勤圈"内，其主要功能为行政、商贸、跨境物流、区域物流等，具备一定的独立性和区域辐射带动能力，以上两个圈层是承载东京首都功能的核心区；第三圈层的中核城市位于距都心区70千米—150千米的圈域范围内，具有最强的独立性和综合性，以工业、流通和科研为主要功能，为首都职能发挥提供了有力支撑。与此同时，日本政府的功能疏散工作也并非一帆风顺，需要政府通过创新财税政策、完善基础设施建设、弥合环境差异、构筑要素流通渠道等措施消除"中心—外围"的公共服务供给能力差异，为功能疏散提供强有力的外在支持，从而实现都市圈内功能定位的网络化。

3. 构建完善的广域交通、通信基础设施体系

空间通达性是日本实现都市圈协同发展的重要条件，日本首都圈的区域交通基础设施网络体现了可达性和便利性两个特征。在可达性方面，日本首都圈拥有全球最为密集的轨道交通网络，构建起以轨道交通为主导的地区地铁—区域轻轨—国家级高速铁路立体化轨道交通网络①，覆盖首都圈全范围，有效缩短了中心城市与周边城市、居住区与商务区之间的时间距离。在便利性方面，建设东京都中心与机场之间的"都心直通线"，加快交通工具间的连接②；打造多复线通道式布局的山手铁路环线，该铁路环形通道已成为世界上并行线路最多、列车运行密度最高、旅客运输量最大的都市圈客运走廊③；部分日本铁路公司通过与地铁公司合作，实现郊区铁路线与地铁的相互直通运行，发挥铁路网络化互联互通优势和保持统一制式④，使得郊区旅客能够直达中心各主要功能区，最大程度减少换乘需要，为市郊铁路进入核心区提供便利。借鉴日本首

---

① 常艳：《日本首都圈的规划建设对京津冀协同发展的启示》，《经济研究参考》2014年第59期。
② 王凯等：《日本首都圈协同发展及对京津冀都市圈发展的启示》，《现代日本经济》2015年第1期。
③ 武剑红等：《东京都市圈市郊铁路特点及对我国的启示》，《中国铁路》2017年第9期。
④ 蒋中铭：《东京都市圈市郊铁路发展对我国国铁的启示》，《北京交通大学学报》（社会科学版）2022年第4期。

都圈交通网络体系构建情况,应促进轨道交通规划与城市规划的融合,加强各业务城市、中心城与新城之间的交通连接,提供差异化的轨道交通运营服务,以交通基础设施的现代化为突破口,推进区域基础设施一体化发展。

四 现代化首都都市圈建设的实现路径

构建现代化首都都市圈是助力京津冀协同发展、实现高质量发展的重要抓手。现代化首都都市圈建设需要从都市圈功能体系、通勤圈、功能圈和产业圈4个角度着手推进,实现现代化首都都市圈的高质量发展。

(一)加强现代化首都都市圈建设,构建多中心、网络化的多核多圈型功能分工体系

建设现代化首都都市圈是发挥北京"一核"辐射带动作用,落实京津冀协同发展战略,将京津冀打造成世界级城市群的关键举措。现代化首都都市圈的建设要以城镇体系和功能布局为主要抓手,优化首都市圈的空间布局结构,促进分工合理、优势互补的产业功能合作,通过畅通资源要素流动实现空间优化配置,推动首都都市圈"通勤圈""功能圈""产业圈"三大圈层的协同联动发展。

首先,构建大中小城市分布合理的多层级城镇体系结构。通过加快培育中等规模的新城,选择具有发展潜力的小城镇,增强其对人口和产业的"反磁力"作用,使其成为宜居宜业、产城融合的首都都市圈外围重点城镇。具体而言,对于重点新城,通过提高居住的便利性和舒适度,增强生活吸引力;通过引导承接中心城区的产业发展,创造丰富的多元化就业岗位,增强就业吸引力。另外,也需要遵循市场规律有序疏解非首都功能,通过产业疏解带动外围城镇的发展,降低首都都市圈城镇体系的单中心极化水平。

其次,形成多中心、网络化的多核多圈型功能分工布局。现代化首都都市圈的功能布局需要在构建多层级城镇体系结构的基础上,建立合

理的区域分工与协作体系，根据圈层确定首都都市圈的城市功能布局，一方面优化中心城区的首都功能，将不符合首都功能的产业溢出到外围城镇；另一方面在外围重点城镇建设功能业务核心，形成具有特色产业的外围经济增长极，打造整合集成、协同互动、关联有序的业务和网络。

最后，建设完备发达的现代化综合交通网络体系。现代化首都都市圈的建设离不开现代化交通体系的保障。因此，需要在区域层面制定交通一体化发展规划，健全公路、铁路、航空等多种交通方式的有效衔接，打造安全便捷的立体化区域交通系统，形成互联互通的交通信息网络体系，尤其需要强化首都都市圈外围城镇基础设施和公共设施建设，将中小城镇建设成为节点型区域交通枢纽，最终促进城市之间的资本、人才、技术等要素的充分流动，为实现城市间产业合理布局及资源优化配置提供良好的基础。

（二）依托区域快线连接与公共服务配套，打造复合功能的职住平衡通勤圈

为加强现代化首都都市圈建设，通勤圈应以完善区域快线连接和加强公共服务配套为抓手，形成同城化效应，构建复合功能的职住平衡通勤圈。一要继续推动交通一体化建设，打造由城际轨道交通、高速公路、高速铁路构成的交通网络体系，扩大北京"1小时通勤圈"空间范围。增加环京地区至北京近远郊区的公交快线班次，缩短往返通勤时间，缓解高峰时段公路交通拥堵问题。加快推进圈层轨道交通系统建设，通过三维立体化的开发方式，增强轨道交通与北京地区地铁线网间的有效衔接，构建轨道上的职住梯度平衡。二要有序引导部分产业向环京地区转移，增加就业岗位供给。探索交界地区产业协同布局和统筹发展的长效机制，推动河北三河、大厂、香河由"睡城"走向"产城"，与北京通州区合力打造一体化高质量发展示范区。三要提升公共服务品质，提供复合多样化的城市功能，提高居住的便利性和舒适度。积极引导北京优质教育、医疗、文化等公共服务资源向环京地区转移，完善生活配套、商务办公、住房保障等基础设施，增强对人口和产业的吸引力与承载力。

(三) 以京津雄创新金三角建设为抓手，充分发挥北京"一核"创新辐射作用

功能圈应以京津雄创新金三角建设为抓手，依托京津、京雄、津雄产业带合理布局高端高新产业，引导创新要素有序流动，充分发挥北京"一核"对津雄的创新辐射作用，形成功能互补、错位发展格局。一方面，雄安新区作为北京非首都功能域外疏解的集中承载地，应利用这一重大发展机遇，积极吸纳和集聚创新要素资源，争取国家重大科研平台、项目在雄安新区中关村科技园和中关村示范区核心区协同布局，推动中科院的相关院所、国家重点实验室在雄安设立分支机构、研发平台和转化基地。大力支持雄安新区中关村科技园建设，继续推动"三校一院"交钥匙项目后续工作，努力将其打造成为北京科技成果转化的重要空间。另一方面，依托重点园区建设，强化京津双城联动发展。联合布局打造示范性的合作共建项目和枢纽型的联动发展平台，统筹北京的科技创新资源和天津的先进制造优势，贯通政策链、资金链、创新链、产业链，打造高科技制造业及现代高端服务业两大产业组团，率先推动"双城联动"发展项目落地，从而快速形成叠加示范效应。

(四) 理顺制造业分工与产业配套需求，建立上下游衔接的产业链和供应链体系

产业圈应在理顺制造业分工与产业配套需求的基础上，探索建立上下游衔接的产业链和供应链体系，完善北京制造业疏解与河北节点城市有效承接的发展模式。首先，从专业化分工来看，需要打破首都都市圈既有的垂直分工格局，通过京津联动辐射引领节点城市，推动高端制造业产业链向产业圈转移和辐射，重点推动金属制品、仪器仪表、电气机械、通用和专用设备制造以及医药制造业等产业联动发展，建立上下游衔接的产业链体系，打造一批布局整合化、定位特色化的高水平产业园区和承接平台。其次，与北京相比，天津和河北具有更为相似的产业基

础，应进一步发挥天津对节点城市的辐射带动，尤其是在化学纤维、化学原料和化学制品、非金属矿物制品、橡胶和塑料制品以及石油、冶金等原材料和资源加工制造业领域，推动形成优势互补、特色鲜明的产业分工体系。最后，围绕创新链布局产业链，推动京津高技术创新成果在节点城市转化，带动产业圈由传统制造业向高新技术制造业转型，鼓励京津科技企业和科研机构与节点城市建立合作研发、中试、生产的协作关系。

参考文献

常艳：《日本首都圈的规划建设对京津冀协同发展的启示》，《经济研究参考》2014年第59期。

高慧智等：《网络化空间组织：日本首都圈的功能疏散经验及其对北京的启示》，《国际城市规划》2015年第5期。

蒋中铭等：《东京都市圈市郊铁路发展对我国国铁的启示》，《北京交通大学学报》（社会科学版）2022年第4期。

平力群：《日本经济变迁与首都圈规划更迭——以影响资源配置为视角》，《现代日本经济》2019年第2期。

孙久文等：《双循环背景下都市圈建设的理论与实践探索》，《中山大学学报》（社会科学版）2021年第3期。

石晓冬等：《现代化首都都市圈规划的互动与协同》，《城市发展研究》2023年第5期。

王凯等：《日本首都圈协同发展及对京津冀都市圈发展的启示》，《现代日本经济》2015年第1期。

武剑红等：《东京都市圈市郊铁路特点及对我国的启示》，《中国铁路》2017年第9期。

赵弘：《以现代化都市圈建设推动京津冀城市群高质量发展》，《城市问题》2022年第12期。

第九章

天津推动京津冀协同发展走深走实

王　双　王雪滔　陈　滢[*]

摘　要：京津冀协同发展战略是习近平总书记亲自谋划、亲自部署、亲自推动的重大国家发展战略。十年来，京津冀三地在交通、产业、生态和公共服务等众多领域形成协同发展新格局。在新时代新征程上，以习近平同志为核心的党中央对京津冀协同发展战略作出新的部署、提出新的要求，为三地协同发展道路指明了京津冀协同发展的前进方向。天津作为京津冀协同发展战略中的重要一极，拥有出色的区位条件、雄厚的产业基础以及政策和人才优势。京津冀协同发展战略提出以来，天津立足于自身优势，在疏解北京非首都功能、服务支持雄安新区建设、促进三地产业、创新、基本公共服务、生态文明协同发展方面取得诸多成效。但同时，京津冀协同发展面临诸多瓶颈，亟需进一步加大协同力度，在更大范围、更深层次推动实现更多突破性进展。为此，本章在运用距离协同模型对京津冀协同发展水平进行量化分析的基础上，提出如下建议：营造公平、法治、便利高效的营商环境；完善天津载体功能，提升承接能力；健全京津冀三地产业合作机制，优化区域协同发展格局；发挥创新驱动作用，增强区域创新融合度；打造数字消费新业态；提升数字治理水平，加强天津与北京、河北等地的生态环境协同治理，打造京

---

[*] 王双，天津社会科学院党组成员、副院长、研究员，研究方向：京津冀协同、数字治理。王雪滔，天津社会科学院数字经济研究所博士，研究方向：京津冀协同、数字治理。陈滢，天津社会科学院数字经济研究所副研究员，研究方向：数字经济。

津冀生态协同圈；建立商旅文融合的区域协同绿色发展模式。

关键词：天津；京津冀协同发展；距离协同模型

一 天津推动京津冀协同发展主要成效与约束瓶颈

近年来，在京津冀协同发展战略规划与指导下，天津发挥自身优势，推动京津冀协同发展，是以习近平同志为核心的党中央在新的时代条件下作出的重大决策部署，是促进协调发展，形成新增长极的重大国家战略。在推动产业协同、交通联通、科技创新、生态环保、民生服务等方面取得了显著成效，同时也面临着一些瓶颈，尤其是体制机制、市场化改革、资源流动等方面的约束。坚持优势互补、互利共赢的原则，加强与北京和河北的协作联动，深化改革开放和创新驱动，将是提升协同发展质量和水平的重要方面。

（一）天津推动京津冀协同发展主要成效

1. 高质量疏解北京非首都功能，服务支持雄安新区建设

2014年以来，天津坚持把承接北京非首都功能疏解作为重要政治之责与发展之要，取得了显著成效[①]。为推进引进企业持续发展，天津市发改委出台《关于天津市促进承接北京非首都功能项目发展的政策措施（试行）》（简称《措施》），在鼓励人才落户、优化子女教育、完善医疗服务方面进一步加大政策支持力度。在《措施》执行期间，北辰区引进迪信通、万洋集团等优质园区运营企业，努力打造京津冀协同发展"微中心"；武清区引进中铁检验认证等项目、智能科技产业园等特色载体平台。

在京津冀协同发展关键时期，中共中央、国务院决定设立雄安新区。天津主动对接新区服务，全力支持新区建设，着力为这一"千年大计"

---

① 李国平、朱婷：《津冀协同发展的成效、问题与路径选择》，《天津社会科学》2022年第5期。

尽好天津责任，贡献天津力量。距离雄安新区设立仅半个月时间，天津党政代表团赶赴新区进行实地调研考察，与河北省签署推进雄安新区建设的发展战略合作协议，明确将通过"项目对接、企业流动、人员交流"等途径为新区建设出谋划策。2018年10月，在雄安新区规划方案编制的关键时期，天津市规划院、天津市建院、天津市园林院等多位规划设计领域技术骨干赴雄安新区，深度参与新区的整体规划设计、交通和市政基础设施规划，为雄安新区建设绘就"天津智慧"规划蓝图；2019年，天津港集团雄安服务中心揭牌设立，为雄安新区提供便捷出海口，有利保障新区对外贸易的高效顺畅。

"一基地三区"是天津在推动京津冀协同战略中的发展坐标。围绕"全国先进制造研发基地"定位，天津建设滨海—中关村科技园、京津中关村科技城等创新载体，吸引北京项目和创新资源在津落户[1]。利用自身制造业优势，依托现代先进技术，引进和培育360、麒麟软件、紫光云等一批新兴高技术龙头企业，打造集研发、生产、服务于一体的高端制造业平台，获批国家级车联网先导区，推动智能网联汽车、智慧交通等产业发展[2]。自2017年以来，天津已成功举办七届世界智能大会，充分展示天津在人工智能、大数据、云计算等领域的创新成果。围绕"北方国际航运核心区"定位，利用港口天然优势，建成全球首个"智慧零碳"码头。围绕"金融创新运营示范区"，天津建立海河产业基金，上线自由贸易账户体系，推动跨境人民币资金池、区域性股权市场、信用增信等创新业务落地。围绕"改革开放先行区"，天津落实营造企业家创业发展良好环境的"津八条"，推出民营经济"19条"。形成协同功能为促进京津冀地区产业、创新、人才协同提供良好土壤。

---

[1] 张颖：《滨海新区引育京津冀协同发展新动能研究——以天津滨海—中关村科技园为例》，《环渤海经济瞭望》2022年第1期。

[2] 米哲、刘平：《立足资源禀赋发挥比较优势 全力推进京津冀协同发展》，《天津日报》2022年10月22日第7版。

3. 促进基本公共服务一体化,深化教育医疗社保协同发展

在教育方面,天津推动与北京、河北各阶段教育资源共享和合作,签署《京津冀教育协同发展战略合作框架协议》,与北京共建清华大学天津高端装备研究院等一批高水平教育机构,通过引进北京优质教育资源,促进天津教育水平的提升;与河北共建一批高校联盟、中职联盟、义务教育联盟,实现高校、中职、义务教育等多层次的教育合作,实现了教育公平和质量提升。同时,天津还参与京津冀教育信息化建设,与北京、河北共建京津冀教育云平台,提供在线课程、远程教学、数字图书馆等多种服务,推动京津冀教育信息资源共享迈向新高度。

在医疗卫生方面,天津推进《京津冀医疗卫生协同发展规划》,深化医药卫生体制改革和重大体制机制创新,着力提高基本医疗卫生服务的公平性和可及性,天津医科大学与河北医科大学签订全面战略合作框架协议,在科研合作、人才培养以及社会服务等方面开展全面合作。天津与北京、河北共建京津冀健康云平台,提供电子病历、电子处方、电子保险卡等多种服务,推进区域内医疗信息资源共享。2023年京津冀三地医保部门联合印发《关于开展京津冀区域内就医视同备案工作的通知》,进一步促进三地医疗卫生领域协同发展。

在社会保障方面,天津与北京、河北推进社会保障制度的统一和对接,促进社会保障待遇的转移和互认,加强人员的自由流动和权益保障。三地共同签署《京津冀社会保险经办服务协同合作协议》,建立社会保险转移接续信息平台,实现社会保险跨区域转移接续与社会保险个人账户、缴费年限、待遇水平等信息的互联互通;推动三地定点医疗机构全部互认,实现异地就医结算的一站式服务,使得参保人员可以在三地任意一家定点医疗机构就医并享受报销,为区域内的参保人员提供更多的就医选择(表9-1)。

表 9-1　　　　　　　京津冀基本公共服务均等化政策汇总

领域	政策名称	主要内容	意义
教育	《京津冀教育协同发展战略合作框架协议》	三地签署各类合作协议168个，建立各类教育联盟和创新发展联盟，推进基础教育、职业教育、高等教育的协同发展	落实国家京津冀协同发展战略的重要举措，旨在优化京津冀区域教育协同发展布局，提升区域教育水平
医疗	《京津冀医疗卫生协同发展规划》	规划提出构建京津冀医疗卫生资源配置均衡化体系；构建京津冀医疗服务水平均质化体系；构建京津冀基本公共卫生服务均等化体系；构建京津冀医药卫生体制机制创新体系	深化医药卫生体制改革和重大体制机制创新，提高基本医疗卫生服务的公平性和可及性
社会保障	《关于开展京津冀区域内就医视同备案工作的通知》	京津冀三地参保人员，在三地所有定点医药机构住院、普通门诊就医、购药等，均视同备案	方便京津冀参保人员区域内异地就医
社会保障	《京津冀社会保险经办服务协同合作协议》	畅通数据共享渠道、优化社会保险信息互认、完善社保关系转移接续机制、加强社保待遇领取核查、推进社会保障卡应用合作、深化"一网通办""跨省通办"、加强培训交流合作	促进三地参保群众共享体制革新、机制创新、协同发展成果

资料来源：作者整理。

4. 推动基础设施建设协同实现新突破

在传统交通基础设施方面，天津与北京、河北加强铁路、公路、港口、机场等基础设施的互联互通，显著提升区域内运输效率与便利性。天津与北京共建运行速度快、班次密、安全性高的京津城际铁路、京滨城际铁路等多条城际线路，为京津两地的居民通勤和游客旅行提供快捷便利的出行方式；天津与河北共建覆盖范围广、连接节点多、运输能力强、服务质量高的津秦高铁、津保铁路等多条高速线路，实现津冀之间的快速联通；天津推动天津港集疏运专用货运通道、天津滨海国际机场三期改扩建工程等重大项目建设，为天津打造国际航运中心和国际物流枢纽提供坚实基础条件。

在新型基础设施领域，天津定位国家级车联网先导区，培育了一批智能网联汽车相关的龙头企业和高成长型企业，打造国内领先的智能网联汽车核心零部件产业基地；在智慧城市建设方面，天津市建设超过100个示范应用场景；建成60个数字乡村试点、300个智慧社区试点、超过30家互联网医院，数字经济核心产业增加值占GDP比重稳步提升。天津以数字化、智能化全面赋能经济社会各领域发展，不断提升城市能级和核心竞争力，推动城市治理体系和治理能力现代化。

5. 加快生态环保协同，文旅市场一体化发展取得新成效

在生态方面，天津与北京共建南水北调中线工程。该工程自2014年通水以来，已向京津输送超过100亿立方米的长江水，有效缓解了京津地区的水资源短缺问题，为京津两地的水资源保障和水环境改善提供根本解决之道。天津推动三地共建京津冀大气污染防治协作区，制订《京津冀及周边地区大气污染防治行动计划》，实施燃煤清洁利用、工业结构调整、机动车尾气治理等多项措施，为京津冀地区的大气污染防治和空气质量提升提供政策保障。通过水资源、环境质量、生态保护等领域的协同治理，区域内的生态安全和环境友好水平得到了提升[1]。

在文化旅游资源方面，天津加强与北京、河北文化和旅游资源的共享和合作，三地共建京津冀目的地文旅品牌馆，提供在线预订、导览、优惠等多种服务；建立了京津冀"信用+文旅"监管综合服务平台，实现跨区域文化和旅游行业信用信息的查询和共享，提高了文化和旅游市场的规范化和透明度，加强了消费者的权益和安全保障。天津开展了覆盖全年的"美好在一起"文旅IP主题促消费活动，与北京、河北联合举

---

[1] 张贵、孙晨晨、刘秉镰：《京津冀协同发展的历程、成效与推进策略》，《改革》2023年第5期。

办京津冀非遗展演等一系列文化和旅游活动,丰富了京津冀区域内的文化和旅游产品,满足了不同层次和类型的消费需求。

(二) 天津推动京津冀协同发展效果量化评价

学术界目前对于京津冀协同发展的研究多集中于定性方面,从政策、资源、产业和人才等角度对协同发展进行评价与分析,关于定量测度京津冀协同一体化程度方面的研究较少。少有的定量研究京津冀协同发展文献也多集中于产业、创新等某一独立视角,测算整体协同发展水平的研究数量较少。在研究方法上,既有研究主要通过灰色关联度、DEA(数据交换协议)、距离系统模型等测量区域发展现有状态与理想状态之间的差距来量化协同发展程度,其中距离协同模型可较为直接体现区域发展协同程度。鉴于此,本部分运用距离协同模型对京津冀协同发展水平进行量化分析。

1. 指标评价体系的构建

测度区域发展协同程度需要选取科学的指标体系,以反映京津冀三地协同发展内在联系。截至目前,学术界尚未就京津冀协同发展程度的评价指标达成一致看法。立足于京津冀协同发展战略目标,并兼顾数据可获得性,构建以经济、社会和资源环境为基础的评价模型。以现有文献为依据,将指标体系划分为目标层、准则层和指标层:目标层即为该指标体系的核心目标——京津冀协同发展。具体指标设定详见表9-2。

表9-2　　　　　　　　　　**京津冀协同发展指标**

目标层	准则层	指标层	变量	单位
京津冀区域协同发展	经济	人均地区生产总值	X1	元
		GDP增长率	X2	%
		城镇居民人均可支配收入	X3	元
		第三产业占比	X4	%
		公共财政收入	X5	元

续表

目标层	准则层	指标层	变量	单位
京津冀区域协同发展	社会	参加城镇基本养老保险人数	X6	万人
		每万人拥有医疗床位数	X7	张
		每万人高等教育在校学生数	X8	人
		每万人拥有公共交通车辆	X9	台
	资源环境	人均水资源量	X10	立方米
		工业污染治理完成投资	X11	万元
		生活垃圾无害化处理率	X12	%
		每平方公里人口数	X13	人

资料来源：作者整理。

2. 评价方法

本部分基于距离协同模型对京津冀协同发展水平进行测度①。具体过程如下。

（1）本部分选取的指标均为正向，以京津冀三地历年最大值为去量纲标准，标准化公式如下：

$$a_{ijt} = x_{ijt}/\max(x_{ijt}) \tag{9.1}$$

其中 x_{ijt} 表示 t 期子系统 i 的第 j 个指标，a_{ijt} 表示标准化后的值。$\max x_{ijt}$ 为所有年度子系统指标中最大值。

（2）确定样本区间内各项指标的正负理想点，各指标标准化后的数值是相对于最大值比较的结果，以最大值 1 为正理想点，0 为负理想点。

（3）计算历年中各子系统指标与其正负理想点距离，得出各子系统及整体的发展度。其中，子系统 i 在时期 t 与正负理想点的距离分别为 D_{it}^+、D_{it}^-，由以下公式计算得出：

$$D_{it}^+ = \sqrt{\sum_j (1-a_{ijt})^2} \tag{9.2}$$

---

① 王振坡、李彦晓、王丽艳、严佳：《京津冀协同发展下天津都市圈发展路径与对策研究》，《城市发展研究》2023 年第 1 期。

第九章 天津推动京津冀协同发展走深走实

$$D_{it}^- = \sqrt{\sum_j a_{ijt}^2} \tag{9.3}$$

子系统 i 在 t 期的发展度 d_{it} 为：

$$d_{it} = \frac{D_{it}^-}{D_{it}^- + D_{it}^+} \tag{9.4}$$

d_{it} 表示与最优发展状况的相对程度，值越大发展度越高，反之发展度越低。京津冀三地全样本期限内的发展度为 d_t。

$$d_t = \sum_t \omega_i d_{it} \tag{9.5}$$

其中 ω_i 为子系统 i 的权重，本书视京津冀三地对于协同发展的贡献相同，即 $\omega_i = 1/3$。

（4）计算三地之间灰色关联度与相互拉动因子。

绝对关联度用 u_{ij} 表示：设初始行序列为 $X_i = (d_{i1}, d_{i2}, \ldots d_{it})$，零化象为 $X_i^0 = (d_{i1} - d_{i1}, d_{i2} - d_{i1}, \ldots d_{it} - d_{i1}) = (d_{i1}^0, d_{i2}^0, \ldots \ldots d_{it}^0)$。

令：

$$|s_i| = \left| \sum_{k=2}^{t-1} d_{it}^0 + \frac{1}{2} d_{it}^0 \right| \tag{9.6}$$

$$|s_i - s_j| = \left| \sum_{k=2}^{t-1} (d_{it}^0 - d_{jt}^0) + \frac{1}{2} (d_{it}^0 - d_{jt}^0) \right| \tag{9.7}$$

则子系统 i，j 间的绝对关联度为：

$$u_{ij} = \frac{1 + |s_i| + |s_j|}{1 + |s_i| + |s_j| + |s_i - s_j|} \tag{9.8}$$

该值越大子系统关联度越高。

相对关联度 v_{ij} 表示子系统间发展度变化速度的联系程度，数值越大表明子系统间变化趋势越接近，将上述 X 换为 $X_i' = \left(\frac{d_{i1}}{d_{i1}}, \frac{d_{i2}}{d_{i1}}, \ldots, \frac{d_{it}}{d_{i1}} \right)$，即为相对关联度。

最后，计算子系统的综合关联度：

$$a_{ij} = \theta u_{ij} + (1 - \theta) v_{ij} \tag{9.9}$$

a_{ij} 综合反映子系统绝对和相关关联度。在研究中，将绝对关联度和相对关联度视为同等，即 $\theta = 0.5$。

（5）计算理想发展度及协同度。

理想发展度测算公式为：

$$d'_{it} = \sum_{j=1}^{k} \omega_j \beta_{ij} d_{jt} \quad (9.10)$$

子系统协同度测算公式为：

$$C_{it} = \frac{|d_{it}|}{|d_{it}| + |d_{it} - d'_{it}|} \quad (9.11)$$

则整个系统的协同度为：

$$C_t = \sqrt[k]{\prod_{i}^{k} C_{it}} \quad (9.12)$$

其中 k 为子系统个数。

（6）测算整个系统协同发展度。

$$CD_t = \sqrt{C_t d_t} \quad (9.13)$$

3. 评价结果与分析

按照上述方法对2009—2021年间京津冀地区协同发展程度进行计算，得出三地相互拉动因子、各自及整体发展协同度、区域协同度的具体结果，见表9-3、表9-4、表9-5。

表9-3　　　　　　　　京津冀三地间互相拉动因子

区域	京	津	冀
京	1.0000	1.0143	1.1562
津	0.9857	1.0000	0.8960
冀	0.8438	1.1040	1.0000

资料来源：作者基于距离协同模型自行计算得出。

表9-4　　　　　　　　京津冀三地及整体发展度

年份	发展度			
	京	津	冀	京津冀整体
2009	0.5082	0.4139	0.3943	0.4388
2010	0.5080	0.4150	0.3979	0.4403
2011	0.5547	0.4613	0.4264	0.4808
2012	0.5978	0.5091	0.4720	0.5263

第九章　天津推动京津冀协同发展走深走实

续表

年份	发展度			
	京	津	冀	京津冀整体
2013	0.6211	0.5483	0.5119	0.5604
2014	0.6590	0.5725	0.5329	0.5881
2015	0.6646	0.5917	0.5514	0.6026
2016	0.6940	0.6375	0.5783	0.6366
2017	0.7236	0.6643	0.5898	0.6592
2018	0.7294	0.6972	0.5952	0.6739
2019	0.7518	0.7031	0.6190	0.6913
2020	0.7896	0.6908	0.6222	0.7009
2021	0.7790	0.6819	0.5941	0.6850

资料来源：作者基于距离协同模型自行计算得出。

表9-5　　　　　　　　京津冀三地及整体协同度

年份	协同度				协同发展度
	京	津	冀	京津冀整体	
2009	0.7916	0.7781	0.7909	0.7869	0.6128
2010	0.7888	0.7619	0.7845	0.7784	0.6094
2011	0.8024	0.7825	0.7848	0.7899	0.6354
2012	0.8020	0.8032	0.7936	0.7996	0.6630
2013	0.7925	0.7823	0.8027	0.7925	0.6765
2014	0.7990	0.7962	0.8038	0.7997	0.6939
2015	0.8057	0.7992	0.8026	0.8025	0.7025
2016	0.8089	0.8018	0.8034	0.8047	0.7207
2017	0.8085	0.8104	0.8039	0.8076	0.7334
2018	0.8125	0.8095	0.8039	0.8086	0.7413
2019	0.8120	0.8105	0.8014	0.8080	0.7496
2020	0.8116	0.8134	0.8095	0.8115	0.7562
2021	0.8104	0.8046	0.7997	0.8049	0.7450

资料来源：作者基于距离协同模型自行计算得出。

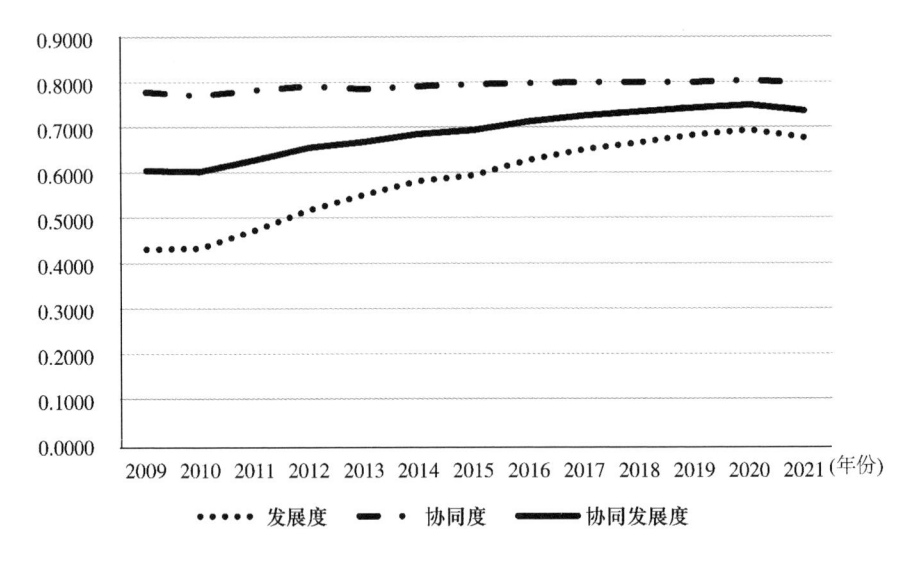

图 9-1　京津冀三地协同发展度

数据来源：作者基于距离协同模型自行计算得出。

首先，从三地互相拉动因子可以看出，天津对于北京和河北的发展具有重要拉动作用，其对于北京和河北的拉动因子为1.0143和1.1040，未来可通过加大对天津的政策支持力度全力促进北京、河北及整个京津冀地区的发展。其次，在2009年至2021年间，京津冀三地发展度、协同度以及协同发展度总体上处于上升趋势，其中发展度水平在2009年至2016年间提升较快，近年来提升速度明显放缓，2020年后出现一定程度下降趋势。协同度水平在2015—2017年提升速度快，这与2014年京津冀协同发展战略提出有关，但受制于协同发展中面临的约束瓶颈，2020年后协同度水平同样出现一定程度下降。在发展度及协同度变化趋势影响下，京津冀三地协同发展水平在2009—2020年稳步提升，2021年出现下降。

（三）天津推动京津冀协同发展中面临的约束瓶颈

天津在推动京津冀协同发展水平提升的同时，面临一些约束瓶颈阻碍协同水平的进一步提升，本部分主要从体制机制、市场化改革、产业协同、人才培养和资源流动等角度展开。

1. 体制机制约束

京津冀三地分属于不同的行政区划，存在一定程度的利益分歧和协调难度。为加强三地之间的沟通和合作，专门设立京津冀协同发展领导小组及相应办公室和专家咨询委员会，但此类机构尚存在权力和职责不够明确等问题。一是在财政收支、税收分配和转移支付、金融资源和信贷政策等方面。虽有相关税收惠企政策出台，但条件设定过高，涉及企业较少，尚无法形成合理的区域财力分配和调节机制，缺乏有效的利益协调和风险分担机制，导致资源配置效率低下，区域发展不均衡、不充分问题突出①。二是在京津冀三地企业资质和产品的认证与监管机制方面，京津冀三地对于企业资质的认证和跨地区衔接机制尚未完全确立，造成有些企业在跨地区搬迁之后需在迁入地重新申请，影响企业落地和后续经营。三是在京津冀三地的教育、医疗、社保、文化等公共服务领域存在较大差距，亟需构建包容共享、协同一体的都市圈公共服务新体系。然而，目前三地未能完全实现公共服务资源的共建共享和互联互通，也尚未健全统一的公共服务标准和评价机制。

2. 市场化改革约束

受历史传统影响，政府在市场化改革中难以割舍自身利益，导致支持市场政策力度不足。在企业市场化改革方面，由于国有企业所处的特殊地位，更易与政府形成互惠关系，且在面对银行信贷以及其他优厚的商业利益时通常被优先考虑，受到免于竞争的保护。由于缺乏必要竞争，国企经济效益指标表现一般，整体上国企利润增长率在波动中出现下降趋势。同时，支持民营企业发展的政策力度偏低，政府应采用一定的金融、财政等政策扶持民营企业发展，但目前支持民营发展的专项政策力度不足；在金融体系市场化方面，当前京津冀三地的金融市场多通过以银行为代表的第三方金融机构进行间接融资，造成信息不对称环境下的逆向选择，即金融机构为降低风险，对企业贷款进行严格审批，放款速

---

① 吴振林、刘祥敏：《天津深入推进京津冀协同发展重大国家战略对策建议》，《天津经济》2020年第8期。

度缓慢，导致资金需求者无法及时获得所需资金，影响生产进度，更易形成脱实入虚的资金投入导向，导致金融体系安全性难以保障，市场化改革步履维艰。

3. 产业协同约束

天津作为传统的重工业基地，产业结构调整速度缓慢。长期以来产能过剩、产业结构单一、高端制造业不足等产业发展的问题，不仅影响了天津自身的经济转型和高质量发展，也制约了天津与北京、河北的产业协同和优势互补；同时，三地产业协同机制不够完善，京津冀区域内产业链、创新链、资金链等要素的流动和配置效率不高，天津的产业承接能力有待提高，对北京疏解转移的产业吸纳不足，对河北辐射带动作用不强；另外，天津融入北京市场较为困难。天津有着与北京市场融合发展的巨大潜力和需求。然而，由于历史、制度、规则等方面的差异和障碍，京津两地市场融合发展仍存在一定的困难。

4. 人才培养约束

天津在推动京津冀协同发展的过程中，人才培养是其面临的主要约束瓶颈之一。首先突出表现为人才流动性不足，即三地区域内优秀人才不能够进行合理有效的配置。天津自身同样存在着人才流动性不足的问题，导致人才供给与产业发展需求不相适应。其次表现为高水平人才数量较为匮乏。天津高水平创新型人才的数量和结构都不理想，高水平创新型人才占全市专业技术人员总数的比例与北京、上海等城市相比存在较大差距。在人才结构方面，高水平创新型人才以应用型工程技术人员为主力群体，具备基础研究和原始创新能力人才数量不足。最后是职业教育与产业发展之间存在着供需不匹配、结构不平衡等问题。职业教育领域的专业设置与新兴产业发展需求和产业转型之间存在需求错配。

5. 资源流动约束

作为全国能源消费大省之一，天津能源消费总量和人均能源消费量均高于全国平均水平，能源安全压力大；金融资源方面，京津冀各地之间的金融信息共享和信用互认不充分，金融合作机制不完善，北京金融机构和金融市场占据绝对优势,天津的金融创新能力有待提升,缺乏适应区域协同发展的金融产品和服务,难以有效支持区域内创新型企业和战略性新兴产业良好发展;在技术创新层面,天津在推进三地协同发展过程中,面临着技术创新能力不足、技术转化效率低下、技术合作协调不力等问题。一方面京津冀地区的技术创新能力存在明显差异,北京在科技人才、科技投入、科技成果等方面具有明显优势,而天津和河北则相对滞后,导致区域内的技术创新水平不均衡;另一方面,三地的技术转化机制不健全,缺乏有效的成果转化平台。同时,三地在技术转移转化过程中涉及的知识产权、财税等方面缺乏统一的区域性技术规划和政策指导,各地之间的技术资源共享和合作项目推进不充分,存在一定程度的恶性技术竞争和利益分歧。

二 天津推动京津冀协同发展的内涵与理论基础

京津冀努力成为中国式现代化建设的先行区、示范区,赋予了京津冀区域在强国建设、民族复兴的新时代新征程上更大的历史使命和时代重任。京津冀协同发展是实现中国式现代化的区域实践,是区域生产力发展的战略性布局,是对新时代高质量发展要求和人民美好生活需要的回应和落实。

(一) 天津推动京津冀协同发展的内涵

天津推动京津冀协同发展,包括京津冀区域经济一体化、区域政务协同发展、区域创新协同推进、区域基础设施共建与区域生态环境共治等深刻内涵。

1. 区域经济一体化

区域经济一体化旨在通过促进商品、资本、人力等生产要素在区域内的自由流动和有效配置,实现区域内的经济利益和发展目标。其主要内涵首先包含产业一体化,打造高端引领和辐射带动的产业发展带和城镇聚集轴,推动传统产业转型升级和新兴产业创新发展,构建"京津研发，河北承接"的产业联动发展模式①。其次包含市场一体化，即通过破除区域内的行政壁垒和市场壁垒，实现市场规则、市场监管、市场准入等方面的统一，优化生产要素市场化配置，打造具有竞争力的营商环境，推动市场供给侧结构性改革，提升区域对外开放程度。天津推动区域经济一体化主要表现在积极承接北京非首都功能疏解以及锚定"一基地三区"定位，通过优化产业结构和布局，提升自主创新能力和核心竞争力，构建国内国际双循环战略支点，探索区域一体化发展体制机制。

2. 区域政务协同发展

政务协同是京津冀协作发展的关键内容之一，其根本目标体现在消除行政障碍，实现三地在政策、规划、标准、信息、资源等方面的衔接和共享，提升区域治理效率和公共服务水平，促进社会经济的协调发展。目前天津正在积极推进与北京、河北在政府管理、公共服务、社会治理等领域的协同发展。政务协同可以从以下两个方面进行理解：一是政策合作，即在重大发展战略、产业规划、基础设施建设、生态环境保护等方面，避免政策分割和竞争，构建统一协调的政策体系，寻求政策效果最大化。天津与北京、河北加强政策沟通和协调，推动建立区域间政策通用共享机制，打造高标准的制度规则和营商环境，制定并实施一系列促进京津冀协作发展的规划、方案和措施，形成多层次、多范围、多领域的政策合作机制，为区域协作发展提供政策保障。二是公共事务合作，即通过信息化手段，实现政务数据的共享和流动，提高政务服务的效率和质量，满足人民群众多样化生活需求。天津主动服务北京非首都功能疏解，大力支持雄安新区建设，承接北京优质产业和人才资源，提供高效便捷的公共服务和社会保障。例如，天津推动三地实现京津冀政务服务"同事同标""政务通办"，实现行政审批流程和办事效率的提升与优化；天津与北京、河北共建了京津冀生命健康集群，促进整合优化三地医疗卫生资源；天津打造"一张网、一次办、一窗通"的服务模式，通

---

① 王振坡、李彦晓、王丽艳、严佳：《京津冀协同发展下天津都市圈发展路径与对策研究》，《城市发展研究》2023年第1期。

过搭建统一的数据中心和业务协同平台，提升政府部门之间的数据共享和业务对接效率，为公众提供了体验优良、高效便捷的政务服务。

3. 区域创新协同推进

区域创新协同指三地在科技创新领域实现协调一致、优势互补、共建共享的发展模式。区域创新协同的内涵首先是创新体系协同，即在科技创新体系、科技创新平台、科技创新载体等方面，实现区域内的创新网络构建和空间优化，促进创新体系的一体化和高效化。天津推动三地共建京津冀中试基地等一批国家级和区域级的重大创新平台，推动开展"天河"超级计算机、飞腾CPU、麒麟操作系统等一系列重大科技项目的合作。为区域内科技人才和企业提供了高水平的研发条件和服务支持。其次是创新要素协同，即在科技人才、科技资金、科技信息等方面，实现区域内的要素共享和互联互通，消除要素分散和隔离，实现要素畅通流动和优化配置。天津积极推动三地科技金融、知识产权保护等方面的创新发展，为区域内的科技企业提供了资金支持和法律保障。再次是创新政策协同，即在科技计划、科技项目、科技奖励等方面，实现区域内的政策统一或互认，消除政策差异和壁垒，实现科技政策效果的最大化。天津提出与北京、河北共建京津冀协同创新联席会议制度，加强政策沟通、项目对接等一系列具体的举措，为三地协同创新打下制度基础。最后是创新成果协同，即在科技成果转化、产业化与服务化等方面，实现区域内的成果共用和价值挖掘，消除成果孤岛和浪费，实现成果利用的高效和公平[1]。天津利用自身的产业基础和市场优势，为北京的科技成果提供了转化和应用的广阔空间。例如，天津推动三地共建京津冀科技成果转化联盟，依托中关村在京外首个重资产投资项目的资源优势，打造天津滨海—中关村科技园，建成京津协作高质量产城融合示范区[2]。

---

[1] 王浩、赵红美、陈华、滕健：《京津冀协同发展下科技成果转移转化现状、问题及提升路径研究》，《天津经济》2022年第11期。

[2] 《为协同创新"赋能"奏响京津冀深度协同发展合奏曲》，《天津日报》2023年6月26日第5版。

4. 区域基础设施共建

基础设施协同指在交通运输、能源供应、信息通信等方面实现互联互通、优化配置与共建共享。天津在推动京津冀协同发展的过程中，加快了三地交通、能源、水利等基础设施的互联互通和互补互济，构建起了高效便捷的区域综合交通网络和安全稳定的区域基础设施保障体系，为三地协同发展提供了基础性支撑。基础设施协同的内涵包括三方面：一是交通运输协同共建，即在铁路、公路、航空、水运等方面，实现区域内的交通资源整合与交通安全便捷。例如，天津西站是京津冀地区重要的综合交通枢纽之一，实现了"四网融合"，并即将与大兴国际机场实现"空铁联运"，为区域内物质资源和人力资本提升流动效率提供了更为便利的条件。二是能源供应协同，即在电力、天然气、石油等方面，实现区域内的能源资源整合与能源安全节约。例如，天津与北京、河北共建了京津冀能源联网，在电力资源领域实现了配置优化和互济调度，提升电力供应效率的同时，保障其稳定供应。三是信息通信协同，即在政务数据、公共安全、社会信用等方面，达到区域内的信息共享和互联互通。例如，天津与北京、河北共建了京津冀政务信息共享平台，加强政务数据的共享和流转，促进政务服务效率和质量的提升。

5. 区域生态环境共治

生态环境协调发展的内涵首先是生态系统协同，即实现区域内的生态系统保护和恢复，消除生态破坏和退化，实现生态系统的稳定和健康；其次是生态安全协同，即在大气污染、水污染、土壤污染、固废处理等方面，实现区域内的生态安全风险防控和应急联动，消除生态安全隐患和威胁，保障生态安全；最后是生态文化协同，即在生态教育、生态科普、生态伦理等方面实现区域内的生态文化建设和传承，消除生态文化冲突，实现生态文化的繁荣和共享。天津推动三地共同制定和实施了一系列生态环境保护和治理的规划和措施，比如天津在《推动京津冀协同发展走深走实行动方案》明确了生态环境保护的目标任务，着力加强大气、水、土壤等污染防治和生态修复工作，推动形成绿色低碳循环发展模式。

（二）天津推动京津冀协同发展的理论基础

京津冀三地地缘相接，文化相近，为三地协同发展提供基础条件[①]。天津推动京津冀协同发展，是基于习近平总书记提出的"一盘棋"思想，遵循"一基地三区"功能定位，推动区域生产力布局和功能重构，实现区域一体化、京津同城化发展。其理论基础包括：

1. 区域经济协作理论

区域经济协作理论指研究不同区域间以何种方式来实现资源优化配置、产业协同发展、区域整体效益提升的基础性理论，其内涵囊括了区域间的经济合作方式、方法、成效等，是京津冀协同发展的重要指导性理论，也为京津冀经济领域协同发展的具体实践路径提供了理论来源。区域经济协作理论涵盖了区域协同创新、区域产业集聚等多个方面。创新是京津冀协同发展的核心驱动力，京津冀地区具备丰富的科技资源和人才优势，是我国创新驱动发展的重要示范区域。京津冀三地通过在科技创新领域加强合作，打造创新共同体，提高区域创新能力和竞争力，共同推动创新成果转化和应用，引领创新实现高质量发展。其是京津冀协同发展的重要手段，京津冀地区具有不同的产业特色和优势，通过优化产业布局，可以实现产业结构优化升级，促进产业转移和融合，锻造产业链条及价值链条，提高产业效率和附加值。

2. 区域协同治理理论

区域协同治理理论是京津冀协同发展的基础途径和保障条件，是推进区域治理现代化的必要要求。区域协同治理突出区域内各主体之间的合作关系，以及区域间的互动和互补关系。协同治理理论主要说明区域间的治理主体、治理目标、治理机制、治理效果等问题，为京津冀协同发展提供治理思路。区域协同治理的意义在于充分利用各主体的优势和资源，提高区域治理的效率和效果，增强区域治理的适应性和创新性。

---

① 孙久文、程芸倩：《京津冀协同发展的内在逻辑、实践探索及展望——基于协同视角的分析》，《天津社会科学》2023年第1期。

其目标是实现区域内部的经济社会发展、生态环境保护、公共服务提供等方面的平衡和协调，以及区域间的竞争与合作、分工与整合、差异与统一等方面的平衡和协调。通过构建多元主体参与、多层次协调推进、多方面利益平衡的区域协同治理体系，推动京津冀在加强生态环境保护、公共服务均衡化、基础设施互联互通、社会管理共治等方面加快协同治理能力建设，从而构建区域协同治理多元格局。

三 天津推动京津冀协同发展的对策建议

（一）优化营商环境，完善载体功能，提升承接疏解能力

营造公平竞争、法治保障、便利高效的营商环境。加强与北京、河北的政策协调和制度衔接，推进市场化改革，打造高标准市场体系，实现京津冀营商环境一体化发展，为企业提供更多便利和优惠。深化国际交流合作，扩大开放领域和层次，提高开放型经济水平和国际化程度，鼓励区域内企业转型升级、创新发展、参与国际竞争。完善营商环境评价体系，按照国务院《优化营商环境条例》的要求，落实《天津市优化营商环境责任清单》，细化各区、各部门在优化营商环境方面的具体举措和工作目标，探索"企业调查+专家评估+数据分析"相结合的方法，完善营商环境指标体系、监测评估机制、激励约束机制，定期对区域内营商环境进行科学合理评估，并及时公布评价结果和改进措施。深化落实《京津冀营商环境一体化框架协议》，推动京津冀营商环境一体化发展评价指标体系逐步完善。

首先，完善载体功能，提升承接能力。聚焦重点平台，充分利用天津港、临港综合保税区等重要平台，加快集成电路产业全流程保税试点等重大项目进程，提升创新能力和辐射带动作用。加强与北京产业对接和资源共享，形成以滨海新区为龙头，以中心城区为核心，以武清、宝坻、静海各区为交点的承接格局，提升全域承载能力。深化现有政策落实的同时，创新加大优惠政策支持力度，鼓励企业和人才落户天津，吸引更多高端项目和高质量资源落户天津。其次，充分发挥自身优势，重

点承接北京总部企业、研发转化资源、先进制造业、国际航运资源、现代服务业等功能，争取更多符合"一基地三区"功能定位的非首都功能疏解到天津。

（二）健全产业合作机制，优化区域协同发展格局

一是优化产业布局，强化产业规划对接协调工作。结合产业优势和发展需求，制定符合区域协调发展的产业规划。二是坚持以智能科技产业为引领，发挥世界智能大会等重大载体平台优势，加强人工智能、大数据、云计算、集成电路等领域的创新合作，提高生产效率和质量，建设全国先进制造研发基地。推动智能科技产业与传统优势产业和新兴产业的深度融合，加快推进传统产业绿色转型升级，实现集中布局、提质增效、提升产业链的附加值和竞争力，促进产业互通互联，加强与北京、河北的产业合作，深化与北京、河北等地产业链上下游的合作关系，利用港口、交通、科技等优势，打造国际贸易和物流中心、高端制造和研发基地、金融创新和服务平台等不同层次功能区，与北京的政治文化中心、河北的生态休闲区相互配合，实现区域内产业链、供应链与价值链的优化配置，打造优势互补、分工协作的产业体系。

科学规划津冀港口布局和分工，充分发挥天津港作为北方国际航运核心区的引领作用，优化河北沿海港口的功能定位和业务结构，形成布局合理、功能互补、协同高效的世界级港口群；提升港口服务功能，加强与区域产业、物流园区、运输通道的有效衔接，打造港口与城市、产业、物流的一体化发展模式。根据市场需求和供给侧结构性改革的要求，以国有主力港口企业资源整合为重点，通过资产划拨、股权投资、合资合作等方式，加快港口资源整合，避免同质化过度竞争，提高港口经营效率和竞争力；按照《加快推进津冀港口协同发展工作方案》要求，重点推进津冀间港口资源整合；进一步明确天津港和河北港口的功能定位，打造天津港综合性门户枢纽提升航运中心功能，实现与河北港口有效互动。加快推动"道道经济"升级为"港口经济"，依托港口开展冷链、汽车等专业物流业务，拓展物流产业链，将港口服务功能向华北、西北等腹地延伸，提升港口铁路集疏运通道能力。

（三）发挥创新驱动作用，增强区域创新融合度

一是推动创新体制机制改革。积极响应国家科技体制顶层设计变革，强化区域内科学技术部门的战略规划、资源统筹、政策法规等宏观管理职责，完善科技创新投入机制。加大基础研究投入力度，提升基础研究在研究与试验发展经费中的比例，强化面向国家、京津冀战略需求和经济社会发展的基础研究，通过制定长期发展规划，稳定保障基础研究投入强度，提升原始创新和关键核心技术攻关能力。优化科技创新投入结构，构建多元化投入机制，充分利用税收杠杆等政策吸引企业、个体资金投入到科技创新领域，通过对企业科技创新投入给予加倍加计扣除，对企业或个人捐赠用于创新的费用给予加倍所得税前扣除等方式，鼓励企业和社会力量加大对创新的投入力度，加大对海河实验室、天津药物研究院、细胞谷等重点创新平台的投入和支持，提升创新能力和水平。

一是建设现代化创新平台，发挥创新平台带动作用，增强区域产业链、创新链融合度。加强现代化创新平台的顶层设计，明确发展目标和路径，加强现代化创新平台的建设和运营管理，提升平台的质量和效率。整合优化资源配置，建设高水平的科研平台和学科交叉融合的创新平台，提供优质的实验设施、科研支持和人才培养环境，提升创新链整体效能。加强对现代化创新平台的管理和服务，提高平台的资源利用率、项目转化率、成果产出率等指标；加强与北京、河北等地的政策沟通和协调，形成京津冀现代化创新平台的协同发展机制，深度对接北京的高精尖产业和科技创新平台，共同打造京津冀国家科技创新中心。加强对创新人才的引进和培养，构建人才高地。加强与北京、河北等地的人才交流合作，推动人才资源共享互认，落实《京津冀专业技术人员职称资格互认协议》；完善人才政策和激励机制，吸引并留住高层次人才和专业人才。完善符合科技创新特点和规律的评价机制，调整科研绩效硬性标准评价办法，降低科技创新人员评聘、薪金收入分配过程中对核心论文、高级别项目或专利等评估权重，弱化科研经费拨付、重点学科申报以及学术成果评价与人才称号之间的关系，鼓励科学家大胆探索，打造一批敢于啃硬骨头的战略科技力量。适当延长成果考核周期，营造长期潜心研究的科研环境；提升创新科研人员配套政策支持力度。进一步落实"海河英才"等人才行动方案，为优秀人才放宽落户条件、加大项目启动支持、实施培养计划，并对其亲属按照能力安排工作岗位，增强科研创新人才的归属感；利用财政资金为引进的人才优化生活配套服务，降低个人所得税对科研创新人员奖励免税门槛，通过减免或者退返税赋来减轻科研人才缴税负担。

（四）助力新基建，培育数字消费新业态，提升数字治理水平

充分发挥区位优势和产业基础，加强与北京、河北等地的信息网络互联互通，构建高速、高效、高质的数字经济走廊，提升区域内信息共享和数据资源流动效率。加快5G网络、物联网、数据中心等通信基础设施的建设和升级，为京津冀协同发展提供强大的数字支撑；积极推进传统基础设施的智能化改造，提升区域内的生产效率和服务水平，利用人工智能等新一代信息技术，对交通运输、物流仓储、能源供应等领域进行智能化升级，实现京津冀三地资源优化配置与节能减排降耗等发展目标。

一是培育和扶持数字消费新业态新模式。加强与北京和河北在数字消费领域的资源共享和互利互惠，建立有效的协作机制，共同推进数字消费的规范发展和创新发展。通过培育智慧养老、智慧教育、智慧医疗等具有社会效益和公益性的数字消费项目和服务，实现线上线下资源的互通互补、优势互换、价值共创，打造京津冀数字消费市场和生态，提升京津冀数字消费水平和质量。推动传统产业商业与数字技术的深度融合，优化线上线下一体化的消费体验，鼓励不同领域和行业之间的跨界协作，提升跨界融合消费产品服务。

二是提升数字治理水平，打造社会民生协同新引擎。完善数据资源管理和利用机制，推进政府部门间数据共享开放，构建统一的数据中心和数据目录服务平台，实现数据资源的高效整合和优化配置。深化教育医疗领域的数字化改革，打破地域限制，推广在线教育、远程医疗等新模式新业态，实现优质教育医疗资源的均衡配置和共享。加快社会保障领域的数字化创新，完善社会保障信息系统和数据平台，落实《京津冀医疗保障协同发展合作协议》，实现社会保障信息的互联互通和一体化管理，提高社会保障服务的精准性和普惠性。促进就业创业领域的数字化发展，提高就业创业服务的有效性和满意度；加快推进政务云平台和大数据中心建设，实现政务数据的集约化、智能化、共享化，打造统一基础支撑平台，实现跨区域、跨部门、跨层级的数据共享和业务协同。深入推进"最多跑一次""一网通办""一网统管""一网协同"等政务服务创新，推动"津心办"平台与京津冀一体化政务服务平台移动端无差别受理、同标准办理，实现跨省通办、京津冀通办。

（五）优化扩大生态空间，建立商旅文融合的区域协同绿色消费圈

构建以生态为核心，以协同为特征，以治理为手段的区域合作平台，推动区域内各地的生态环境保护、修复、提升，实现区域内生态系统的健康和稳定；完善京津冀区域生态补偿机制，科学界定补偿主体和受偿主体，制定合理的补偿标准，采取资金补偿与实物补偿相结合的方式，维护区域生态补偿机制的公平性和有效性，确定合理的补偿金额或物品，通过完善区域生态补偿机制，可以激励各地加强生态环境保护和建设，实现京津冀区域生态环境治理的成本共担与收益共享。划定生态保护红线，实施分区管理，全面保护森林湿地绿地资源，营造成片森林、联通水系和恢复洼淀湖沼湿地。加强环首都国家公园、森林公园、湿地公园建设，优化美化城乡人居环境。在京津冀生态协同圈内加快构建环首都生态屏障，并辐射到太行山、燕山和渤海湾的大都市型生态协同发展区。

建立商旅文融合的区域协同绿色发展模式。加强与北京、河北的文化和旅游合作，打造京津冀文化旅游带和特色旅游协作区。强化天津文化和旅游行业的引领示范作用，深入挖掘天津的历史文化资源，打造具有天津特色的文化名片和城市符号。加强对意式风情街、五大道、海河沿岸等历史文化名城资源的保护利用，突出天津都市风情和现代气息的融合，推进杨柳青大运河国家文化公园建设规划，突出天津的历史文化特色和地域文化魅力。加强对非物质文化遗产、老字号、名人故居等传统文化资源的传承弘扬，突出天津民俗技艺和津味风格的特色。充分发挥天津港口城市的优势，打造国际化的海上门户和滨海休闲度假目的地。推进天津邮轮母港建设，提升邮轮服务水平和品牌影响力，拓展邮轮市场规模和范围，打造国内领先、国际一流的邮轮旅游目的地。推动滨海新区旅游业转型升级，打造具有国际竞争力的滨海休闲度假区，开发一批集海岸风光、海上运动、海洋科普、海鲜美食等于一体的滨海旅游产品。

参考文献

李国平、朱婷：《津冀协同发展的成效、问题与路径选择》，《天津社会科学》2022年第5期。

张颖：《滨海新区引育京津冀协同发展新动能研究——以天津滨海—中关村科技园为例》，《环渤海经济瞭望》2022年第1期。

米哲、刘平：《立足资源禀赋发挥比较优势　全力推进京津冀协同发展》，《天津日报》2022年10月22日第7版。

张贵、孙晨晨、刘秉镰：《京津冀协同发展的历程、成效与推进策略》，《改革》2023年第5期。

李健、范晨光、苑清敏：《基于距离协同模型的京津冀协同发展水平测度》，《科技管理研究》2017年第18期。

吴振林、刘祥敏：《天津深入推进京津冀协同发展重大国家战略对策建议》，《天津经济》2020年第8期。

王振坡、李彦晓、王丽艳、严佳：《京津冀协同发展下天津都市圈发展路径与对策研究》，《城市发展研究》2023年第1期。

王浩、赵红美、陈华、滕健：《京津冀协同发展下科技成果转移转化现状、问题及提升路径研究》,《天津经济》2022年第11期。

《为协同创新"赋能"奏响京津冀深度协同发展合奏曲》,《天津日报》2023年6月26日第5版。

孙久文、程芸倩:《京津冀协同发展的内在逻辑、实践探索及展望——基于协同视角的分析》,《天津社会科学》2023年第1期。

第十章

河北推动京津冀产业协同发展的评价、逻辑与展望

田学斌　洪　帅　陈艺丹[*]

摘　要：京津冀协同发展十年来取得了举世瞩目的成绩，河北在推动京津冀产业协同发展抢抓协同机遇的同时也彰显出新担当。本章在总结京津冀产业协同主要成效和对相关政策进行评价基础上，详细阐述河北推动京津冀产业协同发展的内在逻辑：产业协同的邻近共享升级；区域内创新要素溢出与禀赋结构升级；绿色发展战略驱动新旧动能转换。围绕河北进一步推动京津冀产业协同发展，提出协同打造高端产业集群新高地四大战略路径：以类市场机制强化多主体协同内生动力，以区域化集群优化产业转移合作空间效益，以产业链、创新链协同推进河北产业升级，以营商环境优化保障禀赋结构支撑产业升级。

关键词：京津冀；产业协同；协同发展

近十年来，在党中央坚强领导下，在中央有关部门和单位大力支持配合下，京津冀协同发展取得了丰硕成果，非首都功能疏解与承接工作有序推进，京津冀产业协同发展不断迈上新台阶。河北省在对接京津服

---

[*] 田学斌，河北经贸大学党委常委、副校长，京津冀协同发展河北省协同创新中心执行主任、区域与产业发展研究中心主任、研究员，研究方向：京津冀协同发展、区域经济、区域产业。洪帅，河北经贸大学京津冀协同发展河北省协同创新中心助理研究员。陈艺丹，河北经贸大学经济研究所助理研究员。

务京津过程中加快发展自己，推动雄安新区建设不断取得新进展，非首都功能承接能力进一步提升。河北坚持问题导向，携手京津持续用力破除制约京津冀产业协同发展的行政壁垒和体制机制障碍，为京津冀产业协同发展注入新动力。

一 河北推动京津冀产业协同发展主要成效与政策评价

京津冀协同发展重大国家战略实施以来，河北省委、省政府坚决贯彻习近平总书记重要指示精神，认真落实《京津冀协同发展规划纲要》。京津冀协同发展目标下，产业协同是京津冀协同发展的实体内容与关键支撑，对有序疏解北京非首都功能、京津冀产业对接协作、区域协调发展有深刻影响。

（一）河北推动京津冀产业协同发展主要成效

河北贯彻落实国家《京津冀产业协同发展实施方案》要求，强化大局观念，建立对接机制，产业协同规模持续扩大，产业布局结构不断优化，产业层次日趋清晰，产业转移集聚加速推进，产业创新活力持续迸发，推动京津冀产业协同发展取得显著成效。

1. 产业协同规模化演进

河北扎实推进京津冀产业协同发展，实现了产业协同规模化演进。京津冀2014—2022年地区生产总值逐年上升，如图10-1所示。即便受到新冠疫情的严重冲击仍稳中有进，2022年北京和天津较上年分别增长1.4%和3.9%，而河北较上年增长4.9%。

2023年上半年，京津冀地区生产总值已经达到了4.9万亿元，同比增长5.6%，如图10-2所示。河北地区生产总值达到20778.9亿元，略高于北京，显著高于天津，同比增长6.1%。这说明京津冀产业协同规模化增长显著，河北在推动京津冀产业协同发展过程中发挥着越来越重要的作用。

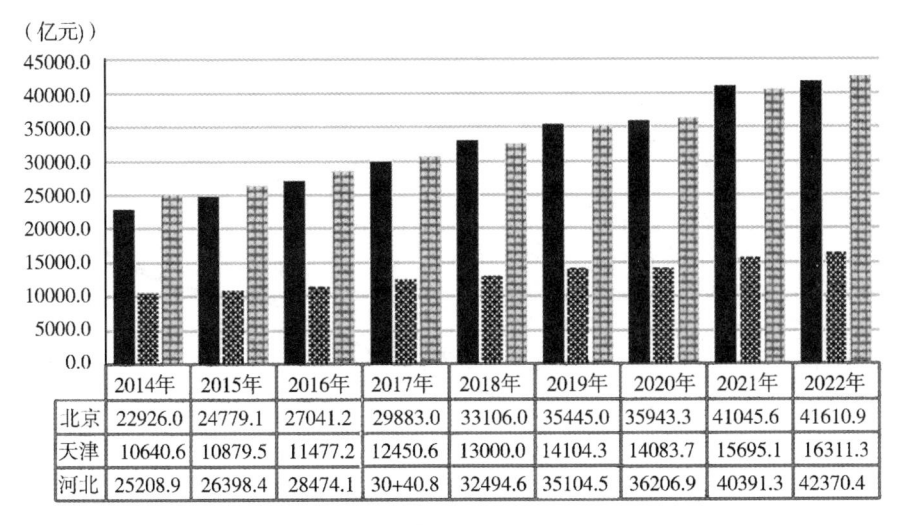

第十章 河北推动京津冀产业协同发展的评价、逻辑与展望

	2014年	2015年	2016年	2017年	2018年	2019年	2020年	2021年	2022年
北京	22926.0	24779.1	27041.2	29883.0	33106.0	35445.0	35943.3	41045.6	41610.9
天津	10640.6	10879.5	11477.2	12450.6	13000.0	14104.3	14083.7	15695.1	16311.3
河北	25208.9	26398.4	28474.1	30+40.8	32494.6	35104.5	36206.9	40391.3	42370.4

图 10-1 2014—2022 年京津冀地区生产总值

资料来源：京津冀统计年鉴。

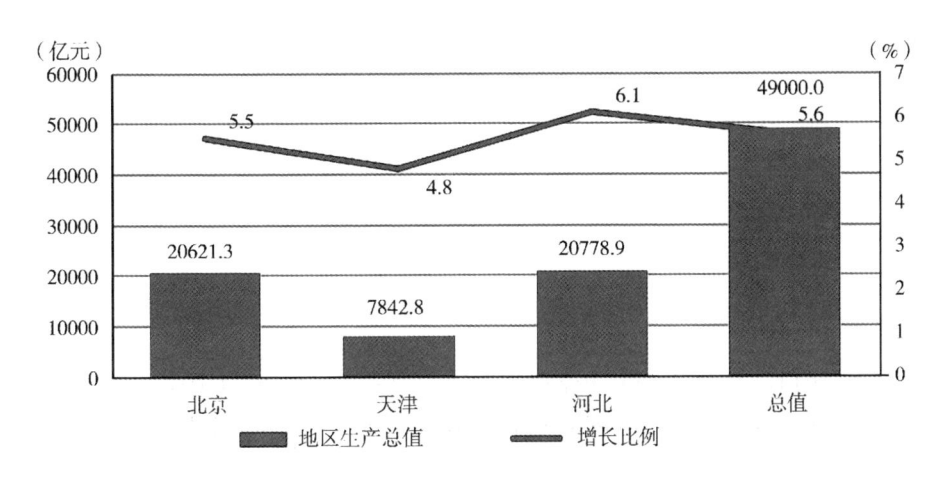

图 10-2 2023 年上半年京津冀实现地区生产总值

资料来源：京津冀统计公报。

京津冀产业协同效能逐步显现，三地联系不断加深，区域发展水平不断提高，区域发展指数逐年递增，如图 10-3 所示。因受到疫情影响，2020 年区域发展总指数上升较少，但在 2021 年实现了大幅度增长。

2022 年区域发展总指数尚未公布，根据京津冀区域发展总指数变化趋势，预计也会高于 2021 年。

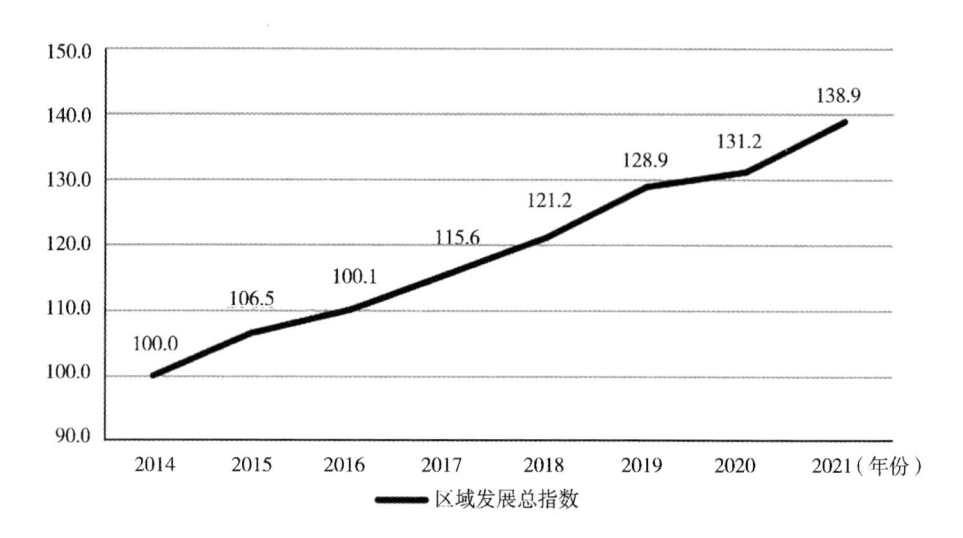

图 10 - 3　京津冀区域发展总指数

资料来源：京津冀统计年鉴。

京津冀产业规模持续扩大，区域发展不断向好，三地经济持续走高，产业协同发展迈上新台阶，持续推动产业协同规模化演进。河北积极发挥自身优势，积极对接京津，加强协同合作，推动京津冀产业规模化演进目标的实现。

2. 产业布局结构化调整

河北积极推进京津冀产业协同发展，坚持产业转移与产业转型升级、创新能力提升相结合，坚持培育产业集群竞争力、适应资源环境承载力相结合，不断调整优化区域产业布局。

从京津冀产业结构看，京津冀三次产业占比呈现动态变化，2014—2022 年京津冀三次产业占比情况如图 10 - 4 所示。2014—2022 年北京第三产业占比保持在 80% 以上，呈现上升—下降—上升的波动态势，远高于天津和河北第三产业占比；北京第二产业占比维持在 16%—19% 之间，呈现下降—上升—下降的波动态势，低于天津和河北第二产业占比；

第十章 河北推动京津冀产业协同发展的评价、逻辑与展望

北京第一产业占比则不到1%。2014—2022年天津第三产业占比在55%—63%之间波动，呈现上升—下降的倒"U"型态势；天津第二产业占比在35%—43%之间波动，呈现先下降再上升的"U"型态势，虽有增长但未恢复到2014年的峰值状态；天津第一产业占比约在1%—2%之间。2014—2022年河北第三产业占比在42%—52%之间波动，呈现上升—下降的倒"U"型态势；河北第二产业占比在38%—46%之间波动，呈现下降—上升—下降的波动态势；河北第一产业占比维持在10%—13%之间，远高于北京和天津第一产业占比。

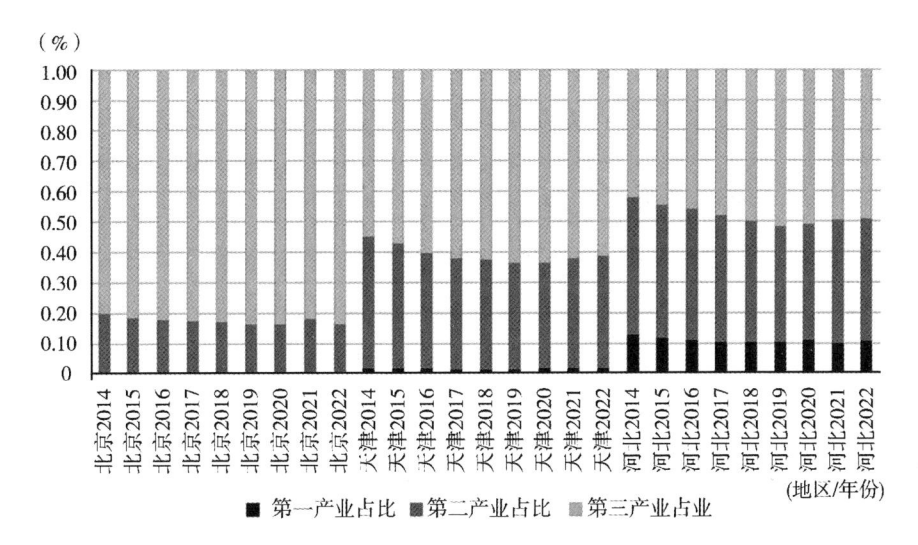

图10-4 2014—2022年京津冀三次产业占比

资料来源：京津冀统计年鉴。

从京津冀三次产业增加值来看，京津冀地区生产总值主要靠第三产业和第二产业拉动，2014—2022年京津冀三次产业增加值情况如图10-5所示。2014—2022年北京第三产业增加值呈现逐年上升的趋势，到2022年达到34894.3亿元；北京第二产业增加值呈现先上升后下降的态势，在2021年明显增长后，在2022年又明显下降；北京第一产业增加值相对比较稳定。2014—2022年天津第三产业增加值呈现出整体上升趋势，第二产业增加值呈现出先下降后上升的态势。2014—2022年河北第

三产业、第二产业和第一产业增加值均呈现出逐年上升的态势，其中第二产业增加值在2021年增长幅度较高。

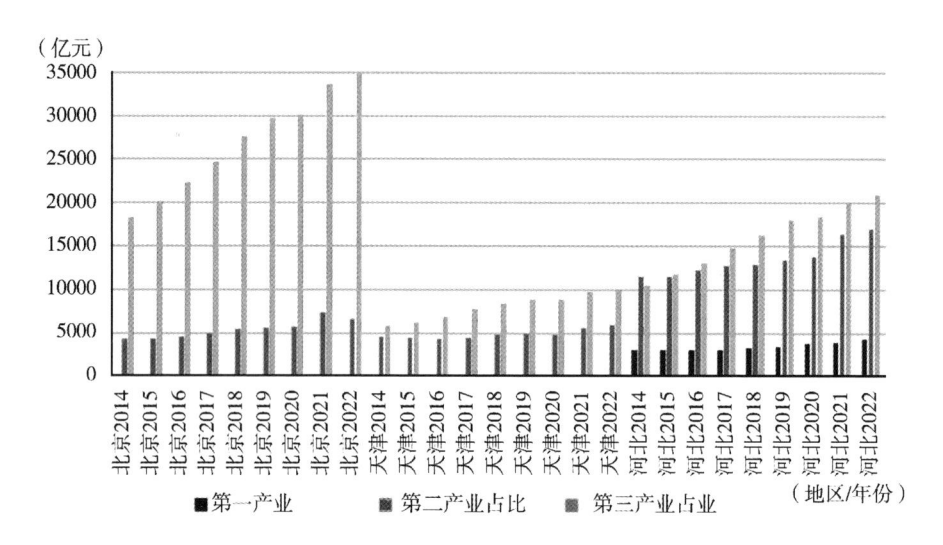

图10-5　2014—2022年京津冀三次产业增加值

资料来源：京津冀统计年鉴。

2023年上半年，河北规模以上工业战略性新兴产业增加值同比增长8.5%，其中，新能源整车制造增长1.4倍，光电子器件制造增长74.7%，风能原动设备制造增长55.4%；高新技术产业增加值增长8.0%，占规模以上工业增加值比重为20.8%。2023年二季度末，河北企业法人164万个，比上年同期增加20.8万个，增长14.5%；占全部法人单位的88.5%，同比提高0.4个百分点。这体现出河北新产业成长迅速、新业态持续壮大、新主体较快增长的发展趋势。

京津冀区域经济的可持续增长为河北传统产业向高新技术和高附加值产业转型、推进产业布局结构化调整与优化升级提供了坚实基础，也有助于京津冀地区形成更加协同和更具活力的产业生态系统，促进京津冀产业协同发展。

3. 产业层次基础性优化

自2014年京津冀协同发展战略实施以来，京津冀产业协同发展不断

第十章　河北推动京津冀产业协同发展的评价、逻辑与展望

推进，这就需要产业层次基础性优化，从硬件方面建设新型基础设施和提升传统基础设施，从软件方面建设数字型政府和加快推进产业数字化转型。

中央财经委员会第十一次会议指出，要强化基础设施发展对国土空间开发保护、生产力布局和国家重大战略的支撑，加快新型基础设施建设，提升传统基础设施水平。高标准高质量建设雄安新区以吸引更多央企总部及二、三级子公司或创新业务板块等落户，积极推进新型基础设施建设，着力培育空天信息和卫星互联网产业等创新链，推进京津冀产业创新在河北落地实施等。雄安新区作为北京非首都功能疏解集中承载地，从"规划先行"到"雏形凸显"。"轨道上的京津冀"主骨架形成，与京津联手打通拓宽"对接路"2089公里，"四纵三横"高速公路和对外干线公路网全面建成。

2022年河北在科学研究和技术服务业的生产总值为732亿元，比上年增长6.4%。河北重视科技创新传统基础设施，不仅大力建设科技中心，如图10-6所示，还组织实施国家和省高新技术产业化项目609项，其中在建国家重大专项和示范工程项目16项，新增国家重大专项和示范工程4项。

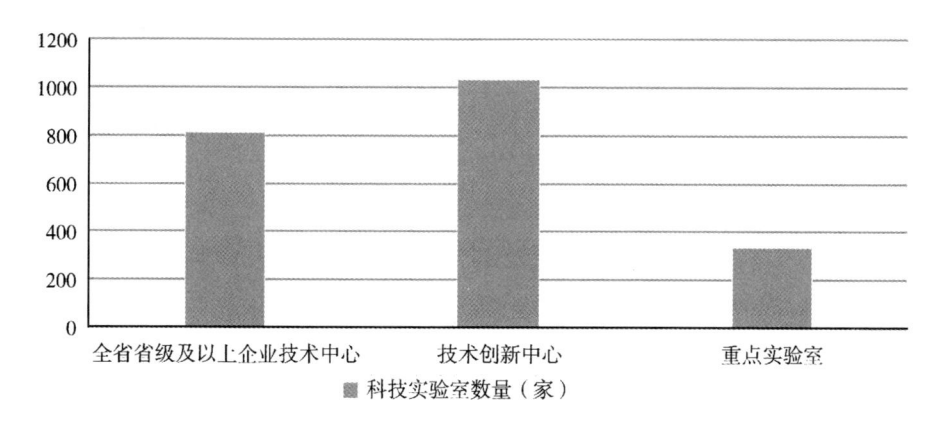

图10-6　2022年河北省建设科技中心及实验室数量
资料来源：河北统计公报。

截至2022年底，河北有效发明专利51946件，增长24.7%；共签订技术合同15246份，技术合同成交金额1009.7亿元，比上年增长34.3%，如表10-1所示。河北在新型基础设施方面大量投入后收获了可观的成果。

表10-1　　　　　　　　　2022年河北省科技方面成果

	数量	增长比例
有效发明专利	51946（件）	24.7%
技术合同	15246（份）	34.3%

资料来源：河北统计公报。

2023年4月，河北省政府发布《河北省人民政府关于加强数字政府建设的实施意见》，提出要将数字技术广泛应用于政府科学决策和管理服务，构建数字化、智能化的政府运行新形态，以数字政府建设引领数字河北高质量发展。利用互联网平台构建新型数字化体系推进京津冀数字政府建设，有效加强京津冀三地数字政府的互联互通，从而促进京津冀产业协同发展。

2023年9月，河北石家庄举办中国国际数字经济博览会，参展企业展出了一批"黑科技"展品，展示了京津冀三地在工业互联网领域的最新创新成果，展现了利用数字技术创新推动京津冀产业协同发展迈上新台阶的方便与快捷。利用数字技术建设大数据资源体系，促进京津冀三地数据流通、数据协同，释放数据要素价值，推动数据资源整合共享和开发利用，将数字技术、数据要素应用于产业协同发展之中，促进产业数字化转型。

近年来，京津冀数字经济规模持续增加，并在2021年突破4万亿，如图10-7所示。随着数字经济规模逐年提升，数字技术、数据要素与京津冀各产业不断融合创新，京津冀产业数字化转型正在发生积极变化。

河北通过政府政策支持和资金支持，在硬件方面提升传统基础设施、建设新型基础设施，在软件方面建设数字政府、发展数字经济，积极促进京津冀产业融合，强化京津冀产业协同发展基础，坚实推进产业层次

第十章　河北推动京津冀产业协同发展的评价、逻辑与展望

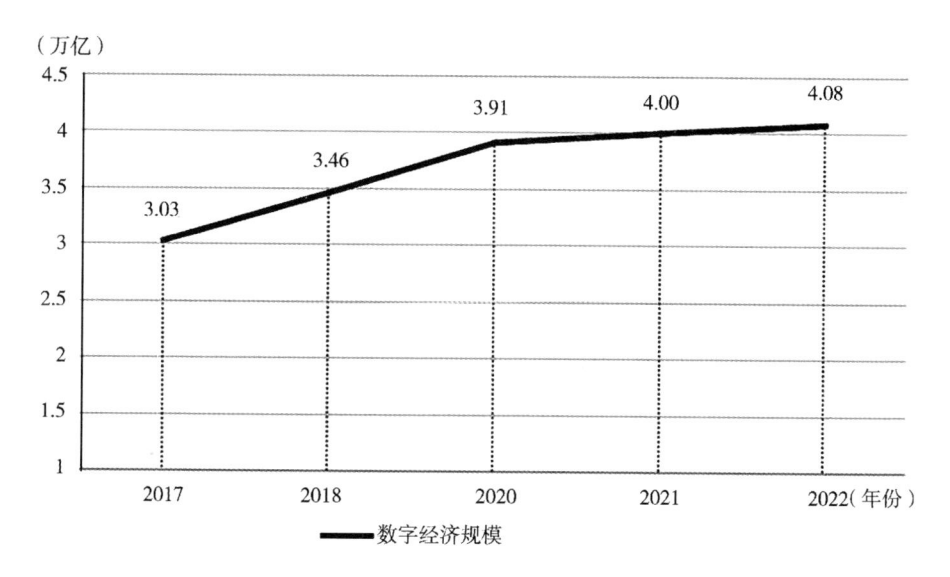

图 10-7　京津冀数字经济规模

资料来源：京津冀统计年鉴。

基础性优化，推动实现京津冀产业协同发展的目标。

4. 产业转移集聚化提速

河北坚持有序疏解北京非首都功能，加速推进产业转移集聚化。2019—2022 年河北承接京津基本单位数情况如图 10-8 所示，在 2019 年河北承接京津基本单位数量呈现大幅上升的态势，到 2022 年仍保持着较高的转入数量。2020 年河北承接京津基本单位数量为 5412 个，其中法人单位 3880 个，产业活动单位 1532 个，同比增长率分别为 461.4%、1942.1% 和 97.9%。在 2020 年以前，河北承接的法人单位数量低于产业活动单位数量，而在 2020—2022 年，承接的法人活动单位数量则高于产业活动单位数量。2020—2021 年是河北省承接京津基本单位的增速阶段，在 2020 年达到增幅最大，在 2021 年实现 5616 个基本单位的承接水平，达到承接峰值。由于此前已经累计承接了相当数量的京津基本单位，在 2022 年承接京津基本单位数量虽呈现小幅下降，但仍维持在一个较高的水平上，这充分体现了京津冀产业转移集聚化速度正在提高。

2023 年上半年，河北承接京津转入单位 1544 家，其中，法人单位

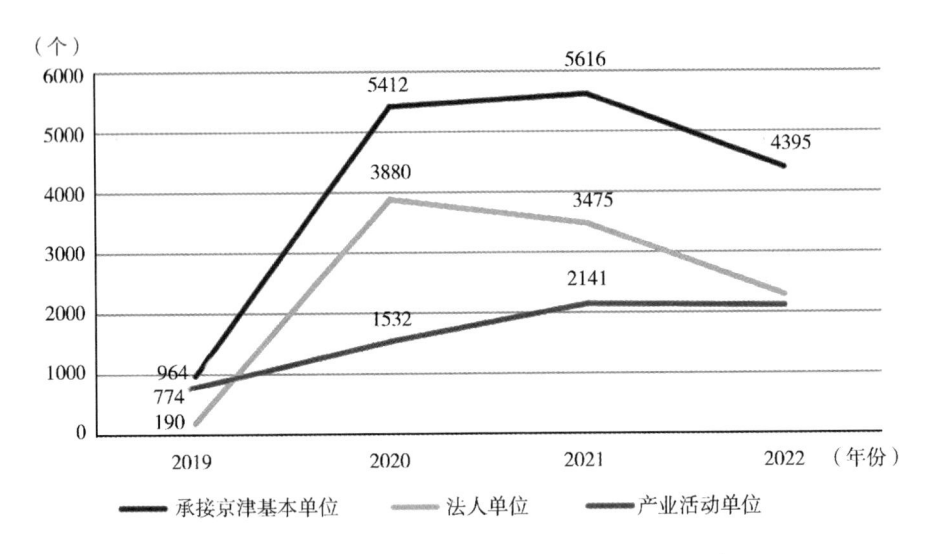

```
            （个）                          5616
        6000                    5412
        5000                                    4395
        4000            3880        3475
        3000
        2000            1532      2141
        1000    964                   
            774
         0   190
              2019    2020    2021    2022   （年份）
          —— 承接京津基本单位  —— 法人单位  —— 产业活动单位
```

图 10-8　2019—2022 年河北承接京津基本单位数

资料来源：河北统计年鉴。

1018 家，产业活动单位 526 家。雄安新区重点项目建设有序推进，完成固定资产投资同比增长 17.8%。河北推动京津冀产业协同发展向纵深推进，包括持续推进冬奥遗产综合利用工作，不断促进京张体育文化旅游带建设等。

2023 年 1—8 月份，河北战略性新兴产业保持较快增长，规模以上工业战略性新兴产业增加值同比增长 6.9%，增速高于规模以上工业增加值 0.4%。其中，新能源车整车制造增长 1.9 倍，光电子器件制造增长 44.7%，风能原动设备制造增长 31.9%。高技术产业投资也保持快速增长，高技术产业投资同比增长 21.9%，增速快于固定资产投资 15.7 个百分点，高技术制造业投资增长 31.5%，高技术服务业投资增长 13.9%。

通过政策支持、基础设施建设等手段，河北积极对接京津产业，吸引京津产业加速转移与集聚。河北产业转移集聚化提速一方面能显著优化河北产业结构，另一方面也有助于疏解北京非首都功能，助力京津冀产业协同发展，推动京津冀区域经济高质量发展。

5. 产业创新融合化发展

京津冀协同创新持续活跃，2023 年上半年，京津冀共同发布《京津

第十章　河北推动京津冀产业协同发展的评价、逻辑与展望

冀产业合作重点平台目录》，包括50家重点平台，其中天津16家、河北34家，涉及现代制造业、服务业等领域。京津冀产业创新融合发展，离不开创新平台建设、产业科技创新、产业创新人才培养和服务于产业创新的京津冀交通一体化。

创新平台建设方面，京津冀建设多个创新平台和基地，包括科技园区、创新中心和产业园区，吸引众多科技企业和高新技术项目入驻，为产业创新融合发展提供平台。京津冀科学技术协会和所属学会、科学研究开发机构数量在2015年有大幅上升，2018年有所缩减，主要是天津的市级学会机构数减少；2018—2021年京津冀科学技术协会和所属学会、科学研究开发机构数量呈现缓慢上升趋势，如图10-9所示，而2022年京津冀科学技术协会和所属学会、科学研究开发机构数量暂未公布。2022年，天津新认定市级大学科技园8家、国家级企业技术中心77个；河北省级及以上企业技术中心811家、技术创新中心1028家、重点实验室334家。

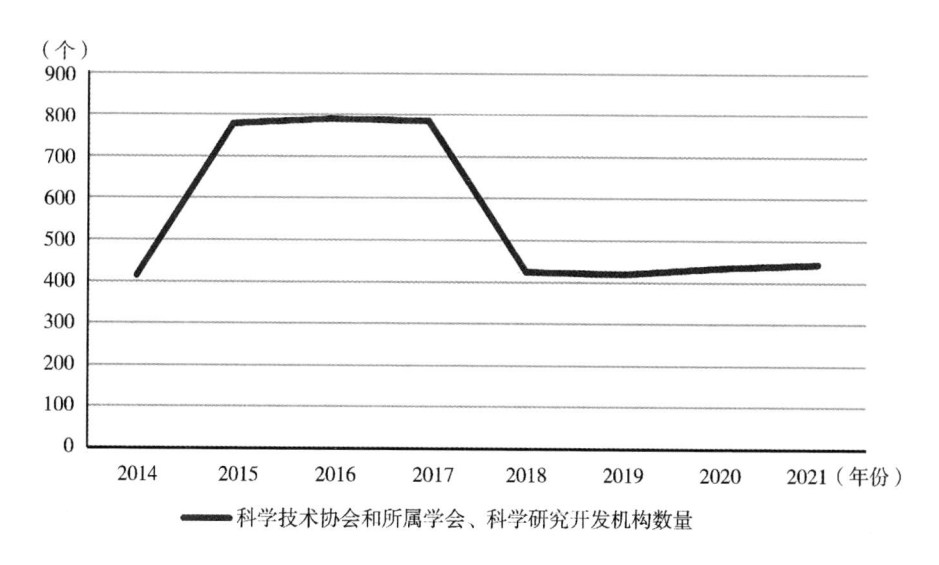

图10-9　2014—2021年京津冀科学技术协会及研发机构数

资料来源：京津冀统计公报。

产业科技创新方面，京津冀产业新业态持续壮大，科技创新为产业创新融合发展提供动力。2014—2021年，京津冀专利申请授权量呈上升

趋势，2022年有小幅度下降，如图10-10所示，其中河北专利申请授权量增长率高于天津。2023年一季度，北京高新技术制造业投资增长22.0%，高新技术服务业投资增长42.6%；天津高新技术制造业投资增长48.6%，高新技术服务业投资增长9.9%；河北高新技术制造业投资增长31.0%，高新技术服务业投资增长24.0%。

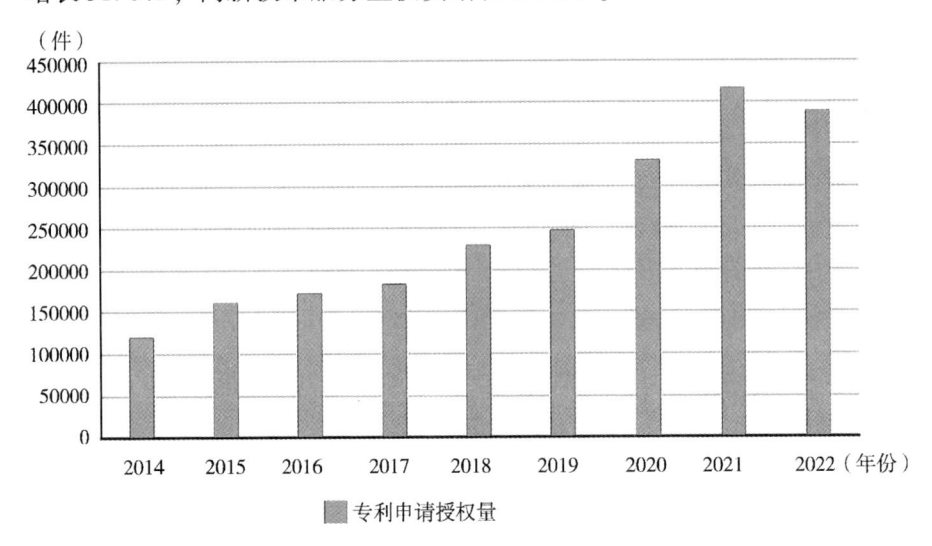

图10-10　2014—2022年京津冀专利申请授权量
资料来源：京津冀统计公报。

产业创新人才培养方面，京津冀高校和研究机构加强合作，培养了大量的高水平创新人才，为产业创新融合发展提供了人才要素的支持。2014—2022年京津冀普通高等学校数，如表10-2所示。京津冀普通高等学校数相对稳定，其中河北高校数量约占45%。河北深入实施人才引领战略，在创新人才培养方面，发挥出了基础性作用和贡献。

表10-2　2014—2022年京津冀普通高等学校数

普通高等学校（所）	北京	天津	河北	京津冀
2014年	89	55	118	262
2015年	91	55	118	264

第十章 河北推动京津冀产业协同发展的评价、逻辑与展望

续表

普通高等学校（所）	北京	天津	河北	京津冀
2016 年	91	55	120	266
2017 年	92	57	121	270
2018 年	92	56	122	270
2019 年	93	56	122	271
2020 年	92	56	125	273
2021 年	92	56	123	271
2022 年	93	56	124	273

资料来源：京津冀统计年鉴。

交通一体化方面，京津冀高速铁路、高速公路和城际交通等基础设施不断完善，有助于企业、人才和资源的流动，为产业创新融合发展提供保障。2014—2022 年京津冀货运量呈现下降—上升—下降的波动态势，如表 10-3 所示，其中河北货运量约占三分之二。2023 年上半年，京津冀首条跨区域地铁 M22 号线建设加快推进，京津冀定制快巴新开通燕郊至望京通勤班线，日均运送乘客 4500 人次，方便了通勤人员出行。河北打通拓宽京津"对接路" 42 条段、2540 公里，连通干线公路 47 条、74 个接口。

表 10-3　　　　　　　2014—2022 年京津冀货运量

货运量（亿吨）	北京	天津	河北	京津冀
2014 年	3.0	5.1	23.9	32.0
2015 年	2.3	5.3	20.0	27.6
2016 年	2.4	5.2	21.1	28.7
2017 年	2.4	5.3	23.0	30.7
2018 年	2.5	5.4	25.0	32.9
2019 年	2.0	5.7	24.3	32.0

续表

货运量（亿吨）	北京	天津	河北	京津冀
2020年	2.6	5.4	24.8	32.8
2021年	2.8	5.8	26.2	34.8
2022年	2.4	5.4	24.1	31.9

资料来源：京津冀统计年鉴。

河北在促进京津冀产业创新融合化发展方面起到了关键性的推动作用。通过建设一系列科技园区和创新基地，吸引高科技企业入驻，推动技术创新和知识共享，有助于河北推动京津冀产业协同创新发展。

（二）河北推动京津冀产业协同发展政策评价

为进一步提高京津冀产业协同发展水平，从河北推动京津冀产业协同发展视角出发，构造河北产业协同发展政策PMC指数模型，以定量和定性的方式深入挖掘河北产业协同发展政策的优劣，提出相应的优化路径与建议，从而为加快河北推动京津冀产业协同发展提供科学的决策依据。具体研究思路如图10-11所示。

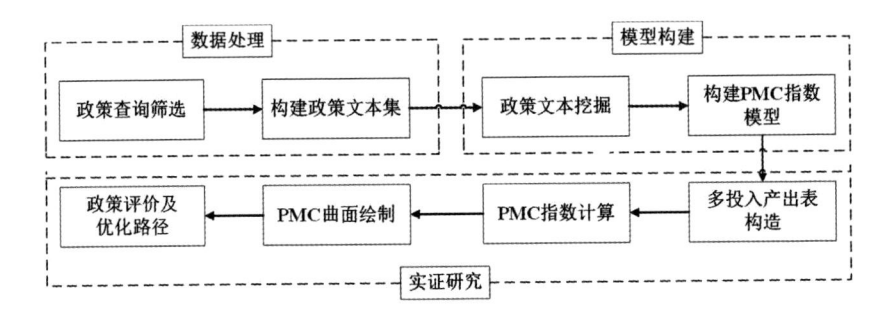

图10-11 研究思路

资料来源：笔者绘制。

1. 数据处理

2014年习近平总书记在提出"七点要求"之后京津冀产业协同发展

总体上进入了一个快速发展期①。因此,政策选取时间跨度为2014—2023年,主要以河北省级层面政策为主,通过"北大法宝"数据库和河北省政府网站双重查询,后期经过人工核验,最终查询到政策26份,具体内容如表10-4所示。

表10-4　　　　河北推动京津冀产业协同发展政策

序号	政策名称	发布部门	发布日期
1	《河北省2023年中央财政第二批农业转移支付项目实施方案》	河北省农业农村厅	2023.06.26
2	关于印发《河北省城乡融合发展综合试点方案》的通知	河北省人民政府	2023.01.10
3	关于印发《推进京津冀区域协同标准化工作实施方案》的通知	河北省市场监督管理局	2022.10.14
4	关于印发《"十四五"健康老龄化规划》的通知	中国银行保险监督管理委员会河北监管局	2022.06.30
5	关于印发《河北省建设全国产业转型升级试验区"十四五"规划》的通知	河北省人民政府	2021.11.14
6	关于印发《河北省县域特色产业提质升级工作方案(2021—2025年)》的通知	河北省人民政府	2021.08.09
7	关于印发《河北省"十四五"大宗固体废弃物综合利用实施方案》的通知	河北省省直机关事务管理局	2021.07.12
8	关于落实国务院《新时期促进集成电路产业和软件产业高质量发展的若干政策》工作方案的通知	河北省人民政府	2020.10.23
9	关于印发《河北省能源大数据中心建设工作方案》的通知	河北省发展和改革委员会	2020.08.31
10	关于印《河北省发大数据产业创新发展提升行动计划(2020—2025年)》《河北省汽车制造业数字化转型行动计划(2020—2025年)》《河北省石化工业数字化转型行动计划(2020—2025年)》《河北省县域特色产业集群数字化转型行动计划(2020—2025年)》《河北省电子信息产业重点攻坚行动计划(2020—2025年)》的通知	河北省工业和信息化厅	2020.07.01

---

① 马海涛:《京津冀城市群区域产业协同的政策格局及评价》,《生态学报》2018年第12期。

续表

序号	政策名称	发布部门	发布日期
11	关于印发2020年全省工业和信息化对外经济合作工作要点的通知	河北省工业和信息化厅	2020.05.06
12	关于印发《河北省应急产业发展规划（2020—2025）》的通知	河北省人民政府	2020.03.19
13	关于印发《河北省推进氢能产业发展实施意见》的通知	河北省市场监督管理局	2019.08.12
14	关于支持和引导体育产业资源公开规范交易促进京津冀体育产业协同发展的通知	河北省体育局	2019.06.25
15	关于印发《河北省"三沿"地区公路与产业协同发展指导意见》的通知	河北省交通运输厅	2019.04.30
16	关于深化审评审批制度改革鼓励药品医疗器械创新的实施意见	中共河北省委员会	2018.08.02
17	关于加强京冀交界地区规划建设管理实施方案的通知	河北省人民政府	2017.03.14
18	关于印发《河北省财政发展"十三五"规划》的通知	河北省财政厅	2017.03.09
19	关于印发《京津冀体育产业协同发展规划》的通知	河北省体育局	2017.01.26
20	关于印发《河北省信息化发展"十三五"规划》的通知	河北省人民政府	2017.01.17
21	关于印发《河北省体育产业发展"十三五"规划》的通知	河北省人民政府	2016.12.17
22	关于印发《河北省战略性新兴产业发展"十三五"规划》的通知	河北省人民政府	2016.09.12
23	《京津冀产业转移指南》	河北省人民政府	2016.06.07
24	关于印发《河北省贯彻实施质量发展纲要建设质量强省2016年行动计划》的通知	河北省人民政府	2016.06.03
25	关于印发《河北省先进装备制造业"十三五"发展规划（2016—2020年）》的通知	河北省工业和信息化厅	2015.12.29
26	关于印发《河北省工业领域推进创新驱动发展实施方案（2015—2017年）》的通知	河北省人民政府	2015.04.20

资料来源：河北政府公告。

第十章 河北推动京津冀产业协同发展的评价、逻辑与展望

2. 模型构建

PMC（Policy Modeling Consistency Index）指数模型，一种用于评价政策文本的模型，由 Estrada 率先提出，其以"Omnia Mobilis"假说为前提，认为事物之间是相互联系的，不能忽视任何一个存在的变量，对任一二级变量的权重视为相同①。具有成本低、易操作等特点②，可减少评价过程中的主观性③。主要操作步骤如下：对政策数据按相应指标进行赋值，并输入至多投入产出表，测算政策文本 PMC 指数，绘制 PMC 曲面图④。

（1）变量分类及参数识别

将筛选出来的河北产业协同发展政策文本导入文本挖掘数据库中，借助文本挖掘软件 ROSTCM.6 对有关政策文本进行分词和词频预处理，从中提取代表性词汇。考虑到政策内容为产业协同发展，因此需将"产业""协同"等出现频率较高的词汇以及如"发展"、"提升"和"推进"等对结果无明显作用的程度副词和动词手动剔除。在剔除上述词汇后，最终形成60个高频有效词汇，如表10-5所示，为二级变量设置提供重要的参考依据。

表10-5　　　　　　部分有效词汇及词频统计

序号	词汇	词频	序号	词汇	词频	序号	词汇	词频	序号	词汇	词频
1	服务	842	16	财政	354	31	区域	246	46	融合	221
2	企业	828	17	机制	304	32	水平	243	47	示范	217
3	创新	684	18	农业	302	33	制造	238	48	公共	208
4	技术	645	19	科技	291	34	安全	237	49	生态	207
5	平台	391	20	政策	289	35	研发	234	50	规划	206

---

① Mario Arturo Ruiz Estrada, "Policy Modeling: Definition, Classification and Evaluation" *Journal of Policy Modeling* Vol. 33, No. 4, July 2011.
② 何春建：《单篇论文学术影响力评价指标构建》，《图书情报工作》2017年第4期。
③ 徐新鹏：《基于层次分析法的统筹城乡户籍制度改革政策评价的应用研究》，《西北人口》2013年第4期。
④ 郭俊华：《乡村振兴背景下农村产业政策优化调整研究》，《经济问题》2022年第1期。

续表

序号	词汇	词频	序号	词汇	词频	序号	词汇	词频	序号	词汇	词频
6	质量	390	21	部门	283	36	特色	230	51	材料	203
7	项目	388	22	资金	273	37	标准	229	52	中心	202
8	装备	364	23	基础	271	38	保障	229	53	经济	201
9	改革	357	24	能力	266	39	信息化	228	54	产业链	201
10	体系	353	25	能源	263	40	综合	228	55	政府	199
11	应急	351	26	机构	261	41	工程	228	56	社会	196
12	津冀	346	27	健康	257	42	市场	227	57	国家	193
13	工业	335	28	领域	257	43	医疗	225	58	数据	185
14	体育	329	29	基地	250	44	集群	225	59	环境	183
15	资源	324	30	培育	248	45	优势	222	60	智能	179

资料来源：笔者绘制。

遵循 PMC 指数模型建模原则，在文本挖掘基础上，结合当下京津冀产业协同发展的现实情况，参考张永安[①]和刘建朝[②]两位学者的相关研究，最终构造出河北产业协同发展政策 PMC 模型变量，其中一级变量 10 个，二级变量 40 个，详细结果如表 10-6 所示。

表 10-6　　　　产业协同发展政策 PMC 模型变量设置

一级变量	编号	二级变量	编号	二级变量评价标准
政策类型	X_1	预测	$X_{1:1}$	政策是否有预测性
		监管	$X_{1:2}$	政策是否有监管性
		建议	$X_{1:3}$	政策是否有建议性
		引导	$X_{1:4}$	政策是否有引导性

---

① 张永安：《"大众创业、万众创新"政策量化评价研究——以 2017 的 10 项双创政策情报为例》，《情报杂志》2018 年第 3 期。
② 刘建朝：《京津冀产业协同政策工具挖掘与量化评价》，《统计与决策》2021 年第 20 期。

第十章 河北推动京津冀产业协同发展的评价、逻辑与展望

续表

一级变量	编号	二级变量	编号	二级变量评价标准
政策时效	X_2	长期	$X_{2:1}$	政策是否涉及5年及以上内容
		中期	$X_{2:2}$	政策是否涉及3—5年内容
		短期	$X_{2:3}$	政策是否涉及1—3年内容
政策级别	X_3	国家级	$X_{3:1}$	政策发布主体是否为国家机关
		省级	$X_{3:2}$	政策发布主体是否为省级机关
政策工具	X_4	目标规划	$X_{4:1}$	政策是否涉及目标规划
		资金支持	$X_{4:2}$	政策是否涉及资金支持
		技术供给	$X_{4:3}$	政策是否涉及技术供给
		金融税收	$X_{4:4}$	政策是否涉及金融税收
		国际合作	$X_{4:5}$	政策是否涉及国际合作
		政府采购	$X_{4:6}$	政策是否涉及政府采购
		人才培养	$X_{4:7}$	政策是否涉及人才培养
		法规管制	$X_{4:8}$	政策是否涉及法规管制
		公共基础设施建设	$X_{4:9}$	政策是否涉及公共基础设施建设
政策领域	X_5	经济	$X_{5:1}$	政策是否涵盖经济领域
		社会	$X_{5:2}$	政策是否涵盖社会领域
		科技	$X_{5:3}$	政策是否涵盖科技领域
		政治	$X_{5:4}$	政策是否涵盖政治领域
		环境	$X_{5:5}$	政策是否涵盖环境领域
政策受众	X_6	国家	$X_{6:1}$	政策受众是否为国家
		区域	$X_{6:2}$	政策受众是否为区域
		产业园区	$X_{6:3}$	政策受众是否为产业园区
		企业	$X_{6:4}$	政策受众是否为企业
		消费者	$X_{6:5}$	政策受众是否为消费者
		高校及科研院所	$X_{6:6}$	政策受众是否为高校及科研院所
政策目标	X_7	技术研发	$X_{7:1}$	政策是否包含技术研发
		产业发展	$X_{7:2}$	政策是否包含产业发展
		产品创新	$X_{7:3}$	政策是否包含产品创新
		市场拓展	$X_{7:4}$	政策是否包含市场拓展

续表

一级变量	编号	二级变量	编号	二级变量评价标准
政策视角	X_8	宏观	$X_{8:1}$	政策是否具有宏观性
		微观	$X_{8:2}$	政策是否具有微观性
政策评价	X_9	目标明确	$X_{9:1}$	政策制定是否目标明确
		方案科学	$X_{9:2}$	政策制定是否方案科学
		依据充分	$X_{9:3}$	政策制定是否依据充分
		权责清晰	$X_{9:4}$	政策制定是否权责清晰
政策公开	X_{10}	—	—	政策是否公开

资料来源：笔者绘制。

对于 PMC 指数模型的相关参数设定主要采用二进制的方法，即假设每一个二级变量对于投入产出的重要程度都是相同的，从而有效兼顾每一个变量[①]。当待评价政策中有关表述符合相应二级变量中评价标准时，该二级变量赋值为 1；反之为 0。

（2）建立多投入产出表

在选择和确定河北产业协同发展政策 PMC 指数模型一级变量和二级变量后，需要构建相关多投入产出表。多投入产出表实质上是一种从多个维度量化单一变量的数据分析框架，可以保证各二级变量所占权重相同。结合河北产业协同发展政策各变量具体情况，建立相关多投入产出表，如表 10 - 7 所示。

表 10 - 7   多投入产出表

X_1				X_2			X_3	
$X_{1:1}$	$X_{1:2}$	$X_{1:3}$	$X_{1:4}$	$X_{2:1}$	$X_{2:2}$	$X_{2:3}$	$X_{3:1}$	$X_{3:2}$
X_4								
$X_{4:1}$	$X_{4:2}$	$X_{4:3}$	$X_{4:4}$	$X_{4:5}$	$X_{4:6}$	$X_{4:7}$	$X_{4:8}$	$X_{4:9}$

---

① 王黎萤：《我国工业互联网产业政策量化评价——基于 PMC 指数模型》，《工业技术经济》2022 年第 11 期。

第十章　河北推动京津冀产业协同发展的评价、逻辑与展望

续表

X_5					X_6					
$X_{5;1}$	$X_{5;2}$	$X_{5;3}$	$X_{5;4}$	$X_{5;5}$	$X_{6;1}$	$X_{6;2}$	$X_{6;3}$	$X_{6;4}$	$X_{6;5}$	$X_{6;6}$
X_7					X_8		X_9			X_{10}
$X_{7;1}$	$X_{7;2}$	$X_{7;3}$	$X_{7;4}$	$X_{8;1}$	$X_{8;2}$	$X_{9;1}$	$X_{9;2}$	$X_{9;3}$	$X_{9;4}$	—

资料来源：笔者绘制。

3. 政策评价实证研究

（1）评价对象选取

通过前人研究，PMC 指数模型旨在客观考虑所有二级变量，对评价对象无任何特殊要求，可以对任意产业协同发展政策进行量化评价，在选择待评价政策样本时应尽可能减少主观偏差。

为了更加深入了解河北产业协同发展政策的现状，在不忽视外部性政策的前提下，同时进一步提高所选取政策的针对性，故选择了 2 项国家级产业协同发展政策，这类政策代表性强、政策工具涉及全面，通过横向对比可以找到河北产业协同发展政策在相关指标上的差距和不足，从而达到政策优化及完善的目的。

按照上述思路，最终选择了 6 项产业协同发展政策作为政策量化评价样本。其中国家级政策 2 项，记为 P_1、P_2；河北省级政策 4 项，分别记为 P_3、P_4、P_5、P_6。详细结果如表 10 – 8 所示。

表 10 – 8　　　　　**产业协同发展待评价政策文本**

序号	政策名称	发布部门	发布日期
P_1	京津冀及周边地区工业资源综合利用产业协同转型提升计划（2020—2022 年）	工业和信息化部	2020.07.03
P_2	京津冀及周边地区工业资源综合利用产业协同发展行动计划（2015—2017 年）	工业和信息化部	2015.07.03
P_3	河北省建设全国产业转型升级试验区"十四五"规划	河北省人民政府	2021.11.14

续表

序号	政策名称	发布部门	发布日期
P_4	河北省"三沿"地区公路与产业协同发展指导意见	河北省交通运输厅	2019.04.30
P_5	京津冀体育产业协同发展规划	河北省体育局	2017.01.26
P_6	京津冀产业转移指南	河北省人民政府	2016.06.07

资料来源：河北政府公告。

（2）PMC 指数计算

PMC 指数模型的计算围绕以下四个方面：首先，将前文一、二级变量放入到多投入产出表中；其次，结合公式（10.1）和公式（10.2）对多投入产出表中的二级变量进行一定赋值，其中二级变量数值服从 [0，1] 分布；再次，根据公式（10.3）对上述一级变量数值进行计算；最后，通过公式（10.4）将上一步中各一级变量进行加总，最终得出河北产业协同发展政策 PMC 指数。详细计算公式如（10.1）—（10.4）所示。

$$X \sim N[0,1] \tag{10.1}$$

$$X = \{XR:[0 \sim 1]\} \tag{10.2}$$

$$X_t\left(\sum_{j=1}^{n}\frac{X_{tj}}{T(X_{tj})}\right), t=1,2,3,4,5,6,7,8,9,10,\ldots,\infty \tag{10.3}$$

式中，t 为一级变量，j 为二级变量。

$$PMC = \begin{cases} X_1\left(\sum_{i=1}^{4}\frac{X_{1i}}{4}\right) + & X_2\left(\sum_{j=1}^{3}\frac{X_{2j}}{3}\right) + & X_3\left(\sum_{k=1}^{2}\frac{X_{3k}}{2}\right) + \\ X_4\left(\sum_{l=1}^{9}\frac{X_{4l}}{9}\right) + & X_5\left(\sum_{m=1}^{5}\frac{X_{5m}}{5}\right) + & X_6\left(\sum_{n=1}^{6}\frac{X_{6n}}{6}\right) + \\ X_7\left(\sum_{o=1}^{4}\frac{X_{7o}}{7}\right) + & X_8\left(\sum_{p=1}^{2}\frac{X_{8p}}{8}\right) + & X_9\left(\sum_{r=1}^{4}\frac{X_{9r}}{9}\right) + X_{10} \end{cases}$$

$$\tag{10.4}$$

通过上述计算公式，并带入到表 10-7 中，最终得到河北省产业协同发展政策多投入产出表，详细结果见表 10-9 所示。

第十章 河北推动京津冀产业协同发展的评价、逻辑与展望

表 10-9 产业协同发展政策多投入产出表

一级变量	二级变量	P_1	P_2	P_3	P_4	P_5	P_6
X_1	$X_{1:1}$	1	1	1	1	1	0
	$X_{1:2}$	0	0	1	0	1	0
	$X_{1:3}$	1	1	1	1	1	1
	$X_{1:4}$	1	1	1	1	1	1
X_2	$X_{2:1}$	0	0	1	1	1	0
	$X_{2:2}$	1	1	0	0	0	0
	$X_{2:3}$	0	0	0	0	0	1
X_3	$X_{3:1}$	1	1	0	0	0	0
	$X_{3:2}$	0	0	1	1	1	1
X_4	$X_{4:1}$	1	1	1	1	1	1
	$X_{4:2}$	1	1	1	1	1	1
	$X_{4:3}$	1	1	1	0	1	0
	$X_{4:4}$	1	1	1	0	0	0
	$X_{4:5}$	1	1	1	1	1	1
	$X_{4:6}$	0	1	1	0	0	0
	$X_{4:7}$	0	1	1	0	1	0
	$X_{4:8}$	1	0	1	1	0	0
	$X_{4:9}$	1	1	1	1	1	1
X_5	$X_{5:1}$	1	1	1	1	1	1
	$X_{5:2}$	1	1	1	1	1	1
	$X_{5:3}$	1	1	1	0	1	1
	$X_{5:4}$	1	1	1	0	0	0
	$X_{5:5}$	1	1	1	1	1	1
X_6	$X_{6:1}$	0	0	0	0	0	0
	$X_{6:2}$	1	1	1	1	1	1
	$X_{6:3}$	1	1	1	1	1	1
	$X_{6:4}$	1	1	1	1	1	1
	$X_{6:5}$	0	0	0	0	1	0
	$X_{6:6}$	1	1	1	0	0	0

续表

一级变量	二级变量	P_1	P_2	P_3	P_4	P_5	P_6
X_7	$X_{7:1}$	1	1	1	0	1	1
	$X_{7:2}$	1	1	1	1	1	1
	$X_{7:3}$	1	1	1	1	1	1
	$X_{7:4}$	1	1	1	1	1	1
X_8	$X_{8:1}$	1	1	1	0	0	0
	$X_{8:2}$	0	0	0	1	1	1
X_9	$X_{9:1}$	1	1	1	1	1	1
	$X_{9:2}$	1	1	1	1	1	1
	$X_{9:3}$	1	1	1	1	1	1
	$X_{9:4}$	1	1	1	1	1	1
X_{10}	X_{10}	1	1	1	1	1	1

资料来源：笔者绘制。

参照对政策进行等级划分的标准：9—10（完美）；7—8.99（优秀）；5—6.99（可接受）；0—4.99（不良），最终确定出河北省产业协同发展政策的 PMC 指数（最终计算结果保留小数点后两位）及评价等级，如表 10 - 10 所示。

表 10 - 10　　河北省产业协同发展政策 PMC 指数及评价等级

一级变量	P_1	P_2	P_3	P_4	P_5	P_6	均值
X_1	0.75	0.75	1.00	0.75	1.00	0.50	0.81
X_2	0.33	0.33	0.33	0.33	0.33	0.33	0.33
X_3	0.50	0.50	0.50	0.50	0.50	0.50	0.50
X_4	0.78	0.89	1.00	0.56	0.56	0.44	0.64
X_5	1.00	1.00	1.00	0.60	0.80	0.80	0.80
X_6	0.67	0.67	0.67	0.50	0.67	0.50	0.59
X_7	1.00	1.00	1.00	0.75	1.00	1.00	0.94
X_8	0.50	0.50	0.50	0.50	0.50	0.50	0.50

续表

一级变量	P_1	P_2	P_3	P_4	P_5	P_6	均值
X_9	1.00	1.00	1.00	1.00	1.00	1.00	1.00
X_{10}	1.00	1.00	1.00	1.00	1.00	1.00	1.00
PMC 指数	7.53	7.64	8.00	6.49	7.36	6.57	7.11
排名	3	2	1	6	4	5	—
等级	G	G	G	A	G	A	—

注：等级 G 代表优秀，A 代表可接受，此处的均值不包含国家级政策（P_1、P_2）
资料来源：笔者绘制。

（3）PMC 曲面图绘制

曲面图可以更加直观地展现出量化结果，清晰地看到各项政策之间的差异性。通过曲面图的起伏程度可以判断出政策在哪些方面存在差距，起伏程度越小代表政策内部结构越合理，政策越翔实。

构建 PMC 曲面图的前提是计算出相应矩阵，PMC 矩阵是由 9 个一级变量组成的 3×3 矩阵。因存在 10 个一级变量，且一级变量 X_{10} 无任何二级变量，各项政策得分均为 1，在考虑矩阵对称性的前提下将一级变量 X_{10} 剔除，最终构建出由 9 个一级变量形成的 3 阶方阵，从而更加直观地呈现出政策内部的一致性和合理性。PMC 曲面的计算如（10.5）式所示。

$$PMC曲面 = \begin{pmatrix} X_1 & X_2 & X_3 \\ X_4 & X_5 & X_6 \\ X_7 & X_8 & X_9 \end{pmatrix} \quad (10.5)$$

河北产业协同发展政策的 PMC 曲面图如图 10-12 所示。其中，X 轴为矩阵行，即图中的 1、2、3，Y 轴为矩阵列，对应图中系列 1、系列 2 和系列 3，Z 轴为待评价政策各一级变量的 PMC 指数得分。不同色块代表一级变量得分的不同数值，曲面凸出的部分表示该项政策在对应的评价指标上得分较高，凹陷部分则表示在对应的一级指标上得分较低。6 项政策之间的对比可以看出某项政策的优劣，P_1、P_2、P_3 这 3 项政策的曲面图整体平滑，表明政策结构合理，内部一致性很高；P_5、P_6 这 2 项政策的 PMC 曲面有一定凹凸，表明内部一致性相对较高，结构较为合理；P_4 这项政策有明显起伏趋势，说明内部一致性较低，政策不够翔实，总体得分偏低。

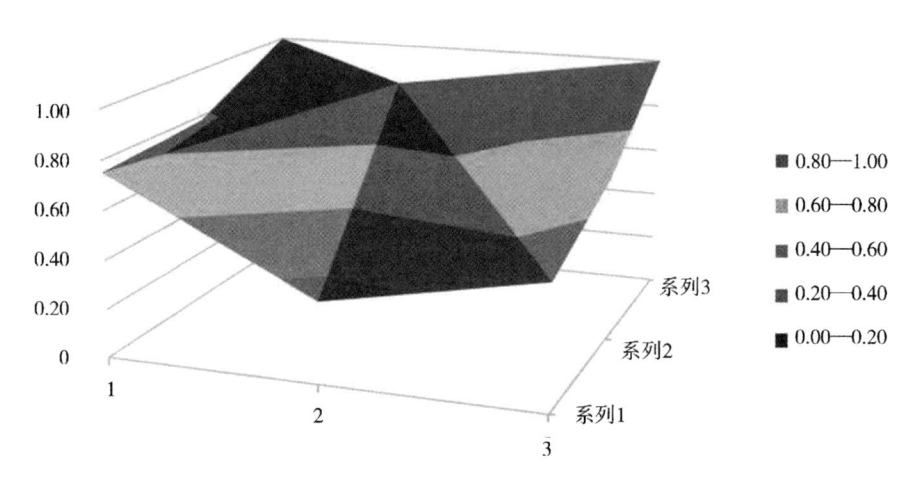

（a）P_1 的 PMC 曲面图

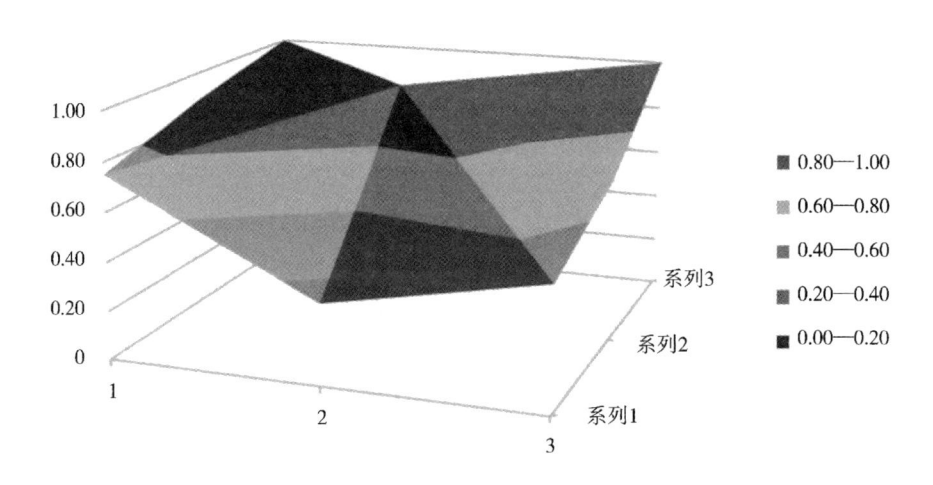

（b）P_2 的 PMC 曲面图

第十章　河北推动京津冀产业协同发展的评价、逻辑与展望

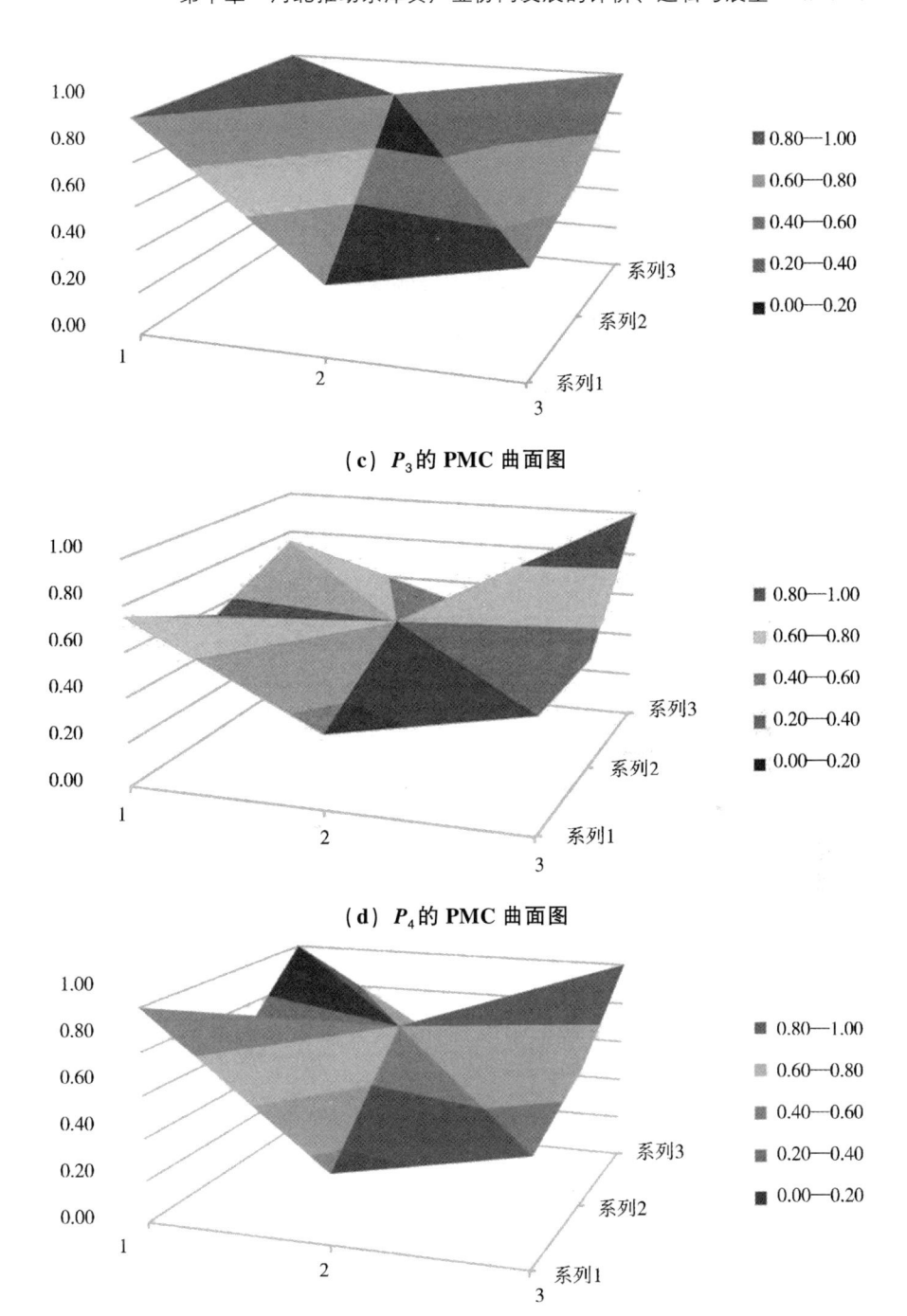

（c）P_3 的 PMC 曲面图

（d）P_4 的 PMC 曲面图

（e）P_5 的 PMC 曲面图

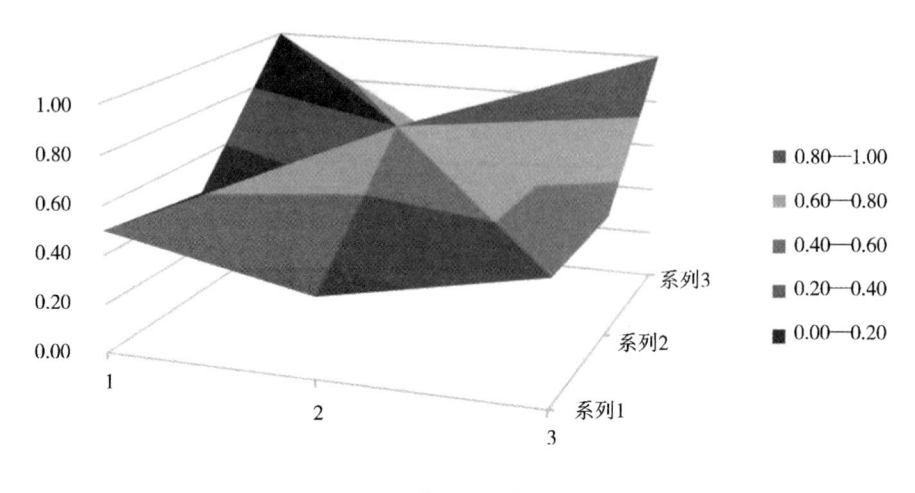

```
       1.00
       0.80
       0.60
       0.40
       0.20
       0.00
            1           2           3
```

（f） P_6 的 PMC 曲面图

图 10-12　产业协同发展政策 PMC 曲面图

资料来源：笔者绘制。

4. 政策量化结果分析

在量化评价的 4 项河北省产业协同发展政策中，PMC 指数均值为 7.11。其中 2 项政策评价等级为优秀（P_3、P_5），2 项政策评价等级为可接受（P_4、P_6），没有完美政策和不良政策，具体排名如下：$P_3 > P_5 > P_6 > P_4$。整体来看，河北省产业协同发展政策具有一定的科学性、合理性，地方政府在政策制定时与中央政府间协同意识较强，有效地推动了京津冀产业协同的发展，加速了京津冀一体化的进程。值得注意的是，完美政策的缺失一定程度上说明河北省当下产业协同发展政策的质量还有一定上升空间。

对 4 项政策中 9 个一级变量的平均值制作成雷达图（戴布拉图），可以更加直观清晰地展示河北产业协同发展政策存在的不足，这也是河北今后制定产业协同政策过程中需要注意和重点关注的方面。详细结果如图 10-13 所示。

政策类型 X_1 的均值为 0.81，且比两项国家级政策（P_1、P_2）的得分（0.75）还要高，说明河北在制定产业协同发展政策过程中设计合理，

第十章　河北推动京津冀产业协同发展的评价、逻辑与展望

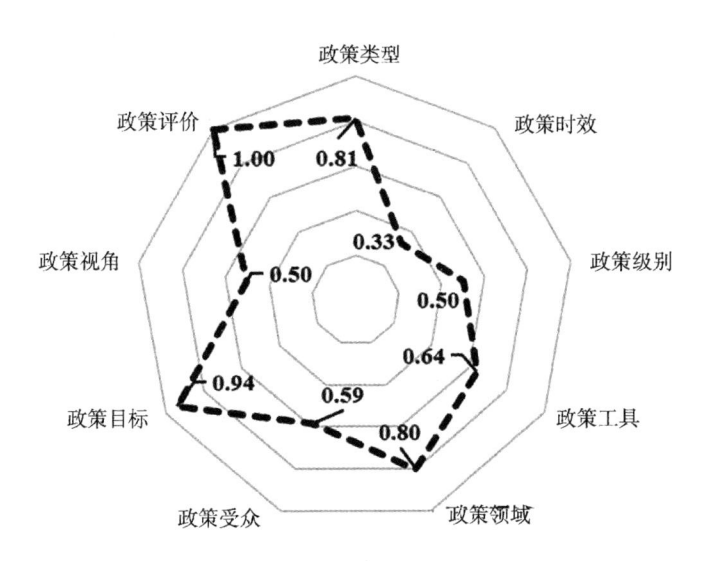

图 10-13　河北省产业协同发展政策雷达图

资料来源：笔者绘制。

政策类型覆盖全面。政策时效 X_2 的均值为 0.33，且政策时效多以长期政策为主，缺少中、短期政策的出台。政策工具 X_4 的均值为 0.64，远低于国家级政策得分（0.78、0.89），说明河北在政策制定的过程中政策工具运用还需进一步完善，政策工具运用不够合理。政策领域 X_5 的均值为 0.80，并未很好地涉及科技和政治领域，且比国家级政策得分要低（1.00）。政策受众 X_6 的均值为 0.59，受众群体主要以产业园区和企业为主，较少涉及消费者及高校和科研院所。

具体来看，P_3《河北省建设全国产业转型升级试验区"十四五"规划》的 PMC 指数得分为 8.00，等级为优秀，总排名第一，且高于两项国家级政策（P_1、P_2），说明该政策各项指标合理明确，能够促进京津冀产业转型的进一步升级，推动全国产业转型升级试验区建设。P_5《京津冀体育产业协同发展规划》的 PMC 指数得分为 7.36，等级为优秀，省内排名第二（总排名第四），该项政策中各一级指标均高于平均水平，有利于大力推动京津冀体育产业协同发展，与国家级政策横向比较发现，

在政策工具运用和政策领域覆盖上还需进一步完善。P_6《京津冀产业转移指南》的 PMC 指数得分为 6.57，等级为可接受，省内排名第三（总排名第五），在政策类型、政策工具和政策受众上均低于平均水平，建议优化路径为 $X_1—X_4—X_6$。P_4《河北省"三沿"地区公路与产业协作发展指导意见》的 PMC 指数得分为 6.49，等级为可接受，省内排名第四（总排名第六），在政策类型、政策工具、政策领域、政策受众和政策目标上均低于平均水平，建议优化路径为 $X_5—X_7—X_6—X_4—X_1$。

二 河北推动京津冀产业协同发展的内在逻辑与实践经验

（一）内在逻辑

1. 产业协同的邻近共享升级

河北与北京、天津充分利用地理邻近性，实现资源共享，推动产业协同向纵深发展。河北根据其地理位置和资源优势，明确产业定位，与京津建立产业链、供应链合作关系，重点发展制造业、农业、新能源等领域，同时为京津提供劳动力和制造业基础。北京和天津侧重于高科技产业和金融服务，对河北提供的原材料进行加工和销售，以形成完整的产业链，打造互补的产业发展格局。河北与京津共同制定包括采购、生产、物流和库存管理等在内的供应链战略，共同开发供应商网络，寻找高质量、成本效益的供应商，获得更有竞争力的原材料和零部件。建立高效的物流和运输体系，共享物流资源运输网络、仓储和配送中心，优化整个供应链，降低库存成本，提高物流效率，减少生产和物流中的浪费。良好的基础设施是区域间产业协同的前提①，河北与京津两地合作，共同投资基础设施建设项目，特别在交通、能源和水资源方面。基础设施的共建共享，提高了京津冀三地的互联互通性，降低了物流成本，促

---

① 王亚飞：《交通基础设施、信息基础设施对要素错配的影响——兼论产业集聚与要素市场化的调节作用》，《系统管理学报》2023 年第 3 期。

进了产业协同发展。

2. 区域内创新要素溢出与禀赋结构升级

京津冀地区创新资源丰富，众多的科研机构和高等教育机构在开展研究活动的同时还培养了大量的科研人员，创新研究成果不仅受益于本地区，还通过学术交流、技术转移等方式影响到周边地区，研究成果和知识的溢出进一步提升了区域创新能力[1]，进而促进整个京津冀区域的科技进步。京津冀区域内有多个产业集群，吸引了大量高新技术企业和创新型企业入驻，形成了创新生态系统。创新企业之间的合作与竞争推动了创新要素的不断涌现[2]，同时也吸引了全国范围内的投资和人才流入，从而推动了整个区域的产业升级和创新发展。京津冀地区积极引进、培养高层次人才，包括科学家、工程师、技术专家和创新管理人才。人才的流入和培养提高了区域的创新能力和竞争力。同时，政府和企业鼓励跨学科和跨行业的合作，以促进不同领域的知识交流，使人才结构得到升级。京津冀企业和政府不断加大研发投入，尤其是在高科技和战略性新兴产业领域，鼓励企业加强与科研机构和高校的合作，以促进科技成果的产业化和商业化，从而提高创新要素的质量和效益。为促进创新要素的多样性和互动，京津冀地区正在构建更加完善的创新生态系统，试图打破创新要素的壁垒，提高区域内创新的可持续性。

3. 绿色发展战略驱动新旧动能转换

京津冀地区积极发展绿色产业，政府出台一系列激励政策鼓励企业投资绿色产业，推动传统产业绿色化升级。京津冀地区不断削减传统产业的过剩产能，为新兴产业提供更多市场机会，逐步减少对高碳能源的依赖，增加清洁能源的比重，如风电、太阳能和核能。这种能源结构的调整不仅有助于降低碳排放，还促进了新能源产业的发展，成为新的经济增长点。绿色发展战略要求区域内协同合作，通过资源共享和产业协

---

[1] 陈治：《数字经济空间溢出与区域创新能力提升——基于中国274座城市数据的异质性研究》，《管理学刊》2023年第1期。

[2] 祝明伟：《制造商与供应商合作时机对创新绩效的影响》，《科技管理研究》2023年第4期。

同,加速新旧动能的转换①。京津冀区域内政府和企业之间积极开展合作,共同推动绿色产业和技术创新,实现了更高水平的经济增长。三地重视环境保护和减排工作,鼓励企业研发和采用环保技术,不仅改善了生态环境,还推动了高科技和绿色产业的发展。例如,空气污染治理技术的研发和应用,推动了空气净化设备和新能源汽车等产业的增长。新建的绿色城市和智能交通系统在提高城市生活质量的同时,也推动了新兴产业的增长,如智能交通、新型城市建设和环保基础设施。

(二) 实践经验

1. 严格落实协同发展的顶层设计

京津冀协同发展战略实施10年来,河北始终遵循一张图规划、一盘棋建设、一体化的发展思路,为京津冀协同发展作出重大贡献。河北省主动融入京津产业链、衔接京津创新链,强化产业协作与协同创新,推动产业提档升级,提升科技创新水平②。河北省委十届四次全会深入学习贯彻习近平总书记视察河北重要讲话精神,强调要深入推进京津冀协同发展,加快打造中国式现代化建设的先行区、示范区,并审议通过《中共河北省委关于全面学习贯彻习近平总书记重要讲话精神深入推进京津冀协同发展的决定》。2023年9月,河北省工业和信息化厅、省发展改革委、省科技厅联合制定印发了《河北省推进京津冀产业协同发展实施方案(2023—2025年)》,力争到2025年河北在京津冀产业分工中定位更加清晰,产业链、创新链深度融合,"产业+区域"现代化产业体系不断完善,"产业+生态"协同发展水平显著提升,全国产业转型升级试验区加快建设,更多央企二三级子公司或创新业务板块落户河北,打造为竞争力强的先进制造业基地。

---

① 钟茂初:《绿色发展理念融入区域协调发展战略的对策思考》,《区域经济评论》2018年第5期。
② 武义青:《推动京津冀产业链合作向更深层次拓展——京津冀产业协同发展九年回顾与展望》,《经济与管理》2023年第3期。

第十章　河北推动京津冀产业协同发展的评价、逻辑与展望

2. 坚守疏解北京非首都功能初心

河北省紧紧扭住北京非首都功能疏解这个"牛鼻子",切实强化大局观念,充分发挥比较优势,扎实有效推动重大国家战略落地落实①。河北建立"1+5+4+33"重点承接平台体系,以雄安新区集中承载地为核心,5个协作平台为重点,4个特色专业平台和33个个性化平台为支撑,综合承载力不断提升。打造疏解北京非首都功能集中承载地,是设立雄安新区的初心。从2021年起,以在京部委所属高校、医院和央企总部为重点,分期分批推动相关非首都功能向雄安新区疏解。截至2023年6月,全省已累计承接京津转入单位4.39万个,首批4家央企总部在雄安新区落户建设,部委所属4所高校、2家医院确定选址,相关工作正积极推进。中央企业在雄安新区设立各类机构150多家,投资来源为北京的注册企业超过3000家。按照中央要求,将接续谋划第二批启动疏解的在京央企总部及二、三级子公司或创新业务板块等,着手谋划金融机构、科研院所、事业单位的疏解转移。雄安新区坚持世界眼光、国际标准、中国特色、高点定位,把引进央企摆在突出位置,北京非首都功能疏解集中承载地作用日益显现。

3. 牢记在对接京津、服务京津中加快河北经济强省建设

2016年7月28日,习近平总书记视察唐山时,对河北推进京津冀协同发展提出明确要求:"在对接京津、服务京津中加快发展自己。"河北省委、省政府带领全省上下深入贯彻习近平总书记重要指示和党中央决策部署,高标准、高质量建设雄安新区,大力发展后奥运经济,扎实推进京津冀协同发展向广度深度拓展,在对接京津、服务京津中加快发展自己。河北坚持把构建轨道上的京津冀,与中国式现代化河北场景中的交通强省、物流强省、临港产业强省建设等结合起来,加快推进交通一体化发展。京津雄核心区半小时通达,京津冀主要城市1—1.5小时交通圈加速形成,跨京冀建设的北京大兴国际机场投入运营。产业升级转

---

① 万秀斌:《河北把握京津冀协同发展、雄安新区规划建设等宝贵机遇——在对接京津、服务京津中加快发展》,《人民日报》2023年3月29日第2版。

移扎实推进，全省加快京津研发、河北转化，从产业承接中汲取新优势，在协同创新中集聚新动能。借力京津资源重构产业发展版图，京津冀生命健康集群入选国家先进制造业集群，京津冀国家技术创新中心燕郊中心项目正式启动。2022年，全省吸纳京津技术合同成交额402.79亿元，同比增长13.65%以上，全省新增国家高新技术企业1300家，国家科技型中小企业达到7119家，新增"专精特新"中小企业1803家、国家"小巨人"企业135家。

三 河北推动京津冀产业协同发展的战略思考与实现路径

（一）协同打造高端产业集群新高地

产业是京津冀协同发展的实体内容和关键支撑[①]，京津冀产业协同正由单个企业、单一项目对接向产业链、供应链区域联动转变。在推动京津冀产业协同发展中，河北首先要协同京津构建以实体经济为支撑的现代化产业体系，聚焦集成电路、网络安全、生物医药、电力装备、安全应急装备等重点领域，着力打造世界级先进制造业集群。深入推进区域产业一体化，聚焦新能源汽车和智能网联汽车、生物医药、氢能、工业互联网、高端工业母机、机器人等重点产业链，"一链一策"制定产业链延伸和协同配套政策。其次，充分发挥区位优势，激发创新动能。深入实施京津冀协同创新共同体建设行动，打造高能级京津科技成果转化园区和专业化功能性平台，积极承接京津科技溢出效应和产业转移。围绕主导产业和重点企业，加强与京津高校、研究院所以及重点企业的合作，加快京津研究成果在河北落地转化。最后，深化与京津高水平合作，着力促进区域平衡发展。积极推动建立京津冀城市发展联盟，形成省内中心城市与京津两市、重要节点城市紧密的分工协作和产业配套格

---

① 宋立轮：《京津冀产业协同发展的动力机制研究——基于协同学的视角》，《河北地质大学学报》2017年第1期。

局,建立雄安新区与北京城市副中心、滨海新区联动机制,构建功能互补、错位发展格局。

(二) 以类市场机制强化多主体协同内生动力

京津冀产业发展要素的梯度落差和产业分工的模糊冲突依然明显[①],根源在于横亘于区域间政府、企业等主体的制度性障碍。将市场机制嵌入政府间关系,将政府目标嵌入市场主体,将产业需求嵌入协同发展战略目标,构建多元多层主体间协同发展的类市场机制,成为应对京津冀产业协同发展过程中诸多问题的途径之一。京津冀产业协同发展主体包括企业、投资者、消费者、供应商、政府等,各主体之间参照市场机制进行协同合作是一种类市场机制的反应,能够进一步激发协同主体的内生动力。政府与企业之间,政府可以通过市场机制向企业提供投资机会,如发行政府债券或设立投资基金,企业可以竞标参与这些项目。政府与企业可以采用公私合作伙伴关系(PPP)模式,共同投资和运营基础设施项目,如公路、桥梁、港口、水处理厂等。企业与企业之间可以建立供应链合作关系,包括供应商、制造商和分销商之间的合作。企业可以共享资源,参与产业链合作和资源共享平台,共享数据、技术和服务。政府与投资者之间,政府可以通过市场机制发布投资项目信息,吸引投资者参与,提供各种投资补贴和优惠政策,以鼓励投资者在京津冀地区投资。政府还可以通过市场机制来改善投资环境,包括简化审批程序、加强知识产权保护、提高基础设施建设等。

(三) 以区域化集群优化产业转移合作空间效益

在区域化集群中,不同产业和企业可以形成紧密联系的网络,促进信息交流、经验分享和技术合作[②]。这种集聚模式有助于形成产业生态系统,推动产业链协同发展,提升整体产业效率。在推动京津冀产业协

---

① 叶堂林:《高质量推动京津冀产业协同》,《经济日报》2023年5月4日第10版。
② 徐元国:《集群企业网络演进与龙头企业集团的形成机理》,《经济地理》2010年第9期。

同发展过程中，河北省首先要明确产业定位，加强与京津产业链衔接。根据河北省的产业优势和特点，明确定位重点发展产业，如钢铁、装备制造、新能源等，形成特色产业集群。鼓励省内企业与京津地区高科技企业展开技术创新和研发合作，提高技术水平，推动产业升级。加强与京津地区产业链的对接，实现上下游产业的紧密衔接，形成完整的产业链，提高资源利用效率。其次，搭建产业合作平台，加速信息共享与市场拓展。成立专门的产业合作平台机构，负责统筹协调、规划发展、资源整合、信息共享等任务，确保平台的顺利运作。整合各方资源，促进产业链上下游企业间的协同创新，共同开发新产品、新技术，提高整体产业创新能力。采用先进的信息技术，推动产业数字化转型，建立信息共享平台，实现与企业、研究机构、政府等多方信息的快速交流与共享，推动产业发展。最后，加强政策扶持与引导，推动合作空间效益最大化。制定针对产业合作集群的优惠政策，包括税收优惠、财政补贴、用地支持等，鼓励企业在区域内投资发展。成立产业发展基金或专项资金，用于支持区域内产业协同发展，支持创新、科技、人才引进等方面的项目。建立政企合作机制，加强政府与企业间的沟通和互动，共同制定产业发展规划和政策，以确保政策实施的有效性。

（四）以产业链创新链协同推进河北产业升级

主动衔接融入京津产业链创新链，强化产业协作与协同创新，提升科技创新水平，推动河北省产业提档升级。一是创新与京津重点产业链创新链对接机制，推进"双链"深度融合。选择1—2个重点产业链先行先试，与京津联合构建跨区域"链长"制度[①]，设立"链长"制度联合办公室，探索联合办公，共同制定跨区域的产业协同发展规划，明确合作目标、重点任务、空间布局、重大项目等内容，建立健全京津冀产业协同发展任务清单和督导评估体系，探索与京津合作开展督查评估。

---

① 高自旺：《推动京津冀产业协同发展不断迈上新台阶》，《共产党员（河北）》2023年第13期。

二是引进共建重大创新平台，联合开展科技攻关，促进协同创新。探索京津重大创新平台与河北链主企业共同牵头组建创新联合体，围绕河北省重点产业领域，引进共建中试基地、分支机构等多元化科技创新平台，吸引京津地区高新技术企业和研究机构参与。支持各区市吸引京津研发机构共建省级科技创新实验室，积极推动京津在河北建设国家技术创新中心、国家产业创新中心等重大创新研发机构。三是大力引进顶级创新团队，增强区域创新发展能力。积极招聘具有国际领先水平的创新团队，包括科研院校教授、知名科研机构的研究人员等。吸引一批具有引领性、原创性、标志性顶尖创新团队，提供良好的工作条件和研究资源，包括实验室设施、科研经费、住房补贴等。实施一批具有引领作用的科技产业化项目，将科研成果转化为实际生产力。

（五）以营商环境优化保障禀赋结构支撑产业升级

良好的营商环境是河北省推动区域产业结构升级的重要支撑。除交通网络、配套设施等硬环境外，政府效率、服务意识等软环境的建设同样重要。一是优化企业开办、准营和注销"一件事一次办"服务模式。精简企业注册、项目审批和许可程序，减少冗长的审批时间，提高办事效率，降低企业创业和投资的成本和风险，实现企业开办、准营和注销"一次告知、一表申请、一套材料、一次办理"。二是提升政务服务智能化水平。建设强大的电子政务平台，提供在线申请、审批、查询等功能，方便市民和企业办理政务事务，利用云计算基础设施和大数据分析工具，提高政府数据的处理能力。建立统一的数据平台，整合各部门的数据资源，实现信息的共享和互通。利用人工智能和大数据技术，为政府决策提供智能化支持，帮助政府更准确地分析问题、预测趋势和制定政策。三是营造规范有序、诚实守信、公正法治的市场环境。深化公平竞争审查制度，持续开展公平竞争审查抽查检查，加强反垄断、反不正当竞争执法，大力维护市场秩序。同时，加大知识产权保护制度，提升知识产权保护效能。建成河北省双随机执法监管平台，增加跨层级跨区域抽取、统计分析、跟踪问效、考核评价等功能，深化联合抽查和信用风险差异化抽查。深入开展法治市场监管建设提质增效行动，发挥法治监管根本性支撑作用，规范公正文明执法，不断提高运用法治思维破解难题、防范风险的能力。

参考文献

Mario Arturo Ruiz Estrada, "Policy Modeling: Definition, Classification and Evaluation", *Journal of Policy Modeling*, Vol. 33, No. 4, July 2011.

陈治：《数字经济空间溢出与区域创新能力提升——基于中国274座城市数据的异质性研究》，《管理学刊》2023年第1期。

高自旺：《推动京津冀产业协同发展不断迈上新台阶》，《共产党员（河北）》2023年第13期。

郭俊华：《乡村振兴背景下农村产业政策优化调整研究》，《经济问题》2022年第1期。

何春建：《单篇论文学术影响力评价指标构建》，《图书情报工作》2017年第4期。

刘建朝：《京津冀产业协同政策工具挖掘与量化评价》，《统计与决策》2021年第20期。

马海涛：《京津冀城市群区域产业协同的政策格局及评价》，《生态学报》2018年第12期。

宋立轮：《京津冀产业协同发展的动力机制研究——基于协同学的视角》，《河北地质大学学报》2017年第1期。

王黎萤：《我国工业互联网产业政策量化评价——基于PMC指数模型》，《工业技术经济》2022年第11期。

王亚飞：《交通基础设施、信息基础设施对要素错配的影响——兼论产业集聚与要素市场化的调节作用》，《系统管理学报》2023年第3期。

万秀斌：《河北把握京津冀协同发展、雄安新区规划建设等宝贵机遇——在对接京津、服务京津中加快发展》，《人民日报》2023年3月29日第2版。

武义青：《推动京津冀产业链合作向更深层次拓展——京津冀产业协同发展九年回顾与展望》，《经济与管理》2023年第3期。

徐新鹏：《基于层次分析法的统筹城乡户籍制度改革政策评价的应用研究》，《西北人口》2013年第4期。

徐元国：《集群企业网络演进与龙头企业集团的形成机理》，《经济地理》2010年第9期。

叶堂林：《高质量推动京津冀产业协同》，《经济日报》2023年5月4日第10版。

张永安：《大众创业、万众创新政策量化评价研——以2017的10项双创政策情报为例》，《情报杂志》2018年第3期。

钟茂初：《绿色发展理念融入区域协调发展战略的对策思考》，《区域经济评论》2018年第5期。

祝明伟：《制造商与供应商合作时机对创新绩效的影响》，《科技管理研究》2023年第4期。

第十一章
高标准高质量推进雄安新区建设的路径

张 贵 续紫麒[*]

摘 要：党的二十大报告明确提出，要高标准、高质量建设雄安新区，这为雄安新区带来前所未有的机遇和强大势能。六年来，雄安新区经历了谋篇布局、实质性建设、大规模建设与承接北京非首都功能疏解并重三个阶段，取得重大阶段性成果。基于此，以"面向国家重大需求、人与自然共生及人与城市共融、打造科技创新前沿、构筑改革开放新高地"为主基调，提炼出高标准高质量推进雄安新区建设的理论逻辑框架。未来，雄安新区应统筹政府、社会、市民三大主体，以"新主体"提高发展积极性；统筹空间、规模、产业三大结构，以"新结构"提升疏解承载力；统筹改革、科技、文化三大动力，以"新动力"支撑高质量发展；统筹生活、生产、生态三大布局，以"新布局"提升雄安宜居性；统筹科学化、精细化、智能化三大理念，以"新治理"破除机制"藩篱"，建设好高水平现代化城市的"雄安样板"。

关键词：雄安新区；高质量发展；演进历程；理论逻辑；路径选择

雄安新区是以习近平同志为核心的党中央高瞻远瞩、深谋远虑，科学的重大决策部署，是千年大计、国家大事。2023年5月10日，

---

[*] 张贵，南开大学经济与社会发展研究院教授、博士生导师，京津冀协同发展研究院秘书长，研究方向：创新生态系统、京津冀协同发展。续紫麒，南开大学经济学院博士研究生。

第十一章　高标准高质量推进雄安新区建设的路径

习近平总书记在河北省雄安新区考察,主持召开高标准高质量推进雄安新区建设座谈会并发表重要讲话:"短短六年里,雄安新区从无到有、从蓝图到实景,一座高水平现代化城市正在拔地而起,堪称奇迹。"既有对六年成绩的概括和判断,更对下一步工作作出重要指引——"工作重心已转向高质量建设、高水平管理、高质量疏解发展并举",这座未来之城将迈出新的发展步伐。高标准高质量建设雄安新区是系统回答新时代建设一个"什么样"、"怎样"建设"以人为核心"的高水平社会主义现代化城市等一系列重大理论和现实问题,创造"雄安质量""全国样板""中国方案"。

一　雄安新区建设的进展

作为北京非首都功能疏解的集中承载地和北京新两翼的重要一极,雄安新区设立六年来坚持高起点规划、高标准建设、高质量发展,一座高水平现代化新城雏形全面显现。本节系统回顾了规划建设雄安新区以来的阶段历程,梳理了六年来的施政逻辑与主要成效,并阐释了雄安新区未来发展面临的现实困境。

(一) 雄安新区建设的阶段历程

为了更直观展现雄安新区规划建设的历程脉络与成效,结合雄安新区每个阶段的实际需要,以习近平总书记三次考察雄安新区为节点,将雄安新区六年来的规划建设大致划分为谋篇布局、实质性建设、大规模建设与承接北京非首都功能疏解并重三个阶段。

雄安新区规划建设过程离不开政策的有效支持,各阶段政策演变的规律可折射出当前阶段发展的重点。因此,通过中国雄安官网以及百度、谷歌等搜索引擎,基于最大努力采集原则,收集到国家机关、河北省级机关、雄安新区管理委员会及各机关等针对雄安新区建设的相关政策168篇,其发布时间段为2015年2月至2023年8月,政策文种类型包含通知、方案、意见、规划等。并使用LDA主题模型对三个阶段政策文件内容进行主题挖掘,以政策重点反观雄安新区各个阶段的发展重点。

1. 谋篇布局阶段(2015—2018 年)

2017 年 2 月,习近平总书记来到河北省安新县考察调研,并主持召开小型座谈会,明确提出"规划建设雄安新区是具有重大历史意义的战略选择"。这是习近平总书记第一次来到雄安。2017 年 4 月 1 日,中共中央、国务院决定设立河北雄安新区。此阶段陆续出台《河北雄安新区规划纲要》《河北雄安新区总体规划(2018—2035 年)》等纲领性文件,明确了雄安新区规划建设的指导思想、功能定位、建设目标、重点任务和组织保障,为后续发展打好了基础。

如图 11-1 所示,"高质量发展""京津冀""总体规划""高标准""高起点"等词语的出现频率最高,在共词网络中处于中心位置,与其他主题词共现频数最多,其次是"绿色生态""基础设施""医疗机构""金融机构""传统文化""数字城市"等。说明此阶段政策注重高标准高质量高水平编制新区规划,主要任务是精心策划、科学有序进行顶层设计,并统筹规划各细分领域的目标任务和保障措施。

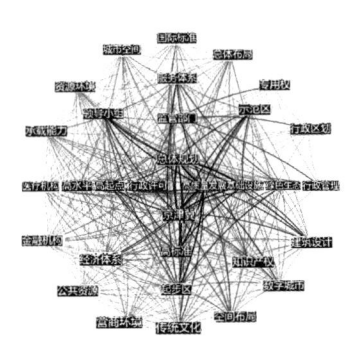

图 11-1 规划阶段政策热词及共现语义网络图

资料来源:笔者绘制。

习近平总书记反复强调"把每一寸土地都规划得清清楚楚再开始建设",因此谋篇布局阶段重点是做好保障措施和顶层设计,构建具有完整性、前瞻性、可扩展性、可操作性的战略规划。由表 11-1 的"顶层设计""行动规划""发展体系"等政策主题也可以看出,此阶段积极开展雄安新区规划建设部署工作,为新区稳步承接北京非首都功能疏解,实现高标准规划、高质量建设奠定坚实基础。

表11-1 规划阶段热门主题及特征词

主题编号	主题名称	主题特征词(前10位)
Topic 1	顶层设计	高质量、高标准、高起点、高水平、改革开放、经济体系、起步区、积极主动、逐步完善、合理布局
Topic 2	行动规划	总体规划、基础设施、京津冀、公共服务、示范区、服务体系、行动计划、协调发展、实施标准、管理体系
Topic 3	发展体系	公共服务、数字城市、服务体系、创新驱动、智能化、建筑设计、传统文化、样板工程、现代化、统筹规划
Topic 4	生态保护	白洋淀、生态保护、新时代、绿色生态、空间布局、土地利用、生态空间、生态景观、城市生态、植树造林

资料来源:笔者绘制。

从一开始谋划新区建设,习近平总书记就强调要坚持生态优先、绿色发展。表11-1的"生态保护"主题表明,此阶段深入贯彻绿水青山就是金山银山的理念,陆续出台《河北雄安新区生态环境损害赔偿制度改革实施方案》《雄安新区土壤污染综合防治先行区建设方案(2018—2022年)》等,推进雄安新区和白洋淀生态保护各项工作,在大规模城市建设开始前,率先启动生态基础设施建设和环境整治,着力解决突出环境问题,深化生态环境损害赔偿制度改革,为进一步做好生态环境保护工作指明了前进方向,提供了根本遵循。

2. 实质性建设阶段(2019—2022年)

2019年1月,习近平总书记再赴雄安,这时雄安新区规划体系已基本建立,总书记指出"雄安从顶层设计阶段转向实质性建设阶段"。此阶段雄安新区建设有力有序有效推进。从政策角度来看,如何在雄安新区总体规划的指导下,为各领域的建设工作制定较为细化的指引性政策成为工作的重点。不仅需要增加政策总量以继续完善政策环境支撑体系,同时也需要拓展政策性质类别促使政策结构合理化。因此,此阶段雄安新区建设政策数量激增且涵盖领域更加广泛，实现了对雄安新区建设发展领域的全覆盖，并出现了与较为灵活的现实需求相适应的方案引导类政策，作为这一时期激发雄安新区建设活力的主要政策工具。

如图11-2所示，"建设工程""公共服务""基础设施"等词语在网络图中处于中心位置且出现频率最高，表明雄安新区在此阶段严格按总体规划、控制性详细规划有序推进重大项目建设，并同步推进公共服务设施建设。周围紧密分布"智慧教育""金融机构""区块链""白洋淀"等词，表明新区全方面多领域制定配套政策法规和技术规范，强化金融、土地、财政、生态、住房、人才、户籍、科技、交通、教育等方面政策保障，加强组织领导，保障规划有序有效实施，确保一张蓝图干到底。

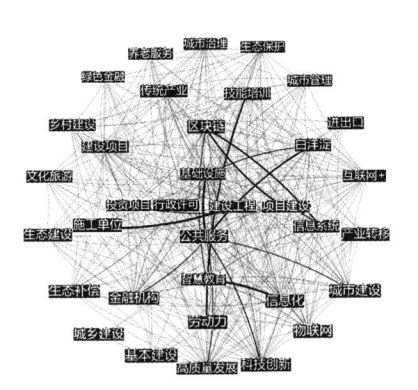

图11-2 实质性建设阶段政策热词及共现语义网络图
资料来源：笔者绘制。

结合表11-2热门政策主题也可以看出，在实质性建设阶段，除了建设一个现代化的新城之外，更多从"五个着力"上下功夫。一是着力彰显"绿色、智慧、韧性"三重底色。首先，"生态优先、绿色发展"贯穿雄安新区从规划到建设的全过程，新区不断完善相关政策，加强生态环境治理和保护，形成绿色低碳的生产生活方式和城市建设运营模式。其次，雄安新区以数字化、智能化为目标，此阶段出台智慧城市指标体系等多个标准化政策，全面推进大数据、人工智能、区块链等技术开发应用。最后，作为未来城市建设与发展的重要指标，雄安新区从选址之初就重视城市"韧性"，制定一系列突发灾害应对政策，坚持防洪防震设施建设与生态环境保护、城市建设相结合，顺应自然，建设韧性安全雄安。

表11-2　　　　　　　实质性建设阶段热门主题及特征词

主题编号	主题名称	主题特征词（前10位）
Topic 1	企业管理	企业发展、产业布局、产业转型、政府投资、孵化器、研发补贴、监管制度、上市、重点项目、技术标准、资金奖励
Topic 2	绿色生态	起步区、白洋淀、城市功能、生态环境、国土空间、资源环境、自然资源、无废城市、生态保护、水资源
Topic 3	科技创新	科技成果、孵化器、科研院所、高新产业、产业园、龙头企业、知识产权、专精特新、信息技术、高新技术企业
Topic 4	行政审批	行政许可、申请人、政务服务、社会保险、组织协调、申请材料、法律法规、监督管理、依法追究、改革开放
Topic 5	项目建设	建设工程、施工单位、法律法规、工程质量、避难建筑、工伤保险、监督管理、施工图、房屋建筑、安全韧性
Topic 6	交通物流	物流配送、差异化、公共交通、清洁能源、机动车、交通枢纽、交通安全、老城区、交通管理、交通运输
Topic 7	金融发展	金融机构、投融资、董事会、财政资金、子公司、经理层、市场化、项目实施、绩效评价、经营风险
Topic 8	数字建设	数字化、互联网+、数字赋能、智能化、人工智能、大数据、新技术、区块链、数字孪生、服务业
Topic 9	教育资源	智慧教育、教育部门、职业教育、终身教育、互联网、高等学校、研究机构、教育机构、高等教育、实验室
Topic 10	农业发展	乡村建设、现代农业、农业生产、合作社、高标准农田、绿色生态、数字农业、观光农业、粮食安全、智慧农业
Topic 11	文旅建设	文化产业、旅游产业、景观质量、文化保护、文化创意、旅游市场、智慧旅游、幸福感、吸引力、旅游规模

资料来源：笔者绘制。

二是重视推进企业发展建设，持续优化营商环境。此阶段新区推动企业智慧发展，构建"生产服务+商业模式+应用场景+金融服务"的数字化生态体系；推动企业开放发展，促进自由贸易，建设连结国内大循环和国内国际双循环的重要节点，加快雄安国际化进程。同时，以行政审批改革为突破口优化营商环境，雄安新区此阶段工作效率、服务效率全面提升，行政资源、行政效能得到全面释放，探索建立灵活审慎监管机制，提高行政效率。

三是着力建设完善交通体系，为互联互通打下坚实基础。随着《关于推进交通工作的指导意见》《关于促进交通运输发展的六条政策措施》等政策发布，交通物流作为本阶段建设重点。雄安新区加快外围骨干交通路网建设，在2022年底实现启动区交通路网骨架基本成型、起步区重大基础设施全面建设。同时利用互通立交出入口等节点资源，建设物流转运点和仓储集散中心，促进雄安新区产业链、供应链、物流链稳定，推动区域经济发展。

四是城市片区大规模建设同时，着力推进乡村振兴。2021年发布《河北雄安新区农业产业结构调整专项规划（2021—2025年）》《全面推进乡村振兴加快农业农村现代化的实施方案》，2022年5月发布《河北雄安新区乡村全面振兴实施意见》，表明此阶段雄安新区加快农业农村现代化步伐，持续推动农业高质高效、乡村宜居宜业、农民富裕富足，让广大农民过上更加美好的生活。

五是着力加强教育与精神文明建设。党的二十大报告中指出："中国式现代化是物质文明和精神文明相协调的现代化。"物质富足、精神富有是社会主义现代化的根本要求，经济建设只是发展的一部分，精神文明建设同样重要。2022年7月《关于促进文化产业和旅游业恢复发展的十条政策措施》《河北雄安新区旅游高质量发展"十四五"规划》等发布，鼓励支持引导新区文旅产业高质量发展，推动各类文化市场主体发展壮大，大力开发康养旅游、生态旅游、科技旅游、文化演艺等，增强人们的文化获得感与幸福感。

第十一章　高标准高质量推进雄安新区建设的路径

3. 大规模建设与承接北京非首都功能疏解并重阶段（2023年至今）

2023年5月10日，习近平总书记第三次对河北雄安新区进行考察，明确雄安新区"已进入大规模建设与承接北京非首都功能疏解并重阶段"。从此阶段雄安新区制定出台的一揽子支持政策也可看出，此时工作重心已转向高质量建设、高水平管理、高质量疏解发展并举。

如图11-3所示，该阶段"企业"的点度中心度最高，且占词云图中心位置，周围紧密分布"承接""疏解""高质量发展"等关键词，表明此阶段在逐步推动符合雄安新区定位的非首都功能疏解转移。处于较为中心位置的"公共服务""生态环境""数字化""营商环境"等关键词表明雄安新区正在进一步完善一系列供给保障条件，紧紧围绕疏解人员利益关切，有针对性地推动相关领域改革创新举措在雄安新区落地实施，优化营商环境，加强科技创新，继续推进生态、产业等重点领域率先突破。

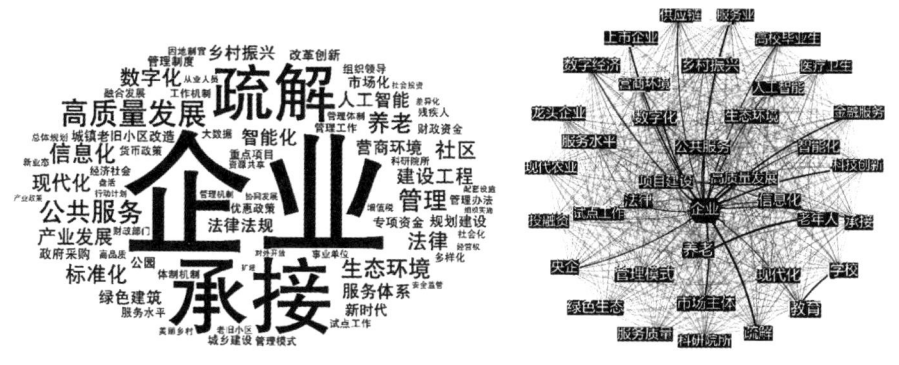

图11-3　大规模建设与承接北京非首都功能疏解并重阶段政策热词及共现语义网络图
资料来源：笔者绘制。

在经过前两个阶段对雄安新区的顶层规划和大规模建设后，雄安新区各方面发展活力得到激发，发展重点也转向如何保障高质量疏解，建设软环境。结合表11-3可发现，反映到公共政策领域就表现为企业服务、政务服务、民生服务等保障服务类主题成为政策重点，使得各项疏解工作稳步推进。

表 11-3　大规模建设与承接北京非首都功能疏解并重阶段热门主题及特征词

主题编号	主题名称	主题特征词（前 10 位）
Topic 1	企业服务	产业集聚、高新产业、营商环境、资源共享、招商引资、一体化服务、产业链、上下游、重点产业、楼宇经济
Topic 2	金融服务	金融机构、人民币、服务平台、普惠金融、小微企业、市场主体、货币政策、银行业、实体经济、绿色金融
Topic 3	数字经济	互联网、数字化、区块链、智能化、人工智能、数字技术、物联网、跨境电商、电子商务、网络安全
Topic 4	劳动教育	劳动力、技能培训、职业培训、高技能、高等院校、人力资源、职业技能、中小学、高校毕业生、职业院校
Topic 5	医疗养老	医疗卫生、保险机构、医疗机构、公共卫生、健康产业、医疗服务、养老服务、农产品、老年人、养老机构
Topic 6	政务服务	行政许可、营商环境、服务体系、优惠政策、小微企业、政策措施、全方位、一站式、绿色通道、专项资金

资料来源：笔者绘制。

一是加强疏解保障，注重软环境建设。在经过前两个阶段对雄安新区的顶层规划和大规模建设后，雄安新区各方面发展活力得到激发，发展重点也转向对各种规划的落实。此时的焦点就集中于如何保障高质量疏解，反映到公共政策领域就表现为企业服务、金融服务、政务服务等保障服务类主题成为政策重点。企业是有序承接北京非首都功能疏解的重要载体，企业服务仍是此阶段最热门主题，新区围绕服务重点产业、企业、产品，持续帮助市场主体纾困发展，优化营商环境，助力北京疏解企业高效落户雄安新区。此外，新区加强对民营小微、绿色发展、科技创新等领域提供金融服务，推动新区经济运行实现质的有效提升和量的合理增长。政务服务仍然是热门主题，此阶段更注重为疏解对象提供注册、供地、审批、建设等"一站式"综合服务。

二是重视劳动、教育、医疗、养老等民生工程，完善相关标准与规范。为确保疏解项目和人员来得了、留得住、发展好，雄安新区筑巢引凤，持续提升软硬环境吸引力。不断出台并优化相关政策，在幼有所育、学有所教、劳有所得、病有所医、老有所养、住有所居、弱有所扶上持续用力，提升保障和改善民生水平，增进民生福祉，健全多层次社会保障体系。

三是加速科技创新资源集聚，做强做优数字经济。此阶段注重完善创新政策体系，引导创新资源向企业集聚，鼓励龙头企业牵头，联合产业链各环节核心企业以及科研院所组建创新联合体，建设科技成果孵化基地，积极承接京津科技创新资源外溢。同时加强互联网、大数据、云计算、人工智能、区块链等关键核心技术攻关，抢占未来数字技术和产业发展制高点。

（二）雄安新区建设的主要成效

在习近平总书记亲自决策、亲自部署、亲自推动下，短短六年时间里，雄安新区从无到有、从蓝图到实景，一座高水平现代化城市拔地而起，堪称奇迹。经过六年的规划建设，雄安新区发展取得了令人瞩目的成就。

1. 基础设施建设取得重大进展

六年来雄安新区开工建设了一批重大基础配套设施。一是交通网络一体化迅速推进。目前雄安新区已基本建成内外骨干路网，雄安到北京、天津、石家庄的城际铁路通勤时间分别缩短至50分钟、50分钟和60分钟，正加速形成"四纵两横"高速铁路网、"四纵三横"高速公路网、内部市政道路相结合的综合交通体系[①]。

二是开发建设保持强劲态势。38平方公里的启动区积极推进科学园、大学园、互联网产业园、金融岛等功能片区建设，国贸中心、中科院雄安创新研究院等重点项目加速推进[②]。设立6年来，雄安新区累计完成投资5100多亿元，总开发面积已覆盖120平方公里，总建筑面积4100多万平方米，3500多栋楼宇拔地而起，新建道路573公里，新建地

---

① 张志锋：《雄安新区内外骨干路网基本建成》，《人民日报》2023年4月8日第4版。
② 李如意：《新翼展雄姿》，《北京日报》2023年5月24日第5版。

下管廊136公里。2023年，雄安新区计划投资超2000亿元。

2. 疏解北京非首都功能初见成效

设立6年来，雄安新区有力有序有效承接北京非首都功能疏解，取得阶段性成果。一是承接疏解政策体系不断健全。成立承接疏解保障工作领导小组，实行"五个一"（一个项目、一个领导、一个班子、一套方案、一跟到底）协调服务机制，发布承接疏解实施意见，从用地、住房、社保、教育、金融、科技发展等10个方面完善配套政策①。2023年5月，雄安新区又印发《企业跨省市迁移"1+N"行动方案》，为进一步吸引北京优质产能落地提供便利化服务。二是持续推进央企疏解项目。如表11-4所示，目前在国务院国资委监管的98家央企中，雄安新区就坐拥4家央企总部，数量仅次于北京和上海，成为央企总部第3多的城市。先后有63家央企投身雄安新区建设，4家央企总部（中国星网、中国中化、中国华能、中矿集团）和超150家子企业落户雄安新区，投资来源为北京的雄安新区注册企业已超3000家②，形成了良好示范带动效应。

表11-4　　　　　　　　我国央企总部所在地分布情况

总部所在地	央企名称	央企数量
北京	中国石油、中国石化、国家电网等	69
上海	中国船舶、中国宝武、中远海运、东航等	6
雄安新区	中国星网、中国中化、中国华能、中矿集团	4
香港	招商局集团、华润、中国旅游集团	3
湖北武汉	三峡集团、东风汽车、中国信科	3
广东深圳	中国电子、中广核、华侨城	3
广东广州	南方电网、南航	2
吉林长春	中国一汽	1

---

① 王胜强、宋美倩：《雄安 未来之城气象新》，《经济日报》2023年4月6日第3版。
② 《雄安新区有序疏解北京非首都功能》，访问日期：2023-9-27，中国雄安官网（http://www.xiongan.gov.cn/2023-06/13/c_1212198692.htm）。

续表

总部所在地	央企名称	央企数量
黑龙江齐齐哈尔	中国一重	1
黑龙江哈尔滨	哈电集团	1
辽宁鞍山	鞍钢集团	1
辽宁大连	华录	1
四川成都	东方电气集团	1
江西赣州	中国稀土集团	1
澳门	南光集团	1

资料来源：作者根据孔德晨（2022）[①] 和国务院国有资产监督管理委员会公布的最新数据自行绘制。

3. 生态环境治理成效明显

雄安新区从规划起步开始便始终坚持走生态优先、绿色发展之路。雄安新区的生态空间格局初具雏形，形成了"蓝绿交织、清新明亮、水城共融"的生态景观。一是着力"打好碧水保卫战"。白洋淀水体面积出现了明显增长，2022年的水体范围较2021年增长了12%；水质明显改善，经过系统、协同治理，已在2021年从劣Ⅴ类提升至Ⅲ类[②]；生物多样性显著提升，野生鸟类增加至252种，跻身全国良好湖泊行列，焕发出勃勃生机。二是全力打造人与自然和谐共生的生态典范城市。雄安新区植树造林面积达47万亩，绿化面积达73万亩，森林覆盖率达34%，规划建设了16座免费公园，其中11座已对公众开放，千年秀林和公园建设推进顺利[③]。三是努力建成"无废雄安"的中国样板。雄安新区建设把绿色发展示范作为重要内容，统筹考虑包括"无废雄安"在内的水、大气、固体废物、土壤环境治理，制定了《雄安新区"无废城

[①] 孔德晨：《央企总部搬迁，选址服从大局》，《人民日报海外版》2022年1月13日第4版。

[②] 朱虹、张志锋、侯云晨：《科学规划引领建设未来之城》，《人民日报》2023年4月2日第4版。

[③] 耿建扩、陈元秋、张景华等：《"人民之城"创造幸福生活》，《光明日报》2023年4月2日第1版。

市"建设实施方案》等46项"无废城市"相关政策文件①，全面构建起"无废雄安"的机制体制和城市发展模式。

4. "数字雄安"建设初具雏形

全球新一轮科技革命和产业变革，特别是数字经济的发展，为雄安新区提供了与以往的"经济特区""新区"等所不同的独特历史机遇。一是"数字雄安"逐步推进。雄安新区现已搭建起包括雄安城市计算中心和物联网平台、视频一张网平台、城市信息模型平台、块数据平台"一中心四平台"②为核心的智慧城市基础框架，制定和实施《河北雄安新区智能城市建设实施方案》《河北（雄安新区）国家数字经济创新试验区建设方案》《城市大脑工作方案》等细化措施③，推动数字技术研发、智能产品创新及转化，打造具有深度学习能力、全球领先的数字城市④。二是互联网"硬件"设施加快完善。雄安"城市大脑"已投入运转，可为大数据、区块链、物联网应用等提供网络、计算与存储服务；截至2023年5月，雄安新区新建区域每平方公里安装公共传感器数量高达20万个，基础设施智慧化水平已超过90%；开通国际互联网数据专用通道，建成互联网骨干网顶级节点，每万人拥有5G基站数达到全国领先，重点场所5G网络通达率为100%，在河北省率先达到国家"千兆城市"标准⑤。

5. 创新要素前瞻布局逐步完善

雄安新区坚持创新驱动发展战略，聚焦于"蓝海"市场甚至"无人区"市场，抢抓重大科技变革的"机会窗口"。一是创新企业加速聚集。近年来，雄安新区加快引导原有企业开展以数字化、智能化、绿色化为

---

① 《雄安新区：打造具有新城特色的"无废城市"》，访问日期：2023-9-27，中国雄安官网（http://www.xiongan.gov.cn/2022-10/07/c_1211690781.htm）。
② 张志锋：《未来之城拔地而起》，《人民日报》2023年5月27日第3版。
③ 胡安华：《雄安新区全面推进智能城市创新发展》，《中国城市报》2023年6月5日第A04版。
④ 张志锋：《未来之城拔地而起》，《人民日报》2023年5月27日第3版。
⑤ 朱虹、张志锋、侯云晨：《科学规划引领建设未来之城》，《人民日报》2023年4月2日第4版。

导向的"二次创业",改造、提升传统产能;同时,严格按照雄安新区的企业准入"正面清单"对入驻企业进行审批,确保新注册企业的生产经营与雄安新区的城市规划和发展要求相匹配。截至2023年5月,雄安新区企业数量已达12535家①,创新物种得到明显丰富。如图11-4所示,截至2022年底,雄安新区科创类企业数量达4479家,同比增加21%,企业专利申请量同比增长47.2%;纳入科技企业库和"专精特新"企业培育库的企业数量分别达到325家和54家,处于有效期的高新技术企业216家,同比增长41.2%②,产业高端化、智能化趋势逐步显现。二是创新人才扎根成长。"雄才引进"一揽子计划实施以来,累计引进院士等高端领军人才12名,招引规划建设重点领域人才100余名、"双一流"高校人才3000余名,新增创新创业人才2.5万余名③。图11-5展示了2017年至2022年间,雄安新区常住人口的受教育水平结构变化情况。结果显示,雄安新区常住人口的受教育水平持续提升,本科及以上学历占比由3.14%增长到最高时的8.64%,说明雄安新区在聚集和引进人才方面取得了显著成效。

6. 公共服务建设有序推进

高质量发展是以人民为中心的发展,雄安新区以满足人民美好生活需要为目标,加快推进公共服务共建共享。一是教育医疗资源协同共享。雄安新区加快承接来自北京等地的优质教育和医疗资源,已有59所京津冀优质学校、65所京津冀知名医疗卫生机构与雄安新区建立帮扶合作关系④。由北京支持雄安建设的"三校一院"交钥匙项目中,雄安北海幼儿园、雄安史家胡同小学、雄安北四中学三校竣工交付,雄安宣武医院

---

① 数据来源为企查查网站(https://www.qcc.com/)。检索条件为:企业地址位于河北雄安新区内,成立时间为2017年4月1日至2023年5月31日期间。
② 王红:《"数说"雄安:2022年雄安"成绩单"》,访问日期:2023-9-29,人民雄安网(http://www.rmxiongan.com/BIG5/n2/2022/1231/c383557-40250781.html)。
③ 杨学聪、王胜强、韩秉志:《"一核两翼"新格局风采日显》,《经济日报》2023年6月3日第6版。
④ 耿建扩、陈元秋、张景华等:《"人民之城"创造幸福生活》,《光明日报》2023年4月2日第1版。

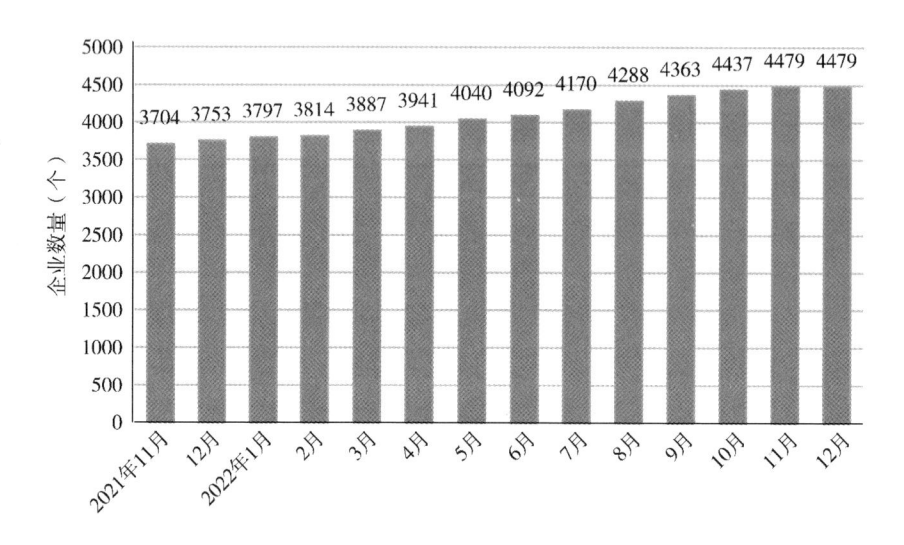

图 11-4　雄安新区科技创新类企业数量增长情况

资料来源：作者根据百度智能云、百度研究院商业智能实验室联合发布的《未来之城 雄姿初显——雄安新区 2022 年大数据研究报告》数据自绘。

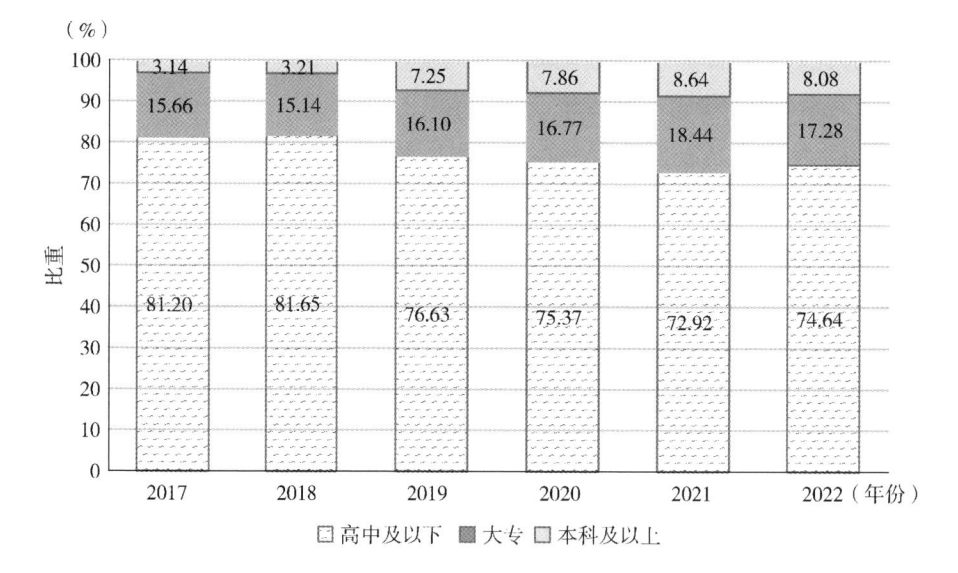

图 11-5　雄安新区常住人口的教育水平结构变化情况

资料来源：作者根据百度智能云、百度研究院商业智能实验室联合发布的《未来之城 雄姿初显——雄安新区 2022 年大数据研究报告》数据自绘。

建设稳步推进①。中国地质大学（北京）、北京交通大学、北京科技大学、北京林业大学4所"双一流"高校将疏解至新区。二是便民服务水平提升。雄安新区持续深化行政审批制度改革，全面实行"一会三函、三到位、三集中"，着力打造审批事项最少、工作效率最高、办事成本最低、服务态度最好的"雄安服务"品牌。提升政务服务质效，推动"互联网+政务服务"工作，"一网通办"平台已实现四级全覆盖，上线政务服务2.8万项、便民服务434项，政务服务中心成立5年来累计办理政务服务事项24.4万件②，切实提升服务标准化、规范化、便利化水平。

（三）雄安新区建设过程面临的现实困境

目前，雄安新区建设已取得显著成效，但在公共服务配套、产业承接平台和营商环境建设等方面仍存在"短板"。

1. 公共服务水平存在较大"落差"

为有效承接北京市非首都功能及产业疏解，雄安新区需为来自北京的企业家、创新者、政府单位员工和高技能工人提供与北京市尽可能相似的公共服务。但是雄安新区从"一张白纸"建起，原有的基础设施能力相对薄弱，在"补短板"方面压力较大，基本公共服务体系尚不够健全，特别是在教育、医疗、养老、文化等领域仍与北京市存在明显"落差"，一些关系到疏解人员利益关切的问题仍有待解决。

2. 高质量产业承接平台相对短缺

目前，雄安新区各类产业承接平台正加紧建设。但从雄安新区长期发展的需要出发，产业承接平台的承载能力仍需尽快提升。在硬平台方面，目前雄安新区成型的园区载体不足，不少企业仍处于观望状态；虽然启动区周边已有一些功能园区，但规模偏小，产业配套不足，办公成本较高，尚未充分满足科技型企业的入驻运营需求。在软平台方面，尽

---

① 李如意：《三校一院 雄安"交钥匙"》，《北京日报》2023年3月17日第7版。
② 《雄安"一网通办"平台已实现四级全覆盖》，访问日期：2023-9-27，中国雄安官网（http://www.xiongan.gov.cn/2023-04/24/c_1212171069.htm）。

管雄安新区已设立自贸试验区、数字经济创新发展试验区、生态文明试验区等一批国家级平台,但政策的叠加效应仍需进一步释放,对创新型企业的吸引力亟需提升①。

3. 营商环境有待进一步优化

现阶段雄安新区的营商环境建设已取得显著进展,但与先进地区相比仍存在三个方面的差距。一是缺乏稳定的干部队伍。雄安新区挂职干部比例较高,需要稳定的干部队伍保障营商环境建设的连续性。二是权责有待进一步明确。目前雄安新区涉及项目疏解等方面的部分事项权责还不明晰,需要加以梳理和细化。三是政企沟通渠道还不顺畅。部分企业反映缺乏与政府部门的沟通渠道,导致出现项目结算拖延、居住证办理不畅等问题,需从政府流程再造方面加以改进②。

4. 新旧动能转换压力明显

目前,雄安新区高端高新产业发展尚处于起步阶段,距离"创新发展示范区"的发展目标仍需要长期建设。新动能培育方面,雄安新区高新技术产业缺乏当地的支持技术和相关配套产业,不利于大数据、云计算、人工智能、区块链等技术在基础设施领域的创新应用,也不利于尽快提高创新型产业集群效率③。旧动能转型方面,雄安新区原有的传统产业存在一定的"路径依赖",技术含量、价值链地位偏低,品牌效应较弱。随着雄安新区战略地位的提升,传统产业面临愈益明显的资源环境约束,急需实现转型升级④。

5. 城市金融体系建设面临难题

雄安新区亟须缓解企业发展过程中的资金约束,为其解决"后顾之忧"。雄安新区不会走"土地财政"和大规模开发房地产的"老路",必须为城市发展考虑新的筹资方式。尽管长期来看,雄安新区可以通过改

---

① 柳天恩、武义青:《雄安新区产业高质量发展的内涵要求、重点难点与战略举措》,《西部论坛》2019年第4期。

② 陈璐、边继云:《京津冀协同发展报告(2022)》,经济科学出版社2022年版,第110页。

③ 田学斌、曹洋:《雄安新区规划建设的进展、困境与突破》,《区域经济评论》2021年第2期。

④ 张可云、赵文景:《雄安新区高技术产业发展研究》,《河北学刊》2018年第5期。

革财税体制获得税收增加和土地增值收益,但短期来看,在新兴产业和市场主体尚未完全成熟的情况下,急需探索多种融资渠道①。目前,雄安新区由于经济发展水平还不够高,对非银行机构(如信托机构、基金机构和证券机构等)的吸引力不足,尚未形成完备、健全的现代化金融体系②;同时,全国各地争相吸引金融机构总部落户,城市间竞争非常激烈,雄安新区如何合理应对来自各大城市的竞争压力、提高对金融机构总部的吸引力,仍是有待破解的长期性难题。

6. 高校和科研机构优势不够明显

雄安新区原有的科教资源不足,现阶段必须依托京津冀特别是京津的"输入性"科教资源,以满足高端高新产业的创新需要。但受京津"极化效应"的长期影响,京津冀高校、科研院所等创新资源在向雄安新区疏解过程中仍面临行政等方面壁垒,对雄安新区吸纳优质科教资源造成了阻碍。雄安新区亟须加快形成创新领域的"反磁力中心",通过引导创新要素的合理有序流动,加快培育原生创新优势。

总之,雄安新区的高质量建设是一项涉及经济社会发展各方面的系统性工程,需要顶层设计和实践探索的融合互济,遵循"强化优势、扭转劣势、填补缺失"的思路,不断拓展雄安新区发展的新空间。

二 高标准高质量推进雄安新区建设的理论逻辑

雄安新区是以习近平同志为核心的党中央作出的一项重大的历史性战略选择,是继深圳经济特区和上海浦东新区之后又一具有全国意义的新区,是千年大计、国家大事。本节尝试以"面向国家重大需求、人与自然共生及人与城市共融、打造科技创新前沿、构筑改革开放新高地"为主基调,系统刻画和回答何为雄安新区高质量发展,以期在理论层面为高标准高质量推进雄安新区建设提供一个目标参照(图11-6)。

---

① 马欣、白青刚:《雄安新区基础设施投融资模式创新》,《中国金融》2019年第10期。
② 胡恒松、王皓、韩瑞姣:《雄安新区城市高质量发展的金融支持路径》,《区域经济评论》2021年第2期。

首先，雄安新区高质量发展要坚持需求导向和问题导向，以"大历史观""大格局观""大协调观"面向国家重大需求，基于党中央关于雄安新区的功能定位、使命任务和原则要求来整合思考未来建设关键要点，精准发力。其次，雄安新区以人民为核心，坚持以民生需求为导向，建成新时代宜居宜业、绿色生态、安全韧性、智慧、人文的"人民之城"，实现人与自然共生、人与城市共融。再次，创新是引领发展的第一动力，雄安新区立足于特有的创新资源及要素禀赋，深耕厚植央企引领型集成创新、跨地协同型链式创新、前瞻布局型颠覆创新三维创新方式，建设创新驱动发展示范区。最后，雄安新区对内要做改革发展试验田，对外则要继续推动我国开放水平的提升，打造分层辐射、合作共赢的改革开放新高地。

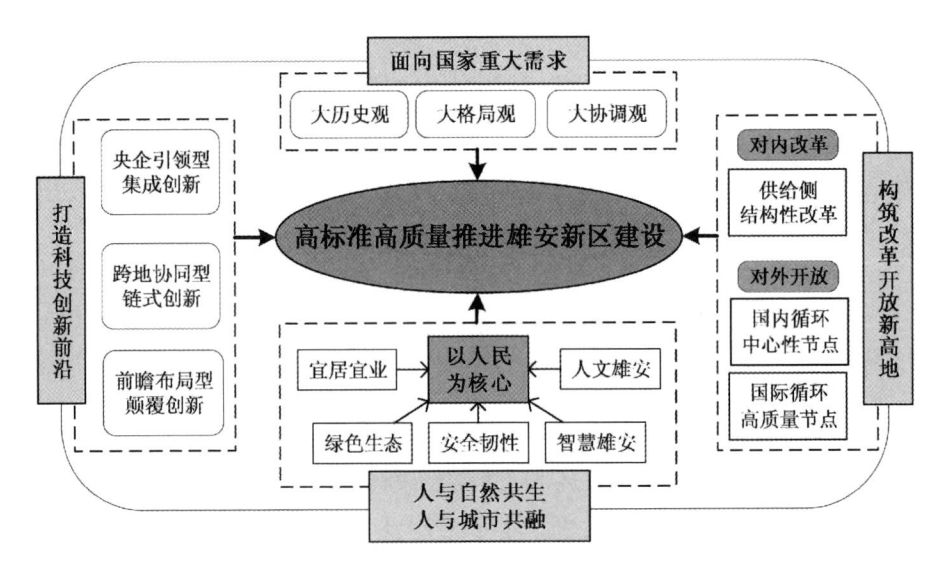

图11-6　高标准高质量推进雄安新区建设的理论逻辑框架图

资料来源：笔者绘制。

（一）面向国家重大需求，建设高质量发展全国样板

一个时代，要有一个时代的发展标杆。雄安新区的规划建设是基于疏解北京非首都功能这一国家重大需求的战略选择，在蹚出中国特色解

决"大城市病"的路子上,需要以"大历史观""大格局观""大协调观"把握雄安新区高质量发展的前进方向。

1. 以"大历史观"把握雄安新区高质量发展

习近平总书记对现实问题的精准分析和深刻解读源于其对历史规律的把握与揭示,他指出"历史研究是一切社会科学的基础"①。设立雄安新区,正是体现了习近平总书记严谨的历史思维和深邃的历史眼光。

习近平总书记的历史思维是马克思主义的历史思维,贯穿着马克思主义唯物史观。马克思主义唯物史观坚持实事求是的思维方式,以揭示反映事物发展的内在规律并运用这种规律性认识指导实践为特征。从伦敦、巴黎、东京、纽约的历史经验看,新城建设起到了减轻其核心区域人口压力的作用,并促进城市空间布局从单中心向多中心发展②。单中心格局的放射性扩张蔓延易造成城市空间"摊大饼"扩张,形成就业在中心、居住在外围的严重职住分离,"钟摆式"人流会造成严重的交通拥堵;而多中心格局则可以提升要素配置效率,优化城市空间布局,促进区域协调发展。基于对历史规律的把握,以及用历史发展的眼光来认识和解决现实问题,习近平总书记深刻总结了世界历史的发展逻辑,对中国当前所处的历史新方位有了精准判断,对首都未来的发展方向也有了正确的把握,提出了跳出北京、在更大空间格局中解决北京"大城市病"问题的想法。"要坚持和强化首都核心功能,调整和弱化不适宜首都的功能,把一些功能转移到河北、天津去,这就是大禹治水的道理。"③ 在这样的背景下,雄安新区的规划建设并不是偶然现象,而具有历史必然性,其对于集中疏解北京非首都功能,具有重大时代意义和深远历史影响。

从大历史观来看,高质量建设雄安新区是历史发展的结果,也是未

---

① 习近平:《在第十二届全国人民代表大会第一次会议上的讲话》,《光明日报》2013年3月18日第1版。
② 刘佳骏:《国外典型大都市区新城规划建设对雄安新区的借鉴与思考》,《经济纵横》2018年第1期。
③ 新华社评论员:《习近平总书记指引雄安新区规划建设的故事》,访问日期:2023年5月12日,新华网(http://www.news.cn/politics/leaders/2023-05/12/c_1129607855.htm)

来发展的奠基。建设新城是治理"大城市病"的一个重要途径,雄安新区减轻北京核心区人口过快增长压力,优化区域空间布局,可被视为世界历史发展路径的延续和演进,同时,雄安新区高质量建设为未来经济增长提供了坚实的基础,不仅能带动河北发展,提高京津冀整体发展水平,还有助于加快构建以首都为核心的世界级城市群,对于中国乃至全球经济格局具有战略性影响。

2. 以"大格局观"推进雄安新区高质量发展

大时代需要大格局,大格局呼唤大胸怀。习近平总书记注重对事物矛盾运动基本原理的把握,在此基础上对当前世界发展的主要矛盾进行了深刻剖析,对世界发展形势和人类社会发展方向有了准确的判断。面对世界百年未有之大变局,"要有全局观,对各种矛盾做到心中有数,同时又要优先解决主要矛盾和矛盾的主要方面,以此带动其他矛盾的解决"[1]。社会主要矛盾的变化关系全局,是时代转换的重要标志。雄安新区与深圳特区、浦东新区都是在中国经济社会发展转型大时代背景下的战略布局,三地都承载着时代格局转承的重任。改革开放之后,党和国家工作的重点转移到以经济建设为中心的社会主义现代化建设上来。1980年设立的深圳经济特区,开辟了中国改革开放和现代化建设的试验场;1992年设立的上海浦东新区,则把中国从局部开放拓展到了全面对外开放。深圳特区和浦东新区分别引领了中国20世纪80年代和90年代中国经济高速增长,创造了"深圳奇迹"和"浦东速度",较好地完成了时代赋予的使命。

随着中国经济进入新阶段,京津冀协同发展中所积累的问题也逐渐凸显。区域发展不平衡、产业结构亟待转型升级、资源环境约束加剧等既是京津冀协同发展所面临的主要问题,也是我国经济发展问题的集中体现。因此,高标准高质量推动雄安新区建设不仅肩负着推动京津冀协同发展的重要使命,同时也是应对新时代我国社会主要矛盾转换的主动

---

[1] 习近平:《坚持运用辩证唯物主义世界观方法论提高解决我国改革发展基本问题本领》,《人民日报》2015年1月25日第1版。

作为①。中国经济发展面临着由高速增长向高质量发展的转变，通过将雄安新区打造成经济社会发展新的增长极，产生二次极化效应，以创新、协调、绿色、开放、共享为内核、现代产业体系为支撑，探索人口经济密集地区优化开发的新模式，将新区建设为中国高质量发展的示范区，为解决中国经济发展中的主要矛盾提供重要的实践经验。

3. 以"大协调观"开拓雄安新区高质量发展

"协调既是发展手段又是发展目标，同时还是评价发展的标准和尺度；协调是发展两点论和重点论的统一，是发展平衡和不平衡的统一，是发展短板和潜力的统一。"②习近平总书记形象地把协调发展比作"制胜要诀"，这是因为协调是持续健康发展的内在要求，其根本目的是促进我国经济社会行稳致远。协调发展反映了事物发展的客观规律，事物是普遍联系的，人类社会是包括经济、政治、文化、社会、生态等各种活动的统一有机体，形成了一系列重大关系。这些重大关系如果处理不好，就会出现不平衡、不协调的状态，影响整个社会健康发展。推进中国式现代化，就要以"大协调观"在高质量发展中解决我国发展不平衡、不充分问题。

协调发展彰显了发展的规律性，既是保障高质量发展的重要法宝，也是高质量发展的内生特点。冀中地区和京津两地之间发展悬殊，京津冀发展不平衡不充分是客观现实。雄安新区建设是探索人口经济密集地区优化开发新模式，调整优化京津冀城市布局和空间结构，扭转京津冀经济发展落差过大格局的重要战略举措，是推动中国经济协调发展的示范区和政策着力点。雄安新区位于北京、天津两大城市的中间位置，通过建设雄安"反磁力中心"，弥补北京"虹吸效应"强劲、辐射作用有限的不足，支撑首都圈成为京津冀城市群的经济中心和功能枢纽，进而辐射带动冀中南地区产业转型发展。京津雄必将成为京津冀协同发展的空间载体，在发展中促进京津冀相对协调，减少城市间发展差距。同时，

---

① 张占斌、毕照卿：《经济高质量发展》，《经济研究》2022年第4期。
② 习近平：《深入理解新发展理念》，《求是》2019年第10期。

雄安新区也把协调作为其高质量发展的内生特点，着力建设经济、政治、文化、社会、生态文明的"五位一体"协调发展示范区，打破二元分割，统筹区域协调发展、城市空间布局、城乡协调发展、物质文明和精神文明协调发展。

（二）坚持以人民为中心，构筑新时代"人民之城"

"要坚持人民城市人民建、人民城市为人民，解决好雄安新区干部群众关心的切身利益问题，让人民群众从新区建设发展中感受到实实在在的获得感、幸福感。"[①] 建设雄安新区，根本上是为了老百姓过上更好生活，要以实现人民对美好生活需求为核心，以"人、社会与自然和谐共享"为理念，构筑新时代"人民之城"。

1. 实现人民宜居宜业

"城市是人集中生活的地方，城市建设必须把让人民宜居安居放在首位，把最好的资源留给人民。"[②] 将宜居和宜业作为核心目标，提供更优质的生活环境和工作机会，探索新型城市发展模式。一方面，通过建设优质共享的公共服务设施，引入京津优质的教育、医疗卫生、文化体育等资源，提升公共服务水平，既有效吸引北京人口和功能疏解转移，也满足本地居民对美好生活的新期待；另一方面，就业是最大的民生，多措并举促进就业创业可以解决结构性就业矛盾。这本质上是人力资本的积累和再生产过程[③]。通过满足人民对美好城市生活的向往，着力打破"居民满足基本生活需求—人力资本难以提升—劳动生产率不高—收入增长缓慢—只能满足基本生活需求"的锁定状态，逐步形成"广义人力资本积累—劳动生产率提高—收入水平提升—消费持续升级—人力资本再

---

① 新华社评论员：《高标准高质量推进雄安新区建设》，2023 年 5 月 12 日，新华网（http://www.news.cn/2023-05/12/c_1129607807.htm）。
② 中共中央党史和文献研究院：《习近平关于城市工作论述摘编》，中央文献出版社 2023 年版，第 39 页。
③ 姚树洁、汪锋：《高质量发展、高品质生活与中国式现代化：理论逻辑与实现路径》，《改革》2023 年第 7 期。

提升"的良性互动①，为雄安新区高质量发展注入强劲动力。

2. 遵循生态优先绿色先行

"绿水青山就是金山银山。"生态优先绿色先行理念贯穿雄安新区规划建设全过程，既是发展手段，也是发展目标。一是能发挥自然资本的积极作用，以转变发展动力实现绿色财富增长进而实现动力变革。二是促进绿色技术进步，提高自然资本的生产率，进而实现效率变革。三是解决现存的区域、城乡发展不平衡，经济发展和社会发展步调不一致以及人与自然发展不和谐等问题，提升绿色福利实现质量变革②。最终将雄安新区建成绿色生态宜居新区，展现出绿色低碳、人与自然和谐共生的高水平社会主义现代化城市的样貌。

3. 布局韧性安全需要

"城市发展不能只考虑规模经济效益，必须把生态和安全放在更加突出的位置，统筹城市布局的经济需要、生活需要、生态需要、安全需要。"③未雨绸缪推进韧性建设，可降低城市运行不稳定性，为长期经济增长和社会繁荣提供有力支撑。从传统的灾害管理向以容灾、耐灾为核心的风险管理转变，不断吸收自身和其他城市在应对危机时的经验教训，在安全生产、社会治安、医疗卫生、生态环境、食品药品安全等诸多关键点布局，构建覆盖广泛的纵深防御体系，以设施韧性、防灾韧性、社会韧性、经济韧性及生态韧性提高雄安新区应对突发事件的"免疫力"。

4. 探索智能城市建设

"从数字化到智能化再到智慧化，让城市更聪明一些、更智慧一些，是推动城市治理体系和治理能力现代化的必由之路，前景广阔。"④物理

---

① 杨耀武、张平：《中国经济高质量发展的逻辑、测度与治理》，《经济研究》2021年第1期。
② 马宗国、赵倩倩、蒋依晓：《国家自主创新示范区绿色高质量发展评价》，《中国人口·资源与环境》2022年第2期。
③ 中共中央党史和文献研究院：《习近平关于城市工作论述摘编》，中央文献出版社2023年版，第91页。
④ 中共中央党史和文献研究院：《习近平关于城市工作论述摘编》，中央文献出版社2023年版，第115页。

城市与数字城市精准映射、虚实交融，打破静态政府运行状态，体现了技术理性与工具价值的双重逻辑。一方面，重塑政府决策流程。用大数据来描绘全生命周期成长过程，创造虚拟世界中的数字孪生体以模拟、分析和优化政府决策和行为，提高公共部门的效率、透明度和公平性。另一方面，助力智能化治理。激活数据要素，将新一代信息技术和城市基础设施深度融合，为政府决策系统与流转系统提供动力引擎，提升治理效率和精准度，丰富延伸数字治理业态和应用场景，最终实现雄安新区数字城市与实体城市"孪生共长"。

5. 植入雄安文化基因

"文化自信是一个国家、一个民族发展中最基本、最深沉、最持久的力量。"[①] 文化影响着人的思维逻辑和行动方式，一是表现在对社会的规范、调控作用上，依靠文化的熏陶、教化、激励的作用，发挥先进文化的凝聚、润滑、整合作用实现社会和谐发展。二是表现在对经济发展的驱动作用上。文化给物质生产、交换、分配、消费以思想、理论、舆论的引导，在一定程度上规定了经济发展的方向和方式，赋予经济发展以更强的竞争力。以文化基因赋予雄安高质量建设永不褪色的时代价值，在延续与发展创新中形成独特的雄安文化符号，以传统历史文化的蓬勃生机和强大活力承载雄安人民的文化理念和精神追求，将文化价值转化为经济价值、社会价值，推进文化铸魂、实施文化赋能。

（三）全面落实创新驱动发展战略，打造科技创新前沿

习近平总书记强调，要全面落实创新驱动发展战略，推动各领域改革开放前沿政策措施和具有前瞻性的创新试点示范项目在雄安落地，努力建设新功能、形成新形象、发展新产业、聚集新人才、构建新机制，使雄安新区成为新时代的创新高地和创业热土[②]。雄安新区作为北京非首都功能疏解的集中承载地，其目的不是创新资源的简单空间位移，而

---

① 习近平：《坚定文化自信，建设社会主义文化强国》，《求是》2019年第12期。
② 万秀斌等：《推动雄安新区建设不断取得新进展——习近平总书记河北雄安新区考察重要讲话引发热烈反响》，《人民日报》2023年5月12日第1版。

是以承接功能疏解为契机，为创新功能、创新板块、创新链条的重构提供战略空间，其重中之重是塑造全新创新方式，既能体现雄安特色，又具有重要推广价值。

1. 做强央企引领型集成创新

依据创新链位置的不同，可将央企分为以基础性、原始性创新为主的科技型央企和以产业应用为主的产业型央企[1]。其中，科技型央企承担关键技术研发、概念验证、产品试制等前端创新环节，集结了大量顶尖科研力量，助力加强国家战略科技力量，参与国家创新体系，承担国家科技创新任务[2]，为开展集成多领域创新成果的复杂性创新提供了坚实基础。产业型央企是场景开发、产品孵化和工程建设的重要载体，凭借央企广泛的研发、生产、营销、服务网络，在应用端创新中具有难以复制的优势。

基于疏解北京非首都功能的新机遇，发挥央企引领作用是雄安新区创新发展的重中之重。雄安新区承接头部央企及其二三级子公司落户，产生对创新要素的"磁场效应"，支持央企以产业集群形式布局一批高技术含量、高附加值的产业项目，加紧吸纳相关领域的关键零部件供应商、生产配套商、解决方案提供商，集中各领域科技成果打造高质量先进产能。

2. 做优跨地协同型链式创新

现实中，很多地区试图效仿硅谷和中关村的成功经验，但成功者寥寥，其主要原因往往不在于创新要素的缺乏，而是创新要素使用及配置效率不高，未能充分释放其潜能。区域创新链是由同一区域内不同地区合作构建的创新链条，依托地区间创新联系网络，推动各地区之间创新资源互补与"借用"，促进地区间创新要素扩散和溢出，实现技术创新和产业升级，使得生产要素不断向高生产率行业流动，提升发展效率，

---

[1] 雷家骕、焦捷：《落实党的二十大精神应积极活跃科学驱动的创新》，《经济社会体制比较》2023年第3期。

[2] 张学文、靳晴天、陈劲：《科技领军企业助力科技自立自强的理论逻辑和实现路径：基于华为的案例研究》，《科学学与科学技术管理》2023年第1期。

进而发挥创新驱动对区域协同进程的引导作用①。

雄安新区不仅是北京非首都功能的集中承载地,更是推动京津冀协同发展的创新平台,也是破解京津冀区域创新链"缺链""短链""断链"等矛盾的突破口。将北京强大的源头科技创新能力、天津雄厚的技术研发和科技成果转化实力与河北省的巨大技术承接潜力相结合,形成以雄安新区为龙头的京津冀区域协同创新体系,依托全域科技创新平台资源,赋能创新要素资源的集聚和优势互补,实现"弯道超车",为高质量发展赋予新动能和新机遇。

3. 做精前瞻布局型颠覆创新

一个地区生产、生活、生态禀赋的独特性能够塑造该地区特有的创新优势②。要实现"路径创造",就要防止陷入与其他地区的同质化竞争,以颠覆式创新将创新方向和重点聚焦于"蓝海"市场甚至"无人区"市场,从创新主体及要素层面突出对异质性创新资源的搜寻,抢抓重大科技变革的"机会窗口"③,即通过构建产品或服务的全新底层逻辑、技术路线和业务模式,对现存市场主体及业态产生颠覆性影响。

当前,全球新一轮科技革命和产业变革方兴未艾,大数据、人工智能、物联网等新技术的应用,开辟了以新产品、新服务、新产业、新商业模式等为代表的"新赛道";同时,新技术从产生到成熟的发展周期使得现有创新格局存在易变性和不确定性④,为雄安新区的"后发赶超"创造了机会窗口。雄安新区依托战略性科研力量,适度超前布局类脑智能、空天技术、高端装备制造等未来产业,激励更多科技型企业挖掘市场"蓝海",抢占全球科技竞争制高点。

---

① 孙铁山、刘禹圻、吕爽:《京津冀地区间技术邻近特征及对区域协同创新的影响》,《天津社会科学》2023 年第 1 期。
② 杨开忠、范博凯:《京津冀地区经济增长相对衰落的创新地理基础》,《地理学报》2022 年第 6 期。
③ 刘文勇:《数字经济时代先进制造业发展的机会窗口》,《上海经济研究》2023 年第 3 期。
④ 董彩婷、柳卸林、高雨辰等:《从创新生态系统视角分析中国光伏产业的追赶与超越》,《科研管理》2022 年第 12 期。

(四) 锚定"开放发展先行区",构筑改革开放新高地

从地理区位来看,雄安不是沿海沿江的港口型经济;从比较优势来看,雄安不是资源型、加工型发展模式;从历史使命来看,雄安不是仅仅靠河北省一己之力完成;从世界趋势来看,雄安不是简单的经济区建设。有别于深圳特区和浦东新区,作为一个不含矿、不沿江、不靠海、不临大都市,大部分是农田与荒地的地区,在传统的区域经济理论看来,雄安新区不具备发展为高端城市的要素条件。但是,雄安新区不是一个单纯的经济功能区,而是一个具有"全国意义"的包含政治、经济、社会等多个维度的综合性新区。站在新一轮改革开放的关键历史节点,雄安新区要突破旧有的行政体制束缚,探索构筑改革开放新高地。

1. 对内深化供给侧结构性改革

锚定"开放发展先行区"以供给侧结构性改革为主线。从"供给侧"来看,供给侧有效畅通、有效供给能力强能穿透循环堵点、消除瓶颈制约,可创造就业和提供收入,从而形成需求能力。供给侧管理重在解决结构性问题,依靠推进结构调整提升供给质量[1]。从"改革"来看,体制机制结构会深刻影响激励结构,从而导致经济绩效的差异[2]。之所以出现供给侧结构性问题,根本原因是存在体制机制障碍,市场在配置资源中的决定性作用发挥不充分,政府干预过多。体制机制改革是消除隐性壁垒,破解制约协同发展的深层次矛盾和问题,是把国家层面的重大举措与地区实际情况结合起来的抓手。高质量发展不仅需要创新累积扩散作为动能,更需要资本要素、土地供给和利用效率、基础设施配套建设、优质公共服务等多种生活生产要素相互协同演化[3]。这离不开更

---

[1] 郭克莎:《坚持以深化供给侧结构性改革推进产业结构调整升级》,《经济纵横》2020年第10期。

[2] 刘秉镰、孙鹏博:《新发展格局下中国城市高质量发展的重大问题展望》,《西安交通大学学报》(社会科学版) 2021年第3期。

[3] 范欣、刘伟:《全要素生产率再审视——基于政治经济学视角》,《中国社会科学》2023年第6期。

为有效、更加精准、目标明确的政策引导机制，通过提升制度供给能力和供给质量，为正确引导和发挥好市场对要素资源配置的决定性作用提供制度保障。

这就要求雄安新区以不断深化的改革和优良的制度供给持续推动结构调整升级，破除限制资本、技术、产权、人才、劳动力等生产要素自由流动和优化配置的各种体制机制障碍，为未来疏解工作、建设发展和民生事业保驾护航，打造供给侧结构性改革高地。

2. 对外实现全方位高水平开放

构筑改革开放新高地要以国内大循环为主体，实现国内国际双循环相互促进。一是畅通国内大循环。国民经济循环并非周而复始的简单闭环，而是一个结构严谨、分工有序、螺旋上升的开放式循环①。以全国统一大市场打破各种有形和无形的市场壁垒，打通制约经济循环的堵点和卡点，促进生产、分配、流通、消费各环节有机衔接，以市场循环畅通促进国民经济循环畅通。雄安新区主动服务北京国际交往中心功能，加强与京津等区域合作交流，深度融入长三角一体化、粤港澳大湾区等国家重大发展战略，融入全国统一大市场建设，以国内经济强大的引力场集聚全球要素资源。

二是融入国际大循环。实现高水平对外开放，就是实现同世界经济更为密切、更高质量的交流和互动，夯实国内超大规模市场，实现"双循环"的良性互动。进一步融入全球价值链，以贸易转型升级培育参与国际竞争合作的新优势②。雄安新区以开放促发展、以合作促协同，用好"雄安新区+自贸试验区+跨境电子商务综合试验区+综合保税区"四区叠加优势，积极融入"一带一路"建设，打造对外开放新高地。

---

① 韩雷、彭思倩、何召鹏：《畅通国内大循环的内在逻辑与实现路径——基于马克思主义资本三级循环理论》，《经济纵横》2022 年第 6 期。

② 郑休休、刘青、赵忠秀：《产业关联、区域边界与国内国际双循环相互促进——基于联立方程组模型的实证研究》，《管理世界》2022 年第 11 期。

第十一章 高标准高质量推进雄安新区建设的路径

三 高标准高质量推进雄安新区建设的路径

在全面建设社会主义现代化国家新征程上,要牢牢把握党中央关于雄安新区的功能定位、使命任务和原则要求,努力构建新时代高质量发展标杆。基于此,需进一步规划高标准、高质量推进雄安新区建设的未来路径(图11-7),即雄安新区应聚焦"新主体"拓展、"新结构"优化、"新动力"培育、"新布局"构建和"新治理"探索五个方面,力求书写好以高质量发展推动实现中国式现代化的雄安答卷。

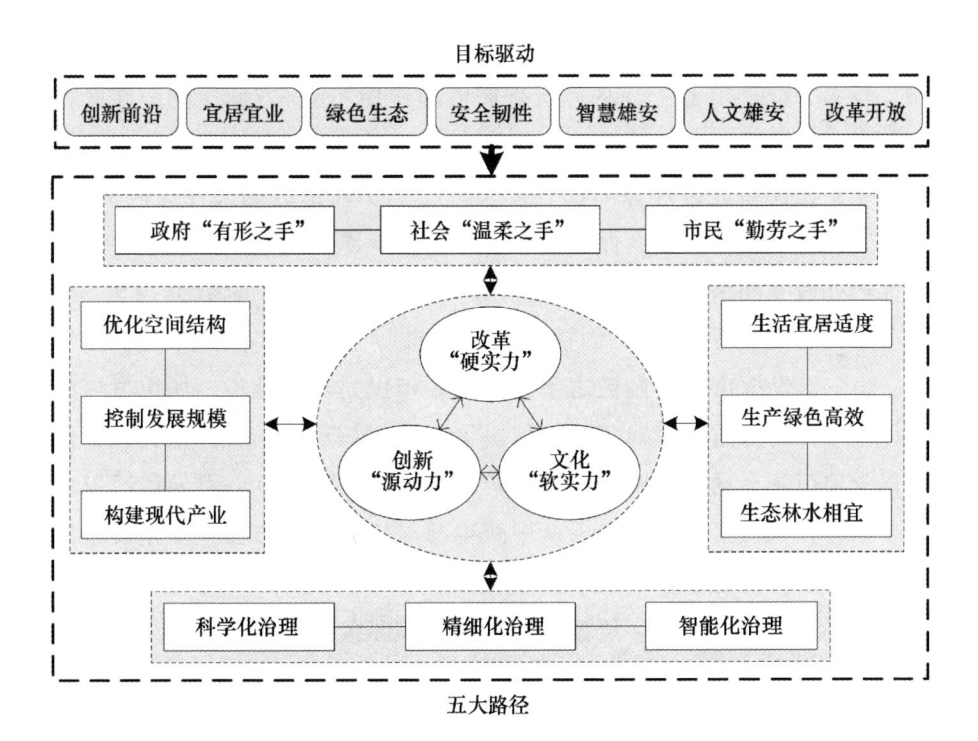

图 11-7 高标准高质量推进雄安新区建设的路径图
资料来源:笔者绘制。

（一）统筹政府、社会、市民三大主体，以"新主体"提高发展积极性

"要坚持协调协同，尽最大可能推动政府、社会、市民同心同向行动"①，建设新时代宜业宜居的"人民之城"，打造没有"城市病"的未来之城，使雄安新区成为妙不可言心向往之的地方。

第一，发挥政府"有形之手"作用。一是创建良好政策环境，创新土地保障、住房供给、资金筹措、公共服务等领域政策措施。二是着眼于城市发展战略定位的需要，加大公共财政投入力度，实现城市公共服务与京津水平持平。三是建立激励机制和容错机制，引导干部解放思想、改革创新、敢闯敢试，营造风清气正的良好环境。

第二，发挥社会"温柔之手"作用。社会保障发挥着民生保障安全网、收入分配调节器、经济运行减震器的作用②。一方面，健全新区社会保障政策，按照国家和省统一部署，构建多层次、多支柱养老保险制度体系，完善新区医疗保障治理体系，建立积极稳健的失业保险制度；另一方面，全面提升社会保障治理效能，逐步建立新区一体化、多层次社保经办服务网络，深化大数据应用，推动社保领域"全数据共享、全服务上网、全业务用卡"，创新社会救助方式。

第三，发挥市民"勤劳之手"作用。市民是城市建设、城市发展的主体。一方面尊重市民对新区发展决策的知情权、参与权、监督权，探索以党建引领，通过"听证会、协调会、评议会"制度，引导居民以主人翁精神投入社区公共事务，从中获得参与感；另一方面，要拓展市民参与新区管理的途径，探索市民参与城市更新、公共空间文化内涵建设等方式，开展绿化提升、垃圾分类等城市管理金点子评选活动，鼓励市民参与城市治理。

---

① 中共中央党史和文献研究院：《习近平关于城市工作论述摘编》，中央文献出版社2023年版，第150页。

② 习近平：《促进我国社会保障事业高质量发展、可持续发展》，《求是》2022年第8期。

（二）统筹空间、规模、产业三大结构，以"新结构"提升疏解承载力

雄安新区是因北京非首都功能疏解而生的城市，当前非首都功能疏解进入一个新的阶段，承接非首都功能疏解仍然是雄安新区未来相当长的一段时间内的主要任务。高质量疏解北京非首都功能，就要在现有空间结构与未来经济发展规模、产业布局相耦合的基础上，加强雄安新区未来城市建设运营管理体制的前瞻设计，积极探索具有中国特色的现代化"新结构"。

第一，处理好雄安新区空间结构。一是处理好雄安新区与北京主城区、城市副中心的关系。"要同北京中心城区、城市副中心在功能上有所分工，实现错位发展"，以形成各展所长、优势互补的区域经济布局。二是处理好雄安新区与北京、天津的关系。推动三地间基于创新链与产业链的分工协作，发挥北京对创新型人才、资本和企业的强大引力，带动天津、雄安发挥空间和资源优势，实现区域创新协同。三是处理好雄安新区与河北省其他城市的关系。牢牢把握雄安新区作为发展"试验田"的属性，依托商会、协会、创新联盟等作用，增强与廊坊、保定等地的合作，与张北地区形成的河北新"两翼"协同发展，打造更加紧密、协同的区域发展共同体。

第二，必须严格控制城市发展规模。一方面，规范和控制用地规模。避免"摊大饼"式发展，确保远景开发强度控制在30%，启动区面积20—30平方公里，起步区面积约100平方公里，中期发展区面积约200平方公里。另一方面，执行严格的产业准入制度。在有限的土地利用范围内，严格产业准入标准，限制承接和布局一般性制造业、中低端第三产业，优先发展战略性新兴产业，引导资本向高科技绿色产业配置，对产业准入制度进行周期性评估与调整，确保整体产业生态的有序演进。

第三，构建实体经济、科技创新、现代金融、人力资源协同发展的雄安现代产业体系。一是推动传统产业转型转移。加快传统企业数字化、绿色化、智能化转型，发展传统产业"区内总部+区外制造基地"模式，有序引导一般性制造产能向区外制造基地集中转移。二是高起点布

局高端产业,聚焦于"蓝海"市场甚至"无人区"市场,抢抓重大科技变革的"机会窗口",布局新一代信息技术、现代生命科学和生物技术、新材料、高端现代服务业、绿色生态农业等高端高新产业方向。三是系统提升产业创新能力。通过建立联合创新研究院、科技创新联盟等新型创新主体,促进雄安新区与京津冀地区的创新资源整合,在从事科技研发和成果转化的同时,更要加强与创新型企业的交流合作,更为高效地提供创新源动力。

(三)统筹改革、科技、文化三大动力,以"新动力"支撑高质量发展

"城市发展需要依靠改革、科技、文化三轮驱动,增强城市持续发展能力。"[①] 以制度改革为切入点、以科技创新为突破口、以文化塑造为着眼点,通过转换与培育城市发展的新动力,切实落实"推进以人为核心的新型城镇化"的要求。

第一,要深化体制机制改革打造"硬实力"。一方面,深入落实中央系列支持政策,在土地、住房、投融资、财税、金融、人才、户籍、医疗、社保等方面,开展体制机制改革创新和先行先试,构建雄安标准体系,形成一批示范全国的改革创新成果;另一方面,逐步赋予新区省级经济社会管理权限,在权责明确、法律支持、人才培养、监管机制等方面持续改革,推动新区向城市管理体制转变。

第二,把创新驱动作为雄安新区发展"源动力"。作为京津冀发展新引擎,雄安新区一方面建设创新驱动发展引领区,重视创新动力培育,搭建一流创新平台,推动创新链产业链深度融合,创新利益分享模式,加速要素与资源的聚变及裂变,推动创新空间与物质空间的融合,培植雄安创新生态系统;另一方面,建设雄安新区数字经济创新发展试验区,完善数字经济发展顶层设计,以空天、交通、新一代通信、能源互联网、

---

① 中共中央党史和文献研究院:《十八大以来重要文献选编》(下),中央文献出版社2018年版,第85页。

金融科技、数字贸易等产业为重点,加速数字产业化和产业数字化部门的协同合作,紧扣"场景牵引、应用为王"这一关键,有效激发数据要素创新活力,建设数字经济新生态,培育数字经济新增长点。

第三,以文化共创提升雄安"软实力"。习近平总书记强调,文化是城市的灵魂。一是从历史传承中塑造雄安文化。保护弘扬中华优秀传统文化,加强物质文化遗产的保护利用,激发非物质文化遗产的创新活力,利用数字化技术建立雄安历史文献数字图书馆,延续雄安地区历史文脉,呈现白洋淀畔文化传承。二是从时代要求中塑造雄安文化。结合雄安人文风情特征和自身发展需要,找准雄安功能定位、瞄准地域特色,统筹经济、社会文化和城市规划与建设,建设富有竞争力的文化产业集群和富有地方特色的文化品牌。以厚重大度的雄安文化增添文化凝聚力,以积极、开放、包容的时代文化激发创新活力和创造力。

(四)统筹生活、生产、生态三大布局,以"新布局"提升雄安宜居性

"建设人与自然和谐共生的现代化,必须把保护城市生态环境摆在更加突出的位置,科学合理规划城市的生产空间、生活空间、生态空间"①,处理好生活、生产与生态的"三生共生"关系。

第一,生活布局实现宜居适度。一是合理确定雄安新区建设规模,完善生活功能布局,严格控制城镇开发边界,推进雄安新区及周边环境综合治理,防止"贴边"发展。二是统筹居住和就业空间,鼓励街区功能复合,落实职住平衡,实现居住与就业、服务混合均衡布局,从源头上解决交通拥堵问题。三是探索"城市—组团—社区"三级公共服务新模式,建设公共文化体育智能管理服务平台,创新社会保障服务体系,不断提升公共服务水平。

第二,生产布局实现绿色高效。一方面,要打造世界绿色特色产业

---

① 中共中央党史和文献研究院:《十八大以来重要文献选编》(下),中央文献出版社2018年版,第85页。

新高地,落实"双碳"目标,大力发展新一代信息技术产业、现代生命科学和生物技术产业、新材料产业、高端现代服务业、绿色生态农业,对符合发展方向的传统产业实施数字化、智能化、绿色化改造,依法依规淘汰雄安新区现有高污染、高能耗、高排放、低效益的传统产业;另一方面,建立多层次、多样化、责权利明确的绿色产业投融资体制,推动绿色金融改革创新,设立雄安新区绿色产业发展基金,积极创新绿色金融产品和服务,形成政府财政投入与社会投资并重的投融资格局。

第三,生态布局实现林水相依。一是提升白洋淀流域生态涵养功能。规划建设雄安新区"一淀、三带、九片、多廊"生态安全格局,修复水体底部水生动物栖息生态环境,恢复多元生境,提升雄安新区生物多样性,展现白洋淀荷塘苇海自然景观。二是打造"千年秀林",形成城市组团间和重要生态涵养区大型森林斑块,由大型郊野生态公园、大型综合公园及社区公园组成林城相融的生态城市。三是探索以生态环境为导向的 EOD 开发模式(生态环境导向的开发模式),将生态引领贯穿于新区开发建设和更新规划运营的全过程,坚持把控环境承载力底线、生态保护红线和城市开发边界,健全绿色指标、绿色统计、绿色绩效、绿色考核"四位一体"考评体系,打造绿色、森林、水城一体的新区。

(五)统筹科学化、精细化、智能化三大理念,以"新治理"破除机制"藩篱"

习近平总书记2023年5月在雄安新区考察时强调:"要同步推进城市治理现代化,从一开始就下好'绣花'功夫。"一流城市要有一流治理,要注重在科学化、精细化、智能化上下功夫。既要善于运用现代科技手段实现智能化,又要通过绣花般的细心、耐心、巧心提高精细化水平,绣出城市的品质品牌[①]。

第一,实现多元主体共同参与的多元共治、共建共享、良性互动的

---

① 中共中央党史和文献研究院:《十八大以来重要文献选编》(下),中央文献出版社2018年版,第156页。

科学化治理。一是治理信息透明化，建立"京津冀+雄安"政务信息共享沟通平台，实现四地信息互融互通，降低信息不对称与决策成本，提升政府信任度和公众参与度。二是治理体系法治化，持续完善雄安治理法律法规体系，强化法治监督和执法保障，提高治理的合法性和公正性。三是治理体制扁平化，按照"扁平、精简、高效"原则，构建扁平化雄安治理体制，完善各部门协调联动机制，简化机构层级，减少决策路径，提高决策效率和响应速度。

第二，积极引导精细化多元治理模式建设。一是探索"规划—建设—管理"有机协同的全生命周期精细化管理路径，探索待建储备土地综合管理、地下空间综合开发、无障碍环境等重点领域规划、建设、管理有机协同的机制建设。二是强化顶层设计和对标对表，争取承办"世界城市日"等活动，充分学习借鉴国内外城市发展经验。三是开展城市体检，围绕城市生命体征，建立"一年一体检，五年一评估"的城市体检评估制度，为防治城市病提供客观指引，全面推动城市治理由经验判断型向数据分析型转变。

第三，建设"城市大脑"，实现智能化治理。一是治理手段数字化，聚焦教育、医疗、养老、就业、文体、助残等领域，推出相关小程序和软件，实现雄安新区社情民意电子化、办公办事掌上化。二是治理模式智能化，基于雄安新区城市信息模型（CIM）平台，建设雄安新区数字化监测设施和大数据平台，推进"互联网+监管"模式，对海量信息进行整合分析，建立起集数据监测、分析、预警、管理、决策为一体的治理模式。三是治理理念创新化，把握现代科技发展大势，把大数据思维运用于社会治理实践，加强网络与信息技术人才培养，为数字社会建设储备高素质技术人才和社会治理人才。

参考文献

陈璐、边继云：《京津冀协同发展报告（2022）》，经济科学出版社2022年版。

董彩婷、柳卸林、高雨辰等：《从创新生态系统视角分析中国光伏产业的追赶与超越》，《科研管理》2022年第12期。

范欣、刘伟：《全要素生产率再审视——基于政治经济学视角》，《中国社会科学》2023年第6期。

郭克莎：《坚持以深化供给侧结构性改革推进产业结构调整升级》，《经济纵横》2020年第10期。

韩雷、彭思倩、何召鹏：《畅通国内大循环的内在逻辑与实现路径——基于马克思主义资本三级循环理论》，《经济纵横》2022年第6期。

胡恒松、王皓、韩瑞姣：《雄安新区城市高质量发展的金融支持路径》，《区域经济评论》2021年第2期。

雷家骕、焦捷：《落实党的二十大精神应积极活跃科学驱动的创新》，《经济社会体制比较》2023年第3期。

刘秉镰、孙鹏博：《新发展格局下中国城市高质量发展的重大问题展望》，《西安交通大学学报》（社会科学版）2021年第3期。

刘佳骏：《国外典型大都市区新城规划建设对雄安新区的借鉴与思考》，《经济纵横》2018年第1期。

刘文勇：《数字经济时代先进制造业发展的机会窗口》，《上海经济研究》2023年第3期。

柳天恩、武义青：《雄安新区产业高质量发展的内涵要求、重点难点与战略举措》，《西部论坛》2019年第4期。

马欣、白青刚：《雄安新区基础设施投融资模式创新》，《中国金融》2019年第10期。

马宗国、赵倩倩、蒋依晓：《国家自主创新示范区绿色高质量发展评价》，《中国人口·资源与环境》2022年第2期。

孙铁山、刘禹圻、吕爽：《京津冀地区间技术邻近特征及对区域协同创新的影响》，《天津社会科学》2023年第1期。

田学斌、曹洋：《雄安新区规划建设的进展、困境与突破》，《区域经济评论》2021年第2期。

杨开忠、范博凯：《京津冀地区经济增长相对衰落的创新地理基础》，

《地理学报》2022年第6期。

杨耀武、张平：《中国经济高质量发展的逻辑、测度与治理》，《经济研究》2021年第1期。

姚树洁、汪锋：《高质量发展、高品质生活与中国式现代化：理论逻辑与实现路径》，《改革》2023年第7期。

张可云、赵文景：《雄安新区高技术产业发展研究》，《河北学刊》2018年第5期。

张学文、靳晴天、陈劲：《科技领军企业助力科技自立自强的理论逻辑和实现路径：基于华为的案例研究》，《科学学与科学技术管理》2023年第1期。

张占斌、毕照卿：《经济高质量发展》，《经济研究》2022年第4期。

郑休休、刘青、赵忠秀：《产业关联、区域边界与国内国际双循环相互促进——基于联立方程组模型的实证研究》，《管理世界》2022年第11期。

第十二章
数字经济对京津冀协同发展的影响

郭佳宏[*]

摘　要：随着中国式现代化进程的持续推进，数字产业作为新兴的产业业态正成为经济发展的新动力。在先行区、示范区背景下，如何以数字产业引领京津冀协同发展成为重要问题。本章对京津冀三地数字产业发展的分析表明，数字产业在京津冀三地的产业发展中具有重要地位：在计算机、通信和其他电子设备制造业领域北京市有所衰退，而河北省借力非首都功能疏解实现了迅速繁荣。在信息传输、软件和信息技术服务业领域，北京、河北保持较好的增长态势，而天津有待提升。本章对京津冀数字产业协同发展的现状测算和问题识别发现：在数字制造业领域，京津冀在传统计算机制造业协同表现不佳而在智能消费设备制造业具备较优的协同表现。在数字服务业领域，京津冀三地城市间实现了产业协同水平的稳步增长提升，并仍具备较大提升潜力。本章提出了补足核心数字产业短板，拓展京津冀产业联系、延伸关键数字产业链，驱动京津冀产业融合、打造世界级数字产业集群，推动京津冀资源配置流通等政策建议。

关键词：数字产业；数字制造业；数字服务业；京津冀协同

---

[*] 郭佳宏，南开大学经济与社会发展研究院讲师，研究方向：现代化产业体系、产业地理学、演化经济地理学。

第十二章 数字经济对京津冀协同发展的影响

数字产业是产业发展的新业态，也是经济发展的新动力。党的二十大报告提出建设现代化产业体系的重大任务，强调要"加快发展数字经济，促进数字经济和实体经济深度融合，打造具有国际竞争力的数字产业集群"。京津冀作为世界级城市群之一，如何加快发展数字产业，推动数字产业集群建设，并以数字产业为引领推动京津冀协同发展的深化，成为现阶段的重要问题。为此，本章就数字产业对京津冀协同发展的影响进行专题讨论。

一 京津冀数字产业发展的历程与成效

数字产业涉及领域广泛，市场需求旺盛，增长性强，现阶段正成为新的增长点，明晰京津冀数字产业发展的历程与成效，有助于明晰京津冀数字产业发展的历史特色与比较优势，发挥数字产业在京津冀协同发展中的引领作用，推动京津冀高质量协同发展走深走实。

（一）数字产业在产业发展中的重要作用

Tapscott[1]首次提出"数字经济"的概念。早期学者们主要围绕互联网技术展开，认为数字经济包括电子基础设施、电子业务和电子商务[2]。随后一些学者和机构从不同视角定义数字经济，包括产品和服务、投入产出[3]、经济活动类型[4]等。目前，国内外学术界对数字经济的内涵与外延尚未形成一致的认识，但主流观念认为数字经济是一种以数据作为关键生产要素的新经济活动或经济形态[5]，强调数字经济紧扣三个要素，

---

[1] Tapscott D., "Growing Up Digital: the Rise of the Net Generation", New-York: McGraw-Hill, 1997.

[2] Erik Brynjolfsson and Brian Kahin, "Understanding the Digital Economy: Data, Tools, and Research", MIT Press Books, February, 2002.

[3] Knickrehm, Mark, Bruno Berthon, and Paul Daugherty, "Digital disruption: The growth multiplier", Accenture Strategy Vol. 1, 2016, 1–11.

[4] 康铁祥:《中国数字经济规模测算研究》,《当代财经》2008年第3期。

[5] 谢康、肖静华:《面向国家需求的数字经济新问题、新特征与新规律》,《改革》2022年第1期；焦勇:《数字经济赋能制造业转型：从价值重塑到价值创造》,《经济学家》2020年第6期。

即数据要素、现代信息网络和数字技术。

　　数字经济作为先进生产要素，发展前景广阔，正成为经济发展的新引擎。数字产业也发展迅速，在整个产业体系中占据越来越重要的地位。本部分基于2021年产业链与供应链数据，构建包含数字产业的产业体系网络，展示了数字产业结构和特征的重要细节。使用Gephi软件刻画2021年中国产业网络拓扑结构如图12-1所示。其中，不同节点代表特定产业，节点连线表明产业间存在产业链上下游关系。为突出数字经济与非数字经济的对比，以彩色节点表示数字经济产业，以黑色节点表示非数字经济产业。

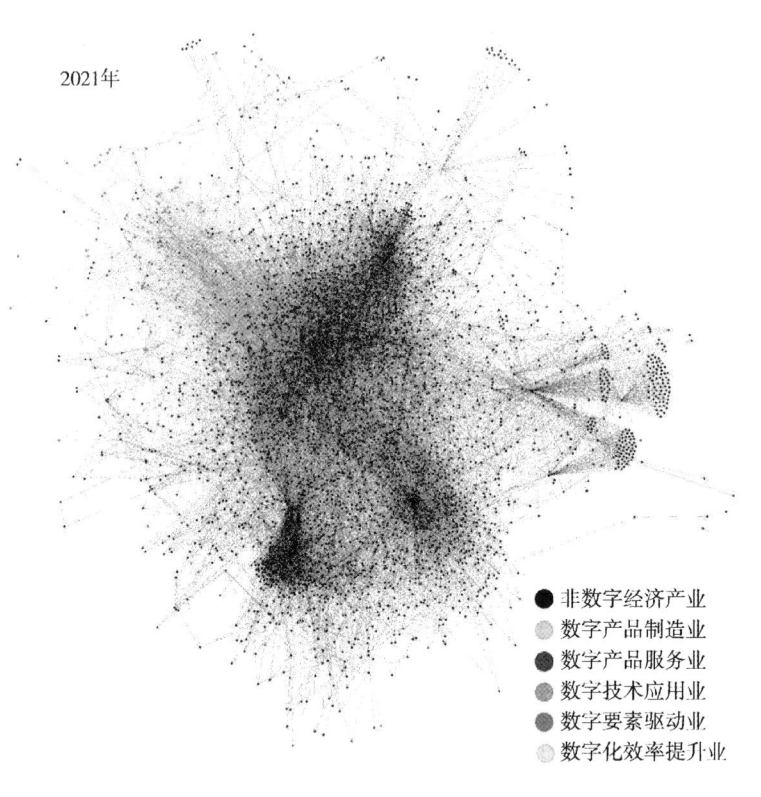

图12-1　数字产业在产业体系中的重要地位

资料来源：Wind数据库。

如图 12-1 所示，中国产业体系的网络拓扑结构呈现典型的核心—外围结构。整体来看，非数字经济产业以庞大类目构成了产业体系网络的根基，数字经济产业类目相对较少但正向网络中心渗透。具体来看，非数字经济产业存在四个大的核心组团，四大组团内部集中又各自分散，包括以机械为主的中部组团、以食品为主的下方组团、以纺织与化工为主的右下方组团以及以汽车为主的右上方组团。数字经济产业主要分布在左上部组团，其内部特征存在差异：数字产品制造业形成典型组团，呈现与机械组团结合紧密的特征。这是由于数字产品制造业同时具有一定制造属性，因此与机械制造业上下游联系紧密，为机械制造业的赋能效果更强；数字化效率提升业在核心区域分散分布，虽不形成组团但与机械、汽车组团结合紧密，这反映了现阶段数字化效率提升业的核心是为制造业赋能；数字产品服务业仅有八个，在巨大产业体系中不具备组团能力；数字技术应用业具备一定组团特征但并不突出，数字技术应用业核心职能为软件开发、信息传输、互联网与信息技术应用，可以为数字产品制造业提供软支撑，因此与其结合紧密但分布边缘；相较而言数字要素驱动业的服务性更强，因此更加呈现边缘链式散布特征。

(二) 京津冀数字制造产业发展的历程

近年来京津冀地区数字产业快速发展，已经成为全国数字经济发展的先行区和示范区。然而京津冀三地数字产业发展水平到底如何仍有待定量分析与准确把握，本部分选取京津冀三地工商企业数量作为测度指标，实际测算京津冀数字产业的发展现状，并梳理总结京津冀三地数字产业发展的历程与突出特征。

使用 2013 年至 2022 年中国工商企业注册数据，以计算机、通信和其他电子设备制造业行业的企业数量作为代表性指标，衡量京津冀三地计算机、通信和其他电子设备制造业行业发展情况如图 12-2 所示。计算机、通信和其他电子设备制造业同时具备高技术产业与制造业的特征，既要求现代生产工序与生产设备的高技术含量，又要求传统制造业的生产要素投入。可以看到,计算机、通信和其他电子设备制造业企业的发展在京津冀三地产生了明显分异。北京市计算机、通信和其他电子设备制造业有所衰退,企业数量由2013年的1960家减少为2022年的1784家。自2015年起,由于非首都功能疏解政策的实施,大量制造业企业退出北京,计算机、通信和其他电子设备制造业同样具备传统制造业的特性,因此也参与到非首都功能疏解进程之中;天津市计算机、通信和其他电子设备制造业略有发展,企业数量由1573家略增至2022年的1757家,但呈现先增加后减少的趋势。这反映了天津市现阶段对北京市计算机、通信和其他电子设备制造业的承接不足,京津产业协调有待提升;而河北省计算机、通信和其他电子设备制造业得到迅速发展,企业数量迅速增长,由2013年的1377家迅速增长至2022年的5186家,在十年间增长近两倍。一方面,反映了河北省积极承接北京疏解的计算机、通信和其他电子设备制造业企业,积极参与京冀协同;另一方面,也反映了通过积极参与京冀协同河北省积累起计算机、通信和其他电子设备制造业的产业基础,以计算机、通信和其他电子设备制造业为代表的数字企业迅速兴起。

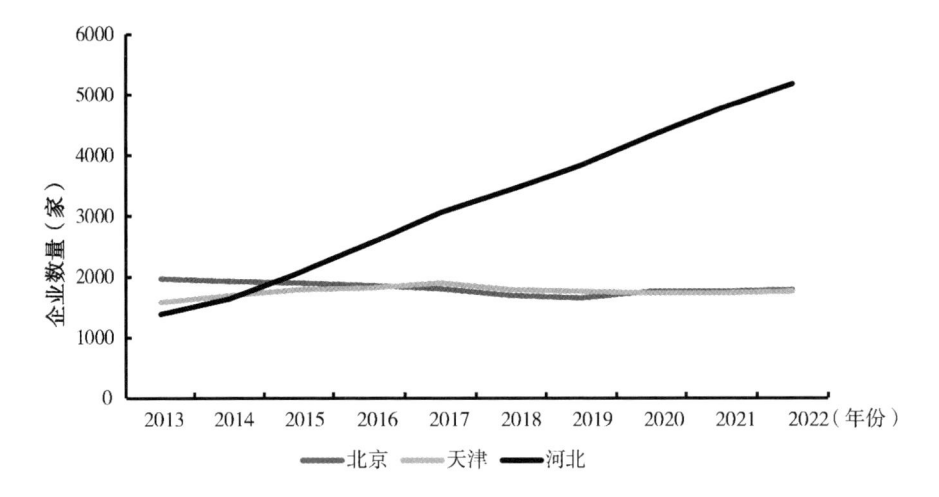

图12-2 2013—2022年京津冀计算机、通信和其他电子设备制造业发展情况
资料来源:中国工商企业数据库。

（三）京津冀数字服务产业发展的历程

对计算机、通信和其他电子设备制造业的分析仅反映了京津冀数字制造类产业的发展历程，该类产业虽然较传统产业技术水平高，生产效率提升明显，但仍具备传统制造业产业的部分特征，因此在京津冀地区的发展可能有所限制，京津冀区际产业协同的表现也并不明显。本部分重点分析以信息传输、软件和信息技术服务业为代表的京津冀数字服务产业发展历程，以期全面展现京津冀数字产业发展的特征。

信息传输、软件和信息技术服务业主要包含电信、广播电视和卫星传输服务、互联网和相关服务、软件和信息技术服务业三个方面，该类产业主要面向需求侧、面向服务端，因此其具备服务业产业的性质，产业特性趋于高级化。图12-3展示了以工商企业数量为代表的2013—2022年京津冀信息传输、软件和信息技术服务业发展情况。可以看到，京津冀三地信息传输、软件和信息技术服务业较计算机、通信和其他电子设备制造业的发展趋势完全不同。2013—2022年期间北京市信息传输、软件和信息技术服务业稳定增长并远超天津市与河北省，虽然在

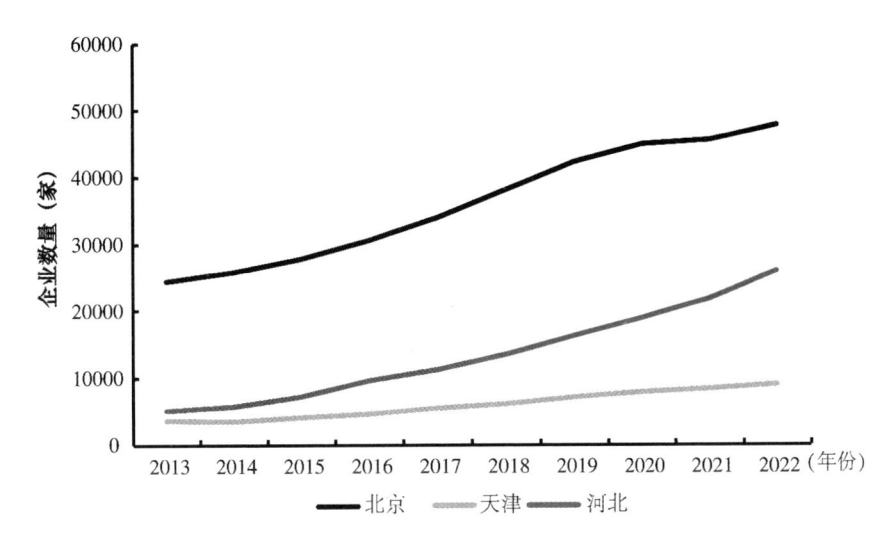

图12-3 2013—2022年京津冀信息传输、软件和信息技术服务业发展情况
资料来源：中国工商企业数据库。

2021年增速有所放缓，但在2022年仍表现出较强劲的增长趋势。这反映了作为京津冀协同发展的核心，北京的数字产业跃向高端化，并在京津冀三地中具备引领作用。河北省信息传输、软件和信息技术服务业产业发展同样保持较高速度，虽企业数量不及北京，但发展势头向好，发展速度稳步提升，京冀两地数字产业发展保持较高协同的状态。而天津市信息传输、软件和信息技术服务业产业基础弱，虽然企业数量由2013年的3621家增至2022年的9033家，但发展增速不及京冀，要达到高水平的京津协同仍有待赶超。

二 京津冀数字产业协同发展的现状测算、问题识别与思路设计

（一）京津冀数字制造产业协同发展的现状测算与问题识别

发挥数字产业在京津冀协同发展中的引领作用，首先要充分掌握京津冀代表性数字产业的协同发展情况。因此，本部分基于京津冀三地在数字产业领域的互动关系测算京津冀数字产业协同度。当京津冀地区在数字产业领域产生互动，即可视为两个产业间发生了协同。本部分基于2014—2022年的京津冀工商企业注册数据，使用耦合协调度模型，挖掘京津冀三地间的数字产业互动，从而测算京津冀产业协同指数。表12-1显示了京津冀三地城市间计算机制造业产业协同发展现状与趋势。

表12-1　京津冀三地城市间计算机制造业产业协同发展程度

京津冀城市间产业协调度	2014年	2015年	2016年	2017年	2018年	2019年	2020年	2021年	2022年
北京—天津	0.82	0.82	0.84	0.84	0.85	0.83	0.79	0.77	0.74
北京—石家庄	0.50	0.49	0.50	0.53	0.53	0.53	0.53	0.56	0.57
北京—唐山	0.34	0.33	0.36	0.33	0.36	0.44	0.46	0.48	0.48
北京—秦皇岛	0.27	0.23	0.23	0.00	0.00	0.23	0.27	0.33	0.33
北京—邯郸	0.27	0.28	0.35	0.34	0.41	0.41	0.42	0.49	0.51

第十二章 数字经济对京津冀协同发展的影响

续表

京津冀城市间产业协调度	2014年	2015年	2016年	2017年	2018年	2019年	2020年	2021年	2022年
北京—邢台	0.30	0.30	0.33	0.27	0.33	0.35	0.39	0.36	0.38
北京—保定	0.43	0.44	0.42	0.43	0.49	0.49	0.50	0.51	0.53
北京—张家口	0.00	0.00	0.23	0.27	0.30	0.34	0.35	0.42	0.44
北京—承德	0.00	0.00	0.00	0.23	0.00	0.00	0.34	0.36	0.37
北京—沧州	0.48	0.52	0.54	0.52	0.57	0.50	0.49	0.47	0.50
北京—廊坊	0.42	0.43	0.44	0.50	0.50	0.50	0.51	0.54	0.55
北京—衡水	0.23	0.23	0.27	0.27	0.33	0.30	0.35	0.40	0.39
天津—石家庄	0.41	0.40	0.42	0.46	0.46	0.45	0.44	0.46	0.46
天津—唐山	0.29	0.27	0.31	0.28	0.31	0.38	0.39	0.40	0.39
天津—秦皇岛	0.23	0.19	0.20	0.00	0.00	0.20	0.22	0.27	0.27
天津—邯郸	0.23	0.23	0.29	0.29	0.35	0.36	0.35	0.41	0.41
天津—邢台	0.25	0.25	0.28	0.23	0.28	0.31	0.32	0.30	0.31
天津—保定	0.36	0.36	0.36	0.37	0.42	0.42	0.42	0.42	0.42
天津—张家口	0.00	0.00	0.20	0.23	0.26	0.29	0.29	0.35	0.35
天津—承德	0.00	0.00	0.00	0.20	0.00	0.00	0.28	0.30	0.30
天津—沧州	0.40	0.43	0.45	0.44	0.49	0.43	0.41	0.39	0.40
天津—廊坊	0.35	0.35	0.37	0.43	0.43	0.43	0.43	0.44	0.44
天津—衡水	0.19	0.19	0.23	0.23	0.28	0.26	0.29	0.33	0.32

资料来源：中国工商企业数据库。

计算机制造业是京津冀地区传统主导产业之一，也是极具代表性的数字产业，对京津冀地区计算机制造业产业协同发展的准确把握有助于促进京津冀协同发展，引领高质量产业协同。表12-1的结果表明，整体来看2014年至2022年，京冀、津冀城市间计算机制造业产业协同指数均普遍提升但幅度不大，而京津城市间产业协同指数略有下降。北京—天津计算机制造业协同指数由2014年的0.82缓步增加值2018年的0.85，2018年后又逐年降低至2022年的0.74，这反映了京津计算机制造业产业协同发展不佳，可能存在天津对北京计算机制造业产业的承接不足以及天津市相关产业基础薄弱的问题。京冀、津冀城市间产业协同发展水平稳步增长，但提升较小，这反映了河北省城市虽然与北京、天津保持积极协同的状态，但在计算机制造业领域仍有较高的协同改进空间。

消费设备制造业是数字产业的细分行业，包含智能穿戴、无人机、机器人等数字产业的新形态、新业态，正处于迅速发展的周期。对京津冀三地消费设备制造业协同发展程度的把握有助于了解京津冀在新兴数字产业领域的协同发展现状，增进对数字新时代下京津冀协同发展的理解。表12-2显示了京津冀三地城市间智能消费设备制造业协同发展情况。可以看到，京津冀三地城市在2014—2022年智能消费设备制造业的产业协同程度大多处于低水平状态，这一期间产业协同程度略有提升，部分城市间产业协同程度甚至发生回落。北京—天津智能消费设备制造业协同发展处于相对较高的水平，以天津—廊坊、天津—沧州、天津—邯郸、天津—石家庄为代表的津冀城市间也有较好表现，而京冀城市间仍然处于低水平协同发展状态。总体来看，相较于传统计算机制造业产业，京津冀三地智能消费设备制造业产业协同发展水平较低，智能消费设备作为现阶段新的消费模式，正成为新的经济增长点，京津冀地区有待提升智能消费制造业产业协同发展能力，以智能消费设备业这类产业新业态引领京津冀高水平协同发展。

表12-2 京津冀三地城市间智能消费设备制造业协同发展程度

京津冀城市间产业协调度	2014年	2015年	2016年	2017年	2018年	2019年	2020年	2021年	2022年
北京—天津	0.50	0.48	0.50	0.51	0.48	0.44	0.45	0.45	0.46
北京—石家庄	0.18	0.15	0.17	0.18	0.13	0.16	0.16	0.20	0.22
北京—唐山	0.16	0.15	0.17	0.18	0.15	0.17	0.16	0.16	0.18
北京—秦皇岛	0.00	0.00	0.00	0.00	0.00	0.00	0.00	0.00	0.12
北京—邯郸	0.16	0.15	0.16	0.17	0.15	0.19	0.19	0.23	0.23
北京—邢台	0.00	0.00	0.00	0.00	0.13	0.12	0.24	0.25	0.26

续表

京津冀城市间产业协调度	2014年	2015年	2016年	2017年	2018年	2019年	2020年	2021年	2022年
北京—保定	0.19	0.18	0.20	0.18	0.18	0.17	0.18	0.21	0.22
北京—张家口	0.14	0.13	0.13	0.13	0.13	0.12	0.15	0.15	0.16
北京—承德	0.00	0.00	0.00	0.00	0.00	0.00	0.00	0.00	0.00
北京—沧州	0.25	0.23	0.22	0.19	0.18	0.18	0.18	0.18	0.21
北京—廊坊	0.23	0.22	0.22	0.22	0.20	0.20	0.21	0.23	0.24
北京—衡水	0.00	0.15	0.16	0.16	0.15	0.16	0.15	0.18	0.20
天津—石家庄	0.33	0.30	0.34	0.34	0.25	0.33	0.32	0.40	0.45
天津—唐山	0.29	0.30	0.34	0.34	0.30	0.35	0.32	0.33	0.38
天津—秦皇岛	0.00	0.00	0.00	0.00	0.00	0.00	0.00	0.00	0.25
天津—邯郸	0.29	0.30	0.31	0.31	0.30	0.37	0.39	0.46	0.47
天津—邢台	0.00	0.00	0.00	0.00	0.25	0.25	0.48	0.50	0.53
天津—保定	0.35	0.36	0.40	0.34	0.36	0.35	0.37	0.43	0.45
天津—张家口	0.25	0.25	0.26	0.25	0.25	0.25	0.29	0.30	0.34
天津—承德	0.00	0.00	0.00	0.00	0.00	0.00	0.00	0.00	0.00
天津—沧州	0.46	0.46	0.43	0.37	0.36	0.37	0.37	0.37	0.43
天津—廊坊	0.43	0.43	0.43	0.42	0.39	0.40	0.43	0.46	0.50
天津—衡水	0.00	0.30	0.31	0.31	0.30	0.33	0.29	0.37	

资料来源：中国工商企业数据库。

（二）京津冀数字服务产业协同发展现状测算与问题识别

京津冀作为世界级城市群之一，其产业结构趋于高级化。数字制造产业仍具备传统制造业的特性，可能存在对低技能劳动力的较高需求以及引发环境问题，因此数字制造产业的发展可能在京津冀地区有所受限。服务业发展是产业发展迈向高级化的表现，本部分重点对京津冀地区数字服务产业的协同发展现状进行测算与问题识别，以期展现相较于数字制造业不同的京津冀协同特征。

互联网和相关服务业主要包含互联网接入及相关服务、互联网信息服务、互联网平台、互联网安全服务、互联网数据服务等方面。互联网和相关服务业发展具备技术要素密集、劳动力禀赋集约以及环境友好型等特征，其发展前景广阔，是世界级城市群的核心动力产业之一。表12-3显示了京津冀三地城市间互联网和相关服务业协同发展程度。可以看到，2014年至2022年，京津冀三地城市间的互联网和相关服务业产业协调程度得到了明显的提升。京津协同程度由2014年的0.60提升至2022年的0.87，呈现稳步上升趋势。京冀城市间互联网和相关服务业协调程度同样稳步上升，北京—唐山协调程度在2022年高达0.91，达到高水平协调的状态。津冀协调程度也有较好表现，整体呈现比较协调的状态。然而需要注意到北京—石家庄、天津—石家庄的协调程度较差，石家庄市对北京市、天津市在互联网和相关服务业的响应程度不足，有待改进提升。整体来看，作为发展前景广阔、技术内涵丰富、劳动力使用集约、环境友好的代表性数字产业，互联网和相关服务业在京津冀三地间表现出较好且稳步提升的协调状态，未来可进一步增进三地产业间配套及产业链间响应，引领带动京津冀高质量协同发展。

表12-3 京津冀三地城市间互联网和相关服务业协同发展程度

京津冀城市间产业协调度	2014年	2015年	2016年	2017年	2018年	2019年	2020年	2021年	2022年
北京—天津	0.60	0.65	0.66	0.70	0.72	0.75	0.78	0.83	0.87
北京—石家庄	0.00	0.00	0.13	0.13	0.16	0.16	0.16	0.16	0.16
北京—唐山	0.57	0.61	0.70	0.76	0.82	0.86	0.87	0.89	0.91
北京—秦皇岛	0.47	0.49	0.53	0.56	0.58	0.62	0.61	0.63	0.65
北京—邯郸	0.38	0.40	0.44	0.47	0.49	0.51	0.52	0.53	0.54
北京—邢台	0.50	0.53	0.59	0.66	0.72	0.79	0.80	0.82	0.84
北京—保定	0.45	0.47	0.52	0.58	0.63	0.67	0.68	0.70	0.72
北京—张家口	0.52	0.54	0.60	0.66	0.72	0.74	0.73	0.75	0.75
北京—承德	0.40	0.43	0.49	0.53	0.57	0.60	0.60	0.61	0.62
北京—沧州	0.44	0.45	0.49	0.53	0.57	0.59	0.58	0.59	0.59
北京—廊坊	0.46	0.48	0.54	0.57	0.61	0.63	0.64	0.64	0.66

续表

京津冀城市间产业协调度	2014年	2015年	2016年	2017年	2018年	2019年	2020年	2021年	2022年
北京—衡水	0.51	0.53	0.57	0.60	0.64	0.65	0.70	0.70	0.69
天津—石家庄	0.00	0.00	0.10	0.10	0.12	0.12	0.13	0.14	0.14
天津—唐山	0.44	0.49	0.54	0.58	0.62	0.65	0.71	0.76	0.79
天津—秦皇岛	0.37	0.39	0.41	0.43	0.44	0.47	0.50	0.53	0.56
天津—邯郸	0.29	0.33	0.34	0.36	0.37	0.39	0.42	0.45	0.47
天津—邢台	0.38	0.43	0.46	0.51	0.54	0.60	0.66	0.70	0.73
天津—保定	0.35	0.38	0.40	0.44	0.47	0.51	0.56	0.59	0.63
天津—张家口	0.40	0.44	0.46	0.50	0.54	0.56	0.60	0.64	0.66
天津—承德	0.31	0.35	0.38	0.41	0.43	0.45	0.49	0.52	0.54
天津—沧州	0.34	0.36	0.37	0.41	0.43	0.45	0.47	0.50	0.52
天津—廊坊	0.35	0.39	0.41	0.44	0.46	0.48	0.52	0.55	0.58
天津—衡水	0.39	0.43	0.44	0.46	0.48	0.50	0.57	0.59	0.60

资料来源：中国工商企业数据库。

软件和信息技术服务业包含软件开发、集成电路设计、信息系统集成和物联网技术服务、信息处理和存储支持服务、信息技术咨询服务、数字内容服务等方面，其为信息传输、信息制作、信息提供和信息接收过程中产生的技术问题或技术需求提供服务，是数字服务产业的重要部分。表12-4显示了京津冀三地城市间软件和信息技术服务业协同发展情况。

表12-4　京津冀三地城市间软件和信息技术服务业协同发展程度

京津冀城市间产业协调度	2014年	2015年	2016年	2017年	2018年	2019年	2020年	2021年	2022年
北京—天津	0.47	0.53	0.58	0.64	0.67	0.73	0.78	0.83	0.88
北京—石家庄	0.06	0.07	0.08	0.08	0.09	0.09	0.09	0.09	0.09
北京—唐山	0.44	0.49	0.56	0.63	0.69	0.75	0.79	0.84	0.89

续表

京津冀城市间产业协调度	2014年	2015年	2016年	2017年	2018年	2019年	2020年	2021年	2022年
北京—秦皇岛	0.31	0.36	0.43	0.49	0.55	0.61	0.65	0.68	0.72
北京—邯郸	0.30	0.33	0.38	0.42	0.47	0.52	0.56	0.58	0.62
北京—邢台	0.28	0.32	0.39	0.45	0.49	0.55	0.58	0.62	0.67
北京—保定	0.25	0.29	0.35	0.40	0.44	0.49	0.53	0.58	0.63
北京—张家口	0.31	0.35	0.41	0.47	0.53	0.57	0.61	0.66	0.73
北京—承德	0.26	0.29	0.34	0.38	0.42	0.46	0.49	0.52	0.56
北京—沧州	0.21	0.24	0.29	0.33	0.37	0.40	0.44	0.47	0.51
北京—廊坊	0.24	0.28	0.33	0.37	0.41	0.45	0.47	0.51	0.55
北京—衡水	0.28	0.32	0.37	0.41	0.46	0.51	0.60	0.63	0.64
天津—石家庄	0.04	0.05	0.06	0.06	0.07	0.07	0.08	0.08	0.08
天津—唐山	0.31	0.36	0.42	0.49	0.53	0.61	0.68	0.73	0.79
天津—秦皇岛	0.22	0.26	0.32	0.38	0.42	0.49	0.55	0.59	0.64
天津—邯郸	0.21	0.24	0.28	0.32	0.36	0.43	0.48	0.51	0.55
天津—邢台	0.19	0.24	0.29	0.34	0.38	0.45	0.50	0.54	0.59
天津—保定	0.18	0.22	0.26	0.31	0.34	0.40	0.46	0.51	0.56
天津—张家口	0.22	0.26	0.30	0.36	0.41	0.47	0.52	0.57	0.64
天津—承德	0.18	0.21	0.25	0.29	0.32	0.38	0.42	0.45	0.50
天津—沧州	0.15	0.18	0.22	0.26	0.29	0.33	0.37	0.41	0.45
天津—廊坊	0.17	0.21	0.25	0.29	0.32	0.36	0.40	0.44	0.48
天津—衡水	0.20	0.24	0.28	0.31	0.35	0.41	0.52	0.54	0.57

资料来源：中国工商企业数据库。

可以看到，京津冀三地城市间软件和信息技术服务业协同发展水平与表12-3的互联网和相关服务业类似，京津冀三地城市间在软件和信息技术服务业方面实现了产业协同水平的稳步增长提升，并仍具备较大提升潜力。未来可发挥以软件和信息技术服务业为代表的数字服务产业的引领作用，推动京津冀高质量协同的深化。

(三) 数字产业引领京津冀协同发展的思路设计

以数字产业发展带动京津冀产业转型升级，提升京津冀整体产业基础。先行区、示范区背景下，京津冀产业发展面临高质量发展的要求与产业转型升级的迫切需要，数字经济成为京津冀产业发展的新增长点与重要支撑。一方面，数字技术重塑了长期以来以人为主体的组织学习，创造了人与智能系统交互协同的组织学习新模式，拓宽了组织学习的边界和效率，这在一定程度上颠覆了原有产业业态。数字技术通过帮助企业合理规划生产、快速应对消费者需求、增加组织灵活性和敏捷性的方式提高了产业生产率和企业绩效，给企业与产业转型带来新动力。另一方面，数字技术应用可通过提高生产效率和优化要素配置结构来促进制造业转型升级，通过破解创新链瓶颈、提升制造链质量、优化供应链效率、拓展服务链空间，破解京津冀制造转型升级中的"痛点"问题。因此，以数字产业发展带动京津冀产业转型升级，成为引领京津冀协同发展的重要思路。

以数字产业发展激发产业创新，打造京津冀创新集聚高地。创新的提升有赖于制造业产业对数字技术的利用。数字技术与实体经济的不断融合会激励企业创新，企业进行数字化转型有效降低了企业面临的市场不确定性，显著提升了自身的研发创新能力。制造企业数字化应用不仅颠覆了传统制造方式，而且数字技术赋能商业模式创新。目前京津冀三地在市场机制、政策法规、信息网络和中介机构建设等方面还不完善、不配套，严重影响了创新资源在京津冀区域内自由流动，对京津冀产业协同发展形成一定阻力。这就迫切基于数字产业激发各类新产业业态的创新活力，培育功能齐全、运作规范、竞争开放且利于京津冀创新资源流动的数据资源市场，以对创新资源自由流动做到配置合理、评估科学、激励规范、服务优化。同时，与之相配套建设信息网络共享平台，从而促进从区域外的创新资源引进和深化区域内的创新协同合作。

以数字产业助力京津冀产业融合，推动京津冀价值链攀升。数字产业的发展能够显著提升本土产业全球价值链分工地位，并通过提高企业生产率、提升出口产品质量、增强创新能力、降低单位交易成本、促进产业融合、改变消费结构等渠道发挥作用。作为三大区域之一，目前京津冀城市群与长三角城市群、粤港澳城市群之间的差距逐步拉大，京津冀城市群的高端要素"孔雀东南飞"和"蛙跳"现象逐年增加，亟需提升京津冀地区产业融合水平，留住内部优质产业和吸引外部创新要素有效快速集聚，从而加快推动京津冀产业合作迈向深度融合。从外部表现来看，数字产业的发展对企业出口份额具有积极影响，能够显著提升制造业企业出口产品质量、出口竞争力和出口技术复杂度。因此，发展数字产业，形成数字产业赋能下的研发链—产业链—价值链融合发展路径，可为实现京津冀高端产业的功能重组和优势再造，推动京津冀整体价值链攀升提供新思路。

三　先行区示范区数字产业引领京津冀协同发展的思路设计与实施路径

（一）补足核心数字产业短板，拓展京津冀产业联系

1. 补足核心数字产业短板，拓展京津冀产业联系

基于前文京津冀三地数字产业发展现状及特点，可以发现京津冀三地的传统数字制造业产业发展趋势有所放缓，产业协同进程停滞，而数字服务业产业发展势头正盛，产业协同进程持续增速。因此，在先行区、示范区背景下，应立足三地数字产业发展比较优势，对三地技术约束明显的领域和环节，紧紧围绕产业链式发展的薄弱点、脱节点、梗阻点，补足核心数字产业发展的短板。例如，石家庄市对北京市、天津市在互联网和相关服务业的响应程度不足，那么则应重点补足石家庄承接北京、天津数字产业联系的产业基础。应重点形成推进三地数字产业深度协同的思路，围绕产业链布局数字产业，突破京津冀三地产业链拓展、延伸和提质的技术瓶颈、产品瓶颈和市场瓶颈，补齐产业链中的"断点"，增进京津冀三地数字产业链式发展的联系强度。

在相关配套上，应厚植京津冀现代化产业体系的"新根基"。抢抓

第十二章 数字经济对京津冀协同发展的影响

新型基础设施建设为产业复苏升级带来的重要机遇，高水平推进以5G技术等新一代网络基础设施为主的"新网络"建设；持续提升以中关村及其在津冀分园等创新基础设施能级建设；以人工智能等一体化融合基础设施为主的"新平台"建设；加快建设以智能化终端基础设施为主的"新终端"建设；尽快完善社会治理和民生福祉的"新服务"布局，着力创造新供给、激发新需求、培育新动能，为数字产业引领京津冀高质量发展与打造经济高质量发展新引擎提供有力支撑。

2. 延伸关键数字产业链，驱动京津冀产业融合

先行区、示范区背景下，京津冀协同发展的关键在于整合区域乃至全国及国际产业要素和创新资源，以弥合发展差距、贯通实体产业链条、重组区域资源，形成自研发设计至终端产品完整产业链的整体优势。从产业治理角度，是以承接北京非首都功能疏解为"牛鼻子"，推动京津冀高质量发展。从本章分析来看，河北省各城市对北京数字制造产业的承接表现较好，而天津市对北京数字制造产业的承接表现略显不足。京津冀要遵循"资源共享—技术创新—产业创新—创新生态"的总体思路，按照"强点、集群、组链、结网"的路径，延伸关键数字产业链，实现京津冀产业协同创新与发展。

同时在数字产业链水平的提升中，关键是要以数字产业为引领，以数字产业与传统产业的融合打通数字科技创新推动全产业发展的通道，推动技术创新在数字产业与非数字产业上中下游的对接与耦合。应明确推进数字产业与非数字产业深度融合的主要路径与抓手，包括创新与产品生产、文化、管理、组织四大融合路径。深入探讨加强基础研究、做实平台载体、强化要素（人才、团队）投入、系列技术攻关与项目工程，重点在配套资金链、壮大服务链、延伸园区链等方面下功夫。在形成数字产业与非数字产业深度融合基础上，构建起以数字产业为引领，带动非数字产业联动协调发展，进而推动京津冀整体产业协同的走深走实。

3. 打造世界级数字产业集群，推动京津冀资源配置流通

先行区、示范区背景下，数字产业引领高质量产业协同发展还体现在数字产业集群建设上。党的二十大报告提出：加快发展数字经济，促进数字经济和实体经济深度融合，打造具有国际竞争力的数字产业集群。这为数字产业引领京津冀高质量协同发展提供了思路。在空间格局上，应形成以京津冀三地为基础的数字产业布局基底，以北京作为数字技术创新的支点，以天津作为数字技术创新服务发展的重要支撑，以河北作为北京部分数字制造产业承接的主体，形成京津冀在空间上的联动，并带动周边城市的协同发展。对于非数字产业，也需尊重市场规律，同时考虑地区发展，按照区域市场潜力与产业生产需求在制造环节基于京津冀三地的产业链进行布局，以期与数字产业融合共赢，形成数字产业发展带动下的数字产业与非数字产业融合发展的产业集群形态。

数字产业发展对产业创新能力需求极高，应重点引育优质骨干企业，分类指导，精准培养，完善培育创新型企业的配套政策措施，引导创新要素向数字企业集聚。应加快形成以龙头数字企业为引领、以单项冠军数字企业为支撑的企业梯次发展格局。打造世界级数字产业集群，建设数字产业高地，培育战略性新兴产业策源地，构建数字产业集群梯次发展体系，提升数字集群集聚效应。综合运用土地、金融、科技、人才等政策，支持数字产业集群发展，培育打造世界级产业集群。应积极借助各种数字技术与数字工具加强对资源要素的监测管理，搭建信息共享平台实现城市群内部资源配置情况的互联互通，从而提升资源配置水平。

（二）先行区示范区背景下数字产业引领京津冀协同发展的实施路径

1. 打造数字创新平台，吸引创新要素集聚

先行区、示范区背景下，雄安新区肩负着打造京津冀世界级城市群新经济增长极的重任，也是三地协同发展的最重要一环。针对基础研究的薄弱部分，京津冀地区应以雄安新区为平台，加大对数字经济关键技术的投入扶持力度。为发挥雄安新区对京津冀数字产业创新发展的推动作用，要注意吸引、集聚数字经济创新资源，作为雄安新区创新发展的重要前提和基础，其吸引速度和集聚规模直接关系到创新驱动发展功能

的实现与示范带动能力的提升。对此,一是吸引集聚一批与雄安新区发展相适应的数字化人才,特别是领军人才和创新团队。二是吸引集聚一批科技研发机构和高校,这是集聚数字化创新人才的最佳途径,也是提升创新能力的核心载体。三是吸引集聚一批科技创新服务机构,包括科技金融、科技企业孵化器、众创空间等科技中介服务机构。在此基础上,对入驻雄安新区的科创型企业、研发机构等进行全方位筛选,通过各种政策有意识地引导创新主体"结合、集聚"。四是围绕数字经济重点产业,即人工智能、生物医药和新能源汽车等产业,支持京津冀联合攻关研究院共建,以雄安新区为承载地,建立一批集研发、产业化、企业运营于一体的新型科研机构。最终,通过雄安新区内部的数字化科创平台,促使京津冀三地之间形成有序循环的知识和信息资源共享,在三地建立一致性的数字经济创新激励制度,并且通过设立分校区、研发机构分部等使得京津与雄安新区有效对接。

2. 提高创新要素利用效率,深化数字产业创新资源开放共享

先行区、示范区背景下,面对当前的国内外经济发展态势,必须保证区域内创新要素的充分自由流动与优化配置,进一步加快创新要素市场化流动机制的建立。首先,共享共用数字产业创新资源平台。促进京津冀关键信息资源,特别是关键的科技项目数据库、成果数据库、人才数据库和专家数据库等的共建共享。进一步提高科研基础设施、科学仪器设备、科学数据平台、科技文献、知识产权和标准等各类创新资源的共享共用和服务能力。其次,继续推进科技创新联盟建设,促进京津冀三地的企业、行业协会和科研院所共同建立产业、科技、大学、园区、产权保护等多种形式的创新联盟,以联盟为纽带,促进重点实验室、工程技术研究中心、博士后流动站、企业技术开发中心的合作。最后,联合开展国际数字产业合作交流。充分利用国际交流合作平台,包括技术转移服务协作网络、驻外科技外交官服务平台等,推动国际数字创新要素资源,如优质数据资源、专家资源、技术信息资源等共享。此外,还要建立创新资源开放共享的服务绩效考评机制。

3. 扶持数字高新技术产业,发展战略性新兴产业

数字产业创新体系的构建,需要以产业结构高度化和专业化为支撑。在当前复杂的国际经济发展态势下,京津冀地区需要进一步加大对数字高新技术产业的扶持力度,大力提升数字高新技术产业的自主创新能力。具体措施如下。第一,大幅增加对数字高新技术产业的资本投入数量,构建完善的数字高新技术产业融资机制,进一步提高京津冀地区数字高新技术企业的创新研发水平,逐步增强本地区数字高新技术产业对周边地区的辐射和带动能力,促进区域协调发展。第二,正确分析国际经济发展态势对京津冀协同发展产生的影响,尽快制定相应的支持政策,加快构建数字高新技术企业的培育机制,进一步提升京津冀地区高新技术产业的环境适应能力。第三,加快京津冀地区的产业结构转型升级步伐,促进产业之间的联系与渗透,进一步推动数字高新技术产业与传统产业的融合以及数字经济与传统产业的融合,加快产业数字化转型。

在推动数字产业化进程中,发展移动互联网、物流快递、新能源汽车、高端装备制造等战略性新兴产业,既是京津冀地区产业结构转型的主要方向,也是京津冀地区协同发展的必由之路。因此,面对日益复杂的国际经济发展态势,京津冀地区必须尽快突破战略性新兴产业的关键核心技术,加快自主创新的步伐,早日摆脱对发达国家的技术依赖,具体措施如下。第一,加快实施京津冀地区数字产品制造业、数字产品服务业、数字技术应用业、数字要素驱动业的进口替代战略,强化生物、航空航天、芯片、计算机等领域的自主研发,并在战略性新兴产业领域建立产学研创新研究的市场化机制和技术创新的科研综合体,进一步挖掘和激发战略性新兴产业创新研发的内在动力。第二,以协同发展为长期目标,加快京津冀地区数字资源信息共享平台的构建,并尽快推动三地高端创新资源要素的整合与集聚,大力推进京津冀科技成果的转化,加强京津冀科技成果服务体系的互联互通,真正实现三地企业科技合作的协同发展。第三,以多方面、多层次的政策措施,加大三地对省外高校、科研机构、科技企业的吸引力度,提高京津冀现有战略性新兴产业的科技水平,形成国内协同发展的区域增长极。尤其是北京应在主动适应世界百年未有之大变局和中央赋予北京重大任务的基础上，主动提速、主动求变，实现原始创新、集成创新和引进技术再创新的结合，尽快取得突破未来"卡脖子"关键核心技术的主动权，抢占数字创新的制高点。

4. 促进数字产业链与数字创新链融合发展

基于战略性重点产业的发展进一步培育产业链生态体系，推动产业链与创新链双向融合，加快数字经济产业生态的构建。首先，打造若干世界级数字经济产业集群，探索共建一批新型研究院、产业园区和"飞地经济"，探索组建区域性的数字经济产业园区联盟，把各园区整合形成一个不同层次、功能多样、优势互补的园区网络，形成"点—链—线—集群—园区—网络"的产业合作格局。其次，开展京津冀数字经济产业转移对接活动，避免招商引资形成恶性竞争。此外，津冀数字经济产业园区也可以采取以商招商、产业链招商、创新链招商、以市场换产业等策略从北京引进一批关联产业项目，实现就近配套、成果转化或市场化应用。

5. 完善数字产业体制配套环境，加快协同创新机制构建

一方面，在京津冀数字经济协同创新发展过程中，存在较高地区间行政壁垒，难以形成多层次、多联系、网络化的区域协同创新机制。因此，为了促进国内外数字型创新企业在京津冀地区落地生根和发展壮大，必须加强京津冀的整体协同创新工作，从顶层设计方面研究、规划和制定京津冀三地数字经济协同创新发展战略，加快建立京津冀三地数字经济协同创新机制，尽快形成京津冀数字经济协同创新发展的优质环境。另一方面，从京津冀一体化的大区域战略视角，进一步发挥京津冀协同发展领导小组的重要作用，有效推动京津冀地方政府间沟通、合作、协商和谈判的常态化，协同推进京津冀地区创新环境基础设施建设和创新投入研发工作，建立京津冀数字产业协同创新成果产出共享机制和创新信息互通机制，从而推动京津冀地区的数字产业协同创新发展。

参考文献

Bukht, R. and Heeks, R., "Defining, Conceptualising and Measuring the Digital Economy", *Development Informatics Working Paper*, No. 68, 2017.

Erik Brynjolfsson and Brian Kahin, *Understanding the Digital Economy: Data, Tools, and Research*, MIT Press Books, February, 2002.

Knickrehm, Mark, Bruno Berthon, and Paul Daugherty, "Digital disruption: The growth multiplier", *Accenture Strategy*, Vol. 1, 2016.

Tapscott D., *Growing Up Digital: the Rise of the Net Generation*, New-York: McGraw-Hill, 1997.

焦勇:《数字经济赋能制造业转型:从价值重塑到价值创造》,《经济学家》2020年第6期。

康铁祥:《中国数字经济规模测算研究》,《当代财经》2008年第3期。

谢康、肖静华:《面向国家需求的数字经济新问题、新特征与新规律》,《改革》2022年第1期。

张贵、赵一帆:《京津冀高技术产业创新链与产业链空间演化与耦合发展》,《河北学刊》2023年第6期。

第十三章

生态文明建设视角下京津冀绿色发展之路

王 苒[*]

摘 要：绿色发展是保障京津冀可持续高质量发展的重要前提，也是京津冀协同战略所关注的方面之一。京津冀生态文明在制度建设、生态环境治理方面取得了显著成效，然而仍面临着生态文明建设缺乏统计设计、区域内企业与居民环保意识有限、生态补偿机制不健全等问题。基于此，本章从生态文明建设的内涵、理论基础、理论逻辑三方面对生态文明建设做了理论探讨，建议优化京津冀顶层设计，明确企业生态保护主体责任与奖惩机制，提升居民生态文明意识。

关键字：生态文明；环境保护；绿色发展；京津冀

京津冀是我国重要的经济和城市集聚区，但长期以来面临着严重的大气污染和水资源短缺等生态环境问题。生态文明建设有助于提升所在区域的环境质量，改善居民生活质量，减少环境污染对公共健康的危害。生态文明建设不仅是环境问题，还涉及到经济可持续发展、区域竞争力和吸引力。经济发展在某种程度上依赖于自然资源（如能源、土壤、水资源等），保护这些资源的可持续性对经济发展至关重要；一个拥有清洁环境、绿色产业和高生活质量的地区对投资和人才更有吸引力。此外，京津冀可成为我国在区域生态文明建设方面的先行区、示范区，激励其

---

[*] 王苒，南开大学经济与社会发展研究院讲师，研究方向：气候变化与城镇化，可持续发展。

他城市群及地区效仿，提升我国整体绿色发展水平。本章通过回顾生态文明建设的历史，总结当前面临的问题，探讨生态文明建设的理论基础与逻辑，提出相应对策建议。

一 京津冀生态文明建设的历程与成效

京津冀生态文明建设已经持续多年，但在近年来，特别是我国政府提出"京津冀协同发展"和"绿色发展"等战略后，这一建设过程得到了加强和加速。

（一）生态文明制度建设逐渐完善

制度建设是保障生态文明建设落地的重要手段。京津冀三地为维护所在区域的生态环境和污染治理持续加强制度方面建设，目前已发布多种管理办法、指导意见、保护条例、治理标准等（表13-1）。2015年，中共中央通过了《中共中央、国务院关于加快推进生态文建设的意见》，全面阐释了生态文明建设的内容、意义、要求等，并对生态文明建设做出了全面部署；随后，京津冀三地为贯彻落实《关于加快推进生态文明建设的意见》而加大了制度层面的建设力度，主要涉及空气质量、水资源、土壤资源等方面。

表13-1 京津冀三地颁布的关于环境治理方面的法律法规或政策措施举例

时间	法律法规或政策措施
2014.3	区域大气污染防治小组正式成立，明确推动区域燃煤污染、机动车排放、工业企业等领域的减排；在北京市环保局设立"大气污染综合治理协调处"
2014.8	京津签署《关于进一步加强环境保护合作的协议》，完善了京津双城联动发展的体制机制；津冀签署《加强生态环境建设合作框架协议》，从信息共享、应急联动等方面深化两地合作
2015.11	京津冀三地生态环境部门正式建立环境联动执法工作机制，定期召开工作会议

第十三章　生态文明建设视角下京津冀绿色发展之路

续表

时间	法律法规或政策措施
2015.11	京津冀三地生态环境部门签署《京津冀区域环境保护率先突破合作框架协议》，针对环境问题短板，提出从联合立法、统一规划、统一标准、统一检测、协同治理等多方面进行突破，推动区域联防联治
2016.2	《"十三五"时期京津冀国民和社会发展规划》，开放了京津冀首个五年规划，明确指出绿色发展，建设生态修复环境改善区等九大重点任务
2016.10	统一重污染天气预警分级标准，实现区域协同预警
2018.7	京津冀及周边地区大气污染防治协作小组调整为京津冀及周边地区大气污染防治领导小组，由国务院副总理领导，生态环境部部长和京津冀三地市长/省长担任副组长
2019.7	京津冀三地生态环境部门将环境联合执法机制的层级由省级下沉至市、区、县
2020.5	发布《机动车和非道路移动机械排放污染防治条例》，是首次针对大气污染治理协同立法，也是首个三地协同立法的项目
2021.6	《2021—2022年京津冀生态环境联合联动执法工作方案》出台

资料来源：笔者绘制。

大气环境保护方面：京津冀三地发布大气污染防治行动计划，包括空气质量改善目标和具体措施，如减少工业污染、推广清洁能源、限制车辆排放等；设立大气污染防治专项资金，用于支持大气污染治理项目，如大气污染治理设施建设和技术升级；制定大气污染防治法律法规，建立大气环境监测与数据发布制度，如建立大气环境监测网络，发布空气质量数据，对公众公开监测结果。具有代表性的政策法规包括，2013年国务院发布的《大气污染防治行动计划》，开始对74个重点城市按照新标准开展空气治理监测，其中京津冀三地为治理的重点区域；2017年发布的《京津冀及周边地区2017年大气污染防治工作方案》和2018年发布的《打赢蓝天保卫战三年行动计划》继续针对京津冀城市群地区开展空气污染治理工作。

水环境保护方面：建立水资源管理制度，包括水资源分配、调度和管理的规定，确保水资源的可持续利用；建立水污染防治法规，规定水污染的防治措施,如水质监测和排污许可制度。代表性法律法规或政策有"十四五"规划、《水污染防治行动计划》、《全国地下水污染防治规划（2011—2020年）》、《华北平原地下水污染防治工作方案（2012—2020年）》等,均旨在布局京津冀城市群地区地下水安全保障工作。

土壤环境保护方面：制定土壤污染防治法规,明确了土壤保护的法律责任和管理措施；建立土壤监测和评估体系,定期对土壤质量进行监测,评估土壤环境风险；进行土壤修复和治理,尤其是在污染严重地区采取措施修复受损土地,恢复其农业和生态功能；制定农村环境保护法律法规和土地利用管理规定。代表性政策法规包括,北京市在2016年12月发布的《北京市土壤污染防治工作方案》,2018年3月发布的《北京市土壤污染治理修复规划》以及2020年9月发布的《建设用地土壤污染修复方案编制导则（征求意见稿）》；天津市在2016年12月发布的《天津市土壤污染防治工作方案》,2022年11月发布的《天津市土壤、地下水和农业农村"十四五"生态环境保护规划》；河北省在2021年11月发布的《河北省土壤污染防治条例》,2022年1月发布的《河北省土壤与地下水污染防治"十四五"规划》。

这些政策制度、法律法规构成了京津冀地区生态文明建设的法律和制度框架,旨在促进生态环境的改善,加强生态文明建设,同时推动经济社会的可持续发展。不同政策和制度之间相互关联,协同推动生态文明建设。

（二）生态环境治理取得实效

改革开放40多年以来,京津冀地区城镇化率从不到40%增加到超过65%,高于全国城镇化平均水平65.22%。一方面,京津冀城市群经历了快速城市化过程,改变下垫面的土地覆被、土地利用、物理性质、空气动力学性质等,使得城市群地区的大气循环和水与能力平衡发生变化,带来一系列城市环境问题,人类活动对资源生态环境的压力日益增大；另一方面,可持续发展战略、绿色发展战略、生态文明建设战略被纳入我国国民社会经济发展规划及各级城市总体/专项规划中，强调"绿水青山就是金山银山"，各级政府发布了相应规章制度、规范标准、导则策略等，从政策上推进我国城镇化走一条可持续、绿色发展之路[①]。目前，京津冀地区的生态文明治理已取得一定进展。

1. 水资源总体质量有待提高

总体来说，京津冀区域内的水资源总量短缺且污染较为严重。首先，该地区内水资源供给量处于有限状态。基于《2022 年中国水资源公报》的统计结果发现，2022 年我国年平均降水量为 631.5 毫米，北京年平均降水量为 482 毫米，天津和河北平均降水量分别为 584.7 毫米、508.1 毫米，表明京津冀三地均低于全国平均水平。一个区域内的水资源总量显著影响该地区的水资源供给，且是评价地区水资源丰富程度的主要指标之一；另一个主要指标是人均水资源量。如图 12-1 所示，京津冀三地的人均水资源量均在 2019 年后呈现上升趋势；三地水资源质量有所提升。基于统计数据，对京津冀三地在 2014—2022 年间的工业废水排放量绘制折线图可知，三地工业废水排放量逐渐降低（图 13-2）。按照 2015 年《水污染防治行动计划》（简称"水十条"）的相关要求，京津冀地区 2020 年底 21 个劣 V 类断面全部达到考核目标，剩余 37 个劣 V 类断面水质改善，区域仍有约 63% 的断面低于水功能区目标。总体来看，京津冀地区整体水质出现提升趋势，优良水体比例逐渐提高；然而，已经被污染的水体超过了区域环境承载力，距离达到高质量水体的标准仍有较大距离。

2. 大气环境总体质量有所提高

自京津冀协同发展战略实施以来，京津冀地区协同应对大气污染并建立了区域大气联防联治机制，且取得了比较显著的减污效果。首先，京津冀地区的 PM2.5 污染物浓度持续降低（表 13-2）。北京市 PM2.5 年均浓度在 2020 年首次降至 30 微克/立方米以上，比 2014 年下降 47.9

[①] 唐立娜、蓝婷、邢晓旭等：《中国东部超大城市群生态环境建设成效与发展对策》，《中国科学院院刊》2023 年第 38 期。

微克/立方米；天津市和河北省的 PM2.5 年均浓度亦出现大幅降幅——2022 年两地的数值分别比 2014 年减少 46 微克/立方米和 58.2 微克/立方米。总体来看，京津冀三地降幅均在 50% 以上。

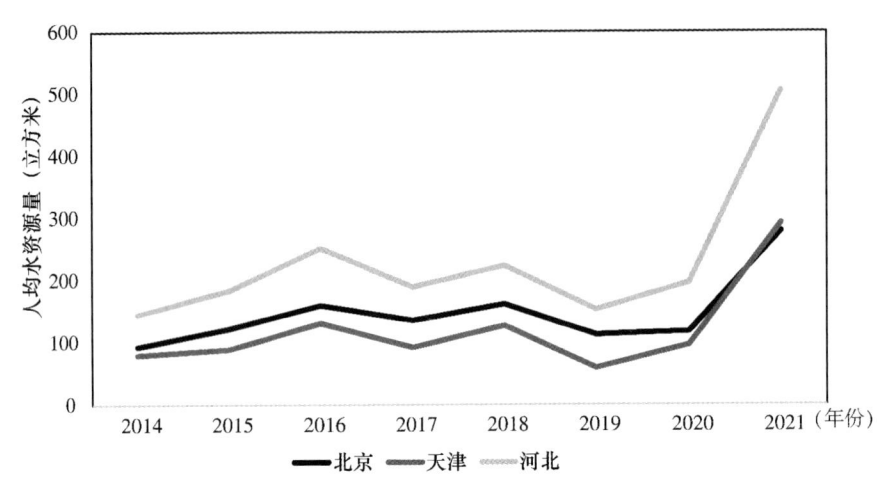

图 13-1　京津冀地区人均水资源状况

资料来源：笔者绘制。

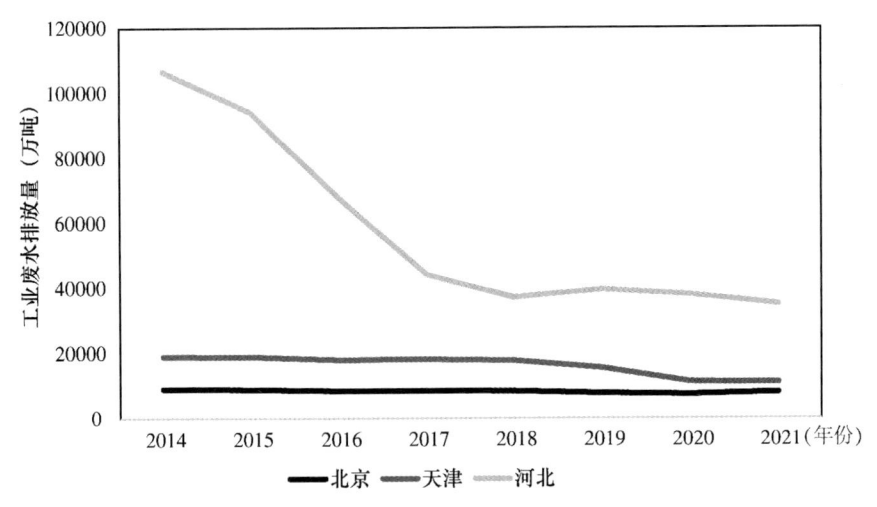

图 13-2　京津冀地区工业废水排放情况

资料来源：笔者绘制。

表13-2　　2014—2022年京津冀城市群PM2.5年均浓度

(单位：微克/立方米)

省市	2014年	2015年	2016年	2017年	2018年	2019年	2020年	2021年	2022年
北京市	85.9	80.6	73.0	58.0	51.0	42.0	38.0	33.0	30.0
天津市	83.0	70.0	69.0	62.0	52.0	51.0	48.0	39.0	37.0
河北省	95.0	77.0	70.0	65.0	53.3	50.2	44.8	38.8	36.8

资料来源：笔者绘制。

其次，京津冀空气质量持续好转（表13-3）。2022年，北京市和天津市累计空气质量优良天数分别达到286天和267天，比2014年分别增加114天和92天；重度污染天数分别为3天和4天，比2014年分别减少43天和30天。同年，河北省累计优良天数270天，比2014年增加118天；重度污染天数4天，比2014年减少62天。

表13-3　　2013—2022年京津冀地区空气质量情况

省市	天数	2014年	2015年	2016年	2017年	2018年	2019年	2020年	2021年	2022年
北京市	优良	172	186	198	226	227	240	276	288	286
	重污染	47	46	39	23	15	4	10	8	3
天津市	优良	175	220	226	209	207	219	245	264	267
	重污染	34	26	29	23	10	15	11	7	4
河北省	优良	152	190	207	202	208	226	256	269	270
	重污染	66	36	33	29	17	17	11	9	4

资料来源：笔者绘制。

此外，京津冀三地工业二氧化硫排放量总体呈现下降趋势（图13-3）。其中，北京市工业二氧化硫排放量的降幅最大——由2014年的40347吨下降到2021年的1004吨，降幅达到97.51%。天津市的降幅次之，由2014年的195395吨下降到2021年8138吨，降幅为95.81%。河北省的降幅最小，由2014年的1042440吨下降到2021年的127399吨，下降了87.78%。以上数据说明河北省在绿色转型过程中仍面临较大压力，也最为迫切。

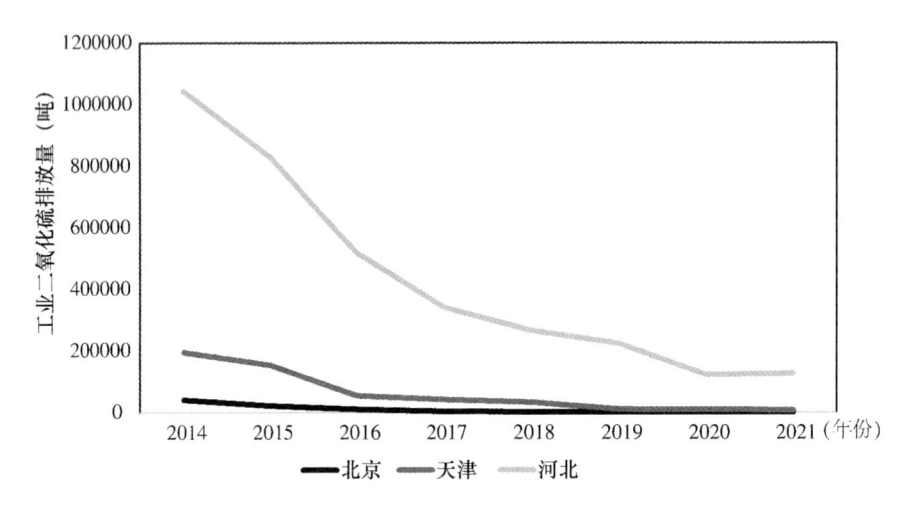

图 13-3 京津冀地区工业二氧化硫排放情况

资料来源：笔者绘制。

3. 能源消耗呈现下降趋势

在能源结构方面，京津冀地区主要以化石能源（主要是煤炭）为主。2015 年，京津冀煤炭消费总量占全国的 13%，其中河北省占比 10.7%；主要特征为单位 GDP 能耗较高，尤其是河北大部分城市单位 GDP 能耗远远高于京津和全国平均水平，能源利用效率较低。在京津冀协同战略实施开局之际，由于煤炭构成了能耗的主要部分，京津冀地区的大气污染物排放量远远超过环境承载力。具体来说，2015 年，京津冀城市群的氮氧化物、烟粉尘排放量、二氧化硫排放量分别为 173.6 万吨、172.5 万吨和 136.5 万吨，分别占全国总排放量的 9.3%、11.2% 和 7.3%。在过去的 2014—2022 年，我国政府日益注重生态文明建设和可持续发展，对于能源利用效率、能源结构调整花费了巨大成本，并取得了一定成绩。近年来，京津冀地区煤炭消费总量占比逐渐下降。例如，2022 年，该地区煤炭消费总量占全国比例下降到 5.8%，其中，河北省的单位 GDP 能耗呈现降低趋势。

作为能源消耗的主要地区之一，京津冀城市群亦是我国主要碳排放地区之一，其碳排放量亦在全国城市群中占据前几位①。有研究表明，京津冀整体碳排放量从2012年开始进入平缓阶段，其中，河北省碳排放量占总体的比例近80%，主导着该区域整体碳排放量的走势。从行业来看，工业排放对于碳排放总量的贡献最大，占比超过80%，其中河北省工业碳排放量占比八成，交通运输业随后，其他行业占比相对较小。从动态时间序列来看，除工业和交通运输业外，其他行业的碳排放量均呈现先升后降趋势①。从"十五"到"十四五"期间，我国不断提高对节能减排工作的重视程度、不断提高节能减排技术、细化节能减排目标、采取一系列节能减排措施等，取得了显著成效：2016—2020年的"十三五"期间，京津冀城市群整体碳排放强度呈现下降趋势，这与当时国家实施的一系列环保措施和法规紧密相关，尤其是产业结构在"十二五"至"十三五"期间得到显著优化，且采用清洁能源替代等低碳技术的进步提高了能源效率，但由于长期以来形成的传统能源依赖惯性较大，短时间内难以发生显著改变。

4. 生态系统逐渐恢复

城镇化过程的典型特征之一即为城市扩张、侵占耕地等生态用地。2015年，京津冀城市群建设用地295.63万公顷；过去几年间，京津冀地区的建设用地面积持续增长、耕地资源减少、景观斑块破碎化。同时，由于一系列的开发建设活动，区域内森林生态系统、湿地生态系统受到了不同程度的损害。得益于生态保护政策措施与管理条例的实行，京津冀城市群的生态系统得到了一定修复。例如，天津市的湿地治理和保护取得了明显成效。天津宁河区的七里河湿地由于农耕、养殖业等人类活动而受损，在经过引水调蓄、湿地生物链修复、土地流转等多项工程后，该区域的生态质量明显提升——芦苇由300公斤增产至500公斤，鸟类由十年前的182种增加至235种，湿地资源修复工作成果显著。

---

① 陈亮、张楠、王一帆等：《京津冀地区碳排放强度变化驱动因素及归因分析》，《中国环境科学》2023年第43期。

(三) 京津冀生态文明建设面临的问题

过去九年多，中央及京津冀各级政府颁布了一系列环境保护与治理修复方面的法律、政策建议、导则措施等，在生态保护方面取得了一定成效；然而，该地区生态文明建设仍存在问题，主要表现为：

1. 京津冀生态文明协同建设缺乏统一设计

在管理上，京津冀三地"各自为政"，单独处理地方事务，很难将视角拓展到城市群尺度，地方之间合作与交流有待加强。虽然三地政府针对个别环境问题，如大气污染，实施了联合治理模式，单独处理地方事务是较为普遍的治理模式，三地政府很难把视角扩展到整个城市群，影响地方之间合作与交流。尽管三地已成立针对个别环境问题的治理小组，如大气污染联防联治工作小组，但是区域生态文明建设缺乏整体统筹设计。

首先，京津冀地区缺乏针对环境问题的保护协同建设联防联治联控机制。例如，京津冀地区的空气污染问题一直是三地居民面临的关乎身心健康的重大问题，三地政府已针对大气污染问题采取了较多治理措施，尽管短期内能产生明显治理效果，但未形成长期效果。典型例子是在重大事件期间出现的"短暂蓝天"，如"APEC蓝""两会蓝"。此类在特殊情景下实施的大气污染防治措施虽然能带来短期内空气质量大幅改善，但成果维持的时间有限，无法形成长期效应。这种环境治理措施或者行动只能治标、不能治本，与生态文明建设的可持续性相悖。

其次，由于京津冀三地在资源、人口、税收、行政能力等方面的差异，导致三地对于经济增长发展与环境保护的诉求不同，出现在生态文明建设过程中目标不一致、行动不协同的现象。具体来说，北京由于高度城市化、人口密集、产业繁荣，容易出现空气污染、水资源短缺等环境问题，故对于北京而言，环境保护占有重要地位，如北京花费大力气控制城市汽车数量和尾气排放。天津与北京在经济上属于竞争关系，加之近几年经济发展停滞不前，天津对于发展经济的渴望迫切，特别是发展高新技术产业。由于"虹吸效应"，各种要素资源、

第十三章　生态文明建设视角下京津冀绿色发展之路

人才等大量流入京津两地，导致河北省的产业和经济社会发展相对落后，对于河北省来说，经济增长才是当前需要迫切解决的问题，而产业结构调整与产业转型升级问题，以及承接非首都功能的产业转移又是重中之重。总的来说，京津冀地区不同城市的三地发展水平进度不同，目标不一致，在利益分配、成本分担方面存在分歧，导致京津冀地区生态文明协同性较弱。

最后，京津冀地区生态文明建设的多元主体（政府、企业、公众）存在利益分化、发展目标不一致等问题。第一，政府作为生态文明建设相关政策的制定者和执行者，往往忽视了其他主体在生态文明建设中的重要作用。第二，公众作为生态文明建设的主体部分，对环境保护关注不足、参与程度不高，认为政府和企业应承担环境治理的主体责任。第三，企业更加倾向于通过节约成本而创造更多经济效益，甚至以牺牲环境为代价。

2. 京津冀企业环保意识有限、环保行动不积极

生态环境保护与经济发展紧密相关，良好的生态环境、充足的环境资源是企业发展自身的有利条件，因此，企业必须意识到其在区域生态文明建设中的主体责任。然而，现阶段大部分企业的生态文明意识不足、环境保护积极性不高；同时，政策法规等对污染企业的监管不到位。实际上，在生产经营活动中，企业是生态环境资源的主要消耗者和环境污染与破坏的主要实施者，理应主动承担有关环境保护及治理责任。然而，京津冀地区的企业普遍缺乏生态环境治理与保护的积极性和主动性。过去几年，三地环境保护执法部门多次开展联合执法行动，处罚大量环境违法行为；但是，此类违法行为屡禁不止，其中主要原因之一即为企业缺乏生态责任意识和环保积极性。另外，京津冀地区对污染企业的惩罚力度和监管力度也有待进一步加强。

3. 京津冀居民生态文明建设意识有待进一步加强

生态文明意识指处理生态文明建设与其他方面关系时所形成的，能够提前思考人类活动与自然关系、妥善处理人类活动与自然矛盾、积极总结人类活动与自然规律的思想、观念、态度、价值、心理等；一个地区公民的生态意识对所处区域的环境保护、生态文明建设有着重要作用。尽管京津冀居民已具有生态文明意识，但该意识的强度仍有待进一步加强，以更高效地落实京津冀地区生态文明建设。京津冀居民对自己作为区域生态文明建设主体的责任认识仍需提高，特别是生态文明建设与经济发展的关系，从生态整体上、京津冀区域整体上和生态与经济有机联系上认识生态文明建设的重要性。

此外，居民对于环境保护的主动性和积极性仍有待提高。京津冀地区内居民对环境保护的关注点更多在于自身所处的环境质量是否会影响自身的身心健康。例如，空气、饮用水、食物是否被污染，房屋装修是否产生大量甲醛而影响身体健康，但对于气候变化等"远方"的环境问题尚未充分了解。

4. 京津冀生态补偿机制不健全

生态补偿是一种使得外部成本内部化的环境经济手段，目的在于保护环境、促进人与自然和谐共处①。一般来说，生态补偿机制坚持"谁开发谁保护、谁污染谁治理"的原则，并且需要明确补偿的主体与客体、补偿标准、补偿方式等问题。尽管京津冀地区已实施了一系列针对空气污染、水污染等方面的生态补偿，且取得一定成效，但仍存在问题。

首先，补偿主体和补偿形式单一。京津冀地区生态补偿中的主体一般为中央政府、三地政府、受益方，但在实际操作中，生态补偿的主体仅仅为政府，缺乏利益相关者的参与。另外，生态补偿以资金投入的形式为主，以中央政府财政拨款为主，被称为"输血式"补偿方式。该方式对环境治理与保护具有短期效果，但往往不可持续。

其次，补偿标准尚未统一。生态补偿机制中的一个核心问题是"补偿多少"，京津冀三地在社会经济发展和政府财政收入等方面的实力相差悬殊，难以应用统一标准的补偿金额。

---

① 周晓博、于果、张颖：《基于国家治理视角的生态补偿逻辑框架研究》，《生态经济》2021年第37期。

第十三章 生态文明建设视角下京津冀绿色发展之路

二 京津冀生态文明建设的理论分析

生态文明建设的理论分析是指导京津冀地区处理好经济增长与环境保护之间关系的重要基石,本节从生态文明建设的内涵、理论基础、理论逻辑三方面展开探讨,为后续提出对策建议提供科学依据。

(一) 生态文明建设的内涵

学术界对生态文明的释义一直都是百家争鸣。有学者认为,生态文明是要坚持以人为本,促进人与自然和谐共处[①];还有学者将生态文明的含义概括为人与自然、社会,以及人与人和谐共生、良性循环为宗旨的文化伦理形态[②];还有学者提出生态文明包括生态意识文明、生态制度文明和生态行为文明三个方面,而生态文明建设则是要克服工业文明的弊端,探索资源节约型和环境友好型发展道路的过程。综合不同学者观点,本章认为,生态文明建立于人类正确认识和处理人与自然的关系的基础之上,生态文明建设追求的是实现生产发展、生活富裕、生态良好三者高度统一的美好生活。

京津冀城市群由北京、天津以及河北省的 11 个设区市共同构成。该地区自古以来就在政治、文化、经济活动等方面紧密联系。其中,北京长期作为京津冀城市群的政治、文化、经济、科技中心,吸引周边地区各种资源汇聚于此;但也因此导致"大城市病"的出现——空气污染、交通拥堵、居住空间拥挤等各种社会问题与环境问题。"虹吸现象"导致除北京外其他地区发展相对滞后,地区间经济、文化、科技水平等方面的差距逐渐拉大,影响区域平衡发展。京津冀地区协同发展要求打破三地互相割裂的状态,共同推进政治、经济、文化、社会以及生态文明

---

① 张弥:《社会主义生态文明的内涵、特征及实现路径》,《中国特色社会主义研究》2013年第 2 期。
② 李培超:《论生态文明的核心价值及其实现模式》,《当代世界与社会主义》2011 年第 1 期。

建设，实现可持续发展。因此，京津冀生态文明协同建设需要三地联合设立共同目标，发挥各自优势整合京津冀地区内的不同资源要素，打破"一亩三分地"思维模式，做到优势互补、互利共赢，推进区域生态文明建设①。

（二）京津冀生态文明建设的理论基础

我国生态文明建设的理论基础涉及多个领域，其中包括可持续发展、生态文明、区域发展等。可持续发展理论是京津冀生态文明建设的核心，它强调满足当前需求而不损害后代的需求，力争在经济、社会和环境方面取得平衡。生态文明理论强调人与自然和谐共生，保护环境、尊重自然、可持续利用资源。区域可持续发展理论则强调关注京津冀地区的可持续发展，研究影响京津冀可持续发展的社会、经济、环境因素，指导该地区的资源配置、环境保护和协调发展工作。

除传统的生态、发展理论外，京津冀生态文明建设亦以中国共产党关于生态文明的理论为指导思想。党的十八大把生态文明建设纳入中国特色社会主义事业的总体布局，而后党中央、国务院相继出台了《关于加快生态文明建设的意见》《生态文明体制改革总体方案》等。党的二十大明确指出推进美丽中国建设，把生态文明建设摆在全局工作的突出位置。与此同时，习近平总书记创造性地提出一系列新理念、新思想、新战略，形成习近平生态文明思想，为我国生态文明建设奠定了坚实的理论基础，如"两山论""绿色发展"等。"两山论"（"绿水青山就是金山银山"）强调正确处理经济发展同生态环境保护之间的关系，绝不可走"先污染后治理"的老路②。"绿色发展论"则强调实现经济发展方式的绿色变革，提升绿色技术水平，推动生活方式的绿色变革，从生产和生活两方面入手推动整个社会的绿色发展水平。

---

① 赵琳琳、张贵祥：《京津冀生态协同发展评测与福利效应》，《中国人口·资源与环境》2013年第30期。

② 孙博文：《加快发展方式绿色转型：内在逻辑、任务要求与政策取向》，《改革》2023年第10期。

此外，我国政府发布的一系列政策文件和规划文件也为京津冀生态文明建设提供了具体指导，如《规划纲要》《河北省建设京津冀生态环境支撑区"十四五"规划》《关于加强京津冀生态环境保护联建联防联治工作的通知》等。

(三) 生态文明建设的理论逻辑

根据生态文明建设的理论基础，生态文明建设的理论逻辑主要包含以下三个要点：

第一，区域整合与协同发展。京津冀城市群是我国经济发展的"领头羊"之一，然而早年间粗放型的经济增长方式引致一系列环境问题，如空气污染、水资源短缺。区域/城市群层级上的生态文明建设不单单关注单一城市的生态环境质量与经济发展，而是必须实现整个区域范围内的生态协同。因此，京津冀生态文明建设的逻辑之一为通过协同规划和资源共享，实现区域内城市之间的整合与协同发展，推动区域可持续发展，减轻环境压力。

第二，生态环境保护、修复与恢复。生态文明建设的核心对象为保护和恢复生态环境，包括减少污染排放、防治风沙、改善水质、保护生态系统多样性。京津冀地区存在大量已受损的生态系统，生态修复与恢复迫在眉睫，包括植树造林、湿地恢复、河流治理等，以重建受损的生态系统，提供其韧性。

第三，绿色发展与法治建设。京津冀生态文明建设逻辑的一部分是推动节约资源和绿色发展。这包括提高能源效率、降低碳排放、发展清洁能源，以减轻对环境资源的依赖，实现可持续经济增长。另外，建立健全的政策法规和监管机制是确保生态文明建设成功的基础。政府需要推出环保政策、法规和标准，加大对环境监测和执法的力度，以确保企业和公众遵守环保法规。

三 京津冀生态文明建设的对策建议

根据京津冀生态环境现状与存在的问题、生态文明建设的理论基础与理论逻辑，本节尝试提出如下对策建议。

(一) 优化京津冀顶层设计，促进生态文明协同发展

1. 协同治理生态环境，打破行政壁垒

京津冀生态文明建设依托的不是"一家之力"，而是需要三地政府齐心协力，将京津冀作为一个整体，共同筹划，整合资源，从纵向和横向两个方面打破地区间行政壁垒。从纵向看，要求加强中央政府与地方政府之间的协同性，应形成中央主导、地方配合的协同机制。中央政府是京津冀生态文明协同建设的总设计师，担负着统筹谋划的角色，以保证生态环境保护相关政策、法规、指南等制定的科学性；地方政府则是"行动者"落实中央政府做出的决策，确保相关政策实施的有效性。从横向看，京津冀地方政府间必须加强合作，建立健全跨行政区域界线的生态环境联合执法体系和监测体系，协同治理区域内生态环境，形成一体化的生态环境保护网络。

2. 促进区域资源共享

由于地形、历史、文化等方面的原因，京津冀三地所拥有的资源具有显著差异。京津冀地区应促进各种资源的共享，政府发挥资源配置职能，促进区域内资源最优配置。例如，北京拥有丰富的科技创新资源，相比而言，河北的自然资源较为丰富，但创新资源匮乏、创新能力有限，这些因素均制约了区域生态文明建设。天津工业基础较为夯实，但科技创新能力不如北京。生态文明协同建设不仅需要打破政策与行政壁垒，还需要破除科技壁垒。因此，三地应整合科技资源，加强科研合作与交流，促进绿色科技创新技术，推动新产业、新模式的发展。

3. 加强区域环境治理与保护立法和执法

法律法规是生态文明建设工作可持续性的根本前提，京津冀区域应

协调相关立法机构,共同制定生态环境相关法律法规。要求严格实施环境保护的法律法规,对破坏生态环境的行为及责任方严格追责。一方面,加强生态环境执法机制建设,建立京津冀地区生态环境联合执法机制,严格依据环境保护法进行执法工作;另一方面,关注京津冀联合执法队伍建设,提高执法队伍水平。

4. 继续加强生态监测和预警机制建设

尽管京津冀地区的生态环境质量已得到显著改进,但仍需继续监测生态环境水平,且应共建科学、高效的预警机制。首先,继续加强生态环境监测平台建设,构建包含县、区、市级的环境监测体系,对区域内污染企业加强监管。同时,建议借助大数据、人工智能等信息科技手段,创新监测和监管方法,实现联合监测网络平台的信息化和智能化。其次,强化针对突发环境事件的监测和预警能力,三地联合设立应对突发环境事件的应急组织体系和应急处理机制,重点解决严重危害人体健康、威胁人民财产安全、对社会有极大负面影响的突发环境事件。

(二) 明确企业生态保护的责任与奖惩

1. 明确企业生态保护的主体责任

如前文所讨论,目前,京津冀地区的企业普遍存在环保意识不强、环保行动不积极的问题。企业作为生态文明建设中的重要组成部分,既是影响所在区域环境质量的主体之一,也是生态环境质量提升的受益者。因此,企业不应片面追求经济利益,也应积极承担社会责任,其中包括生态责任。一方面,政府应进一步制定有效措施、政策、规定等调动企业的环保积极性,鼓励企业在京津冀生态文明建设中主动担负起生态责任,同时激发企业绿色创新动力,推动其向资源节约型和环境友好型转变,平衡企业实现利润的需求与环境保护的责任,走可持续发展的路径;另一方面,企业亦应明晰自己在生态文明建设中的重要地位,努力改善生产方式,提升单位能源生产效率,推动自身产业优化升级。

2. 健全企业生态保护的奖惩机制

企业的根本需求是盈利,生态环境保护在某种程度来说是"锦上添花"之举。因此，促进京津冀区域内企业形成生态与经济相辅相成的生产模式需要科学合理的奖惩机制，即令生态友好企业有动力坚持和维持环保机制，令漠视环境保护、破坏生态环境的企业受到惩处①。

一方面，政府应建立健全企业生态保护的奖励机制。奖励机制设立的目的在于鼓励企业主动实施环保行为，履行自身在生态文明建设中的主体责任。具体来说，政府可以给予企业经济和政策方面的扶持，引导企业进行绿色环保技术的开发与实际应用，以及节能减排技术的升级。另一方面，政府对待企业的环境违规违法行为应当进行严厉制裁，具体包括提高针对污染企业的监管力度，完善企业生态问责制度，用制度手段约束污染企业。此外，还应考虑将企业环保行为、排污情况等与生态文明建设相关的信息进行公开，如企业处理污染物的方式、污染物排放量及频率、资源利用效率等，让企业接受社会公众和舆论的监督。

（三）提升京津冀居民生态文明意识

1. 加强公众生态文明意识培养

京津冀地区的每一位居民既是生态文明建设的受益者，也应是出力者。一方面，政府部门应加强对公众生态法治意识的培养，宣传环境保护法治观念，让公众认识到生态文明建设的重要性、紧迫性和其对京津冀城市高质量发展的必要性，鼓励公众形成正确的人与自然的关系，主动承担环境保护责任；另一方面，政府部门还应当提高公众的环境保护参与意识与参与度，积极主动参与环境决策，为环境保护与治理提供建议和意见，行使监督权，监督政府和企业的行为，及时举报环境违法行为。同时，从自身做起，树立正确的绿色生活方式，增强资源节约意识，把环保、节约、绿色纳入日常生活和工作实践中。

2. 强化学校生态文明教育

《国家教育事业发展"十三五"规划》明确指出："增强学生生态文

---

① 程波辉、彭向刚：《中国生态文明建设的治理框架及其检验》，《中国人口·资源与环境》2022年第32期。

明素养，强化生态文明教育，将生态文明的理念融入教育全过程，鼓励学校开发生态文明相关课程，加强资源环境方面的国情与世情教育，普及生态文明法律法规和科学知识。"第一，应加强教师团队对于生态文明建设的理解。只有教师群体的生态文明意识有了显著提高，才能培养出一批具备生态文明意识的学生。第二，创新校园生态文明教育形式及内容。设立高质量、系统性的生态文明相关课程，从跨学科角度全面培养学生的生态文明素养，加强学生的生态文明科学意识和法治意识，普及生态文明建设的理论知识与实践经验。第三，京津冀生态文明协同发展需要三地广泛开展生态文明教育交流、合作。京津冀城市群作为一个整体，在生态文明教育上理应当作一个整体，所以应多多开展地区间、学校间甚至教师群体间的生态文明意识教育交流。

3. 推进社会生态文明宣传

正如前文所述，生态文明建设的福祉关乎生活在该区域的每一位居民，因此，社会宣传对生态文明教育有着重要作用。总体来说，应通过多种手段加强对公众的生态文明科普：社会组织、社会团体可通过宣讲等社会实践活动向大众宣传生态文明，引导公众进行绿色生活；还可以通过不同场合（包括图书馆、博物馆、餐馆、公园等）、多种媒体（如广播、电视、电影、互联网等）大力宣传习近平生态文明思想、绿色生产与生活方式、低碳生活、可持续发展等理念，扩展生态文明建设氛围，将生态文明意识渗透到社会生活的方方面面。同时，利用社会大众及媒体对环境治理主体进行监管，发现环境违法违规行为或者与生态文明理念相悖的行为时须及时制止，或上报有关政府部门进行相应批评教育、惩罚等。

参考文献

唐立娜、蓝婷、邢晓旭等：《中国东部超大城市群生态环境建设成效与发展对策》，《中国科学院院刊》2023年第38期。

陈亮、张楠、王一帆等：《京津冀地区碳排放强度变化驱动因素及归因分析》,《中国环境科学》2023年第43期。

李剑玲:《基于生态文明的京津冀区域发展研究》,《现代商业》2014年第29期。

孙钰、姜宁宁、崔寅:《京津冀生态文明与城市化协调发展的时序与空间演变》,《中国人口·资源与环境》2020年第30期。

周晓博、于果、张颖:《基于国家治理视角的生态补偿逻辑框架研究》,《生态经济》2021年第37期。

张弥:《社会主义生态文明的内涵、特征及实现路径》,《中国特色社会主义研究》2013年第2期。

李培超:《论生态文明的核心价值及其实现模式》,《当代世界与社会主义》2011年第1期。

赵琳琳、张贵祥:《京津冀生态协同发展评测与福利效应》,《中国人口·资源与环境》2013年第30期。

孙博文:《加快发展方式绿色转型:内在逻辑、任务要求与政策取向》,《改革》2023年第10期。

程波辉、彭向刚:《中国生态文明建设的治理框架及其检验》,《中国人口·资源与环境》2022年第32期。

第十四章

以都市连绵带建设为轴线优化京津冀空间布局

秦文晋[*]

摘　要：都市连绵带建设在区域空间布局优化中发挥重要作用，都市连绵带上各城市因空间关联而产生的正向空间溢出效应，不断引导区域内空间内进行整合、布局、发展产业链条、构筑创新网络和经济体系。京津、京保石和京唐秦都市连绵带以轴线，以线带面，以面呈带，推动产业要素沿轴向聚集，建设产业发展带和城镇聚集轴，对京津冀空间布局产生较大重塑力量。持续推进京津、京保石和京唐秦都市连绵带建设，对于京津冀地区打造京津冀世界级城市群主骨架，充分且高效疏解北京非首都功能，推动"京津轴线"优化提升，缩小京津冀地区发展差距，有着重要的现实意义。本章立足于京津冀地区都市连绵带建设的现状与问题，梳理建设都市连绵带优化京津冀空间布局的理论基础与逻辑，从"填补都市连绵带建设断点、优化承接平台、构建产业专业化空间布局、加快都市圈发展步伐、建设世界级城市群、构建合理高效的空间布局"六大维度提出建设都市连绵带优化京津冀空间布局的路径设计，以期为京津、京保石和京唐秦都市连绵带建设、优化京津冀空间布局提供政策参考。

关键词：都市连绵带；空间优化；疏解非首都功能

---

[*] 秦文晋，天津财经大学财税与公共管理学院讲师，研究方向：城市与区域经济。

▶▶▶ 第三篇　专题报告

在中国特色社会主义进入新时代、我国社会主要矛盾凸显为"不平衡不充分"的背景下，推进京津、京保石和京唐秦都市连绵带建设、将京津冀城市群打造为具有重要国际影响的世界级城市群，对于优化京津冀空间布局，唱好京津"双城记"，破解"大城市病"问题，实现"以全局谋划一域，以一域服务全局"，具有重要的现实意义。本章首先界定京津冀地区都市连绵带的范围，并对京津、京保石和京唐秦都市连绵带建设的现状与问题进行梳理，在此基础上提出推进都市连绵带建设、优化京津冀空间布局的理论逻辑与构想，最后通过"填补都市连绵带建设断点、优化承接平台、构建产业专业化空间布局、加快都市圈发展步伐、建设世界级城市群、构建合理高效的空间布局"六大维度提出建设都市连绵带优化京津冀空间布局的路径设计，以期为推进都市连绵带建设、优化京津冀空间布局提供政策支持。

一　京津冀地区都市连绵带的空间范围

都市连绵带被视为城市群的高级形态，这一地域组织方式以城市间的"共享、合作、分工、交流"作为基本特征，能够引导各个城市共享经济成果，促进人口和产业由核心城市向边缘区域扩散，不断提升经济运行效率。《京津冀协同发展规划纲要》提出京津冀地区"一核、双城、三轴、四区、多节点"的空间布局要求，经过多年持续发展，京津冀地区的空间布局已得到逐步优化。其中，"三轴"是京津冀协同发展的主体框架，是沿京津、京保石、京唐秦等主要通道形成的发展轴。京津发展轴是推动北京、廊坊和天津交通沿线主要城镇加快发展，并进一步辐射张家口、承德，打造京津冀地区科技研发转化、现代服务业、高端制造业发展带和主要城镇聚集轴；京保石发展轴指推动北京、保定、石家庄、邢台和邯郸交通沿线主要城镇加快发展，打造京津冀地区重要的先进制造业发展带和城镇聚集轴；京唐秦发展轴旨在推动北京、宝坻、唐山和秦皇岛交通沿线主要城镇加快发展，辐射沧州市，打造京津冀地区产业转型升级发展带和城镇聚集轴。

鉴于"三轴"对京津冀空间布局的重要影响作用,京津冀地区的都市连绵带发展也基于《京津冀协同发展规划纲要》中的"三轴"空间布局要求,在此基础上进行调整,主要由京津、京保石和京唐秦都市连绵带三条主线构成,具体如图 14-1 所示。基于"三轴"的京津、京保石和京唐秦都市连绵带以轴线,以线带面,以面呈带,推动产业要素沿轴向聚集,建设产业发展带和城镇聚集轴,对京津冀空间布局产生较大重塑力量。其中,京津都市连绵带位于京津冀地区的核心区域,这条轴线以北京为起点,以天津为终点,中间包含廊坊。京保石都市连绵带位于京津冀地区的西南方向,这条轴线以北京和石家庄作为核心城市,轴线发展的路径为"北京—雄安新区—保定—石家庄—邢台—邯郸"。京唐秦都市连绵带位于京津冀地区的东部,自西向东依次是北京(及北京城市副中心)、唐山和秦皇岛。

二 都市连绵带空间布局的现状与问题

都市连绵带建设在京津冀空间布局优化中发挥重要作用,都市连绵带上各城市因空间关联而产生的正向空间溢出效应,不断引导京津冀区域空间内进行整合、布局、发展产业链条、构筑创新网络和经济体系。都市连绵带建设给京津冀空间布局带来的影响效应逐步凸显,在此过程中也产生了诸多问题。本部分旨在基于京津冀协同发展的空间布局现状,通过人口空间、产业空间、交通空间和城市空间四个维度梳理都市连绵带空间布局现状,并厘清在都市连绵带建设过程中对京津冀空间布局优化产生影响的问题。

(一)都市连绵带空间布局的现状

1. 首都人口规模得到控制,"两翼"发挥重要承接功能

京津、京保石和京唐秦都市连绵带的人口分布均以北京作为主要核心,在此基础上遵循交通廊道形成的发展拓展轴线,不断衰减至周边地区,整体呈现出非均匀分布的放射状特征。除了北京之外,京津冀地区

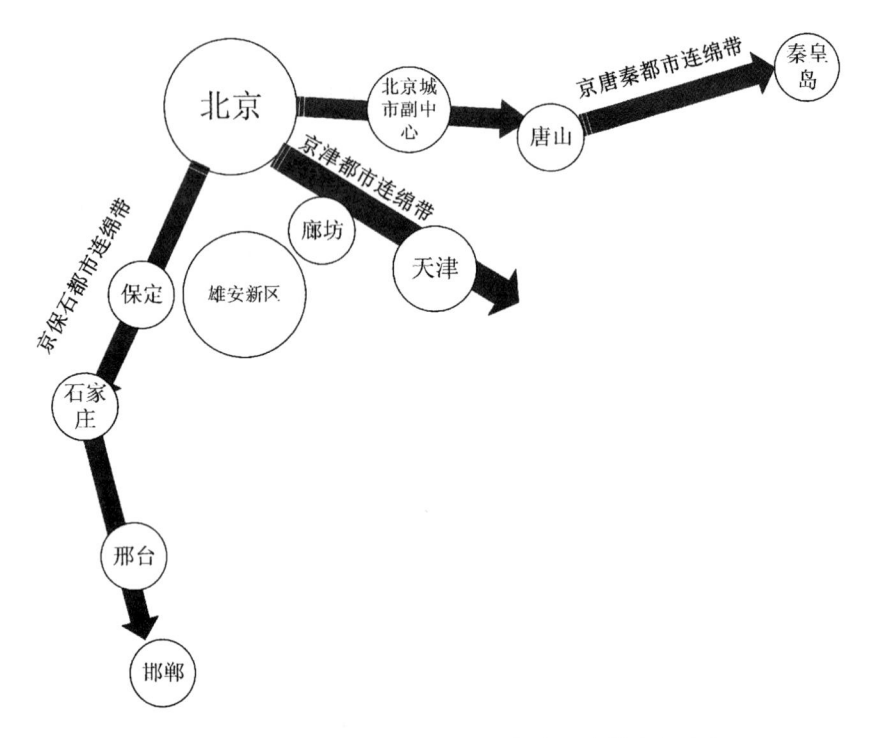

图 14-1　京津、京保石和京唐秦都市连绵带空间分布
资料来源：笔者绘制。

的部分城市中心性较强，如石家庄、保定、邯郸和邢台等城市，其人口数量和分布特征对周边地区均产生了辐射带动作用。人口作为京津、京保石和京唐秦都市连绵带构成布局的关键因素，对都市连绵带的建设与发展起到重要的影响作用，不同区域和城市合理的人口规模及分布形态，构成了京津冀地区实现一体化协同发展的关键要素。《规划纲要》于2015年发布，明确指出要疏解非首都功能，解决北京的"大城市病"问题，并提出"到2020年，北京市常住人口控制在2300万人以内"的目标。经过九年的实践与探索，北京的非首都功能逐渐疏解到京津冀地区的其他区域，北京人口规模得到有效控制，京津、京保石和京唐秦都市连绵带的人口空间分布格局也得到了优化。同时，北京城市副中心和雄安新区"两翼"建设不断推进，通过打造成为市域内和市域外两大非首都功能集中承载地而服务于"一核"更好地发挥作用，在首都人口疏解

这一层面的重要作用持续凸显。

为疏解北京的非首都功能，京津冀地区实行了"疏控并举"的人口调控方案，将"一般性制造业、区域性物流基地和区域性批发市场、部分教育医疗等公共服务功能、部分行政性和事业性服务机构"等领域的功能进行疏解，并通过完善新增产业和限制目录，从源头上控制非首都功能的增量，引导北京人口向京津、京保石和京唐秦都市连绵带其他城市进行转移。根据国家统计局官方网站，北京2022年末常住人口总数为2184.3万人，这一人口总量低于《规划纲要》中提出的"2020年北京常住人口控制在2300万人以内"这一目标。与此同时，北京常住人口增速明显放缓，尤其是2017年的北京市常住人口规模低于2016年，迎来20年以来的首次负增长，北京市常住人口规模于2017—2022年连续保持小幅"温和"负增长态势（图14-2）。

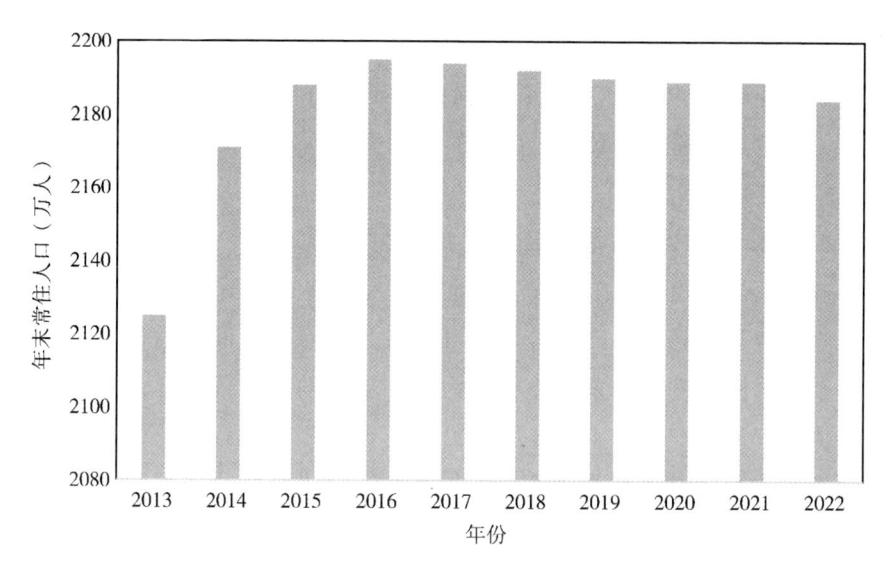

图 14-2　2013—2022 年北京年末常住人口

资料来源：笔者绘制。

北京非首都功能的疏解加速了京津、京保石和京唐秦都市连绵带人口的流动，北京人口逐步向京津冀其他区域疏解，三条都市连绵带其他城市承接了部分北京地区的疏解人口，重构了京津冀地区人口空间布局。"两翼"中北京城市副中心通过承接市属部门的疏解任务，雄安新区通过承接中央所属单位的疏解任务，带动中心城区功能疏解的同时，持续承接首都的人口疏解，环首都功能核心区的人口和功能集聚状况。2010年以来，北京城市副中心不断改善人居环境，推进大型基础设施和公共服务项目，人口集聚规模持续上升，缓解北京功能核心区的人口压力，引导京津冀地区人口布局优化，促进人口合理有序流动。雄安新区的战略性建设，持续深化人才服务体系，通过"雄才计划"等多元人才引进政策，吸引大批北京创新人才入驻，极大地缓解了北京的人口压力。北京的人口压力近年来得到持续疏解，但值得注意的是，京津冀地区常住人口总量近年呈下降态势。截至2022年，根据国家统计局官方统计数据，京津冀地区人口总量为10967.3万人，近年来在全国总人口中的占比递减，且人口增长率低于全国平均人口增长水平。近年来，京津冀地区人口呈现出"孔雀东南飞"的趋势，2022年京津冀地区常住人口净流出规模已经超过40万人，人口流向以我国南方地区的"新一线"城市为主，这也意味着京津冀地区人口的流动契合我国"北降南升"的人口分布空间格局。

2. 产业协同发展成果凸显，产业空间布局优化

过去很长一段时间内，京津冀地区陷入"北京吃不了、天津吃不饱、河北吃不着"的窘境，产业分工与协同成为破除三地间利益藩篱、实现京津冀地区协同发展的重要途径。为进一步推动京津冀地区产业协同发展，优化三地的产业分工与合作，2023年5月工业和信息化部与国家发展改革委、科技部等有关部门，联合京津冀三地政府共同编制了《京津冀产业协同发展实施方案》，并在产业分工定位、产业链融合、产业转型升级、现代化产业体系和协同机制等层面提出了2025年发展目标。实际上，京津、京保石和京唐秦都市连绵带的建设与发展加速了京津冀地区产业转移与承接，三条轴线各自形成较为完整产业协调统筹机制的同时，连绵带各城市的产业定位与分工日益明晰，产业协同发展取得一定进展，京津冀地区的产业空间布局在此过程中得到优化。

第十四章 以都市连绵带建设为轴线优化京津冀空间布局

随着京津、京保石和京唐秦都市连绵带建设持续推进，京津冀地区工业经济平稳运行，产业协同发展与产业布局成果凸显。首先，工业经济保持稳健发展态势。在工业增加值层面，2022年京津冀地区工业增加值为25114.4亿元，相较于2013年，达到年均增长4.5%；在规模以上工业企业层面，2022年京津冀地区拥有规模以上工业企业达到25160家，相较于2013年，累积增加达到15.8%。其次，产业结构持续优化。京津、京保石和京唐秦都市连绵带各自围绕自身资源禀赋以及发展优势，不断推进产业结构优化升级。以京津都市连绵带为例，北京推进技术创新，促进高精尖产业不断发展；天津以智能科技为引领，推进国家级企业技术中心建设。最后，在产业转移层面，基于北京非首都功能疏解这一目标，京津、京保石和京唐秦都市连绵带各地企业积极进行互设分公司与子公司，积极加强京津冀产业转移承接重点平台建设，北京部分产业不断扩散并集聚至都市连绵带其他城市。京津冀三地协同办发布的《加强京津冀产业转移承接重点平台建设的意见》中，初步明确了京津冀"2+4+46"平台，包括北京城市副中心和河北雄安新区两个集中承载地，四大战略合作功能区及46个专业化、特色化承接平台。这些平台多位于京津、京保石和京唐秦都市连绵带上（表14-1），极大提升了都市连绵带城市的产业承接能力，进一步推动都市连绵产业多元化发展。除此之外，京津、京保石和京唐秦都市连绵带多个中心城市和节点城市纷纷出台政策，积极承接北京转移功能及产业。以京保石都市连绵带上的重要节点雄安新区为例，于2023年6月印发《企业跨省市迁移"1+N"行动方案》，构建企业跨省市迁移服务体系，助力北京疏解企业高效落户新区。

"十四五"期间，京津冀三地明确了自身的产业发展规划，《北京市"十四五"时期高精尖产业发展规划》、《天津市制造业高质量发展"十四五"规划》和《河北省制造业高质量发展"十四五"规划》均明确了各地的重点或支柱产业，优化这些支柱产业区域分工和生产力布局成为京津、京保石和京唐秦都市连绵带产业发展的重点任务之一。于京津、京保石和京唐秦都市连绵带而言，进一步明确都市连绵带各城市的产业分工与各自专长领域,对于优化京津冀地区产业结构和空间布局、规划重点产业链的区域布局、打造世界级先进制造业集群,具有重要的作用。

表14-1　　　　　都市连绵带承接产业承接平台分布①

区域	协同创新平台	现代制造业平台	服务业平台	现代农业合作平台
京津都市连绵带	武清京津产业新城、未来科技城京津合作示范区、武清国家大学创新园区、宝坻京津中关村科技城、霸州经济开发区	廊坊经济技术开发区、北京亦庄永清高新技术产业开发区、天津经济技术开发区、天津滨海新区临空产业区、天津华明东丽湖片区、天津北辰高端装备制造园、天津津南海河教育园高教园、天津西青南站科技商务区、京津州河科技产业园、固安经济开发区	廊坊市永清临港经济保税商贸园区、香河万通商贸物流城、静海团泊健康产业园、燕达国际健康城	京张坝上蔬菜生产基地、京承农业合作生产基地
京保石都市连绵带	邯郸冀南新区、邢台邢东新区、石家庄正定新区、保定·中关村创新中心、白洋淀科技城、清河经济开发区	保定高新技术产业开发区、石家庄高新技术产业开发区、石家庄经济技术开发区、邯郸经济技术开发区、邢台经济技术开发区	保定市白沟新城、石家庄市城·国际贸易城、邢台邢东产城融合示范区	涿州国家农业高新技术产业开发区
京唐秦都市连绵带	曹妃甸循环经济示范区、中关村海淀园秦皇岛分园、北戴河生命产业创新示范区	唐山高新技术产业开发区、秦皇岛经济技术开发区		

资料来源:作者整理。

3. 交通一体化水平提升,"瓶颈路段"基本消除

京津、京保石和京唐秦都市连绵带空间布局的优化实际上是基于交通干线等交通基础设施而逐步展开的。近年来,都市连绵带上的交通捷报频传,京保石都市连绵带的津保铁路于2015年通车、京雄城际铁路于

---

① 北京地区的承接平台均统计于"京津都市连绵带"分类中。

第十四章　以都市连绵带建设为轴线优化京津冀空间布局

2020年通车，京唐秦都市连绵带的津秦客运专线于2013年通车、京唐城际铁路于2022年通车，京津都市连绵带的京哈高铁北京到承德段于2021年通车、京滨城际铁路宝坻至北辰段于2022年运营。建设京津、京保石和京唐秦都市连绵带的城际公交交通系统，完善城市道路交通分布，推动城际快轨交通建设，对于京津冀地区解决"大城市病"、构筑网络化交通系统和优化空间布局提供有利条件。

协同发展，交通空间布局先行。伴随着京津、京保石和京唐秦都市连绵带建设的持续推进，京津冀地区交通基础设施建设不断完善，交通一体化水平显著提升，"四纵四横一环"① 网络化、主骨架、多节点综合交通运输新格局基本形成。在铁路交通空间布局方面，京津、京保石和京唐秦都市连绵带的城际铁路、高铁和城际延长线不断建成通车，基本构建"干线—城际—市域"的交通融合体系，"轨道上的京津冀"正逐步形成。在公路交通空间布局方面，京津和京保石都市连绵的公路交通布局不断完善，北京地区全力推进与雄安新区互联互通的交通基础设施建设，京雄商高铁、京雄高速北京段、雄安至大兴机场快线等项目的建设正逐步落成，环京地区的高等级公路覆盖率逐步提升，京津冀地区整体的"瓶颈路段"基本消除。在水运交通空间布局方面，京津、京保石和京唐秦都市连绵带共同建设世界级港口群。天津港作为京津冀及"三北"地区的海上门户，积极探索港产城深度融合之路，不断推进港口岸线资源高效利用、优化港城边界、完善适港产业空间布局。与此同时，京津、京保石和京唐秦都市连绵带的港口资源整合、航道和锚地共用共建共享正逐步落地。在民航方面，京津、京保石和京唐秦都市连绵带机场群分工明确，天津和石家庄机场的保障能力逐步增强，北京大兴机场建成并投入运行，极大地提升了京津冀机场群的联通和辐射强度。

京津冀地区交通空间布局任重而道远，"十四五"期间京津冀地区将持续进行交通空间布局优化，为京津、京保石和京唐秦都市连绵带建

---

① "四纵"涵盖京雄通道、京沪通道、沿海通道和京承—京广通道；"四横"涵盖津雄保通道、京秦—京张通道、石衡沧通道和秦承张通道；"一环"主要是指首都地区环线通道。

设夯实交通布局基础。"十四五"交通规划中,对京津冀交通空间布局提出更高要求,选定北京和天津作为国际性综合交通枢纽城市服务功能提升目标城市,选定石家庄市作为加快全国性综合交通枢纽城市建设目标城市。到"十四五"末期,力争建成涵盖京津冀整体区域的安全、便捷、高效、绿色、经济综合交通网络系统,铁路、公路、水运和民航交通分布格局基本完善,区域交通一体化基本形成,系统布局新型交通基础设施,持续完善并打造"轨道上的京津冀"。

4. 城市群和城市等级不断优化,都市圈建设规划已经形成

随着京津冀协同发展持续向纵深推进,京津冀城市群发挥越来越重要的作用。京津冀城市群作为京津、京保石和京唐秦都市连绵带的核心城市群,由首都经济圈逐渐发展而来,目前除了北京和天津两大直辖市以外,河北省的保定、唐山、石家庄、廊坊、秦皇岛、张家口、承德、沧州、衡水、邢台、邯郸共13个城市也被纳入其中。在京津冀协同发展这一国家战略中,京津冀城市群的定位为"打造以首都为核心的世界级城市群"。京津冀城市群正逐步靠近这一目标,京津、京保石和京唐秦都市连绵带的建设同样助力于京津冀城市群的发展。以京津都市连绵带为例,北京城市副中心规划处于规划建设之中,北京市行政中心正式迁入;天津通过绿色生态屏障建设连接"津城"中心城区和"滨城"滨海新区,这一绿色生态屏障也构成了京津冀区域生态涵养区的重要组成部分。以京保石都市连绵带为例,雄安新区的规划建设已经由"白纸着墨"转向"拔节生长",目前已经进入高质量建设、管理与疏解并举的发展阶段。京保石都市连绵带不仅抓住雄安新区建设的重要契机,还积极打造京津冀城市群的"微中心",在调整石家庄和保定等核心城市的行政区划之外,逐步推动节点城市的面积扩张和功能扩容。

京津、京保石和京唐秦都市连绵带中部分城市规模等级也在京津冀协同发展持续推进过程中产生变化,持续优化京津冀地区城市空间布局。按照城区常住人口这一标准来衡量城市规模等级,截至2020年,京津冀地区共涵盖超大城市2个,大城市5个,中等城市6个,小城市21个。与2010年相比,超大城市和大城市数量分别增加1个,小城市数量减少

第十四章　以都市连绵带建设为轴线优化京津冀空间布局

至19个。整体来讲，京津、京保石和京唐秦都市连绵带的城市分布格局由北京"单核"转向"一核＋多城＋多节点"的城市网络体系，城市空间布局的变化主要源于中小城市的变动，而这些城市均位于京保石和京唐秦都市连绵带。整体来讲，京保石都市连绵带的北部区域和京唐秦都市连绵带的西部区域更多受到京津的辐射带动。以京保石都市连绵带的石家庄为例，作为京津冀地区的西南部中心城市与河北省省会，正积极探索如何打破石家庄"单打独斗"的模式，目前已在交通、生态、产业和人才层面取得显著成果，逐步形成省会城市的影响效应。

都市圈作为区域经济发展的重要载体，在深入实施区域协调发展战略的过程中发挥着举足轻重的作用。现代化首都都市圈是建设京津冀世界级城市群的必经发展阶段，京津冀协同发展推进近十年以来，京津冀地区的现代化首都都市圈也逐渐成型，目前已经形成的现代化首都都市圈由通勤、功能和产业三大部分构成。基于都市圈对京津冀协同发展的重要作用，都市圈建设已经纳入京津冀地区规划和发展的"优先级"。首都都市圈、天津都市圈和石家庄都市圈分别处于都市连绵带的核心区域，都市圈的建设与发展，将对三条都市连绵带以及京津冀地区整体空间布局产生重要影响。北京、天津和石家庄三者之间的距离并无过大差别，目前已经构成了京津、京保石和京唐秦连绵带的核心"三角区"，凭借核心城市引领、资源禀赋集聚和交通基础设施持续建设，未来将成为京津冀城市圈建设的主流力量。京津冀三地政府均出台多项政策，强调未来要加快构建现代化都市圈。2023年8月，中共北京市委办公厅、北京市人民政府办公厅印发《关于进一步推动首都高质量发展取得新突破的行动方案（2023—2025年）》，提出要加快构建现代化首都都市圈，以区域交通设施一体化为支撑，打造环京地区通勤圈、京津雄功能圈、节点城市产业圈。2021年9月，在天津市规划和自然资源局公示的《天津市国土空间总体规划（2021—2035年）》中，提出要构建"1＋N"天津都市圈，联动唐山、廊坊、沧州等城市，打造五个跨界示范区，形成多中心、网络化协同发展格局，发挥天津区域辐射带动作用。2023年9月，石家庄市委办公室、市政府办公室联合印发《石家庄市贯彻落实强省会战略行动方案（2023—2027年）》，明确提出要加快石家庄都市圈规划建设，协同建设交通圈、产业圈、生态圈、生活圈、文旅圈，全面促进中心城市和周边城市联动发展、一体化发展。

（二）京津冀空间布局的问题

1. 人口疏解成效明显，高质量人才差距悬殊

北京非首都功能的疏解加速了京津、京保石和京唐秦都市连绵带人口流动的速度，劳动力资源和高质量人力资本由此在京津冀地区进行重新分配，但京津、京保石和京唐秦都市连绵带人口空间分布格局面临诸多问题。

首先，京津、京保石和京唐秦都市连绵带人力资本存在流动承接问题。北京的非首都功能逐渐疏解，但是由于产业、政策和资源诸多原因，北京的功能疏解和人才流出程度并不匹配，京津、京保石和京唐秦都市连绵带其他城市对北京人力资本的承接能力不足。目前，整个京津冀地区的人口呈流失态势，加之我国部分南方城市经济发展条件不断向好，为人力资本进驻打破"政策"障碍，从北京流出的人力资本出现南迁趋势。

其次，京津、京保石和京唐秦都市连绵带的高质量人才分布呈现非均衡空间分布格局。北京进行非首都功能疏解以及人才疏解，但是实际上是将"人口红利"转向"人才红利"，吸引更多高质量人才进驻北京。虽然北京制定一系列政策进行人口疏解，但是还在持续不断实行积分落户并引进高校毕业生。2022年，北京在"高校毕业生落户条件"中将研究生学历这一落户门槛降低为本科学历。在这场"抢人大战"之中，对于京津、京保石和京唐秦都市连绵带的非中心城市而言，其优质人力资本不断流入北京、天津和南方地区，三条都市连绵带均面临"人才"空心的窘境。

最后，京津、京保石和京唐秦都市连绵带亟待形成人才一体化发展模式。人才是促进区域发展的核心要素，人才一体化发展是持续推进京津冀协同发展的重要条件。京津、京保石和京唐秦都市连绵带各城市的

人才发展环境和基础存在一定差距，在人才交流、人才政策、高等教育、人才实训基地和人才共享等层面还无法达到"同频共振"。虽然京津冀地区发布诸多致力于人才一体化发展的协同政策，如《京津冀人才一体化发展规划（2017—2023）》《京津冀三地文化人才交流与合作框架协议》等，但是依旧无法打破京津、京保石和京唐秦都市连绵带人才一体化发展不均衡的事实。相比津冀，北京集聚了全国以及区域内最多、质量最高的高等教育资源，而天津的高等教育资源略高于京津、京保石和京唐秦都市连绵带的大多数城市，这也成为津冀高层次人才引进以及京津冀人才一体化发展的瓶颈。

2. 产业链上下游的关联程度较低，产业对接层次有待提升

各城市处于工业化发展的不同阶段，产业层次不同，且各自形成了固有发展模式，这导致京津、京保石和京唐秦都市连绵带产业链上下游的关联程度较低，全产业链的形成、融合与发展均任重而道远。对比长三角和珠三角地区的产业发展模式和空间布局，京津冀地区的产业发展尚存较大发展空间。

京津冀三地产业结构类型不一致，产业对接协作层次有待提升。京津冀三地的产业结构类型目前处于"三二一"模式，且"第二、三产业主导"。京津、京保石和京唐秦都市连绵带核心城市，天津和北京的经济发展水平远高于都市连绵带其他城市。产业结构的固有缺陷，导致京津、京保石和京唐秦都市连绵带各城市之间尚未衍生出较高层次的产业链分工合作模式，现存产业空间布局不足以形成区域产业发展的联动。京津、京保石和京唐秦都市连绵带各城市在"原始创新—成果产业化"的链条上尚未形成合理分工，与此同时，尚未形成统一的产业链发展市场环境。京津、京保石和京唐秦都市连绵带各城市的产业链衔接需要基于一个合理的产业结构体系，避免重复投资与建设，根据市场的变动及时调整投资配比与产能配比。

除了京津、京保石和京唐秦都市连绵带各城市产业链融合问题之外，还有诸多产业层面的问题影响京津、京保石和京唐秦都市连绵带产业空间布局优化。比如中心城市对产业的辐射带动能力有限，京津、京保石

和京唐秦都市连绵带核心城市的科技创新、先进制造研发等产业优势尚未实现有机融合，对都市连绵带其他城市的辐射和引领作用尚未完全发挥，影响都市连绵带产业空间布局优化。与此同时，产业空间布局亟待解决的重要影响因素，还包括京津、京保石和京唐秦都市连绵带产业链关节枢纽节点缺失、城市产业梯度较大、产业创新源与创新承接地资源不匹配等诸多层面。

3. 运输职能多聚集于北京，交通空间布局的"绿色化"程度不足

京津冀地区交通行业积极推进京津冀协同发展战略，三地将交通一体化作为推进京津冀协同发展的先行领域，目前已经基本形成以快速、便捷和高效为特征的互联互通综合交通网络。随着交通网络的持续构建，以及京津、京保石和京唐秦都市连绵带建设的纵深推进，三条都市连绵带和京津冀地区整体的交通空间布局问题逐渐凸显。

京津、京保石和京唐秦都市连绵带的运输职能过多集中于北京，交通运输结构亟待调整。京津、京保石和京唐秦都市连绵带大量交通枢纽设施以及线网终端均汇聚北京，当前京津冀的区域干线铁路和高速公路网呈现以北京为中心的单心放射布局，这就意味着众多交通运输职能集聚于北京，给北京带来极高的交通负担。截至2020年，北京的航空客运量与货运量均占京津冀地区总量的80%以上。除此之外，京津、京保石和京唐秦都市连绵带各自的干线、城际和市郊铁路的融合性有待提高，城市轨道交通资源多分布于京津地区，各交通站点利用率差距较大。京津、京保石和京唐秦都市连绵带分别有多个机场和港口，但是机场群、港口群等重要节点之间的交通联系不畅，特别是京保石和京唐秦都市连绵带中后端各节点之间的交通布局需进一步完善。目前，京津、京保石和京唐秦都市连绵带的交通运输面临着结构性调整问题，不同运输方式在都市连绵带各城市中分布不均，这同样影响了京津冀地区的交通空间布局。尤其是大宗货物运输，整体呈现出"公多铁少"的分配结构，而大规模的公路运输意味着以重型柴油车为主的交通载体将会带来众多交通污染，"公转铁"、多方式联运、港口实现铁路集中疏散等，将成为京津、京保石和京唐秦都市连绵带以及京津冀地区交通运输结构优化的重

第十四章 以都市连绵带建设为轴线优化京津冀空间布局

点方向。

京津、京保石和京唐秦都市连绵带现存交通空间布局的"绿色化"程度不足。京津、京保石和京唐秦都市连绵带的交通引发了诸多生态环境问题,主要源于噪声、水和大气污染三个层面,且京津冀地区所面临的环境治理压力具有长期性和复杂性特征,在进行交通空间布局优化的过程中应注重生态环境的联防联控联治。将"绿色交通""低碳出行""绿色出行"等作为关键词对京津、京保石和京唐秦都市连绵带的绿色交通立法进行梳理,可以发现三条都市连绵带的绿色交通立法多以北京、天津和河北整体立法居多①。遗憾的是,京津、京保石和京唐秦都市连绵带各城市的绿色交通立法并未保持节奏一致,且相关制度法规未细化至绿色交通空间布局的具体规划、建设与运营之中。

4. 次级中心城市发育不足,都市圈亟待高质量发展

京津、京保石和京唐秦都市连绵带目前存在北京和天津两个超大城市,大城市和中等城市数量相对较少。长期以来,京津、京保石和京唐秦都市连绵带存在发展不平衡问题,与之相匹配的是区域内城市规模等级体系的不平衡。美国东北部大西洋沿岸城市群和日本太平洋沿岸城市群内部城市的城市规模等级与经济发展基础差距较小,与之相比,京津、京保石和京唐秦都市连绵带存在"大城市过大"与"小城市过小"的鲜明对比,缺乏"二传手",次级中心城市发育不足。

近年来,北京持续进行非首都功能疏解,但对京津、京保石和京唐秦都市连绵带城市的规模等级未产生显著影响。与此同时,京津、京保石和京唐秦都市连绵带规模等级以上城市的经济发展水平,对外开放程度、综合枢纽职能、技术创新能力等方面,与我国长三角和珠三角地区同等规模城市相比差距十分明显,城市空间布局亟待优化。京津、京保

---

① 北京市的绿色立法包括《北京市道路运输条例》《北京市大气污染防治条例》《北京市机动车和非道路移动机械排放污染防治条例》《北京市公路条例》。天津市的绿色立法包括《天津市生态环境保护条例》《天津市碳达峰碳中和促进条例》《天津市大气污染防治条例》《天津市机动车和非道路移动机械排放污染防治条例》。河北省的绿色立法包括《河北省公路条例》《河北省大气污染防治条例》《河北省发展循环经济条例》《河北雄安新区条例》《河北省道路运输条例》《河北省节约能源条例》《河北省机动车和非道路移动机械排放污染防治条例》。

石和京唐秦都市连绵带的人口和资源过度集中于城市规模等级较高的中心城市，导致其他城市对人口和产业的吸引能力降低，不利于非首都功能疏解和人口的承接，阻碍中心城市与其他节点城市的互动与合作，影响京津冀地区整体城市空间布局。

在党的二十大报告中，明确了城市群和都市圈建设对构建大中小城市协调发展格局的重要性。科学认识和看待都市圈建设，是大力推进都市圈建设的基础，也是确保都市圈高质量发展的重要前提。在京津冀协同发展持续推进的过程中，首都都市圈逐渐成型，并通过"通勤圈"、"产业圈"和"功能圈"不断形成影响京津、京保石和京唐秦都市连绵带空间布局的重要力量。遗憾的是，天津都市圈和石家庄都市圈尚未成型，其对京津冀区域协同发展以及三条都市连绵带的影响作用尚未完全凸显。与此同时，由于城市群和都市圈都是区域协调发展战略的主要载体，且两大概念的内涵较为相似，都是通过城市合作来助力区域发展的战略类型，京津冀地区部分有关都市圈发展的规划与政策，存在与城市群战略混淆情况。相比于城市群空间范围的不确定性，都市圈将一个中心城市作为核心，以"1小时通勤圈"作为空间距离标准，通过在都市圈范围内重新优化要素和产业布局，实现资源配置效率的最大化。

三 建设都市连绵带优化京津冀空间布局的理论基础与逻辑

持续推进京津、京保石和京唐秦都市连绵带建设，对于京津冀地区打造京津冀世界级城市群主骨架，充分且高效疏解北京非首都功能，推动"京津轴线"优化提升，缩小京津冀地区发展差距，有着重要的现实意义。本部分旨在梳理都市连绵带建设的相关基础概念和基本理论，在此基础上厘清建设京津、京保石和京唐秦都市连绵带优化京津冀空间布局的理论逻辑。

第十四章 以都市连绵带建设为轴线优化京津冀空间布局

（一）建设都市连绵带优化京津冀空间布局的理论基础

1. 内涵界定

（1）都市连绵带的内涵

1957年，法国地理学家戈特曼（J. Gottmann）根据美国东北部城市化的现象，在《大都市带：东北海岸的城市化》一书中首次将大都市带（Megalopolis）这一概念提出。20世纪80年代，都市带相关理论研究进入国内学者的研究范畴，并相继提出城市圈、城市群和城市经济带等相关理念。周一星（1988）认为于中国城市群发展而言，大都市带不仅涵盖若干个核心大城市以及城市建成区之间的联结，还应纳入与城市保持强烈交互作用和密切联系的农村区域，都市连绵带（Metropolitan Interlocking Region 或是 Extended Metropolitan Region）这一概念由此产生。都市连绵带又称作"都市连绵区"，其将城市都市区作为基本单元，围绕国家级经济核心区不断将分离的都市区进行大范围联结，遵循城镇化的"脚步"，沿着主要交通走廊形成的大规模城乡一体化区域。

都市连绵带建设对国家和区域经济的推动作用已经初见成效，波士顿—纽约—华盛顿、伦敦—利物浦、莱茵—鲁尔、大阪—神户、首尔—仁川都市连绵带等已经形成了较为成熟的世界级都市连绵带。于国内而言，尚未形成具有国际影响的都市连绵带。京津冀地区具有得天独厚的区位优势，京津冀城市群作为我国北方最大的城市群，已经成为国家经济发展的核心增长极。因此，京津都市连绵带建设对于我国持续推进京津冀协同发展，发挥京津冀地区产业带动能力，破解新时期我国区域发展的不平衡不充分问题，具有重要现实意义。京津都市连绵带的建设成果已经凸显，京津冀地区的人口、产业、交通和城镇空间布局在京津都市连绵带的持续建设中得以优化。

（2）城市空间布局的内涵

目前对城市空间布局没有明确的、权威的定义，它的相似概念包括城市空间形态、城市总体布局等。整体来讲，城市空间布局的核心内容仍然是土地利用规划，是在城市总体规划阶段根据社会经济发展目标确定合理的城市用地规模和空间结构,并对各类用地的空间分布做出合理的配置,以使城市作为一个有机的整体与自然环境和谐共处,并持续健康地运行。

2. 理论基础

(1) 习近平经济思想

党的十八大以来,面对严峻复杂的国际形势和艰巨繁重的国内改革发展稳定任务,以习近平同志为核心的党中央高瞻远瞩、统揽全局、把握大势,提出了一系列新理念新思想新战略,指导我国经济发展取得历史性成就、发生历史性变革,在实践中形成和发展了习近平经济思想。习近平经济思想中有关区域协调发展的论述,厘清了区域发展的基本认识、明确了区域协调发展的新目标、指明了区域协调发展的新路径。党的十八大以来,习近平总书记亲自谋划推动了涉及京津冀协同发展战略、长江经济带发展战略、粤港澳大湾区发展战略、长三角一体化发展战略、黄河流域生态保护和高质量发展战略等区域重大战略,指导各地区在实践中逐步探索形成了重大战略及引领区域经济发展的新模式、新路径。京津冀协同发展战略是以习近平同志为核心的党中央在新的历史条件下作出的重大决策部署,以疏解非首都核心功能、解决北京"大城市病"为基本出发点,调整优化城市布局和空间结构,构建现代化交通网络系统,扩大环境容量生态空间,推进产业升级转移,推动公共服务共建共享,加快市场一体化进程,打造现代化新型首都圈,努力形成京津冀目标同向、措施一体、优势互补、互利共赢的协同发展新格局。在不断推进京津冀协同发展的过程中,实现北京非首都功能疏解,建设京津、京保石和京唐秦都市连绵带,优化京津冀空间布局,是深入贯彻习近平经济思想的具体实践。

(2) 区域经济增长理论

区域经济增长理论包括两部分:一是区域经济均衡增长理论,强调将整个经济系统看作一个整体;二是区域经济非均衡增长理论,致力于探究引起国家之间以及区域之间经济差距不断扩大的原因,重点关注区域经济非均衡增长的具体实现路径与机制。

区域经济均衡增长理论认为区域经济实现均衡发展,一方面要打破欠发达地区生产和消费所形成的低水平均衡状态,另一方面要将经济系统看作整体系统,系统内各部门的经济活动彼此依赖,要素实现自由流动,促进区域经济差距缩小,最终达成区域经济均衡增长。

经济非均衡增长理论与经济均衡增长理论有一定相似之处,两者均认同大规模投资为经济增长带来的正向推动作用。与区域经济均衡增长理论所强调的各部门实现均衡发展不同,区域经济非均衡增长理论考虑到并非所有国家和地区均存在实现均衡发展的基本条件,致力于探究引起国家之间以及区域之间经济差距不断扩大的原因,重点关注区域经济非均衡增长的具体实现路径与机制。

(3)城市发展的协同理论

协同理论(Synergetics)认为城市群内部各城市之间会发生相互影响、相互合作、相互干扰和制约的非线性关系,自发地形成时间、空间和功能上的有序结构。协同论应用于城市群,可将城市之间的关系分成竞争关系、合作关系和共生关系三类,每种关系都必须使城市之间的各种因子保持协调消长和动态平衡,才能适应环境而持续健康发展。协同论在城市群协同发展中的指导作用体现在有序效应、伺服效应、自组织效应之中。

(二)建设都市连绵带与优化京津冀空间布局的理论逻辑

1. 效率增进要求以都市连绵带为空间载体提升分工合作水平

空间异质性所引致的分工异质性,会不可避免地对区域经济发展以及空间一体化产生影响。城市之间从基础的信息交流到专题合作,最终形成了分工协作的共同市场,都市连绵带在这一演变过程中扮演了"传送带"的角色。经济现代化强调经济效率,分工是提升经济效率的重要方式之一[①]。京津、京保石和京唐秦三条都市连绵带均以北京为轴心,

---

① 申现杰、袁朱:《城市群高质量发展的理论逻辑与路径选择》,《开放导报》2021年第4期。

北京更侧重于金融业、信息服务业、高技术产业和未来前沿产业的发展，连绵带其他城市则在北京的辐射带动下，在不同产业分工下通过产业链、创新链和供应链实现联动。不能忽视的是，城市分工不合理将会导致利益失衡、产业协同不足、市场机制不完善以及对外开放质量不高等一系列问题。这就要求都市连绵带各个城市不断提升分工水平，根据各自不同的资源禀赋和比较优势形成一个高效的产业分工网络体系，提升连绵带次级城市对中心城市产业疏解作用，避免产业同质化问题，畅通产业联动通道。

都市连绵带上大城市周边的中小城市可以借助大城市的产业优势，形成具有竞争力的专业化产业；大城市也可以借助邻近中小城市产业分工协作，在劳动力市场、商品市场等方面形成竞争优势，降低大城市产业集聚导致的高额空间成本，为企业实现空间集聚收益最大化和提升生产效率创建空间基础。京津、京保石和京唐秦都市连绵带各中心和次级城市通过辐射带动和高效分工，引发经济效率的持续提升。经济效率的提升使得京津冀地区能够实现规模经济和多样化发展，突破了以往所呈现的"单核独大"发展格局，弥合都市连绵带经济发展断点，从而更加有效优化京津冀空间分布格局。

2. 均衡发展要求以都市连绵带为空间载体提升区域协调发展能力

整体而言，受自然禀赋、交通区位、开放水平、政策等条件和产业结构等层面的影响，京津冀地区各城市面临着巨大的城市发展落差，这加大了京津冀协同发展的复杂程度与困难程度。建设都市连绵带往往可以形成重点发展的中心城市和增长极，通过发展带动效应，推动发展空间沿着连绵带的向外扩散，进而形成对连绵带城市的经济带动效应，实现连绵带城市的一体均衡发展，优化京津冀空间布局。以京津都市连绵带为例，北京目前是处于金融和信息技术服务业主导的后工业阶段，而天津的产业以医药制造和汽车制造等高端制造业主导，这在一定程度上制约了北京优势产业对天津的影响与辐射，加大了地区发展差距。而京津都市连绵带的建设与发展，将会通过产业、资源、人才和技术的联结，以北京为出发点推动资源要素沿着"北京—廊坊—天津"的转移路径，

第十四章 以都市连绵带建设为轴线优化京津冀空间布局

不断渗透进都市连绵带其他城市，加大北京的辐射带动能力，优化京津都市连绵带产业、人口、交通和城市空间布局，从而对京津冀地区整体空间布局产生影响。

经济现代化要求实现空间上的均衡发展，都市连绵带空间均衡发展维度相对多元，并不局限于经济发展这一单独维度。都市连绵带要求城市之间的联结是城市彼此相互关联的复杂城市网络系统，而不仅仅是城市间依靠物理临近产生实质性的关联[1]。都市连绵带建设背景下的城市网络系统，能够基于产业和功能分工，引导人口流动、公共品需求和治理结构优化，推动经济发展与城镇化关系的协调，进而提升都市连绵带上欠发达城市的发展潜力。与此同时，我国区域发展失衡一个重要原因在于的空间治理问题[2]，都市连绵带建设过程中要积极探索城市利益协调机制、横向生态补偿机制、设立都市投资连绵带共同投资基金，通过高效的跨区域都市连绵带治理模式，提升都市连绵的均衡发展水平，最终促进人与城、城与城、城与都市连绵带的协调发展。

3. 开放发展要求以都市连绵带为空间载体提升对内对外一体化发展能力

在党的二十大报告中对我国推进高水平对外开放作出更高要求，提出"高水平对外开放是中国加快构建新发展格局，推进高质量发展，实现党的第二个百年奋斗目标的关键举措"。实行更加积极主动的开放策略，将会扩大中国市场的规模优势，增强与国外市场资源的联动。京津冀地区在中国全方位对外开放新体系中占据重要战略地位，积极进行京津、京保石和京唐秦都市连绵带建设，将打破市管县体制下的行政区经济特征，整体提升京津冀地区的对内对外一体化水平，为推动全面对外开放开辟新思路和新路径。

京津、京保石和京唐秦都市连绵带内部一体化主要指都市连绵带

---

[1] 周密、王威华：《构建大中小城市协调发展格局的逻辑框架和路径选择——基于新空间赋能视角》，《天津社会科学》2023年第5期。

[2] 闫坤、黄潇：《中国式分权、财政纵向失衡与基本公共服务供给研究》，《经济学动态》2022年第12期。

各城市通过基础设施、市场和功能等层面的一体化，以及利益协同化的网络，推进城市功能之间的相互衔接、融合，从而实现整个都市连绵带的互补与高效分工。推进都市连绵带内部一体化则应注重转变方式方法，着眼于提高区域的可持续发展能力，从而达到区域发展空间维度的均衡性和时间维度的连续性的有机结合。都市连绵带外部一体化主要是指基于内部一体化的诸多优势，在做好内部资源整合、结构调整、政策协调等的基础上，借助全球生产网络融入全球经济贸易体系。通过京津、京保石和京唐秦都市连绵带的对外一体化水平提升，不仅能够"引进来"还能够"走出去"，提高京津冀地区整体高水平对外开放能力，构建京津冀协同发展的高水平开放平台，带动形成更高层次改革开放新格局。

四 建设都市连绵带优化京津冀空间布局的路径设计

本部分在厘清都市连绵带空间布局现状、问题的基础上，结合习近平新时代中国特色社会主义思想理论、区域经济增长理论和城市发展的协同理论等相关理论，提出推进京津、京保石和京唐秦都市连绵带建设优化京津冀空间布局的总体思路与路径设计。

（一）弥补短板，填补都市连绵带建设断点

京津、京保石和京唐秦都市连绵带存在非均衡发展问题，如京津和京保石都市连绵带"两头发达、中间较弱"，"头部"和"尾部"城市经济发展水平较高，中间城市较弱，导致都市连绵带出现"断痕"，这也成为严重制约京津冀协同发展的重要问题。

第一，积极转化北京的区位优势，以此带动京津、京保石和京唐秦都市连绵带建设。三条都市连绵带均以北京为核心，北京位于三条都市连绵带的首端，辐射带动作用更强，具有巨大的资源潜力和投资能量。应综合利用北京的区位优势，通过承接非首都功能疏解，引导

北京的资源沿着都市连绵带不断渗入其他城市,并在此过程中带动都市带其他城市的资源流动,从而带动京津、京保石和京唐秦都市连绵带建设。

第二,学习城市都市连绵带发展经验,打造京津冀世界级城市群主框架。积极学习和借鉴波士顿—纽约—华盛顿、大阪—神户、首尔—仁川等都市连绵带的成熟发展经验,不断在产业分工、交通基础设施一体化、环境协同治理等层面进行合作,在京津、京保石和京唐秦都市连绵带的断点地带进行开发建设,填补都市连绵带断点,以此使京津冀地区在产业、管理和空间布局上真正形成整体发展格局,形成京津冀世界级城市群主骨架。

第三,持续建设"轨道上的京津冀",以交通线"串联"京津、京保石和京唐秦都市连绵带各城市。国际上成熟的大都市连绵带均有发达的区域性交通网络作为架构基础,构建开放型的通道式系统,以交通线将城市"串联"起来,提升都市连绵带整体运行效率。京津、京保石和京唐秦都市连绵带各城市应持续完善交通网络化布局,推进高速、高铁、机场快线建设,实现北京与雄安新区、北京主城区与副中心以及都市连绵带各城市的互联互通。在此基础上,在京津、京保石和京唐秦都市连绵带打造世界级综合交通枢纽,优化京津冀机场群分工和航线布局,打造具有国际领先水平的国际航线。

(二)优化平台,连接都市连绵带建设重要节点

"十四五"时期北京非首都功能疏解也迈入新的阶段,与疏解并重的是承接,需要厘清如何建设承接平台、由谁承接、在何处承接以及如何承接等重点问题。解决承接问题以及统筹平台空间的空间问题,将有助于高水平推进北京非首都功能疏解,助推京津、京保石和京唐秦都市连绵带实现高质量发展。

第一,健全非首都功能承接空间布局,构建"矩阵式"承接体系。持续推进雄安新区和北京城市副中心的建设,将二者作为非首都功能主要承接地,有序承接符合其定位和特色的非首都功能。除此之外,充分

挖掘京津、京保石和京唐秦都市连绵带中的其他承接载体的优势，如北京郊区郊县具有区位和交通的承接优势、天津滨海新区的临港及产业基础优势、天津武清区的交通优势等，基于承接地优势聚焦重点打造标杆性承接平台，积极统筹承接平台布局，打破各承接平台之间资源要素流动障碍，打造"矩阵式"承接体系。

第二，整合优化特色承接平台，构建优势互补的平台发展格局。京津、京保石和京唐秦都市连绵带的承接优势不同，对产业链和重点产业的支撑条件存在差别。应基于《关于加强京津冀产业转移承接重点平台建设的意见》，着力打造优势突出且特色鲜明的承接平台，明确承接的主导产业，避免承接产业趋同和错位问题。整体而言，近年来北京非首都功能疏解呈现出"T"字型转移趋势，东西方向沿着北京—廊坊—武清、北辰—滨海新区这条高新技术产业带，南北方向沿着以滨海新区为轴心的沿海临港产业带。京津、京唐秦和京保石都市连绵承接平台应遵循南北和东西的疏解轨迹，围绕各承接平台的优势和特色，构建定位明确、特色鲜明、有机协调、优势互补的综合承接平台。

第三，优化承接环境，激发承接平台活力。有序疏解北京非首都功能是京津冀协同发展的关键环节和重中之重，近年来北京"大城市病"得到明显缓解。与此同时，北京非首都功能疏解也存在公共服务和行政功能疏解迟滞、承接平台活力不足、承接地承载水平有限等一系列问题。因此，北京公共服务和行政功能的疏解思路要从"政府主导—行政命令"转向"政府因势利导—分类施策—增强内生动力"。京津、京保石和京唐秦都市连绵带建立多承接平台合作机制的同时，也要借助政府和市场的力量，将疏解地的"推力"、承接地的"拉力"和疏解对象的"动力"，共同形成非首都功能的疏解合力，确保疏解对象"转得出、留得住、运行得好"。

（三）发挥优势，构建产业专业化空间布局

京津、京保石和京唐秦都市连绵带的产业空间分布要注重发挥各自特色、立足各自优势，避免"大而全"的产业体系。整体来讲，在优化

产业空间结构的过程中，要注重塑造各地的细分行业竞争优势，对重点产业进行差异化布局，针对产业发展这一层级实行错位发展，包括垂直和水平错位。

第一，充分利用北京和天津这两个中心城市的资源和产业集聚优势，发挥其对京津都市带其他城市的辐射与带动作用。北京目前形成了以新一代信息技术和医药健康为代表的两大国际引领支柱产业，以及以集成电路、智能网联汽车、智能制造与装备、绿色能源与节能为代表的特色优势产业。天津整体实施"双城、五区、四廊"①的产业空间布局，"十四五"期间计划在高端装备制造产业、汽车产业、石油化工产业和航空航天产业中形成优势产业。这两大中心城市应凭借自身要素资源，利用自身产业和技术优势，不断发挥对京保石、京唐秦都市连绵带以及京津冀地区整体的辐射带动能力。

第二，突破重工业传统优势，积极培育京保石和京唐秦都市连绵带的中心城市和节点城市。京津冀地区产业发展"极差"的重要来源是，河北省尚未形成以中心城市为发展核心的经济增长极，且河北省整体工业发展以重工业为主，产业结构优化升级之路任重而道远。对于京津冀地区都市连绵带建设而言，应立足河北地区的经济发展"洼地"，加快推动京保石都市连绵带中石家庄、雄安新区和京唐秦都市连绵带中唐山、秦皇岛等关键中心城市和节点城市发展。京保石和京唐秦都市连绵带应借助毗邻京津两地的区位优势，积极推动工业绿色转型升级，促进各产业与数字经济融合发展，打造形成新的区域经济增长极和区域产业协作的新引擎。

第三，发挥创新优势，持续推进雄安新区建设进程。作为北京非首都功能疏解集中承载地，以及京保石都市连绵的重要节点，雄安新区应利用创新优势，未来将重点发展新一代信息技术产业、现代生命科学和生物技术产业、新材料产业、高端现代服务业和绿色生态农业。在创新

---

① "一城"即津城和滨城，"五区"即5个区域性节点城市，包括蓟州区、静海区、武清区、宝坻区、宁河区远郊5区，"四廊道"旨在形成空间发展的主干网络体系，即京津发展廊道、津承发展廊道、环渤海发展廊道和津雄发展廊道。

层面，雄安新区应与北京实现"和而不同"，借助创新要素的聚集，不断进行原始创新、应用创新和科技成果转化，在京保石都市连绵带中形成创新引领。

第四，立足于都市连绵带产业特色，优化京津冀产业空间布局。基于2016年工业和信息化部同北京市、天津市和河北省人民政府共同制定的《京津冀产业指南》，以及2023年三地工信部门联合印发的《京津冀重点产业链协同机制方案》，分别打造京津、京保石和京唐秦三条都市连绵带的特色产业，从而优化京津冀产业空间布局。京津都市连绵带要立足于北京的技术优势，以及天津和廊坊的制造能力优势，承担京津冀地区科技成果产业化功能，重点发展领域应以高新技术产业、生产性服务业和高端装备制造业为主。京保石都市连绵带整体依京广线形成，并以北京、保定、石家庄、邢台和邯郸等中心城市作为关键节点，应立足于连绵带各城市的土地、劳动力等要素资源优势，致力于改造提升传统产业，培育壮大战略性新兴产业，重点发展领域应涵盖电子信息、新能源、生物医药、装备制造、新材料等产业。京唐秦都市连绵带涵盖沿海地区，应利用港口优势和制造业基础，将滨海产业与先进制造业和生产性服务业发展联合，注重推进炼化一体化等重大项目建设，重点打造与生态保护相协调的滨海型产业带。

（四）大聚小散，加快都市圈化发展步伐

都市圈以城市群内部超大、特大城市或者辐射带动功能强大的大城市为中心，形成了以"1小时通勤圈"为基本范围的城镇化空间形态。京津、京保石和京唐秦都市连绵带具有较好的产业基础和空间基础，持续推进北京都市圈、天津都市圈和石家庄都市圈的发展，将构成推动京津冀协同发展的重要空间单元和驱动力量。尤其是在京津冀城市群形成"大聚小散"的都市圈分布格局，推动要素、产业和公共产品等向中心城市大尺度聚集，同时向中心城市周围小尺度扩散，这将进一步提升京津冀地区的区域能级与量级。

第一，立足优势与产业特色，明确三大都市圈的发展方向。首都都

第十四章 以都市连绵带建设为轴线优化京津冀空间布局

市圈应重点发展第三产业、交通运输业、邮电通信业和高技术产业，强化北京的引领作用，通过政府与市场双向发力，由近及远、以轴串点、以点带圈，带动都市圈节点城市功能、产业承载、人力资源、现代流通等优化布局，以快捷高效的现代化交通体系为支撑，推动以首都为核心的世界级城市群主干构架基本形成。天津都市圈工业基础较为雄厚，但是都市圈整体仍在初级发展阶段，都市圈外围城市发展水平较低，应依托高新技术产业带和临海先进制造产业带，着力发展海洋装备、新一代信息技术、新能源汽车、生物医药、石油化工等产业。在此基础上，天津都市圈应围绕"1+N"①都市圈布局，通过多中心、网络化格局，充分发挥天津的辐射带动作用，提升都市圈外围城市的生产效率，推动建设临海临港产业带，重新配置滨海新区的发展资源，打造新的经济增长极。石家庄都市圈的整体经济实力较弱，产业从传统农业和轻工业逐渐发展成为以重工业为主的现代产业结构，目前是京津高技术产业和先进制造业研发转化与加工配套基地。石家庄都市圈应抓住北京非首都功能疏解这一契机，通过跨区域合作进行创新驱动，实现产业转型升级，加强都市圈内人口流动、交通连接、产业协作、生态共治、制度联动创新，打造全国区域发展增长极。

第二，优化联通网络，优化三大都市圈之间的交通布局。三大都市圈内部具有较高的互联互通和内部通勤需求，目前已经形成了网络化的交通结构，但应在京津、京保石和京唐秦都市连绵带各城市点对点连结和网络局部优化上进行持续优化，打造三大都市圈之间的高效网络连接通道。目前，三大都市圈的市郊铁路网络亟待完善，应降低对既有铁路体系的依赖，打造适应都市圈空间布局的交通结构，自成体系地建设、运营和保障市郊道路，满足中心城市之外和都市圈外围居民的 1 小时通勤需求。

第三，启动三大都市圈的整体规划与建设。首都、天津和石家庄都市圈作为京津都市连绵带的核心都市圈，进行三大都市圈的整体规划成

---

① "1+N"都市圈布局中的"1"主要是指天津，"N"主要是指沧州、廊坊、唐山等城市。

为京津冀协同发展的必由之路。一方面，要综合考虑各个城市圈整体以及中心城市的人口规模与经济实力，以此确定辐射能力，确定交通布局、产业布局和空间范围；另一方面，基于京津冀协同发展战略需求和区域空间布局，结合京津、京保石和京唐秦都市连绵带的发展现状及规划，结合国土空间开发保护新格局的相关要求，制定三大都市圈整体空间布局规划，按照由小到大的尺度标准，逐步形成"开发区—城市—都市圈—城市群—大型城市区域"的空间发展模式。

（五）高瞻远瞩，建设世界级城市群

建设以首都为核心的世界级城市群是京津、京保石和京唐秦都市连绵带建设的重要目标之一，随着全球竞争的加剧，京津冀城市群也日渐成为我国参加国际竞争和国际分工的重要地域单元。京津冀城市群要以建设世界级城市群为最终目标，结合京津、京保石和京唐秦都市连绵带发展优势，打造区域一体化发展的重要增长极，以活力、开放和创新提升整个城市群在全球的竞争力。

第一，将京津冀城市群布局纳入区域空间重构之中。京津冀城市群内部存在一定的发展差距，加之不同城市的位置条件、资源禀赋、经济基础和产业分工的差异，导致城市群内部呈现出较为复杂的空间结构特征。京津冀城市群应进一步完善城市群内部分工，明确各城市的定位、要素需求和内部分工，统筹核心城市生产要素向其他城市疏解，促使京津冀城市群空间结构进一步优化。

第二，对接都市圈整体规划，实现城市群发展与都市圈建设的联动。我国当前批复的城市群规划多涉及城市群发展规划之下的都市圈建设，结合都市圈建设与整体规划，更好发挥京津冀城市群在京津、京保石和京唐秦都市连绵带中的核心引领作用。京津冀城市群的建设应结合北京、天津和石家庄三大都市圈规划，将都市圈作为京津冀城市群的先行区与示范区，在都市圈内率先进行产业分工、交通基础设施互联互通，促进都市圈和城市群的整体经济效益提升与空间布局优化。

第三，持续进行生态协同治理，打造绿色城市群。京津冀城市群经过多年污染联防联控和生态协同治理,京津、京保石和京唐秦都市连绵带的生态环境和绿色发展水平均不断向好,传统的粗放发展模式型正转向资源环境友好型发展模式。应持续进行生态协同治理,将绿色发展融入京津冀城市群建设的方方面面,构建生态补偿机制与京津冀城市群绿色发展规划,大尺度扩展生态容量与空间,加快绿色城市和社区建设,最终将京津冀城市群打造成为绿色城市群。

(六)统筹架构,实现合理高效的城市空间布局

京津、京保石和京唐秦都市连绵带的人口集疏分布差异较大,核心城市的人口高度集中,其他城市的人口规模较小,京津冀协同发展虽然确定了"功能互补、区域联动、轴向集聚、节点支撑"的空间布局思路,但京津冀地区城市的"极差"分布特征并未得到改善。统筹架构,构建功能布局合理的大中小城市体系,成为优化京津、京保石和京唐秦都市连绵带城市空间布局的必由之路。

第一,明确枢纽区域功能定位,构建多层次城市体系。京津、京保石和京唐秦都市连绵带不同城市的定位各异,以京津都市连绵带为例,北京的定位是全国政治中心、文化中心和国际交往中心的核心承载区,而天津的定位是经济都市连绵带的枢纽节点。应围绕都市连绵带建设,明确京津、京保石和京唐秦都市连绵带各中心城市和节点城市的功能定位,构建功能布局合理的大中小城市体系。打通京津、京保石和京唐秦联动的关键"堵点",不仅在交通上衔接京津冀地区重要枢纽节点,还要在创新、教育和功能等层面依托于京津、京保石和京唐秦都市连绵带实现衔接与联动。

第二,引导人口和高质量人力资本的流动,以人口流动促进城市空间布局优化。近年来,北京的非首都功能虽然得到有效疏解,但是在此过程中人口并未沿都市连绵带迁移至其他节点城市,尤其是高技术和高学历人才出现"孔雀东南飞"的转移态势,严重制约了京津、京保石和京唐秦都市连绵带多元城市体系的构建。要打破行政区划限制,建立京津冀三地互通的政策法规体系,畅通人才在区域内的流动、培养、转化和保障，落实人才引进政策，在购房、子女教育等层面做好政策保障。尤其是对高层次人才，不仅要建立专门的人才库，还要执行"柔性流动"政策，实现区域人才共享。通过人口流入和人才引进，缩小京津冀三地在人口和人才层面的"断崖式"落差，优化人才和人口布局，从而调整京津、京保石和京唐秦都市连绵带各城市的规模层级，构建合理高效的城市空间布局。

参考文献

范海玉、李汶卓：《京津冀交通一体化绿色发展的契机、困境与进路》，《河北学刊》2022年第6期。

方创琳：《京津冀城市群协同发展的理论基础与规律性分析》，《地理科学进展》2017年第1期。

申现杰、袁朱：《城市群高质量发展的理论逻辑与路径选择》，《开放导报》2021年第4期。

王秋玉、曾刚等：《经济地理学视角下长三角区域一体化研究进展》，《经济地理》2022年第2期。

吴志强、李德华：《城市规划原理（第四版）》，中国建筑工业出版社2010年版。

肖金成、李博雅、邢干：《京津冀空间布局的优化路径》，《河北经贸大学学报》2022年第5期。

闫坤、黄潇：《中国式分权、财政纵向失衡与基本公共服务供给研究》，《经济学动态》2022年第12期。

于洪俊、宁越敏：《城市地理概论》，安徽科技出版社1983年版。

张辉、韦东明：《一带一路高质量发展推进高水平对外开放的成就、挑战与路径》，《兰州大学学报》（社会科学版）2023年第5期。

张学良、林永然：《都市圈建设：新时代区域协调发展的战略选择》，《改革》2019年第2期。

郑莘、林琳：《1990年以来国内城市形态研究述评》，《城市规划》2001

年第 7 期。

周密、王威华:《构建大中小城市协调发展格局的逻辑框架和路径选择——基于新空间赋能视角》,《天津社会科学》2023 年第 5 期。

周韬:《空间异质性、城市群分工与区域经济一体化——来自长三角城市群的证据》,《城市发展研究》2017 年第 9 期。

附录1

京津冀协同发展研究综述*

周玉龙　边　杨　刘秉镰

作为习近平总书记亲自谋划、亲自部署、亲自推动的重大国家战略,京津冀协同发展吸引了大量研究人员的关注。本研究搜集并梳理了京津冀协同发展战略实施以来的相关学术研究,为战略有效实施提供更坚实的智力支撑。

数据来源上,本研究以"京津冀协同发展"为主题词,围绕该主题词,基于中国知网(CNKI)搜集了2014—2023年10月3500余篇北京大学核心刊物与中文社会科学引文索引刊物(北大核心和CSSCI),针对文章内容进行相应梳理,进一步进行数据清洗后使用Citespace进行了文献计量工作,针对统计结果进行了分析,以全面直观地了解现有研究态势,为进一步深化该主题下的研究,服务京津冀协同发展政策打好研究基础。

一　年度研究演进:政策引导促进研究聚焦,三地协同话题关注持续

京津冀城市群作为中国北方规模最大、最具活力的地区,承担着推

---

* 本部分由周玉龙、边杨、刘秉镰分析整理。

动经济增长，担当开放前沿的重要历史使命①。2014年，《京津冀协同发展规划纲要》初步成型，探究区域协同发展途径②，有效解决区域协同发展过程中的矛盾与问题所在③，探究出一条切合实际的、可行的协同发展道路④，成为广大研究人员的聚焦方向所在，也推动了该领域形成了丰硕的研究成果。

本研究对2014起至2023年10月为止的北京大学核心期刊以及中文社会科学引文索引期刊所发表的"京津冀协同发展"文章进行了统计。其中数量分布如附图1所示。

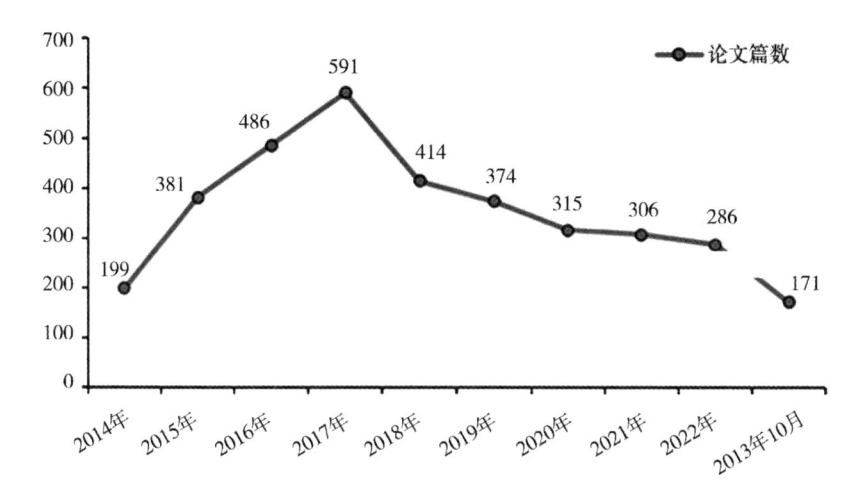

附图1 2014—2023年10月北大核心和CSSCI发表的中文论文分布

从年度数量分布来看，以"京津冀协同发展"为主题的论文研究数量在2014年政策提出后呈现出了明显的逐步上升态势，在2017年达到峰值，核心期刊研究文献总量为591篇，此时正值京津冀协同发展政策

---

① 樊杰、廉亚楠、赵浩：《1980年以来京津冀区域研究进展评论》，《地理学报》2022年第6期。
② 刘李红、高辰颖、王文超等：《京津冀高质量协同发展：演化历程、动力机理与未来展望》，《北京行政学院学报》2023年第5期。
③ 李国平、朱婷：《京津冀协同发展的成效、问题与路径选择》，《天津社会科学》2022年第5期。
④ 王伟：《深化京津冀协同发展 迈向世界级城市群》，《前线》2020年第5期。

提出3周年之际，政策落地执行过程中所出现的规律性发展特征初步显现。同时，协同发展过程中的问题有所暴露，其中所存在的突出矛盾亟待解决，这也催生了该时期研究成果的逐步丰富，为在新的发展阶段上，推动京津冀协同发展深入推进做出研究贡献。

整体时间轴线上看，该主题下的年均核心期刊发文量维持在350篇左右，在2018、2019连续两年度的明显下跌后，逐渐稳定在300篇附近，这也体现了广大学者对"京津冀协同发展"研究主题的持续关注，而从发文的具体态势来看，该主题下研究文献的发文学者呈现出本地化特征明显，形成了稳定的核心期刊群、高影响力作者和机构[①]。

二 研究关键词聚类情况：核心议题备受瞩目，多元探究丰富蓝图

从在核心期刊发文的学者所关注的研究领域来看，整体呈现"多元化""丰富化"的特征，2014年以来，在"京津冀协同发展"这一研究主题下，已有研究成果主要涉及产业、创新、生态环境、法律法规、教育事业等多个研究领域，聚焦了"首都功能疏解""雾霾治理""城市群发展""雄安新区建设"等多个核心议题，运用了"熵值法""社会网络分析""耦合协调度分析""中介模型"等多种研究方法，契合了"城镇化建设""一带一路"等重大国家战略。

从Citespace节点绘图（附图2）来看，京津冀协同发展过程中的治理方案、一体化建设、产业协同等话题备受关注；李国平和吕爽的研究发现[②]，京津冀协同发展战略以解决"大城市病"为重点方向，为发展差异较大的地区参与协同进程，形成高效有序的治理体系与灵活有效的治理架构提供了良好的经验借鉴；李雯和原志听进一步探讨了京津冀一

---

① 武占江、韩曾丽、赵蕾霞等：《京津冀协同发展研究态势和热点分析》，《经济与管理》2021年第3期。
② 李国平、吕爽：《京津冀跨域治理和协同发展的重大政策实践》，《经济地理》2023年第1期。

附图2　2014年以来京津冀协同发展研究总体关键词聚类图

体化进程对于区域经济高质量发展的影响①，发现三地协同发展在推动产业结构变迁和产业技术升级的同时，也带动了生态治理公共服务等多方面的改进；李兰冰和徐瑞莲②结合中国式现代化的新语境，沿着"目标导向—支撑保障—演化机制"的脉络对京津冀区域产业协同发展进行新的理论解释，提出了三地产业协同发展的新路径。总的来看，现有研究主要针对京津冀现存的问题、协同发展率先突破领域，影响协同程度的因素③，突破路径，取得的阶段性成效，未来推进的方向④，如何推动政策有效落地落实等对京津冀协同发展做出了客观的学术讨论⑤，从

---

① 李雯、原志听：《京津冀一体化促进了高质量发展吗？——基于回归控制法的政策评估》，《技术经济》2023年第7期。

② 李兰冰、徐瑞莲：《中国式现代化建设背景下京津冀产业协同发展路径》，《北京社会科学》2023年第10期。

③ 孙久文、李坚未：《京津冀协同发展的影响因素与未来展望》，《河北学刊》2015年第4期。

④ 张贵、孙晨晨、刘秉镰：《京津冀协同发展的历程、成效与推进策略》，《改革》2023年第5期。

⑤ 李国平：《京津冀协同发展：现状、问题及方向》，《前线》2020年第1期。

学术研究的角度不断深化了对京津冀协同发展战略的规律性认识，深入挖掘了影响三地协同发展的难点、堵点，为三地政府持续推进京津冀协同发展迈上新台阶提供了有效的政策建议和支持。可以预见，围绕"京津冀协同发展"议题，将会有更多维度，更深层次的研究不断涌现。

三 研究趋势：话题阶段特征明显，问题挖掘逐步深入

从研究演进脉络看，"京津冀协同发展"主题研究关键词的年度热点与战略实施密切相关，呈现出明显的周期性特征。

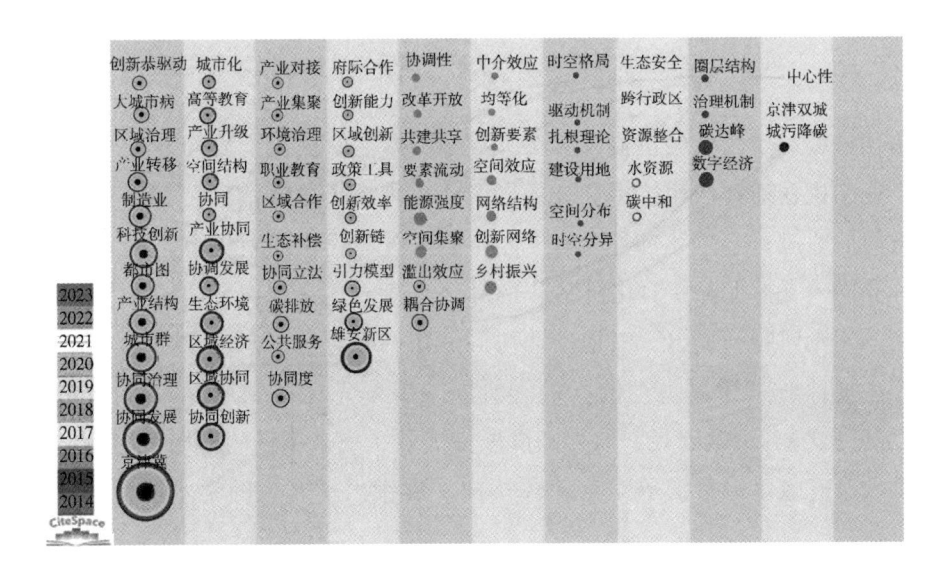

附图3 2014年以来京津冀协同发展研究总体演进趋势图

如附图3所示，2014年京津冀协同发展战略实施初期，学者围绕《规划纲要》中反复提及的相关议题展开研究，具体围绕"大城市病""协同治理""区域治理""都市圈"等关键词展开讨论；孟翠莲等的研

究表明[1],北京首都功能发挥受到交通、资源、环境等多维度制约,需要从明确区域战略地位、打破单一中心格局、保障城市间交通网络等多个维度在京津冀协同发展的背景下对大城市病加以解决;丁梅等的研究指出[2],京津冀协同发展存在战略导向缺乏、物质与信息交流缓慢、认识与行动不统一、中心城市辐射功能弱等主要问题,需要围绕系统整合,创新驱动等维度对协同治理能力强化重构;2017年,国家级新区雄安新区正式设立,围绕雄安新区建设与京津冀协同发展的相关文献呈现井喷式增长,涌现了一批将京津冀协同发展与雄安新区建设相结合的文献[3]。

与此同时,该时期也是京津冀协同发展近期目标落实的收官之年,京津冀协同发展不断深化,从京津冀协同发展初期的区域治理能力升级与公共服务质量提升相关研究,逐步深入到三地深度合作,围绕"创新效率""创新能力""创新链"等关键词的政策文件开始提出;龚轶和王峥[4]使用复杂网络分析法对京津冀产业内部协同度与外部竞争力发展现状进行了分析;江曼琦和刘晨诗的研究[5]则发现京津冀创新链存在基础研究薄弱,知识创新链条整体发展比例平衡性较差;市场性创新主体力量相对薄弱,北京天津两大核心的科技创新资源与创新发展定位错位等诸多问题。探索京津冀内涵集约、创新驱动的发展新路子在学术界广泛讨论,这也体现了京津冀协同发展战略不断深化的现实需求,从区域间要素协同、公共服务协同逐步深入到创新协同,相关研究针对此类话题所指出的路径、政策、建议为协同创新向深水区迈进提供了坚实的政策

---

[1] 孟翠莲、赵阳光、刘明亮:《北京市大城市病治理与京津冀协同发展》,《经济研究参考》2014年第72期。

[2] 丁梅、张贵、陈鸿雁:《京津冀协同发展与区域治理研究》,《中共天津市委党校学报》2015年第3期。

[3] 刘秉镰、孙哲:《京津冀区域协同的路径与雄安新区改革》,《南开学报》(哲学社会科学版)2017年第4期;李兰冰、郭琪、吕程:《雄安新区与京津冀世界级城市群建设》,《南开学报》(哲学社会科学版)2017年第4期;刘秉镰:《雄安新区与京津冀协同开放战略》,《经济学动态》2017年第7期。

[4] 龚轶、王峥:《以协同创新引领京津冀现代化经济体系建设研究》,《当代经济管理》2018年第12期。

[5] 江曼琦、刘晨诗:《基于提升产业链竞争力的京津冀创新链建设构想》,《河北学刊》2017年第5期。

附录1　京津冀协同发展研究综述

支持。

京津冀协同发展的创新研究内容也呈现出了逐渐深入、逐渐细化的特征，从最初的协同创新战略构思开始进入创新链构建、创新效率评价等更深入的领域，研究的深化也切实有效地服务了京津冀协同发展战略向纵深处推进的现实要求，有助于三地创新合作程度的进一步深入，同时针对协同过程中存在的创新效率低下，合作成本较高等现实性问题进行解决。2019年以来，京津冀协同发展的空间结构成为学术研究的焦点："空间效应""时空格局""圈层结构""中心性"等问题关注度上升：阎东彬和王蒙蒙[①]从京津冀城市群动态空间结构调整维度出发，使用零膨胀负二项回归模型进行研究，评估结果发现京津冀城市群空间整合能力整体较差，空间经济政策所带来的互补性空间效应释放的效能较为有限。以空间结构优化推进京津冀协同发展的机制和路径研究取得了明显突破，张可云和申文毓[②]关注了京津冀协同发展过程中的多中心属性与不平等问题演进，童玉芬和刘志丽[③]围绕京津双核心结构，探讨了京津冀内部的人口最优规模与集聚规模；由相关研究所总结出的"三圈耦合""都市连绵带"等具体政策措施得到了科学论证并逐渐被政府所采纳。

此外，"碳达峰""数字经济"等时事热点也与京津冀协同发展研究进行了有效结合：王韶华等[④]从供给侧结构性改革视角切入，基于STIRPAT拓展模型，对"碳减排"中的关键角色进行分析，并探讨了对碳排放的优化途径，探究了"均衡调控"与"人口调控"下的减排成效，

---

① 阎东彬、王蒙蒙：《京津冀城市群功能空间的动态分布及差异性分析》，《经济问题》2020年第3期。
② 张可云、申文毓：《协同发展战略下京津冀多中心性及不平等问题研究》，《河北学刊》2023年第3期。
③ 童玉芬、刘志丽：《京津冀城市群双核心结构下的城市最优人口分布》，《北京社会科学》2023年第2期。
④ 王韶华、赵睗春、张伟等：《京津冀碳排放的影响因素分析及达峰情景预测——基于供给侧改革视角》，《北京理工大学学报》（社会科学版）2022年第6期。

"碳中和"路径①，生态系统服务的动态响应等话题也被广为讨论②；在数字化融入经济协同发展的大背景下，学者们关注了数字经济与京津冀高质量发展③，人力资本韧性④，绿色生产效率⑤等诸多领域。日趋多元、丰富深入的探究体现了学者对京津冀协同发展战略意义认知和推进措施创新的与时俱进和逐步深化。

四 分阶段情况：顶层设计—实施推进—攻坚克难三大战略阶段研究走向纵深

过去十年，京津冀协同发展战略历经"顶层设计—实施推进—攻坚克难—面向中国式现代化新征程"四个阶段，我们基于此，对京津冀协同发展的前三个阶段⑥研究脉络进行分阶段梳理。

（一）顶层设计阶段（2014.2—2015.4）：对标其他地区先进经验，解决北京的"大城市病"，探索区域一体化发展的中国路径

2014年京津冀协同发展战略上升为国家战略到2015年出台《京津冀协同发展规划纲要》之间，学术研究始终服务于国家顶层设计需要，围绕"大城市病""产业布局""交通布局""空间布局""生态治理"等关键领域，从学术视角对以首都为核心的世界级城市群进行了构想和描绘，通过深刻剖析京津冀现存问题、对标其他地区先进经

---

① 黄昱杰、刘贵贤、薄宇等：《京津冀协同推进碳达峰碳中和路径研究》，《中国工程科学》2023年第2期。
② 夏楚瑜、国滉、赵晶等：《京津冀地区生态系统服务对城镇化的多空间尺度动态响应》，《生态学报》2023年第7期。
③ 陈肖、吴娜、牛风君：《数字经济发展水平测度及其对经济高质量发展的影响效应——以京津冀区域为例》，《商业经济研究》2023年第3期。
④ 梁林、段世玉、李妍：《数字经济背景下京津冀人力资源系统韧性评价与治理》，《中国人力资源开发》2022年第8期。
⑤ 管宁、何晶彦、李博雅：《京津冀数字服务经济对绿色经济效率的影响研究》，《宏观经济研究》2022年第7期。
⑥ 第四阶段时间较短，有效文献数量不足，故未单独梳理。

▶▶▶▶ 附录1 京津冀协同发展研究综述

验、进行政策预判和评估等,有效推进了京津冀协同发展由"蓝图"走向"现实"。

附图4 京津冀协同发展第一阶段研究关键词聚类图

在这一阶段,如何缓解北京的"大城市病"这一话题备受学者关注。孟翠莲等人①指出,当前的发展阶段中北京存在着较为严重的"大城市病",其出现的根源在于北京作为首都城市主体功能过于冗杂,承担了过量机构功能,此外粗放式的管理模式和不合理的城市规划等因素也是造成北京"大城市病"较为严重的原因。陈昌智②指出,要实现京津冀协同发展的战略目标,应推动解决北京的"大城市病"问题和天津发展潜力不足的问题,同时要关注河北省的产业发展。赵弘③系统分析

---

① 孟翠莲、赵阳光、刘明亮:《北京市大城市病治理与京津冀协同发展》,《经济研究参考》2014年第72期。
② 陈昌智:《京津冀一体化仍面临不少困难和问题》,《人民论坛》2014年第S2期。
③ 赵弘:《北京大城市病治理与京津冀协同发展》,《经济与管理》2014年第3期。

了北京市"大城市病"产生的原因,指出其核心原因是我国经济的快速发展及其所引致的人口过快增长,其重要原因是"单中心格局"的城市规划不够科学和合理,导致北京"大城市病"的最根本原因是现有体制机制掣肘。部分学者致力于为解决北京市"大城市病"提出可能的政策方案,包括通过产业疏解和功能疏解来带动北京的人口向外疏解[①]、将首都功能向天津市和河北省疏解,逐步引导二者承接首都的部分产业和功能[②]、建立京津冀协同发展的协调机构,对京津冀各自的功能进行科学合理的定位等[③]。

在京津冀地区协同发展战略的顶层设计阶段,部分学者将京津冀城市群与世界范围内较具代表性的其他城市群进行比较,对标其他国家或地区的先进经验,探索高质量地推动京津冀一体化发展的中国路径。彭力等人[④]指出,当前珠三角与长三角的发展走在京津冀前面,但京津冀城市群具有较大的发展潜力,城市发展平台优越,相对而言更易获得政策支持,在资源、人才和科研方面具有明显优势。阎东彬等人[⑤]模拟了世界上最大的城市群——美国东北部大西洋沿岸城市群的空间演化轨迹,探寻世界级城市群空间布局的一般性规律,并在此基础上为将京津冀打造成世界级城市群提出了经验借鉴。尹德挺等人[⑥]对美国东北部城市群和京津冀城市群人口空间规模、分布、结构以及产业空间协作状况进行了比较,指出典型世界级城市群的孵化过程具有显著的阶段性特征,随着城市群的不断发展会呈现出从单核到多核的转变。

---

① 辜胜阻、郑超、方浪:《京津冀城镇化与工业化协同发展的战略思考》,《经济与管理》2014年4期。
② 于化龙、臧学英:《非首都功能疏解与京津产业对接研究》,《理论学刊》2015年第12期;郭金龙:《有序疏解非首都功能 推动京津冀协同发展》,《中国经贸导刊》2015年第36期。
③ 杨连云:《以深化改革推动京津冀协同发展》,《经济与管理》2014年第4期。
④ 彭力、黄崇恺:《关于我国三大城市群建成世界级城市群的探讨》,《广东开放大学学报》2015年第6期。
⑤ 阎东彬、范玉凤、陈雪:《美国城市群空间布局优化及对京津冀城市群的借鉴》,《宏观经济研究》2017年第6期。
⑥ 尹德挺、史毅:《人口分布、增长极与世界级城市群孵化——基于美国东北部城市群和京津冀城市群的比较》,《人口研究》2016年第6期。

附录1 京津冀协同发展研究综述

(二) 实施推进阶段(2015.5—2018.12):疏解北京非首都功能,聚焦产业结构的转型升级,利用集聚外部性,引导京津冀绿色化发展

2015年4月30日中央政治局审议通过的《京津冀协同发展规划纲要》对京津冀重大战略的目标、路径、任务进行了明确、细化和分解。规划纲要出台后,三地政府积极围绕有序疏解北京非首都功能的核心工作,率先在交通一体化、生态环境保护、产业升级转移三个重点领域取得突破,战略全面进入实施推进阶段。这一阶段的学术研究,对交通基础设施影响要素流动和产业结构升级的机制与规律,生态补偿机制与跨区域合作治理模式,引力模型下产业转移、产业集聚、产业对接的路径等做了学术讨论,并提出了有效建议,通过深层次区域协调发展规律和城市群发展规律挖掘,为京津冀协同发展的现状、问题和未来发展趋势提出了学术研判,有效支撑了重大国家战略"落地生根""开花结果"。

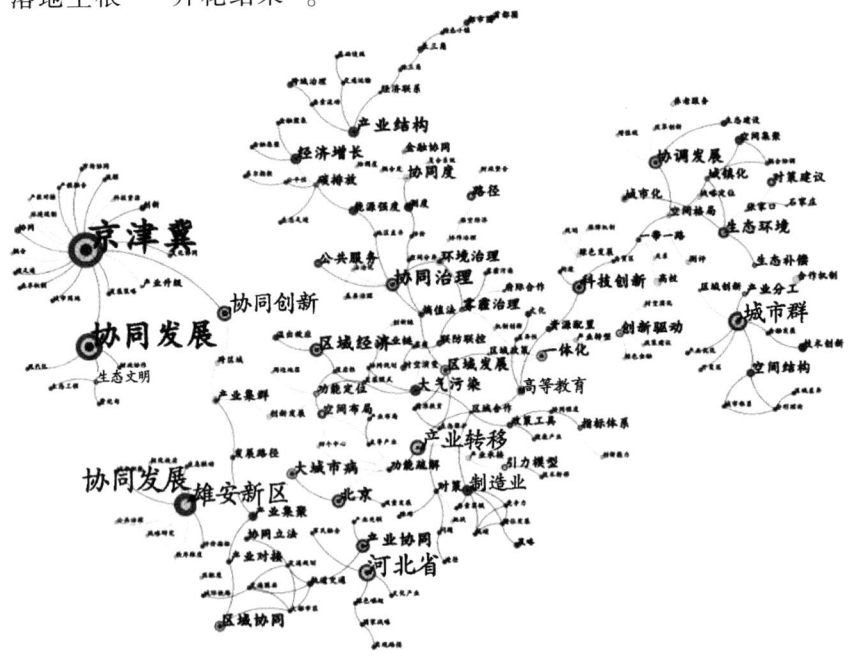

附图5 京津冀协同发展第二阶段研究关键词聚类图

这一阶段是京津冀协同发展承前启后的重要阶段。大量学术研究聚焦于京津冀产业结构的优化转型升级。鲁继通[①]认为导致当前京津冀整体区域的创新协同程度较低的主要原因是三地的区域协同创新有序性的差异较大,应充分发挥北京的辐射带动能力,打造区域协同创新的软环境。陈娱等人[②]指出当前京津冀已经步入高速交通网络发展时期,以北京为中心的路网结构已经进入较为成熟的发展阶段,作为区域腹心的冀中地区交通区位优势不够突出,应重视石家庄和廊坊交通廊道的建设,改善冀中腹心地区的可达性格局。

部分学者致力于研究京津冀地区的产业转移与产业集聚的外部效应。梁慧超等人[③]利用区位熵和产业集聚指数对京津冀地区新能源产业集群形成的影响因素进行探究,指出关联产业发展水平和基础设施建设是京津冀地区形成新能源产业集聚形成的主要推动因素。刘晖等人[④]实证研究发现当前阶段北京和天津吸引了河北省人才资源的集聚,其空间溢出效应也通过高等教育和科研集聚等途径提升河北省对于高素质人才的吸引力,推动专业技术人才的空间合理布局是促进京津冀协同发展在人才方面的必经之路。周伟[⑤]测度了京津冀地区的产业转移效应,指出产业转移对河北省的技术溢出、产业集聚、经济增长和产业升级均有一定影响,并在此基础上对河北省的产业高质量发展提出了政策建议。

在这一阶段,粗放式发展对于生态环境带来的负面影响进一步显露。如何在发展经济的同时兼顾对生态环境的保护、提升人民生活的

---

① 鲁继通:《京津冀区域协同创新能力测度与评价——基于复合系统协调度模型》,《科技管理研究》2015 年第 24 期。
② 陈娱、金凤君、陆玉麒等:《京津冀地区陆路交通网络发展过程及可达性演变特征》,《地理学报》2017 年 12 期。
③ 梁慧超、崔婷、孙丽云:《京津冀新能源产业集群形成的影响因素及路径分析》,《经济视角》2017 年第 6 期。
④ 刘晖、李欣先、李慧玲:《专业技术人才空间集聚与京津冀协同发展》,《人口与发展》2018 年第 6 期。
⑤ 周伟:《京津冀产业转移效应研究——基于河北技术溢出、产业集聚和产业升级视角》,《河北学刊》2018 年第 6 期。

▶▶▶ 附录1　京津冀协同发展研究综述

幸福感成为学术界热议的话题。孙涛等人[①]运用文本分析法和社会网络分析法对有关京津冀地区大气污染问题的政策动向和政府行动进行量化分析。杜纯布[②]以京津冀地区作为研究对象，提出了解决当前我国区域性雾霾协同治理中的生态补偿机制缺失问题的可能路径。初钊鹏等人[③]构建了中央政府、地方政府与污染企业三方非合作演化博弈模型，对京津冀雾霾治理环境规制的政策进行研究，指出中央政府应该增加中央环保支出的投入，建立起地方减排的补偿机制，合理引导地方企业的绿色化转型。

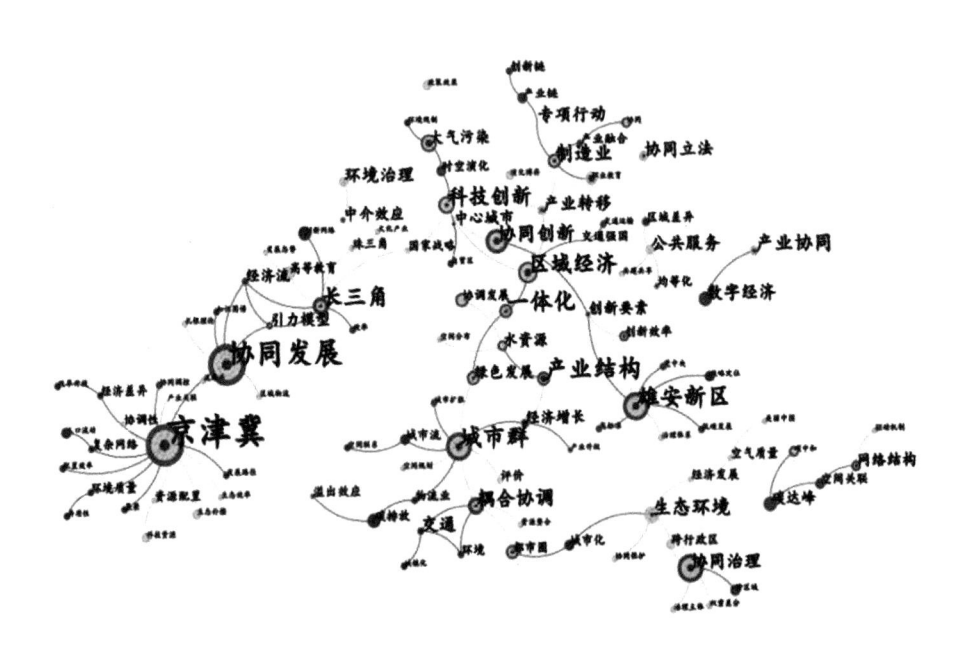

附图6　京津冀协同发展第三阶段研究关键词聚类图

---

① 孙涛、温雪梅：《府际关系视角下的区域环境治理——基于京津冀地区大气治理政策文本的量化分析》，《城市发展研究》2017年第12期。
② 杜纯布：《雾霾协同治理中的生态补偿机制研究——以京津冀地区为例》，《中州学刊》2018年第12期。
③ 初钊鹏、卞晨、刘昌新等：《基于演化博弈的京津冀雾霾治理环境规制政策研究》，《中国人口·资源与环境》2018年第12期。

(三)攻坚克难阶段(2019.1—2023.5):研究进一步深化,关注耦合发展、创新协同、集约发展和产业链融合等方面

2019年1月,习近平总书记主持召开京津冀协同发展座谈会,指出:"当前和今后一个时期进入到滚石上山、爬坡过坎、攻坚克难的关键阶段,需要下更大气力推进工作。"这是在新的历史条件下,习近平总书记深刻把握世界百年未有之大变局的历史趋势、立足我国区域发展战略全局、着眼于京津冀协同发展的阶段性特征,做出的重大判断。

围绕"京津冀协同发展"的文献研究也进一步深化,比如在城市群空间结构上关注"耦合发展"、在创新协同上关注"创新要素""创新效率"、在生态治理上关注"环境规制"、在产业融合上关注"产业链创新性融合",学术研究进一步服务战略推进。崔寅等人[1]利用耦合协调度模型对京津冀地区信息基础设施建设与产业结构的协调发展水平进行测度,发现河北省两者的发展较为不协调,三地在信息基础设施建设和产业结构的耦合性发展中存在着较为明显的差距。薛欣欣等人[2]的研究表明京津冀地区的高等教育结构与其产业结构尚存在较为显著的时空差异,应注重两者的耦合协同发展。刘云青等人[3]的研究表明,近年来京津冀地区总体的产业结构发展水平得到了显著提高,产业结构、土地利用效益与碳排放之间正在呈现出"耦合发展"的态势。

创新是京津冀协同发展的根本动力。从协同创新的角度研究京津冀协同发展亦是攻坚克难阶段的研究热点。方创琳[4]等人指出,在新发展格局下,我国各大城市群的高质量发展必须依靠创新驱动,建设创新驱

---

[1] 崔寅、王双:《京津冀信息基础设施与产业结构升级耦合协调发展评价》,《天津商业大学学报》2021年第3期。

[2] 薛欣欣、赵亚丽:《京津冀高等教育结构与产业结构耦合协调发展研究——基于2008—2017年面板数据的实证分析》,《长沙理工大学学报》(社会科学版)2022年第1期。

[3] 刘云青:《京津冀城市群产业结构、土地利用效益与碳排放的耦合协同发展研究》,《江西农业学报》2023年第1期。

[4] 方创琳、张国友、薛德升:《中国城市群高质量发展与科技协同创新共同体建设》,《地理学报》2021年第12期。

附录1 京津冀协同发展研究综述

动的智慧型城市群是我国城市群高质量发展的基本方向。朱昱昊等人[①]通过搭建空间计量模型实证发现京津冀区域的协同创新具有明显的绿色溢出效应，可以对本地和相邻地区的绿色经济增长发挥促进作用。倪君[②]运用复合系统协同度模型，对京津冀区域创新系统及子系统协同创新水平的演变趋势进行评估分析。

党的十八大以来，生态文明建设被设置于我国"五位一体"总体布局的突出位置。大量学者将视角转向对于环境规制与及其成效的研究。孔凡文等人[③]基于空间杜宾模型和面板门槛模型分析了环境规制、环境宜居性和两者的交互性对于京津冀地区经济高质量发展的影响。李国柱等人[④]的研究表明，环境规制的实行对经济高质量的发展起到了一定的抑制作用，但环境规制对于周边城市的经济高质量发展具有正向的空间溢出效应。李健等人[⑤]的研究从人口集聚的角度分析了环境规制对京津冀地区碳排放情况的影响，发现双重环境规制对于碳排放强度的抑制作用较为显著。

同时，为了贯彻落实习近平总书记关于科技创新重要论述精神，部分研究聚焦于京津冀地区创新链与产业链的融合发展。叶堂林[⑥]指出京津冀三地创新活动的空间相关性不够显著，应进一步推进创新链和产业链融合发展以应对全球产业链重构的挑战。郭润琦等人[⑦]针对阻碍京津冀地区创新链和产业链融合的因素进行剖析，提出了推进京津冀双链融

---

① 朱昱昊、邓晶、蒋幻婕等：《京津冀城市群区域协同创新的绿色经济溢出效应研究》，《统计理论与实践》2022年第12期。
② 倪君：《京津冀区域协同创新水平评估》，《科技和产业》2023年第23卷第16期。
③ 孔凡文、李鲁波：《环境规制、环境宜居性对经济高质量发展影响研究——以京津冀地区为例》，《价格理论与实践》2019年第7期。
④ 李国柱、李晓壮：《环境规制、产业结构升级与经济高质量发展——以京津冀为例》，《统计与决策》2022年第18期。
⑤ 李健、张嘉怡：《人口集聚视角下环境规制对碳排放的影响研究——基于京津冀13个城市面板数据》，《西北人口》2023年第4期。
⑥ 叶堂林：《有效推动京津冀创新链和产业链双向融合发展》，《北京观察》2020年第9期。
⑦ 郭润琦、李思淼、陈玉玲等：《京津冀创新链与产业链融合发展对策研究》，《山西农经》2022年第11期。

合的发展对策。李宏宇[①]则对京津冀地区产业链、创新链和供应链三链融合的现状进行分析与梳理。

五 结论：当前研究已渐成系统，新的发展阶段对相关研究提出更高要求

总体而言，京津冀协同发展的研究整体呈现出"多元化""丰富化"的特征，已有研究成果与战略要求高度契合，在治理、产业、创新、生态环境、法律法规、教育事业等协同的多个领域进行了系统深入的探索。"大城市病""协同治理""区域治理""都市圈"等是这期间研究的主干关键词。

分阶段看，相关研究与京津冀协同发展的"顶层设计——实施推进——攻坚克难——面向中国式现代化新征程"四个阶段密切相关。顶层设计阶段，研究主要围绕"大城市病""产业布局""交通布局""空间布局""生态治理"等关键领域展开；实施推进阶段，相关研究对生态环境、产业、交通基础设施等重点领域协同的政策落地展开了深入讨论；攻坚克难阶段，相关研究也进一步深入，围绕空间结构的"耦合发展"、"创新效率"的提高、"环境规制"的有效落地以及"产业链创新性融合"等重点难点展开深入讨论。

2023年5月，习近平总书记考察河北时提出，要"努力使京津冀成为中国式现代化建设的先行区、示范区"，对京津冀协同发展战略的实施提出了更高要求。新阶段，京津冀协同发展的相关研究也应当更加紧密地跟进中央战略要求，在打造人口密集区的世界级经济高地、通过政府治理改革协同创新推进市场化、推进区域协同并实现共同富裕、促进社会和谐和生态美好等问题的研究中持续加力，为早日将京津冀建成中国式现代化建设的先行区、示范区进一步贡献智慧力量。

---

① 李宏宇：《京津冀产业链、创新链和供应链协同融合的路径分析》，《全国流通经济》2022年第2期。

附录1 京津冀协同发展研究综述

参考文献

樊杰、廉亚楠、赵浩：《1980年以来京津冀区域研究进展评论》，《地理学报》2022年第6期。

刘李红、高辰颖、王文超等：《京津冀高质量协同发展：演化历程、动力机理与未来展望》，《北京行政学院学报》2023年第5期。

李国平、朱婷：《京津冀协同发展的成效、问题与路径选择》，《天津社会科学》2022年第5期。

王伟：《深化京津冀协同发展 迈向世界级城市群》，《前线》2020年第5期。

武占江、韩曾丽、赵蕾霞等：《京津冀协同发展研究态势和热点分析》，《经济与管理》2021年第3期。

李国平、吕爽：《京津冀跨域治理和协同发展的重大政策实践》，《经济地理》2023年第1期。

李雯、原志听：《京津冀一体化促进了高质量发展吗？——基于回归控制法的政策评估》，《技术经济》2023年第7期。

李兰冰、徐瑞莲：《中国式现代化建设背景下京津冀产业协同发展路径》，《北京社会科学》2023年第10期。

孙久文、李坚未：《京津冀协同发展的影响因素与未来展望》，《河北学刊》2015年第4期。

张贵、孙晨晨、刘秉镰：《京津冀协同发展的历程、成效与推进策略》，《改革》2023年第5期。

李国平：《京津冀协同发展：现状、问题及方向》，《前线》2020年第1期。

孟翠莲、赵阳光、刘明亮：《北京市大城市病治理与京津冀协同发展》，《经济研究参考》2014年第72期。

丁梅、张贵、陈鸿雁：《京津冀协同发展与区域治理研究》，《中共天津市委党校学报》2015年第3期。

刘秉镰、孙哲：《京津冀区域协同的路径与雄安新区改革》，《南开学报》（哲学社会科学版）2017 年第 4 期。

李兰冰、郭琪、吕程：《雄安新区与京津冀世界级城市群建设》，《南开学报》（哲学社会科学版）2017 年第 4 期。

刘秉镰：《雄安新区与京津冀协同开放战略》，《经济学动态》2017 年第 7 期。

龚轶、王峥：《以协同创新引领京津冀现代化经济体系建设研究》，《当代经济管理》2018 年第 12 期。

江曼琦、刘晨诗：《基于提升产业链竞争力的京津冀创新链建设构想》，《河北学刊》2017 年第 5 期。

阎东彬、王蒙蒙：《京津冀城市群功能空间的动态分布及差异性分析》，《经济问题》2020 年第 3 期。

张可云、申文毓：《协同发展战略下京津冀多中心性及不平等问题研究》，《河北学刊》2023 年第 3 期。

童玉芬、刘志丽：《京津冀城市群双核心结构下的城市最优人口分布》，《北京社会科学》2023 年第 2 期。

王韶华、赵暘春、张伟等：《京津冀碳排放的影响因素分析及达峰情景预测——基于供给侧改革视角》，《北京理工大学学报》（社会科学版）2022 年第 6 期。

黄昱杰、刘贵贤、薄宇等：《京津冀协同推进碳达峰碳中和路径研究》，《中国工程科学》2023 年第 2 期。

夏楚瑜、国溟、赵晶等：《京津冀地区生态系统服务对城镇化的多空间尺度动态响应》，《生态学报》2023 年第 7 期。

陈肖、吴娜、牛风君：《数字经济发展水平测度及其对经济高质量发展的影响效应——以京津冀区域为例》，《商业经济研究》2023 年第 3 期。

梁林、段世玉、李妍：《数字经济背景下京津冀人力资源系统韧性评价与治理》，《中国人力资源开发》2022 年第 8 期。

管宁、何晶彦、李博雅：《京津冀数字服务经济对绿色经济效率的影响研究》,《宏观经济研究》,2022 年第 7 期。

孟翠莲、赵阳光、刘明亮:《北京市大城市病治理与京津冀协同发展》,《经济研究参考》2014 年第 72 期。

陈昌智:《京津冀一体化仍面临不少困难和问题》,《人民论坛》2014 年第 S2 期。

赵弘:《北京大城市病治理与京津冀协同发展》,《经济与管理》2014 年第 3 期。

辜胜阻、郑超、方浪:《京津冀城镇化与工业化协同发展的战略思考》,《经济与管理》2014 年 4 期。

于化龙、臧学英:《非首都功能疏解与京津产业对接研究》,《理论学刊》2015 年第 12 期。

郭金龙:《有序疏解非首都功能　推动京津冀协同发展》,《中国经贸导刊》2015 年第 36 期。

杨连云:《以深化改革推动京津冀协同发展》,《经济与管理》2014 年第 4 期。

彭力、黄崇恺:《关于我国三大城市群建成世界级城市群的探讨》,《广东开放大学学报》2015 年第 6 期。

阎东彬、范玉凤、陈雪:《美国城市群空间布局优化及对京津冀城市群的借鉴》,《宏观经济研究》2017 年第 6 期。

尹德挺、史毅:《人口分布、增长极与世界级城市群孵化——基于美国东北部城市群和京津冀城市群的比较》,《人口研究》2016 年第 6 期。

鲁继通:《京津冀区域协同创新能力测度与评价——基于复合系统协同度模型》,《科技管理研究》2015 年第 24 期。

陈娱、金凤君、陆玉麒等:《京津冀地区陆路交通网络发展过程及可达性演变特征》,《地理学报》2017 年 12 期。

梁慧超、崔婷、孙丽云:《京津冀新能源产业集群形成的影响因素及路径分析》,《经济视角》2017 年第 6 期。

刘晖、李欣先、李慧玲:《专业技术人才空间集聚与京津冀协同发展》,《人口与发展》2018 年第 6 期。

周伟：《京津冀产业转移效应研究——基于河北技术溢出、产业集聚和产业升级视角》，《河北学刊》2018年第6期。

孙涛、温雪梅：《府际关系视角下的区域环境治理——基于京津冀地区大气治理政策文本的量化分析》，《城市发展研究》2017年第12期。

杜纯布：《雾霾协同治理中的生态补偿机制研究——以京津冀地区为例》，《中州学刊》2018年第12期。

初钊鹏、卞晨、刘昌新等：《基于演化博弈的京津冀雾霾治理环境规制政策研究》，《中国人口·资源与环境》2018年第12期。

崔寅、王双：《京津冀信息基础设施与产业结构升级耦合协调发展评价》，《天津商业大学学报》2021年第3期。

薛欣欣、赵亚丽：《京津冀高等教育结构与产业结构耦合协调发展研究——基于2008—2017年面板数据的实证分析》，《长沙理工大学学报》（社会科学版）2022年第1期。

刘云青：《京津冀城市群产业结构、土地利用效益与碳排放的耦合协同发展研究》，《江西农业学报》2023年第1期。

方创琳、张国友、薛德升：《中国城市群高质量发展与科技协同创新共同体建设》，《地理学报》2021年第12期。

朱昱昊、邓晶、蒋幻婕等：《京津冀城市群区域协同创新的绿色经济溢出效应研究》，《统计理论与实践》2022年第12期。

倪君：《京津冀区域协同创新水平评估》，《科技和产业》2023年第23卷第16期。

孔凡文、李鲁波：《环境规制、环境宜居性对经济高质量发展影响研究——以京津冀地区为例》，《价格理论与实践》2019年第7期。

李国柱、李晓壮：《环境规制、产业结构升级与经济高质量发展——以京津冀为例》，《统计与决策》2022年第18期。

李健、张嘉怡：《人口集聚视角下环境规制对碳排放的影响研究——基于京津冀13个城市面板数据》，《西北人口》2023年第4期。

叶堂林：《有效推动京津冀创新链和产业链双向融合发展》，《北京观察》2020年第9期。

附录1 京津冀协同发展研究综述

郭润琦、李思淼、陈玉玲等:《京津冀创新链与产业链融合发展对策研究》,《山西农经》2022年第11期。

李宏宇:《京津冀产业链、创新链和供应链协同融合的路径分析》,《全国流通经济》2022年第2期。

附录2

京津冀协同发展大事件年表（2014—2023年）*

王家庭　孙荣增

2014年1月	北京市《政府工作报告》提出，落实国家区域发展战略，积极配合编制首都经济圈发展规划，抓紧编制空间布局、基础设施、产业发展和生态保护专项规划，建立健全区域合作发展协调机制，主动融入京津冀城市群发展
2014年2月	26日，习近平总书记在北京主持召开座谈会，指出"京津冀协同发展意义重大，对这个问题的认识要上升到国家战略层面"
2014年3月	5日，国务院总理李克强作政府工作报告，提出"加强环渤海及京津冀地区经济协作"
2014年3月	16日《国家新型城镇化规划（2014—2020年）》发布，提出了京津冀一体化的城镇化构想
2014年3月	23日，京津冀一体化首枚棋子落定，中关村将牵头建立一条"京津冀大数据走廊"
2014年5月	13日，交通运输部召开京津冀协同发展区域交通一体化专题会议
2014年5月	14日，海关总署公布《京津冀海关区域通关一体化改革方案》
2014年6月	党中央批准成立京津冀协同发展领导小组
2014年7月	1日，京津在全国率先启动运行区域通关一体化改革
2014年7月	15日，国家税务总局成立京津冀协同发展税收工作领导小组
2014年7月	18日，北京大红门地区15家主力市场签约保定白沟

---

* 本部分由王家庭、孙荣增整理。

附录2　京津冀协同发展大事件年表（2014—2023年）

续表

2014年7月	31日，北京市与河北省在京进行工作交流座谈，河北省与北京签署《共同打造曹妃甸协同发展示范区框架协议》《共建北京新机场临空经济合作区协议》《共同推进中关村与河北科技园区合作协议》《共同加快张承地区生态环境建设协议》《交通一体化合作备忘录》《共同加快推进市场一体化进程协议》《共同推进物流业协同发展合作协议》七项协议
2014年8月	6日，北京、天津签署了五份合作协议和一份备忘录
2014年9月	4日，京津冀协同发展领导小组第三次会议明确了京津冀协同发展工作思路，要加快在交通、生态、产业三个重点领域率先突破
2014年9月	22日，通关一体化改革正式扩大到河北省，企业可在京津冀三地自主选择通关模式、申报口岸和检查地点
2014年10月	29日，北京、天津、河北的国税、地税局签订《京津冀税收合作框架协议》
2014年11月	26日，京津冀协同发展论坛在京举行
2014年12月	5日，习近平总书记主持中央政治局会议，强调实施区域发展战略，推进京津冀和自贸区战略
2014年12月	26日，在京津冀协同发展工作推进会议上，京津冀协同发展与"一带一路"、长江经济带并列作为中国区域发展三大战略
2014年12月	26日，北京新机场开工建设，预计2019年完工
2015年1月	京津冀三地医疗保险定点医疗机构的互认已经实现
2015年1月	京津冀三省市船检机构共同签署了《京津冀三省市船检机构协同发展合作备忘录》
2015年3月	京津冀三地农委签订《推进现代农业协同发展框架协议》
2015年3月	京津冀三地医学会签署了《京津冀医学会协同发展战略合作意向书》
2015年3月	京津冀城际铁路投资有限公司成立
2015年3月	26日，中共中央政治局常委、国务院副总理张高丽在北京、天津、河北调研京津冀协同发展有关工作，强调"突出重点 抓好项目 齐心协力 确保京津冀协同发展实现良好开局"
2015年4月	30日，中共中央政治局审议通过《京津冀协同发展规划纲要》
2015年7月	15日，天津发布落实京津冀协同发展"路线图"（《天津市贯彻落实〈京津冀协同发展规划纲要〉实施方案（2015—2020年）》）
2015年7月	16日，京津冀开发区创新发展联盟成立
2015年7月	31日，北京携手张家口成功申办2022年冬奥会

附录2　京津冀协同发展大事件年表（2014—2023年）

续表

2015年7月	31日，水利部发布《京津冀协同发展六河五湖综合治理与生态修复总体方案》
2015年8月	26日，京津冀手机漫游费正式取消
2015年9月	20日，京津城际铁路延伸线开通运营
2015年10月	17日，"首都国际人才港"项目日前在北京通州区启动
2015年11月	1日，京津冀共建信息服务协同创新共同体
2015年11月	6日，京津冀三地民政部门共同签署了《京津冀民政事业协同发展合作框架协议》
2015年11月	26日，国务院审议通过《京津冀协同发展交通一体化规划（2014—2020年）》
2015年12月	3日，《京津冀区域环保率先突破合作框架协议》签署
2015年12月	4日，中国保监会发布《关于保险业服务京津冀协同发展的指导意见》，对三地保险市场发展、保险监管和消费者权益保护一体化做出整体安排
2015年12月	9日，《京津冀协同发展交通一体化规划》出台
2015年12月	26日，京津冀试点"一卡通"
2015年12月	28日，津保高铁正式开通
2015年12月	国家发改委发布《京津冀协同发展生态环境保护规划》
2016年2月	16日，《"十三五"时期京津冀国民经济和社会发展规划》印发实施
2016年2月	18日，最高人民法院发布《关于为京津冀协同发展提供司法服务和保障的意见》
2016年3月	24日，中央政治局常委会会议，审议并原则同意《关于北京市行政副中心和疏解北京非首都功能集中承载地有关情况的汇报》
2016年4月	6日，京津冀知识产权发展联盟成立
2016年4月	15日，来自京津冀三地的国地税在河北省衡水市共同签署了区域税收协同共建框架协议
2016年5月	27日，中央政治局召开会议，研究部署规划建设北京城市副中心工作
2016年6月	29日，《京津冀产业转移指南》发布
2016年7月	22日，京津冀开发区创新发展联盟与工商银行、北京亦庄国际投资发展有限公司共同设立"京津冀开发区产业发展基金"
2016年9月	18日，天津市委书记李鸿忠来滨海新区考察，提出滨海新区要努力成为推进京津冀协同发展的示范区、排头兵
2016年9月	22日，《京津冀地区高速公路命名和编号规则》征求意见，三地衔接高速拟排"J"字辈

附录2 京津冀协同发展大事件年表（2014—2023年）

续表

2016年10月	国家发改委等六个部委联合印发《京津两市对口帮扶河北省张承环京津相关地区工作方案》
2016年11月	8日，津冀双方签署《对口帮扶承德市贫困县框架协议》
2016年11月	22日，滨海—中关村科技园在天津滨海新区揭牌，45个签约落地项目，协议投资额350亿元
2016年11月	28日，《京津冀地区城际铁路网规划》获批
2016年12月	10日，京冀双方签署《全面深化京冀对口帮扶合作框架协议》
2017年1月	5日，京冀开通异地就医直接结算
2017年1月	23日，习近平总书记在张家口市考察冬奥会筹办工作，强调"河北省、张家口市要抓住历史机遇，……努力交出冬奥会筹办和本地发展两份优异答卷"
2017年2月	14日，京津冀人大立法项目协同机制正式确立
2017年2月	17日，京津冀教育协同发展推进会在河北廊坊举行，三省市联合发布了《京津冀教育协同发展"十三五"专项工作计划》
2017年2月	23日，习近平总书记在河北省安新县召开座谈会。强调"雄安新区将是我们留给子孙后代的历史遗产，必须坚持世界眼光、国际标准、中国特色、高点定位理念，努力打造贯彻创新发展理念的创新发展示范区"
2017年4月	1日，中共中央、国务院印发通知，决定设立河北雄安新区
2017年4月	18日，津冀两地人民政府签署《关于积极推进河北雄安新区建设发展战略合作协议》
2017年4月	20日，京津冀城际铁路发展基金成立
2017年5月	1日，京津冀六区市签署人才合作框架协议
2017年6月	9日，京津冀三地法院试点跨域立案服务一体化
2017年6月	津冀正式签署第一期《关于引滦入津上下游横向生态补偿的协议》
2017年8月	17日，京津冀资产管理公司联盟成立
2017年9月	27日，《北京城市总体规划（2016年—2035年）》获批复，提出充分发挥首都辐射带动作用，推动京津冀协同发展，打造以首都为核心的世界级城市群
2017年10月	18日，十九大报告提出，"以疏解北京非首都功能为'牛鼻子'推动京津冀协同发展，高起点规划、高标准建设雄安新区"
2017年11月	1日，《京津冀能源协同发展行动计划（2017—2020年）》正式印发实施
2017年11月	1日，《河北省道路运输条例》正式实施
2017年11月	24日，京津冀科研院所联盟正式成立

附录 2　京津冀协同发展大事件年表（2014—2023 年）

续表

2017 年 11 月	24 日，北京通州、天津武清、河北廊坊三地文化部门签署《通武廊三地文化领域协同发展战略框架协议》
2017 年 12 月	环保税征收税额确定，京津冀及周边适用较高税额
2017 年 12 月	19 日，京津冀合推人才绿卡制度
2017 年 12 月	20 日，京津冀共同研究制定《关于加强京津冀产业转移承接重点平台建设的意见》印发实施
2018 年 1 月	11 日，京津冀交通一体化法制与执法协作第三次联席会议在天津举行，审议通过了《京津冀省际通道公路养护工程施工作业沟通管理办法》《京津冀普通公路建设项目计划协调机制》《京津冀交通运输行政执法人员学习交流工作方案》3 份文件
2018 年 2 月	5 日，京津冀试点手机交通"一卡通"
2018 年 2 月	21 日，天津市对北京牌照小型、微型载客汽车在津通行管理措施进行调整，22 日起，北京牌照小型、微型汽车不受天津市关于外埠牌照机动车早晚高峰限行规定的限制
2018 年 2 月	28 日，雄安新区首个重大交通项目京雄城际铁路正式开工建设，正线全长 92.4 公里，共设 5 座车站，总投资约 335.3 亿元
2018 年 3 月	5 日，雄安新区写入第十三届全国人大一次会议政府工作报告
2018 年 3 月	29 日，京津冀铁路沿线公网覆盖合作专题会在京召开
2018 年 4 月	14 日，中共中央、国务院批复了《河北雄安新区规划纲要》
2018 年 4 月	24 日，京津冀发布首个人力资源服务区域协同地方标准
2018 年 5 月	28 日，外交部河北雄安新区全球推介活动在京举行
2018 年 5 月	29 日，京津冀健康城市建设第二届峰会在天津举行
2018 年 6 月	8 日，国务院同意在北京、天津、河北雄安新区等省市（区域）深化服务贸易创新发展试点
2018 年 6 月	8 日，河北省省政府与工信部签署关于支持雄安新区规划建设的战略合作协议
2018 年 6 月	12 日，河北省和北京市签署《进一步加强京冀协同发展合作框架协议（2018—2020 年）》
2018 年 6 月	13 日，河北省与天津市签署《进一步加强战略合作框架协议》
2018 年 7 月	11 日，京津冀及周边地区大气污染防治领导小组成立，国务院副总理韩正任组长

附录2 京津冀协同发展大事件年表（2014—2023年）

续表

2018年7月	22日，京津冀人社部门在河北雄安新区签订《京津冀工伤保险工作合作框架协议》，三地将在工伤认定、工伤劳动能力鉴定和工伤医疗康复3个方面开展合作
2018年7月	25日，北京市发布《推进京津冀协同发展2018—2020年行动计划》
2018年9月	3日，京津冀共建旅游信用监管平台
2018年9月	26日，天津市与雄安新区签订《天津市人力资源和社会保障局、河北雄安新区管理委员会关于雄安新区社会保险制度体系建设合作框架协议》
2018年10月	9日，国务院办公厅印发了《推进运输结构调整三年行动计划（2018—2020年）》，计划到2020年将京津冀及周边地区打造成全国运输结构调整示范区
2018年10月	15日，天津市与北京市签署进一步加强京津战略合作框架协议
2018年11月	18日，中共中央、国务院发布《关于建立更加有效的区域协调发展新机制的意见》
2018年11月	28日，中关村首批入驻雄安企业中第一家人工智能企业眼神科技正式落户雄安
2018年12月	16日，京秦高速二期正式通车试运营，有效串联京津冀三地高速公路
2018年12月	18日，《京津冀地区新能源汽车动力蓄电池回收利用试点实施方案》发布
2018年12月	27日，京津冀人力资源和社会保障部门印发《京津冀劳动合同参考文本》，2019年1月1日启用
2018年12月	27日，中共中央、国务院批复《北京城市副中心控制性详细规划（街区层面）（2016年—2035年）》
2019年1月	2日，国务院正式发布《国务院关于河北雄安新区总体规划（2018—2035年）的批复》
2019年1月	3日，经党中央、国务院同意，河北省委、省政府正式印发《白洋淀生态环境治理和保护规划（2018—2035年）》
2019年1月	7日，北京市教委、天津市教委和河北省教育厅在雄安新区共同发布了《京津冀教育协同发展行动计划（2018—2020年）》
2019年1月	16至18日，习近平总书记在京津冀三省市考察并主持召开京津冀协同发展座谈会。强调"要从全局的高度和更长远的考虑来认识和做好京津冀协同发展工作"
2019年1月	24日，中共中央、国务院发布《关于支持河北雄安新区全面深化改革和扩大开放的指导意见》

附录2　京津冀协同发展大事件年表（2014—2023年）

续表

2019年2月	12日，中共中央政治局常委、国务院副总理韩正到国家发展改革委调研并主持召开座谈会，提出"要抓住疏解北京非首都功能这个'牛鼻子'推动京津冀协同发展，按照开放式、市场化机制推进雄安新区建设"
2019年2月	28日，中共中央政治局常委、国务院副总理韩正主持召开京津冀协同发展领导小组会议
2019年3月	5日，全国两会上，"京津冀协同发展重在疏解北京非首都功能，高标准建设雄安新区"被写入政府工作报告
2019年3月	习近平总书记主持召开中央财经领导小组第九次会议，指出"疏解北京非首都功能、推进京津冀协同发展，是一个巨大的系统工程"
2019年4月	2日，京津冀人才一体化发展部际协调小组第四次会议在京召开，会议听取了京津冀人才一体化发展工作实施情况汇报，审议通过了《2019年京津冀人才一体化发展工作要点》，通报了《2019年京津冀人才智力引进活动方案》
2019年4月	11日，澳门金融管理局与河北雄安新区改革发展局在澳门签署合作备忘录
2019年4月	15日，民政部召开会议安排部署京津冀民政事业协同发展和支持雄安新区建设工作
2019年6月	12日，京张高铁轨道全线贯通
2019年6月	25日，京津冀"城市综合管廊建设标准体系"建设成果发布会举行。会上发布了首部京津冀区域工程建设标准《城市综合管廊工程施工及质量验收规范》，同时就共同制定"京津冀区域协同工程建设标准"达成战略合作框架协议，将全力推进京津冀工程建设标准协同发展
2019年7月	25日，京津冀社会信用体系建设协同推进大会在京召开，三地联合制定了《京津冀守信联合激励试点建设方案（2019—2023年）》
2019年8月	6日，国家发展和改革委员会、河北省人民政府联合印发《张家口首都水源涵养功能区和生态环境支持区建设规划（2019—2035年）》
2019年8月	15日，京津冀电力设施保护合作备忘录在天津签署
2019年8月	21日，天津港集团雄安服务中心揭牌设立，天津港服务雄安新区绿色通道正式开通
2019年8月	26日，国务院印发《中国（河北）自由贸易试验区总体方案》
2019年8月	30日，中国（河北）自贸试验区正式揭牌
2019年8月	31日，京津冀工信部门召开产业对接会，探讨服务雄安新区建设相关问题

附录2　京津冀协同发展大事件年表（2014—2023年）

续表

时间	事件
2019年9月	5日，北京市和河北省正式批复《北京大兴国际机场临空经济区总体规划（2019—2035年）》
2019年9月	18日，最高人民法院发布《关于为京津冀协同发展提供司法服务和保障的意见》
2019年11月	6日，石家庄海关牵头起草《北京海关 天津海关 石家庄海关支持雄安新区全面深化改革和扩大开放合作备忘录》
2019年11月	14日，天津海关和自贸试验区管委会签署《共建自贸区联合创新工作机制战略合作协议》
2019年12月	30日，京张高铁正式开通运营
2019年12月	30日，《首都功能核心区控制性详细规划（街区层面）（2018年—2035年）》（草案）编制完成
2020年1月	8日，京津冀三地社保部门正式签订《京津冀异地居住人员领取养老（工伤）保险待遇资格协助认证合作三方框架协议书》
2020年1月	18日，天津市人民代表大会表决通过《天津市机动车和非道路移动机械排放污染防治条例》，此前，河北省和北京市已分别于1月11日、17日在本地人代会上表决通过《河北省机动车和非道路移动机械排放污染防治条例》《北京市机动车和非道路移动机械排放污染防治条例》，京津冀诞生首部协同法规
2020年1月	《协同共建京津沪渝冀农产品流通体系合作框架协议》签订
2020年1月	京津冀三地联合印发《京津冀河（湖）长制协调联动机制》
2020年2月	16日，针对新冠肺炎疫情防控，京津冀三地建立新冠肺炎疫情联防联控联动工作机制
2020年2月	28日，天津市发展和改革委员会印发《天津市支持重点平台服务京津冀协同发展的政策措施（试行）》
2020年3月	17日，国家发展和改革委员会发布《北京市通州区与河北省三河、大厂、香河三县市协同发展规划》
2020年3月	京津冀协同发展领导小组办公室出台实施《关于进一步加强京津区域重特大突发事件应急处置协同联动建设的意见》
2020年4月	2日，国家邮政局、工业和信息化部正式印发《关于促进快递业与制造业深度融合发展的意见》，提出将重点在京津冀、长三角、珠三角等区域推进快递业与制造业深度融合发展
2020年4月	8日，京津冀三地市场监管部门联合发布《医学检验危急值获取与应用技术规范》《五米以下小型船舶检验技术规范》

附录2 京津冀协同发展大事件年表（2014—2023年）

续表

时间	事件
2020年7月	16日，国家发展改革委、交通运输部印发《关于加快天津北方国际航运枢纽建设的意见》
2020年7月	28日，韩正在京津冀协同发展领导小组会议上强调，始终抓住疏解北京非首都功能这个"牛鼻子"更加突出抓好重点任务重大项目重要政策，推动京津冀协同发展取得新进展
2020年8月	京津冀实行职称资格互认
2020年8月	20日，京津冀三地共同签署《京津冀公共人才服务协同发展合作协议》
2020年9月	21日，国务院印发《中国（北京）、（湖南）、（安徽）自由贸易试验区总体方案》
2020年9月	24日，《中国（河北）自由贸易试验区条例》获河北省十三届人大常委会第十九次会议全票通过
2020年9月	中国（北京）自由贸易试验区正式揭牌
2020年10月	13日，中共中央政治局常委、国务院副总理韩正在生态环境部召开座谈会，表示要保护和治理好白洋淀，推动雄安新区建设和京津冀协同发展
2020年10月	29日，中共中央委员会审议通过《中共中央关于制定国民经济和社会发展第十四个五年规划和二〇三五远景目标的建议》
2020年10月	30日，生态环境部印发《京津冀及周边地区、汾渭平原2020—2021年秋冬季大气污染综合治理攻坚行动方案》
2020年11月	19日，由三地工信（经信）部门共同主办的2020京津冀产业链协同发展对接活动在京举行
2020年11月	29日，中国共产党北京市第十二届委员会第十五次全体会议通过《中共北京市委关于制定北京市国民经济和社会发展第十四个五年规划和二〇三五年远景目标的建议》
2020年12月	15日，《国家发展改革委关于新建北京至雄安新区至商丘高速铁路雄安新区至商丘段可行性研究报告的批复》正式发布
2020年12月	15日，国家首个综合类技术创新中心"京津冀国家技术创新中心"揭牌成立
2020年12月	22日，天津至石家庄高速公路通车运营，两地间首次实现"高速直达"
2020年12月	27日，京雄城际铁路大兴机场至雄安新区段开通，雄安站同步投入使用，京雄城际铁路实现全线贯通
2020年12月	29日，"天津港—平谷"绿色物流双中心（天津港—平谷多式联运中心和天津港—平谷服务中心）落地平谷，天津港—平谷海铁联运试运行班列成功开通

▶▶▶ 附录2 京津冀协同发展大事件年表（2014—2023年）

续表

2021年1月	22日，京哈高铁全线贯通
2021年2月	25日，京津冀协同发展产业投资基金正式设立
2021年3月	4—11日，全国两会在北京召开
2021年3月	11日，第十三届全国人民代表大会四次会议表决通过《关于国民经济和社会发展第十四个五年规划和2035年远景目标纲要》的决议
2021年3月	12日，《人民日报》刊发京津冀协同发展领导小组办公室署名文章《牢牢把握北京非首都功能疏解"牛鼻子"努力推动京津冀协同发展迈上新台阶取得新成效》
2021年3月	16日，中共中央政治局常委、国务院副总理韩正韩正主持召开京津冀协同发展领导小组会议
2021年4月	28日，中共中央政治局常委、国务院副总理韩正到河北雄安新区调研，主持召开京津冀协同发展领导小组会议并讲话。他强调，要认真学习贯彻习近平总书记重要讲话和指示精神，严格按规划高标准高质量建设雄安新区，积极稳妥有序疏解北京非首都功能
2021年4月	30日，水利部印发《京津冀水资源专项执法行动工作方案》
2021年5月	8日，北京城市副中心管委会、通州市政府、廊坊市政府共同签署协议，决定在北京城市副中心、廊坊北三县、廊坊临空经济区正式实行"区域通办"
2021年5月	19日，京津冀数字经济联盟在天津成立
2021年5月	20日，河北省、北京市、天津市工信主管部门共同签署《关于打造京津冀工业互联网协同发展示范区框架合作协议》
2021年6月	16日，国家税务总局北京市税务局、天津市税务局、河北省税务局联合印发《关于税收支持和服务京津冀协同发展便利化举措的通知》
2021年8月	15日，河北出台《河北省重大科技成果转化行动实施方案》，支持京津冀科技成果转化
2021年10月	17日，天津港建成全球首个"智慧零碳"码头——天津港北疆港区C段智能化集装箱码头，正式投入运营
2021年10月	20日，《奋力推动京津冀协同发展迈向更高水平》在《新闻联播》播出
2021年11月	16日，铁路部门在京津城际铁路推出"月票"，暨30日定期票、20次计次票两种新型票制产品，方便京津两地商务差旅和通勤旅客便捷出行
2022年2月	4日，第24届冬奥会开幕
2022年2月	10日，第三期京津冀基础研究合作协议签约

附录2　京津冀协同发展大事件年表（2014—2023年）

续表

时间	事件
2022年3月	16日，京津冀发布园林绿化区域协同标准。《园林绿化有机覆盖物应用技术规程》《古柏树养护与复壮技术规程》作为京津冀区域协同地方标准正式发布，并将于4月1日实施
2022年6月	24日，大运河京冀段实现旅游通航
2022年7月	5日，在国家文物局指导下，北京市文物局、天津市文物局和河北省文物局共同签订《全面加强京津冀长城协同保护利用的联合协定》
2022年7月	6日，道交通22号线（平谷线）北京段可行性研究报告近日获批，河北廊坊北三县将首次接入首都地铁网
2022年7月	19日，京津冀通勤定制快巴服务推出
2022年9月	15日，北京通州、河北廊坊北三县项目推介洽谈会成功举办
2022年9月	京津冀三地发展改革委（协同办）及营商环境相关部门签订京津冀营商环境一体化框架协议
2022年12月	5日，《天津市人民代表大会常务委员会关于京津冀协同推进大运河文化保护传承利用的决定》审议通过。京冀两地人大常委会也在同一时间召开会议，通过了关于京津冀协同推进大运河文化保护传承利用的决定
2022年12月	15日，京津冀生态环境联建联防新闻发布会召开
2022年12月	30日，京唐城铁开通，京滨城铁宝坻至北辰段同步开通
2023年1月	津冀签署引滦入津流域横向生态保护补偿第三期协议
2023年1月	3日，天津市委、市政府推进京津冀协同发展领导小组会议召开
2023年2月	24日，天津市委常委会扩大会议暨市委、市政府推进京津冀协同发展领导小组会议召开
2023年2月	27日，推动京津冀协同发展走深走实研讨会在天津举行
2023年3月	21日，"京津冀国有企业数字化转型"高峰论坛暨"国资国企行业信创适配中心"建设启动仪式在津举办
2023年3月	京津冀（河北三河）人力资源服务产业园在三河市燕郊高新技术产业开发区正式开园。京津冀签署进一步加强战略合作框架协议（2023—2025年）
2023年3月	31日，发布《关于开展京津冀区域内就医视同备案工作的通知》，4月1日起，京津冀各统筹区参保人员，在京津冀区域内所有定点医药机构就医、购药，均视同备案，无需办理异地就医备案手续即可享受医保报销待遇
2023年4月	1日，京津冀形成以四大基地为支撑的中欧班列开行网络
2023年4月	7日，天津市委、市政府印发《推动京津冀协同发展走深走实行动方案》。同日，天津市举行"十项行动·推动京津冀协同发展走深走实行动方案"新闻发布会

附录2　京津冀协同发展大事件年表（2014—2023年）

续表

2023年4月	9日，京津冀食品营养健康与安全创新平台获得国家卫生健康委批复，成为区域性营养创新平台建设试点
2023年4月	10日，"西氢东送"输氢管道示范工程已被纳入《石油天然气"全国一张网"建设实施方案》，我国首个纯氢长输管道项目启动
2023年4月	13日，以"碳索创新发展 应用创造未来"为主题的第十届全国碳纤维产业发展大会日前在河北省廊坊市举办，京津冀"碳谷"同时启动建设
2023年4月	13—14日，京津两地在天津滨海新区联合举办京津产业交流合作对接洽谈会，推动建立京津产业合作对接活动常态化机制
2023年5月	12日，习近平总书记在石家庄市主持召开深入推进京津冀协同发展座谈会，对推进北京非首都功能疏解工作，推动北京"新两翼"建设取得更大突破，以及强化协同创新和产业协作、继续加快推进交通等基础设施建设，作出进一步部署
2023年5月	13日，京津冀航空职业教育产教联盟成立
2023年5月	15日，天津市委政法委制定出台了《全市政法机关贯彻落实天津市委、市政府"十项行动"的若干措施》
2023年5月	16日，京津冀三地口岸主管部门签署《京津冀深化口岸合作协议框架协议》；天津港集团、河北港口集团签署《津冀世界一流港口联盟合作协议》
2023年5月	21日，2023年京津冀蒙工会跨区域促就业创业系列活动启动
2023年5月	23日，工信部会同国家发展改革委、科技部等有关部门以及京津冀三地政府共同编制的《京津冀产业协同发展实施方案》对外发布
2023年5月	30日，《京津冀大数据发展战略合作协议》签署
2023年6月	2日，北京、天津、河北交通运输部门签署《交通一体化合作框架协议（2023—2025年）》
2023年6月	14日，北京CBD管委会联合天津港（集团）有限公司、北京朝阳海关，在北京CBD招商中心设立北京CBD—天津港京津协同港口服务中心
2023年6月	15日，京津冀三地司法厅（局）签订《服务保障京津冀协同发展战略合作协议》《调解工作协同发展合作协议》
2023年6月	30日，中共中央政治局召开会议，审议《关于支持高标准高质量建设雄安新区若干政策措施的意见》，中共中央总书记习近平主持会议
2023年4月	4日，天津市委、市政府推进京津冀协同发展领导小组扩大会议召开
2023年7月	4日，《京津冀协同发展报告（2023）》发布

附录2　京津冀协同发展大事件年表（2014—2023年）

续表

2023年7月	7日，京津冀党政主要领导座谈会在京举行，统筹部署未来三年协同发展重点工作
2023年7月	11日，京津冀三地工信部门共同制定印发《京津冀重点产业链协同机制方案》，三地联合打造重点产业链
2023年7月	14日，"天津港在北京大红门"海铁联运班列成功开行
2023年7月	18日，天津市十八届人大常委会主任会议研究通过《关于构建京津冀人大协同监督机制的实施意见》。该实施意见已在北京市人大常委会、河北省人大常委会主任会议上分别通过，标志着京津冀三地人大监督驶入协同轨道
2023年7月	20日，京津冀协同发展联合工作办公室成立
2023年8月	20日，"2023·京津冀蓝皮书信息发布会"在北京召开，《京津冀蓝皮书：京津冀发展报告（2023）》发布
2023年8月	24日，北京市印发《关于进一步推动首都高质量发展取得新突破的行动方案（2023—2025年）》
2023年9月	7日，中共中央总书记、国家主席、中央军委主席习近平在黑龙江省哈尔滨市主持召开新时代推动东北全面振兴座谈会并发表重要讲话，强调东北要加强与东部沿海和京津冀的联系
2023年9月	26日，京津两地在北京经济技术开发区联合举办京津产业握手链接洽谈会暨联合招商推介会，京津两市企业签约合作项目41个，意向投资额超270亿元。
2023年9月	27日，天津宝坻至香河跨域公交线路宝乡专线1路、2路正式开通
2023年10月	8日，2023年京津冀教育协同发展工作会议在北京会议中心召开。北京市教委、天津市教委、河北省教育厅共同签署了《京津冀教育协同发展行动计划（2023年—2025年）》
2023年10月	13日，天津市委、市政府推进京津冀协同发展领导小组会议召开
2023年11月	17日，北京往返天津武清的通勤定制快巴正式开通
2023年11月	29日，京津冀三地联合举办2023京津冀产业链供应链大会，首次发布京津冀区域六条重点产业链图谱
2023年12月	12日，京津冀三地人大常委会联合发布《关于推进京津冀协同创新共同体建设的决定》
2023年12月	18日，津兴城际铁路正式开通运营，成为继京津城际、京沪高铁、京唐京滨城际铁路之后，又一条联通北京与天津的高速铁路，天津西至大兴机场站间最快41分钟可达